权威·前沿·原创

皮书系列为
"十二五""十三五""十四五"时期国家重点出版物出版专项规划项目

智 库 成 果 出 版 与 传 播 平 台

重庆蓝皮书
BLUE BOOK OF CHONGQING

重庆经济社会发展报告
（2025）

ANNUAL REPORT ON ECONOMIC AND SOCIAL DEVELOPMENT OF CHONGQING (2025)

组织编写 / 重庆社会科学院
　　　　　重庆市人民政府发展研究中心

主　　编 / 刘嗣方
副 主 编 / 蒋朋桥　吴昌凡　朱高云　彭劲松

社会科学文献出版社
SOCIAL SCIENCES ACADEMIC PRESS (CHINA)

图书在版编目(CIP)数据

重庆经济社会发展报告.2025/刘嗣方主编；蒋朋桥等副主编.--北京：社会科学文献出版社，2024.12.--（重庆蓝皮书）.-- ISBN 978-7-5228-4568-5

Ⅰ.F127.719

中国国家版本馆 CIP 数据核字第 20244YA377 号

重庆蓝皮书
重庆经济社会发展报告（2025）

主　　编 / 刘嗣方
副 主 编 / 蒋朋桥　吴昌凡　朱高云　彭劲松

出 版 人 / 冀祥德
责任编辑 / 张　媛
责任印制 / 王京美

出　　版 / 社会科学文献出版社·皮书分社（010）59367127
　　　　　　地址：北京市北三环中路甲 29 号院华龙大厦　邮编：100029
　　　　　　网址：www.ssap.com.cn
发　　行 / 社会科学文献出版社（010）59367028
印　　装 / 三河市东方印刷有限公司

规　　格 / 开本：787mm×1092mm　1/16
　　　　　　印张：30　字数：451 千字
版　　次 / 2024 年 12 月第 1 版　2024 年 12 月第 1 次印刷
书　　号 / ISBN 978-7-5228-4568-5
定　　价 / 249.00 元

读者服务电话：4008918866

▲ 版权所有 翻印必究

《重庆经济社会发展报告（2025）》
编辑委员会

主　　　　编	刘嗣方
副　主　编	蒋朋桥　吴昌凡　朱高云　彭劲松
编辑部主任	文丰安
编辑部副主任	丁忠兵　黎智洪　罗重谱
编辑部成员	许志敏　王吉惠　易晓艳　张　蕊　罗妍妮 赵丽莎

序
新征程上奋力谱写中国式现代化重庆篇章

刘嗣方

重庆社会科学院党组书记、院长

2024年是重庆发展历程上具有标志性和里程碑意义的一年。

4月,在新中国成立75周年、西部大开发战略实施25周年的关键节点,习近平总书记亲临重庆视察,主持召开新时代推动西部大开发座谈会,对西部大开发提出新的更高要求,要求重庆对标新时代新征程党的中心任务和党中央赋予的使命,充分发挥比较优势、后发优势,进一步全面深化改革开放,主动服务和融入新发展格局,着力推动高质量发展,奋力打造新时代西部大开发重要战略支点、内陆开放综合枢纽,在发挥"三个作用"上展现更大作为,不断谱写中国式现代化重庆篇章。"两大定位"赋予重庆新的时代使命,与之前的"两点"定位、"两高"目标和发挥"三个作用"等重要要求一脉相承、一以贯之,标定了重庆在中国式现代化发展全局中的历史定位,指明了重庆在新时代新征程上的奋斗坐标,为重庆带来了乘势而上、跨越发展的重大机遇。重庆市委召开六届五次全会深入学习贯彻习近平总书记视察重庆重要讲话重要指示精神,进一步明晰"两大定位"的内涵要义、确定"两大定位"的"四梁八柱",系统部署打造"六个区"的目标任务,迭代升级目标体系、工作体系、政策体系、评价体系,谋深做实重大项目、重大政策、重大改革、重大平台,一步一个脚印推动习近平总书记

殷殷嘱托在重庆落地落实、一贯到底。

7月，党的二十届三中全会顺利召开，擘画了进一步全面深化改革、推进中国式现代化的宏伟蓝图，描绘了在新的历史起点上完善和发展中国特色社会主义制度、推进国家治理体系和治理能力现代化的恢宏画卷，为新征程上以进一步全面深化改革凝聚全党全国各族人民团结一心、克难攻坚奋进中国式现代化指明了前进方向、提供了根本遵循。重庆市委召开六届六次全会深入学习贯彻党的二十届三中全会精神，系统部署进一步全面深化改革，明确了聚力打造构建高水平社会主义市场经济体制、完善内陆高水平对外开放体制机制等12个方面的标志性改革成果的重点任务，以及2027年和2029年定性定量目标，从14个方面提出了50条贯彻落实措施。全会要求以钉钉子精神不折不扣狠抓改革落实，紧盯关键节点，以排头兵姿态和领头雁担当，全力打造标志性改革成果，加快建设全面深化改革先行区，为奋力谱写中国式现代化重庆篇章提供更完善的制度保证、更强大的能力支撑、更强劲的动力源泉。

2024年，重庆牢记殷殷嘱托、感恩奋进，深入贯彻落实党的二十大和二十届二中、三中全会部署要求，全面落实习近平总书记视察重庆重要讲话重要指示精神，迭代升级现代化新重庆建设体系构架，立足实际、放大优势、服务大局，不断将后发优势、比较优势转化为发展胜势，突出稳进增效、除险固安、改革突破、惠民强企工作导向，紧扣推进实施国家重大战略，以改革创新思路抓工作促发展保稳定，坚持数字重庆建设和重点领域改革"双轮驱动"，加强政策供给、运行调度和要素保障，强化季度分析研判和务实推进，营造晾晒比拼、唯实争先干事氛围，克服强降雨和连晴高温极端天气影响，新业态新动能孕育成长，风险防范化解有力有效，社会大局保持和谐稳定。前三季度，主要指标好于预期、西部领先、优于全国，实现地区生产总值23244亿元、增长6.0%，高于全国1.2个百分点，连续3个季度均不低于6%，预计全年增长6%左右、居全国前列，经济社会发展呈向上向好积极态势，奋力交出了经济社会发展高分报表，现代化新重庆建设迈上新台阶、展现新气象。

着力打造西部地区高质量发展先行区,全市经济社会发展质效稳健向好。牢牢把握高质量发展首要任务,因地制宜加快发展新质生产力,加快建设国家重要先进制造业中心,加快打造"33618"现代制造业集群体系,大力发展现代生产性服务业,持续推进科技创新和产业创新深度融合,加快构建现代化产业体系。"33618"现代制造业集群体系整体能级全面增强,智能网联新能源汽车、新一代电子信息制造业、先进材料等3大主导产业集群持续壮大;智能装备及智能制造、食品及农产品加工、软件信息服务等3大支柱产业集群加速起势;6大特色优势产业集群总体平稳;18个"新星"产业集群加速布局。前三季度,以赛力斯等为代表的新能源汽车持续放量增长,新能源汽车产量59.4万辆、同比增长130.7%,新能源汽车产业从"链条型"线性发展向"生态型"网状融合体系化跃升。现代服务业发展水平全面提升,前三季度,服务业增加值增长5.8%,增速全国第1。生产性服务业向专业化和价值链高端延伸、生活性服务业向高品质和多样化升级,增长势头良好。国际消费中心城市、西部金融中心、全球设计之都、中国软件名城、世界知名旅游目的地建设成效显著。强化市场主体梯度培育,做大做强重点企业,积极引进龙头企业加快产业链集聚,深入实施高新技术企业和科技型企业"双倍增"行动计划,新培育高新技术企业2290家、累计8638家,新培育科技型企业23802家、累计66791家。加速培育单项冠军企业、专精特新企业和"独角兽"企业,加快推进企业智改数转,不断壮大数字企业梯队,市场活力显著增强。"416"科技创新战略加快布局,高水平建设重庆四大实验室等平台,加快关键核心技术攻关,推进人工智能、高端器件与芯片等重大科技专项,深入实施全球顶尖人才引进"渝跃行动"和新重庆引才计划,持续强化创新链产业链资金链人才链"四链融合"。

着力打造内陆开放国际合作引领区,重庆在引领西部、服务大局中展现更大担当。充分发挥西部陆海新通道牵引带动作用,强力推动区域互联互通,大幅提升通道物流质量和效率。重庆作为通道物流和运营组织中心牵头抓总作用不断增强,"五型"国家物流枢纽城市、"四向"开放通道区位优势逐渐放大,通道服务保障水平全面提高。"一主两辅多节点"的集疏运通道物流枢

纽体系加快构建，国际物流枢纽园区、果园港等重点枢纽加快建设，高质量建设港口型、陆港型和空港型国家物流枢纽，在西部和内陆地区构建更加完善高效的物流网络，打造衔接国内国际两个市场的综合物流枢纽和现代物流体系，促进西部陆海新通道沿线省份物流降本增效。"通道+经贸+产业"融合发展，加强与通道沿线国家以及西部和内陆省份合作，紧扣构建"33618"现代制造业集群体系推动产业升级，推动数字、金融、科技、绿色等赋能通道发展，提升通道对西部和内陆地区的供需适配、经济产业融合发展能力，加快把通道优势转化为产业优势和发展胜势。西部陆海新通道网络已经覆盖全球126个国家和地区的548个港口，国际物流枢纽功能持续增强，前三季度，重庆经西部陆海新通道运输货物18.3万标箱、增长45%，货值349亿元、增长80%。打造高能级开放平台，开放平台引领带动作用显著增强。深入实施中新互联互通项目标杆行动，持续推进四大重点领域合作，充分发挥渝新"双枢纽"作用，高标准建设中新（重庆）枢纽港产业园、中新生命科技城、中新科技合作园区等实体化项目，带动深化与东盟国家在产业、基础设施、绿色发展等领域合作。全面实施自贸试验区提升战略，扩大电信、医疗、金融等服务业重点领域开放，探索新兴贸易业态监管模式创新，深化重庆自由贸易试验区集成创新，深化川渝自贸试验区协同创新，推动通道沿线和西部地区自贸试验区联动发展，构建面向全球的高标准自由贸易区网络。优化国家级开发区功能，联动发展两江新区、天府新区、西咸新区等国家级开发区，培育两江新区开放型经济新增长点，全力打造内陆开放门户。稳步扩大制度型开放，打造市场化法治化国际化一流营商环境。

着力打造全面深化改革先行区，形成系列具有重庆辨识度的标志性改革成果。全力抓改革、促发展、防风险、增动力、添活力，直面破解制约高质量发展、高品质生活、高效能治理的堵点、卡点、难点问题，牵住经济体制改革这个"牛鼻子"，坚持数字重庆建设和重点领域改革"双轮驱动"，持续推动数字重庆建设从重点能力向基本能力拓展，迭代推进加快实施一批、准备启动一批、谋划储备一批的"三个一批"重点改革项目，先行探索、多点发力、关键突破、带动全局，以深化改革增动力、添活力、防风险、促发展。紧扣"止损、瘦身、提质、增效"思路,推动"三攻坚一盘活"改革突破,国有企业改革攻坚战按既定部署顺利完成阶段性目标,关键指标均超额完成年度任务,前三季度,全市国有企业实现营业收入同比增长2.4%,利润总额同比增长15.3%,增加值同比增长8.8%,国有企业生产经营质效得到有力提升。园区开发区改革攻坚稳步推进,制造业"亩均论英雄"改革持续深化,前三季度,规上制造业企业亩均税收可比增速为14.2%,实现较快增长。推动政企分离改革后"脱钩"企业健康发展,推进涉改企业合并重组、转型发展,持续提升集中监管制度化、规范化和程序化水平。挖掘低效闲置资产盘活潜力,大力推动公租房盘活,全面提升房屋资产管理效率,国有资产盘活效能不断增强。要素市场化配置改革多点开花。在土地要素市场方面,稳步推进宅基地制度改革试点,在全国率先探索建立地票制度。在劳动力要素市场方面,建成西部第一家国家级人力资源服务产业园,市场规模位居全国前列。在资本市场方面,获批开展区域性股权市场制度和业务创新试点,率先开展知识产权质押融资和信用贷款。在数据要素市场方面,率先通过地方立法出台数据条例,西部数据交易中心上线全国首个汽车数据交易专区,为汽车主机厂商打开数据溢价空间,实现汽车数据价值的高效释放,成功跻身全国数据交易机构第一梯队。

着力打造超大城市现代化治理示范区,高效能治理实现较大突破。数字重庆"1361"整体构架与"885"工作体系深度对接,整合三级数字化城市运行和治理功能,共同构建起党建统领城市治理智治体系。建成全国首个市域一体建设、两级管理、三级贯通的公共数据资源体系,成为全国首批数据直达基层试点省市。三级数字化城市运行和治理中心全部实体化运行,六大应用系统建设提质扩面、累计上线应用90余个,镇街职能体系与"141"基层智治体系实现融合。探索AI赋能城市治理,构建城市治理AI大模型,积极打造政策咨询、问题投诉、许可办理、便捷生活等客服智能体。聚焦数据高效流动,打造统一规划、统一架构、统一标准、统一运维的城市运行和治理智能中枢,打造线上线下联动、服务管理协同的城市共性支撑平台。提升"大综合一体化"治理效能。"大综合一体化"行政执法改革试点推进顺

利、执法事项综合率达71.9%，着眼城市"规建治"运行维护一体化，探索建立"市管重点、市管标准、市管跨区，属地为主、镇街为基础"的分级管理模式，理顺以区县为主的执法体制和执法力量下沉的关系，加强中心城区城市管理执法队伍执法、监督等核心业务能力建设。人民城市人民建，践行以人民为中心的发展思想，坚持在发展中保障和改善民生，投入更多财力物力滚动办好可感可及民生实事，持续深化惠民暖心优服行动，及时回应解决群众急难愁盼问题，扎实推进共同富裕，人民群众高品质生活获得感成色更足、幸福感更可持续、安全感更有保障、认同感更加强烈。

着力打造城乡融合乡村振兴示范区，城乡互促共同繁荣取得实质性进展。着力推进以主城都市区为龙头、以区县城和中心镇为重要载体全面推进新型城镇化，不断提升主城都市区发展能级和综合竞争力。作为市委"一号工程"和全市工作总抓手总牵引，成渝地区双城经济圈建设走深走实，"十项行动"迭代升级，川渝合作能级增强，与国家重大区域发展战略对接联动不断强化，成渝地区生物医药集群入选新一批国家先进制造业产业集群，成渝地区双城经济圈竞争力显著提升、引领带动作用不断增强。上半年，成渝地区双城经济圈实现地区生产总值40365亿元，分别占全国的6.5%、西部地区的30.7%，分别比上年同期提高0.1个、0.2个百分点；同比增长5.8%，增速比全国、西部地区均高0.8个百分点。精准发力推动乡村全面振兴，学好用好"千万工程"经验，深入实施"四千行动"，因地制宜发展乡村特色产业、开展乡村建设，加快构建产业升级、人口集聚、城镇发展、乡村振兴的制度机制和政策体系。鼓励各区县根据实际组建村级、乡镇级、区县级、跨行政区域的强村公司，发展壮大农村集体经济，全市集体经营性收入10万元以上的村占比达90%。深化户籍制度改革，促进农业转移人口市民化，创新完善城乡资源要素双向流动机制，千方百计扩大就业、促进居民增收、增进民生福祉，在城乡互促共同繁荣上实现新突破。

着力打造美丽中国建设先行区，山清水秀美丽之地的样板作用愈加显现。紧盯长江经济带发展战略实施10周年关键节点，积极配合中央生态环保督察，扎实抓好问题整改，以治水为重点打好污染防治攻坚战，一体推进

"九治",加快城乡黑臭水体清零,深入推进空气质量改善行动,开展建筑垃圾专项治理,提质建设全域"无废城市",扎实推进乡镇环境综合整治、乡村风貌整体提升。1~8月,长江干流重庆段水质保持为Ⅱ类,74个国控断面水质优良比例达98.6%、高于考核目标1.3个百分点,城市集中式饮用水水源地水质达标率保持100%。生态系统修复和生物多样性保护走在前列,实施重要生态空间管控工程、中心城区"四山"保护提升工程、山水林田湖草生态保护修复工程,坚持山水林田湖草沙一体化保护和系统治理,加强濒危野生动植物保护,抓实长江"十年禁渔",长江干流重庆段鱼类资源量总体呈明显上升趋势,较禁捕前增加47种,达到93种。完善绿色低碳转型发展体制机制,开展全市能耗双控和重点用能单位能耗监测、重点用能单位和存量项目能效诊断。加快推进绿色低碳示范园区建设;完善生态产品价值实现机制,深化地方碳排放权交易市场建设。推动全市域整体大美,联动推进美丽都市、美丽县城、美丽城镇、美丽乡村建设,实施"两江四岸"品质提升工程,建设一批文化名城、名镇、名村、名街区,精心塑造长江文化保护传承"重庆品牌",精心打造"世界山水都市""壮美长江三峡""多彩风情武陵"等文旅名片,长江国际黄金旅游带和巴蜀文化旅游走廊建设迈出坚实步伐。

2025年是习近平总书记视察重庆一周年,也是"十四五"收官、谋划"十五五"的关键之年和纵深推进现代化新重庆建设的重要之年。重庆经济发展既承压力也有动力,机遇大于挑战。当前,国内外形势依然复杂严峻,去全球化趋势以及地缘政治冲突持续冲击,全球经济将面临低增长高负债风险,我国经济仍将面临总需求不足,重庆市投资和外贸存在"短板",一些传统产业动能减弱,新的动能尚在孕育中,巩固经济持续向上向好态势仍然面临不少困难和挑战。但要看到,重庆具有国家重大战略叠加优势,肩负成渝地区双城经济圈建设、西部陆海新通道、长江经济带、新时代西部大开发等国家战略使命任务,尤其是建设国家战略腹地以及承接东部产业转移、近期国家存量政策持续释放和增量政策相继实施等政策叠加优势,目前一些新投资正在转化为新的增长点,战略性新兴产业、未来产业等新动能新模式正在孕育，相对其他省区市，重庆的比较优势、后发优势十分突出。总的来看，机遇大于挑战、有利条件强于不利因素。

时代浪潮奔腾向前，使命重托催人奋发。新的一年，重庆将牢记殷殷嘱托，把推进中国式现代化作为最大的政治，坚定信心、抢抓机遇、迎接挑战，紧扣做实"两大定位"、更好发挥"三个作用"新定位新使命，锚定"六个区"建设目标，深刻把握新时代做好经济工作的规律性，发挥好有效市场和有为政府两个方面作用，加强国家战略协同联动，用好"一揽子增量政策"放大效应，积极扩大有效需求，因地制宜加快发展新质生产力，统筹推进高水平开放和深层次改革，切实保障和改善民生，着力防范化解各类风险，化危为机、变中求进、乘势而上，奋力谱写中国式现代化重庆篇章，在引领西部、服务大局中作出新的更大贡献。

摘　要

本报告认为，2024年在重庆发展历程中是极具历史性、标志性和里程碑意义的一年。习近平总书记时隔5年再次亲临重庆视察，主持召开新时代推动西部大开发座谈会，赋予重庆两大战略定位，为重庆发展把脉定向、指路引航。重庆始终牢记习近平总书记殷殷嘱托，深入学习贯彻党的二十大和二十届三中全会精神，紧扣奋力谱写中国式现代化重庆篇章总纲领总遵循，强化党建统领，突出稳进增效、除险固安、改革突破、惠民强企工作导向，统筹高质量发展、高品质生活、高效能治理，扎实推动国家战略落地、积极服务融入新发展格局，紧盯制造业构建现代化产业体系、牵引带动高质量发展，深化改革攻坚、扩大高水平开放，积极探索超大城市现代化治理新路子，突出重点深化城乡融合乡村全面振兴，高标准推进新时代文化强市建设，加快补齐短板持续增进民生福祉，高水平建设美丽重庆、筑牢长江上游重要生态屏障，高质高效建设平安重庆法治重庆，持续打造全过程人民民主市域标杆，毫不放松全面从严管党治党，全市改革发展呈现向上向好积极态势，社会大局保持和谐稳定，现代化新重庆建设迈上新台阶、展现新气象。

关键词： 经济运行　社会建设　成渝地区双城经济圈　重庆

目 录

Ⅰ 总报告

B.1 2024年重庆经济运行态势分析与2025年发展形势展望
………… 重庆社会科学院（重庆市人民政府发展研究中心）/ 001

Ⅱ 高质量发展篇

B.2 2024~2025年重庆高质量发展形势分析与预测
……………………………………… 沈桂钊　程政博　夏中源 / 026

B.3 重庆"33618"现代制造业集群发展形势分析及预测
………………………………………… 重庆市经济和信息化委员会 / 037

B.4 2024~2025年重庆市农业农村经济形势分析与预测
………………………………………… 重庆市农业农村委员会 / 047

B.5 重庆加快培育飞行汽车产业的必要性可行性分析及建议
…………………… 刘嗣方　唐于渝　陈　容　樊　坤 / 060

B.6 提升国际品质　塑造城市名片：重庆对标打造中西部国际
消费中心城市样板…………………… 王顺辉　施沅赤　赵　升 / 072

B.7 重庆市以科技创新促进现代化产业体系构建研究……… 詹　懿 / 080

B.8 重庆推动企业上市融资现状、问题及对策…………… 谢　攀 / 093

Ⅲ 高品质生活篇

B.9 2024~2025年重庆创造高品质生活形势分析与预测
　　　　　　　　　　　　　李美铮　李润乐　牛天宝　杨洪超 / 112
B.10 重庆市人力资源和社会保障形势分析与预测
　　　　　　　　　　　　　　　　重庆市人力资源和社会保障局 / 129
B.11 重庆市疾病预防控制体系形势分析与预测 …………… 杨天蓉 / 139
B.12 重庆市基层医疗卫生服务能力提升研究 ……………… 罗　伟 / 152

Ⅳ 高效能治理篇

B.13 数字赋能超大城市现代化治理形势分析与预测
　　　　　　　　　　　　　　　王渝东　杨　虹　吕杰才 / 167
B.14 数字驱动重庆韧性城市建设之路：发展现状、
　　　问题分析及对策建议 ………………………………… 刘晓君 / 178
B.15 成渝地区政务服务"跨省通办"建设成效及展望 …… 朱永涵 / 190
B.16 重庆市农村黑臭水体治理进展、形势及对策
　　　…… 重庆市生态环境科学研究院课题组　重庆市生态环境局 / 201

Ⅴ 成渝地区双城经济圈建设篇

B.17 共同唱好新时代西部"双城记"　推动成渝地区双城经济圈
　　　建设不断走深走实 …………… 重庆市综合经济研究院课题组 / 212
B.18 推动成渝中部地区高质量一体化发展现状、面临的
　　　问题及对策建议 ………… 钱小利　谢万成　廖玉姣　彭劲松 / 226
B.19 推动成渝地区双城经济圈产业高质量协同发展的思路和对策
　　　………………………… 重庆市综合经济研究院课题组 / 238

B.20 成渝地区双城经济圈"六江"生态廊道建设形势
　　　分析与预测 …………………… 李　萍　蔡建军　黄雪飘 / 251
B.21 推动渝西地区高质量发展的成效、问题及建议 ……… 程　凯 / 262
B.22 成渝地区双城经济圈绿色发展转型形势分析与预测
　　　………………………………………… 刘新智　林芳芳 / 274
B.23 推动巴蜀文化旅游走廊建设的现状与建议
　　　………………………………………… 黄意武　唐海桐 / 287

Ⅵ　西部陆海新通道建设篇

B.24 重庆推动西部陆海新通道高质量发展：进展、问题与建议
　　　……………………………………………………… 李　颜 / 298
B.25 重庆推进西部陆海新通道制度型开放的实践探索、
　　　现实挑战及对策措施 …………………… 刘嗣方　邓　靖 / 308
B.26 加快建设交通强市奋力打造内陆开放综合枢纽
　　　………………………………………… 重庆市交通运输委员会 / 320
B.27 重庆提升西部陆海新通道国际传播效能：
　　　2024年盘点与2025年展望 …………… 王立坦　刘晓敬 / 335
B.28 重庆建设多式联运集疏运体系的现状、问题及建议
　　　……………………………………………………… 邓　靖 / 347
B.29 加强西部陆海新通道法治保障研究 ………… 全威巍　刁雪云 / 358

Ⅶ　长江经济带高质量发展篇

B.30 加快推进美丽中国先行区建设　努力交出长江经济带
　　　高质量发展高分报表 …………………………… 杨　洋 / 368
B.31 重庆市深入打好污染防治攻坚战形势分析与展望
　　　………………………… 重庆市生态环境科学研究院课题组 / 385

B.32 推进川渝跨界河流管理保护的对策及建议
………………………………… 重庆市河长办公室 / 395

B.33 长江上游岸线（重庆段）资源保护利用现状及对策研究
…………………………… 王兆林 李 然 王洁仪 / 403

Ⅷ 国家战略腹地建设篇

B.34 打造新时代国家战略腹地核心承载区的现状进展与形势
………………………………………………… 彭劲松 / 418

B.35 重庆打造低空经济创新发展之城的现状、问题及建议
………………………………………………… 唐于渝 / 429

B.36 重庆全方位夯实粮食安全根基形势分析及建议 ……… 甘林针 / 443

皮书数据库阅读使用指南

总报告

B.1
2024年重庆经济运行态势分析与2025年发展形势展望

重庆社会科学院（重庆市人民政府发展研究中心）＊

摘　要： 2024年是重庆发展史上最具里程碑意义的一年，重庆坚持以习近平新时代中国特色社会主义思想为指导，全面贯彻党的二十大和二十届二中、三中全会精神，深入学习贯彻习近平总书记视察重庆重要讲话重要指示精神，聚焦做实"两大定位"、发挥"三个作用"新定位新使命，锚定"六个区"建设目标，努力在全国高质量发展版图中争先进位，改革发展呈向上向好态势，社会大局保持和谐稳定，全市经济保持总体平稳、稳中有进，主要指标好于预期、西部领先、优于全国。但仍面临现代产业竞争力不够强、科技创新与产业创新融合不够、城乡融合和区域协调发展仍不平衡、高品质民生服务供给不足等短板问题。2025年，要抓住习近平总书记视察重庆1周年、"十四五"收官和"十五五"谋划等关键节点，进一步聚焦高

＊ 执笔人：刘嗣方，重庆社会科学院党组书记、院长；彭劲松，重庆社会科学院副院长、研究员；朱旭森，重庆社会科学院产业经济研究所副所长、研究员；詹懿，重庆社会科学院产业经济研究所副研究员；程凯，重庆社会科学院国际经贸与物流研究所副研究员。

质量发展首要任务和服务国家重大战略，持续放大比较优势、后发优势，积极扩大有效需求，因地制宜加快发展新质生产力，统筹推进高水平开放和深层次改革，统筹推动城乡区域融合发展和乡村全面振兴，加快绿色低碳转型步伐，切实保障和改善民生，积极探索超大城市现代化治理新路子，有效防范和化解风险挑战，确保2025年经济平稳健康发展。

关键词： 现代化新重庆　经济运行　发展趋势　形势展望

2024年是重庆全面落实习近平总书记殷殷嘱托、纵深推进现代化新重庆建设的重要之年。2024年4月，习近平总书记亲临重庆视察，发表重要讲话、作出重要指示，赋予重庆奋力打造新时代西部大开发战略支点、内陆开放综合枢纽"两大定位"。重庆聚焦新定位新使命，积极服务和融入新发展格局，认真学习贯彻党的二十大和二十届二中、三中全会精神，全面落实习近平总书记视察重庆重要讲话重要指示精神，迭代升级现代化新重庆建设体系构架，立足实际、放大优势、服务大局，不断将后发优势、比较优势转化为发展胜势，突出稳进增效、除险固安、改革突破、惠民强企工作导向，加强政策供给、运行调度和要素保障，强化季度分析研判和务实推进，营造晾晒比拼、唯实争先干事氛围，克服强降雨和连晴高温极端天气影响，推动高质量发展、创造高品质生活、实现高效能治理，主要指标好于预期、西部领先、优于全国，现代化新重庆建设迈上新台阶、展现新气象。

一　2024年重庆经济社会发展总体形势

面对复杂多变的外部环境和艰巨繁重的改革发展任务，重庆聚焦奋力谱写中国式现代化重庆篇章总纲领总遵循，坚持稳中求进工作总基调，完整、准确、全面贯彻新发展理念，积极服务和融入新发展格局，牢牢把握高质量发展首要任务，紧扣推进实施国家重大战略，以改革创新思路抓工作促发展保稳定,坚持数字重庆建设和重点领域改革"双轮驱动",因地制宜加快发展新质生产力,新业态新动能孕育形成,改革攻坚成效持续显现,惠民利民富民亮点纷呈,各类风险防范化解有力有效,交出了经济社会发展高分报表。一季度,全市实现地区生产总值7232亿元、增长6.2%,呈现"开门红";上半年,实现地区生产总值15138亿元、增长6.1%,高于全国1.1个百分点,居全国第二位,实现"半年进";前三季度,实现地区生产总值23244亿元、增长6.0%,高于全国1.2个百分点,连续3个季度均不低于6%,呈向上向好态势。全市经济发展逆势而上,实现了有效化债前提下的稳健增长,预计全年经济增速在6%左右、居全国前列,有望实现全年既定目标任务。

固定资产投资总体保持平稳,工业投资贡献突出。多措并举加大招商引资力度,强化链长、链主企业招商,前三季度,制造业到位资金1526亿元,同比增长13.3%。抢抓重大项目开工建设进度,工业、民生领域投资稳步增长。前三季度,固定资产投资同比增长1.8%,扣除房地产开发投资,固定资产投资增长5.5%。其中,工业投资增长16.3%,工业投资拉动全市投资增长4.5个百分点,占全市投资比重达31.6%,较上年同期提高3.9个百分点。

消费市场稳定发展,新消费持续增强。落实消费品以旧换新政策,消费需求稳步释放,市场规模不断扩大,呈稳中有进态势。前三季度,实现社零总额增长3.8%。乡村消费稳步扩大,乡村消费品零售额增速快于城镇4.7个百分点。服务消费增势良好,前三季度,实现餐饮收入增长10.4%,住宿业营业额增长5.8%。新能源汽车零售额增长22.4%,智能家用电器和音像器材零售额增长33.0%,智能手机零售额增长27.9%,可穿戴智能设备零售额增长4.5%,数字化、智能化、绿色化等新兴消费表现亮眼。

出口平稳增长,贸易新动能稳中有进。前三季度,外贸出口3626亿元,增长2.4%。笔记本电脑、汽车、手机、摩托车等优势产品成为外贸出口规模平稳增长的主要支撑,其中,汽车及零配件出口389亿元、增长26.1%,电动汽车出口增长131.9%。新市场持续拓展,前三季度,重庆对东盟进出口804.6亿元、增长5.3%。新主体不断壮大,前三季度,全市有进出口实绩企业4299家、增加11.5%;农产品出口增长42.3%,增速排全国第三。

财政收入稳定增长，金融运行稳健。前三季度，一般公共预算收入增长6.7%、税收增长0.6%，分别排全国第4、第6位；支出增长8.2%，排全国第3位。防范化解地方债务风险稳步推进，债务风险逐步缓解，实现债务风险"零爆雷"，"三保"风险"零发生"。企（事）业单位信贷支持力度保持稳固，前三季度，金融主导产业增速为6.0%，银行业总资产7.99万亿元，银行业资产规模稳步扩大。

CPI基本稳定，PPI降幅收窄。前三季度，CPI同比指数为100.2，较上半年提高0.2个百分点。扣除食品和能源价格的核心CPI上涨0.6%。八大类商品和服务价格"六涨两降"，其中，衣着、其他用品及服务、教育文化娱乐、生活用品及服务、医疗保健、居住价格同比分别上涨3.1%、2.8%、1.3%、0.6%、0.6%、0.2%，食品烟酒、交通通信价格同比分别下降1.1%、0.7%。前三季度，受国际大宗商品价格波动及国内市场有效需求不足等因素影响，PPI同比下降0.8%，降幅较上年同期收窄1.4个百分点；购进价格下降1.3%，收窄1.5个百分点。

就业承压但形势有所改善，居民收入平稳增长。一季度、上半年、前三季度城镇调查失业率平均值分别为5.4%、5.3%、5.3%。前三季度，城镇新增就业60.67万人，提前完成60万人的全年预期目标任务。前三季度，全体居民人均可支配收入30792元、增长5.3%、高于全国0.1个百分点，按常住地分，城镇居民人均可支配收入39007元、增长4.6%；农村居民人均可支配收入16790元、增长6.5%、居西部第1。

（一）融入和服务国家战略务实有效

成渝地区双城经济圈建设走深走实，引领带动作用不断增强，上半年，实现地区生产总值40365亿元，分别占全国的6.5%、西部地区的30.7%，分别比上年同期提高0.1个、0.2个百分点；同比增长5.8%，增速比全国、西部地区均高0.8个百分点；前三季度，300个共建重大项目完成投资3699亿元。深化与新疆能源合作，提速推动"疆电入渝"和"疆煤入渝"，哈密至重庆±800千伏特高压直流输电工程重庆段全面进入放线阶段。推动组建长江上游港口联盟，建立嘉陵江、乌江跨省船闸联合调度机制。加速与沿海地区联动，浙江舟山"创新5"号驶入重庆江津洛碛港，历史性实现了万吨级江海直达船舶从沿海直航长江上游港口。深化鲁渝协作，紧扣重庆"33618"现代制造业集群体系和山东"十强产业"，强化产业链供应链融合发展。

（二）现代化产业体系加快构建

创新资源要素持续集聚。围绕"416"科技创新布局，一体推进教育科技人才工作，深入实施科技创新和人才强市首位战略，全市研究与试验发展（R&D）经费保持稳步增长，2023年投入强度达2.48%（见图1），2024年重庆综合科技创新水平居西部第1、全国第7，较上年提高1位，为发展新质生产力注入新动能。加快建设超瞬态实验装置、大规模分布孔径深空探测雷达等重大科技基础设施，前瞻谋划精密位移测量等大科学装置建设。

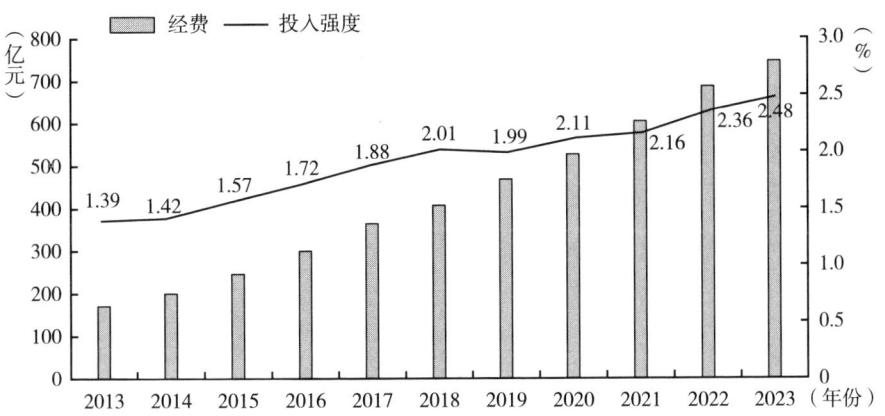

图1 2013~2023年重庆研究与试验发展（R&D）经费总量及投入强度

数据来源：历年《重庆市科技经费投入统计公报》。

"33618"现代制造业集群体系加快打造。加快构建"产业大脑+未来工厂"核心场景，全方位纵深推进制造业数字化转型。前三季度，规模以上工业增加值同比增长8.1%（见图2），高于全国2.3个百分点，居全国第8位；战新产业增加值占规上工业增加值比重为34.5%、较上年提高2.3个百分点；制造业高质量发展指数居西部第1。其中，汽车产业是促进规上工业较快增长的主要支撑产业之一，汽车产业增加值增长25.9%，拉动全市增长4.5个百分点，以赛力斯等为代表的新能源汽车持续放量增长，新能源汽车产量59.4万辆、增长130.7%，新能源汽车产业从"链条型"线性发展向"生态型"网状融合体系化跃升。新一代电子信息制造业方面，1~8月，笔记本计算机产量4483.2万台、产量稳居全球第1，手机5292.7万台，液晶显示屏2.54亿片、增长24.9%；集成电路44.73亿片、增长111.9%，下一代平板显示技术研发进程全国领先。先进材料方面，化工行业华峰6期、华峰化学苯精项目以及双象光学材料等新项目持续放量，化工支撑材料产业实现增长，前三季度，材料产业增加值同比增长4.6%。夏粮产量125.2万吨，前三季度，农业主导产业增速2.9%，农业经济发展基本稳定。六大千亿级特色优势产业集群稳步构建，18个"新星"产业集群加速布局，低空经济、未来产业加快发展。深入实施高新技术企业和科技型企业"双倍增"行动计划，新培育高新技术企业2290家、累计8638家，新培育科技型企业23802家、累计66791家。新增专精特新"小巨人"企业32家、累计310家，10月25日，重庆新铝时代科技股份有限公司正式登陆深交所创业板，成为2024年首家上市渝企。实施"渝跃行动"和新重庆引才计划，研发人员和人才总量持续提升。

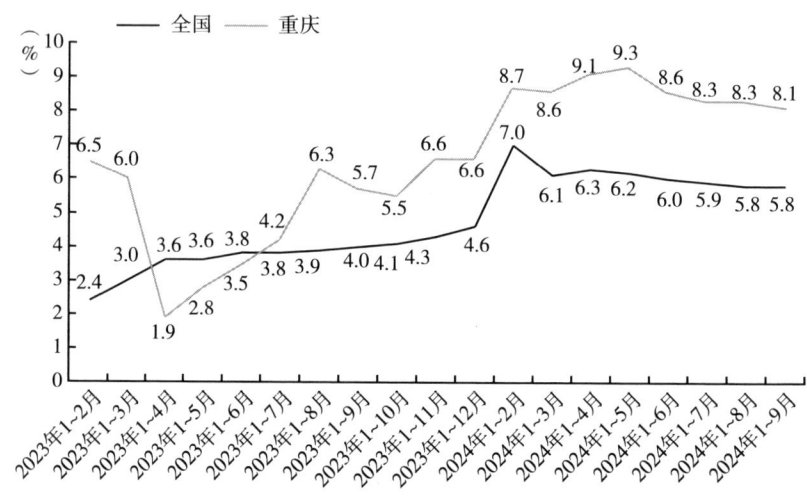

图2　2023年以来全国与重庆规模以上工业增加值累计增速对比

数据来源：《2024重庆市经济社会发展统计月报-08》。

现代服务业发展势头良好。1~8月，规模以上服务业企业实现营业收入4205亿元、增长9.9%（见图3），高于全国2.2个百分点。深入实施"智融惠畅"工程，构建了"1个总体方案+5个专项实施方案"的政策体系，西部金融中心建设加速推进。现代物流优化提升，前三季度，重庆经西部陆海新通道运输货物18.3万标箱、增长45%，货值349亿元、增长80%。加快建设国际消费中心城市，近三年全市社零总额平均增速8.7%，高于全国2.3个百分点，在全国5个试点城市中保持领先，消费引导和带动作用持续增强。软信行业增势良好，1~8月，规上互联网和软件行业营业收入同比增长21.0%，其中，规上其他数字内容服务、集成电路设计、基础软件开发等行业分别增长14.0倍、2.6倍、54.6%。文旅消费稳步扩大，旅游热度持续位居全国前列，演出市场消费潜力密集释放，按照可比口径测算，2024年国庆节假期，全市共接待国内游客2268.35万人次、同比增长14.1%，游客花费154.02亿元、同比增长15.8%，入境过夜游客同比增长140.4%。

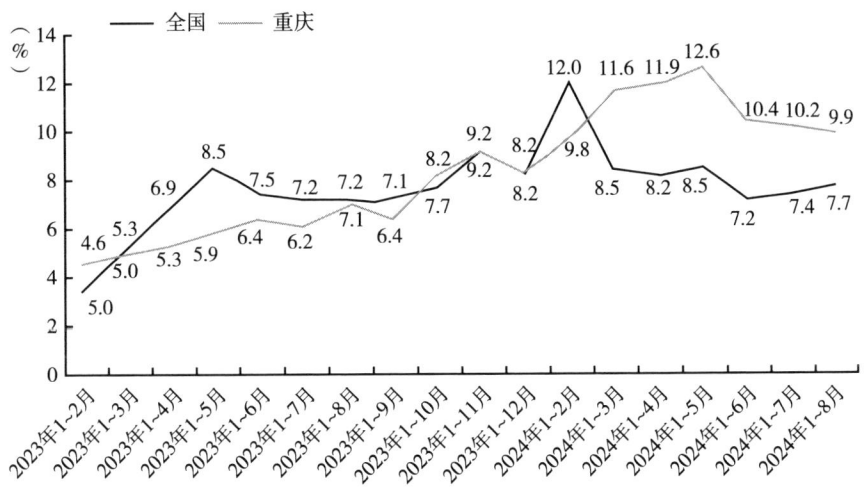

图3 2023年全国与重庆规上服务业企业营业收入增速对比

数据来源：《2024重庆市经济社会发展统计月报-08》等。

（三）改革攻坚成效显著

紧扣"止损、瘦身、提质、增效"改革思路，全力推动"三攻坚一盘活"改革突破。国有企业改革攻坚战按既定部署顺利完成阶段性目标，关键指标均超额完成年度任务。前三季度，全市国有企业实现营业收入同比增长2.4%，利润总额同比增长15.3%，增加值同比增长8.8%。截至9月底，市属国企亏损企业阶段性减亏扭亏整体进展率达85.1%，完成287家企业法人压减工作，首批27家企业压减总部履行管理职责部门12.3%，国有企业生产经营质效得到有力提升。园区开发区改革攻坚稳步推进，制造业"亩均论英雄"改革持续深化，前三季度，规上制造业企业亩均税收可比增速14.2%，实现较快增长。推动政企分离改革后"脱钩"企业健康发展，推进涉改企业合并重组、转型发展，持续提升集中监管制度化、规范化和程序化水平。挖掘低效闲置资产盘活潜力，大力推动公租房盘活，全面提升房屋资产管理效率，国有资产盘活效能不断增强。推动民营经济综合改革，集成供给民营经济和民间投资政策，不断激发民间投资活力、提升民营企业科技创新和核心竞争能力，前三季度，民营经济增加值占全市59.9%、同比增长7.0%，民间投资同比增长13.5%。要素市场化配置改革多点开花。在土地要素市场方面，稳步推进宅基地制度改革试点，在全国率先探索建立地票制度。在劳动力要素市场方面，建成西部第一家国家级人力资源服务产业园，市场规模位居全国前列。在资本市场方面，获批开展区域性股权市场制度和业务创新试点，率先开展知识产权质押融资和信用贷款。在数据要素市场方面，率先通过地方立法出台《重庆市数据条例》，西部数据交易中心上线全国首个汽车数据交易专区，为汽车主机厂商打开数据溢价空间，实现汽车数据价值的高效释放，成功跻身全国数据交易机构第一梯队。

（四）高水平对外开放持续深入

综合枢纽多式联运体系日趋完善，重庆再次开行直达土耳其的班列，中欧班列（渝新欧）已开通三条"南通道线路"，构建起东南西北四向、铁公水空四种方式的综合枢纽多式联运体系，通道线路不断拓展。通道带物流、物流带经贸、经贸带产业，重庆枢纽港产业园加快推进现代物流、产业转型以及区域经济协同发展，新通道辐射更强。前三季度，公路运输、铁路运输分别进出口693.8亿元、291.3亿元，分别增长20.7%、10%，合计占进出口总值的19%，较上年同期提升3.2个百分点。制度型开放不断深化。中新（重庆）战略性互联互通示范项目聚焦体制机制及政策创新，争取到国家发展改革委、中国人民银行等出台支持政策和举措77条。重庆自贸试验区已形成新一批28项制度创新成果在全市复制推广，关银"一KEY通"川渝通办集成化改革，入选全国自贸试验区第五批"最佳实践案例"。前三季度，重庆新设外资企业277家、同比增长13.5%，实际使用外资6.94亿美元、同比增长62%，外资招商取得实效，增速保持全国领先。

（五）超大城市现代化治理积极推进

创新超大城市现代化治理体制机制。探索"大综合一体化"体制机制与三级治理中心衔接机制，健全完善人机协同、平急结合的联合指挥调度机制，建立健全统分结合、上下贯通工作机制，健全"大综合一体化"体制机制的四梁八柱。持续推进"全灾种、大安全"应急管理体系改革，优化升级"1366"应急管理体系，全力提升风险防控、基层基础、应急救援、综合保障、社会协同能力。着眼城市"规、建、治"运行维护一体化，探索建立"市管重点、市管标准、市管跨区，属地为主、镇街为基础"的分级管理模式。迭代"城市治理全面融入社区"服务机制，推进"渝城护学""渝城助医"专项行动，打造"渝城+"民生品牌。突出执法服务为民，推动中心城区行政执法"大综合一体化"率先破题。加快数字赋能超大城市现代化治理，推动各领域工作体系重构、业务流程再造、体制机制重塑，发布全国首个城市运行和治理大模型。六大应用系统和基层智治体系有序推进，试运行"突发事件直报快响""危岩地灾风险管控""民呼我为""情指行""经济运行监测"等一批典型应用，"141"基层智治体系覆盖全部镇街。涌现出一批数字化赋能企业园区高质量发展的典型案例，例如，华峰化工企业园区通过构建"智慧大脑",打造智慧安全环保系统,实现园区安全防控从"响应处置"向"事前预防"转变,不断提升企业园区发展质效。

(六)城乡区域融合发展势头良好

健全统筹推进新型城镇化和乡村全面振兴体制机制。学好用好"千万工程"经验,深入实施"四千行动",以小县大城、强镇带村、强村富民为导向健全统筹新型城镇化和乡村全面振兴体制机制,加快打造城乡融合乡村振兴示范区。区县根据实际组建村级、乡镇级、区县级、跨行政区域的强村公司,探索资源发包、物业出租、居间服务、资产参股等多样化途径,集体经营性收入10万元以上的村占比达90%。积极探索三农高质量发展新路子。深入推进成渝现代高效特色农业带建设,打造西部地区农业农村现代化发展示范区,培育壮大火锅食材、粮油等千亿级生态特色产业链。实施多种措施确保农民增收致富,大力支持农户依托现有资源发展庭院经济、家庭作坊、乡村旅游、农产品电商,依靠多种经营促进增收;落实农民工稳岗就业政策,加强返乡农民工动态监测,引导返乡农民工就地就近就业。培育各类新型农业经营主体9.83万户,成立强村公司4300家,把更多小农户引入现代化大产业。努力推动区域协调发展。推动主城都市区发展能级和综合竞争力显著提升,打造现代化国际大都市,做优做强中心城区产业引领、科技创新、综合服务等核心功能,有效发挥极核引领作用。积极引导产业、人口和要素向有比较优势的区县城和中心镇集聚,"一县一策"推进少数民族聚居地区强县富民。上半年,各区域经济持续发力,中心城区规上工业增加值增长11.0%,对全市工业增长的贡献达47.3%;渝西地区和渝东新城分别增长6.4%、8.0%,综合实力和承载能力实现较大提升;渝东北三峡库区增长7.2%,渝东南武陵山区增长7.1%。

(七)民生保障扎实有效

持续完善就业优先政策,健全社会保障体系,深化医药卫生体制改革,全力做好普惠性、基础性、兜底性民生工作,常态化开展"三服务"及时回应群众急难愁盼问题，以"小切口""微改革"扎实办好群众可感可及民生实事，惠民利民富民亮点纷呈。深入实施就业优先战略，强化就业优先政策，就业形势总体保持稳定。深入实施15件重点民生实事，一批群众最关心、最直接、最现实的利益问题得到解决。健全多层次医疗保障体系，实现基本医保、大病保险、医疗救助、城市普惠型商业保险（渝快保）等保障有序衔接、报销一站式结算。聚焦残疾人、住房困难群体、户外劳动者等特殊群体生活需求，守住民生底线，织牢民生兜底保障网，保障力度不断加大。构建多层次社会保障体系，优化社保经办服务体系，迭代升级"渝保渝快"社保惠民行动计划，推行城乡居民基本养老金"免申即享"服务新模式。全力解决市民急难愁盼的接房问题，截至9月底，保交楼项目累计交付房屋21万套、占应交总数的97%；保交房项目累计交付3.9万套，有效保障购房群众合法权益。

（八）绿色低碳转型加快推进

持续健全生态环境治理体系。一体推进治水、治气、治土、治废、治塑、治山、治岸、治城、治乡"九治"，城乡环境质量不断提升。1~8月，长江干流重庆段水质保持为Ⅱ类，74个国控断面水质优良比例达98.6%、高于考核目标1.3个百分点，城市集中式饮用水水源地水质达标率保持100%，流域水生态环境质量持续向好。长江干流重庆段鱼类资源量总体呈明显上升趋势，较禁捕前增加47种，达到93种。完善生态产品价值实现机制，探索生态系统生产总值核算，探索构建生态经济体系，推动林业碳票交易、排污权交易。启动绿色金融改革创新试验区建设，上半年，重庆绿色贷款余额超7600亿元、同比增长22%，依托"长江渝融通"系统推送金融机构精准对接投放贷款超560亿元。运用碳减排支持工具、"绿易贷"再贷款、"绿票通"再贴现等货币政策工具推动贷款发放，每年带动碳减排超430万吨。积极引导金融机构加强林权抵押贷款、林业碳汇预期收益权抵（质）贷款等金融产品和服务模式创新，上半年，全市林权抵押贷款余额158亿元、增长102%，林权抵押贷款规模位居全国前列。

二 2025年重庆经济社会发展的困难挑战及主要指标预测

2025年,重庆将深入学习贯彻习近平总书记视察重庆重要讲话重要指示精神,全力落实国家重大发展战略,紧盯国家宏观调控政策动向,强化抓机遇、应挑战、化危机、育先机能力,推动经济持续回升向好,预计全年地区生产总值能够实现6.3%左右的增长目标,全社会固定资产投资、社零总额、进出口贸易分别同比增长4%、8%、4%左右。

(一)困难挑战

1.投资增长总体承压

受宏观经济下行压力较大、政府债务和项目管控、区县财政困难等影响,重庆基建投资降幅较大,工业投资增长后劲不足,房地产投资探底回升难度较大,短期内扩大投资面临明显的"天花板"效应(见图4)。2024年,全市基建投资由1~2月的同比增长8.5%下降到1~8月的-0.4%,新开工项目计划总投资额4月、5月累计降幅均超35%,拖累基建投资增速自4月起由正转负;1~8月,全市房地产开发投资额1750.09亿元、同比下降9.9%,降幅高于1~2月2.7个百分点。以技改投资为例,调查显示,40.4%的企业由于市场环境不好、技改后无法增加订单等顾虑,设备更新意愿较低,暂无技改投资计划。此外,相较于渝西地区、渝东新城等区域,中心城区投资增速下降5.5%,整体下降较快。

2.工业持续增长动能不足

与上海、武汉、成都等城市相比,重庆对生物基因、低碳经济等新兴产业招商引资、培育不足,光伏等产业配套不够完善,进入产业新赛道新业态相对滞后,工业持续较快增长面临压力。在工业和信息化部公布的507家单项冠军企业、培育企业和单项冠军产品名单中,重庆仅4家企业上榜,上榜率不到1%,在全国排名第18位。同时,重庆笔电、生物医药等重点产业引

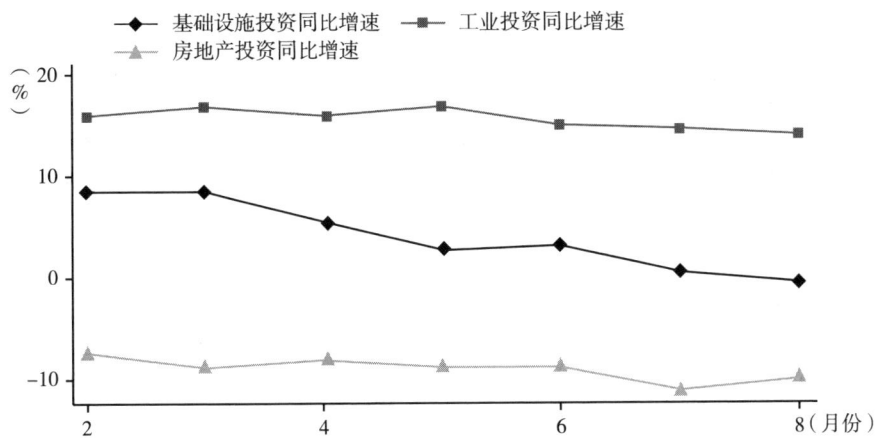

图4 2024年重庆市基础设施投资、工业投资、房地产投资分月累计同比增速

数据来源：重庆市统计局。

领作用不强，存在产业链环节层级较低、升级换代较慢、核心配套较少、可替代性较强等问题。如笔电整机企业供应链外迁现象明显，维沃等手机企业面临激烈市场竞争；生物医药产业仍处于中药"一业独大"（占比超过50%），却大而不强的格局，发展潜力较大的生物药、化学药、医疗器械等行业培育滞缓、规模较小。此外，重庆电力、煤炭等能源自给率较低，企业用能保障能力不强，生产经营持续承压，其中电力自给率仅为70%左右，低于全国平均水平；加之国家骨干能源网络互联互通水平不高，电力、天然气等调峰能力不强，工业经济稳定运行的能源保障问题较为突出。

3. 外资外贸下行压力偏大

受中美经贸摩擦、国际地缘政治因素等影响，重庆电子、服装、汽摩、机械等行业企业反映存在订单向越南、菲律宾、印度尼西亚等国家转移情况，加之市内重点开放平台、外贸大区支撑不足，致使外贸企业面临老客户流失和新客户开发难的两难困境，全市外贸负值运行。目前，重庆以中低端产品为主的外贸结构尚未完全扭转，全市高端装备、专用装备出口占全国同类产品比重不足1%。2024年1~5月，锂电池、太阳能电池出口额分别同比下降23.7%、87.6%；电动载人汽车占全市乘用车出口量的15.5%，海外市

场开拓受到美欧加征关税较大影响。外资方面，受美国对华投资禁令、美元利率变化等因素影响，外商对重庆制造业投资热情减弱；同时，在发达国家再工业化战略、东南亚地区低成本竞争、中美经贸摩擦等背景下，重庆加工贸易产业及外资企业向外转移苗头显现，电子、服装、汽摩、机械等行业企业反映存在订单向越南、菲律宾、印度尼西亚等国家转移情况，通过存量项目挖掘增长潜力难度较大。

4. 国家增量政策利用不足

针对当前经济形势新情况新变化，着力深化改革开放、扩大国内需求、优化经济结构，在有效落实存量政策的同时，国家围绕加强宏观政策逆周期调节、扩大国内有效需求、加大助企帮扶力度、推动房地产市场止跌回稳、提振资本市场等出台系列新政策，涉及大规模设备更新和消费品以旧换新、项目储备、降低存量房贷利率、产业跨地区梯度转移和优化布局等"一揽子增量政策"。旨在稳增长、扩内需、化风险、促发展，通过强化宏观政策，特别是加大财政货币政策逆周期调节力度，加强政策工具创新和协调配合，进一步激发市场活力，巩固企稳回升态势，稳定经济增长预期。但受配套不够充分、执行不够精准等影响，这些政策尚未完全在重庆落地生根，政策资源存在错配和浪费等现象。以产业转移政策为例，部分区县产业发展定位不清晰，产业转移承接过程中存在无序竞争现象，导致产业同质化，未能发挥出产业转移政策的理想效果。

5. 就业结构性矛盾较为突出

受经济下行压力影响，经济对就业带动作用不足，用工需求下降，就业弹性呈回落趋势。一方面，青年就业压力比较大，失业率偏高，另一方面，制造业存在招工难问题，一些制造业难以找到合适的一线技工。"58同城"大数据显示，2024年第一、二季度人才流动，全国企业招聘求职需求活跃城市排名中，重庆居第15位；2024年1~8月，全市城镇调查失业率平均值为5.3%，高于全国0.1个百分点，16~24岁劳动力失业率相对偏高。另外，重庆优势产业集中在传统制造行业，占比近70%，传统制造行业对高职及以上学历层次用工需求较小，导致高校毕业生难以匹配到合适岗位。

总体看来，重庆经济发展既承压力也有动力，机遇大于挑战。从国际看，百年变局加速演进，国际政治经济形势发生深刻变化，局部冲突和动荡频发，大国博弈日趋激烈，逆全球化和产业链供应链区域化碎片化趋势日益明显，美国等西方国家不遗余力对华打压遏制，全球经济增长放缓，经济复苏仍然较为乏力，金融困境可能会在全球范围内扩大，贸易摩擦、地缘政治紧张局势短期难有大的改观。从全国看，我国经济发展的基本面没有改变，市场潜力大、经济韧性强等有利条件没有改变，随着年内各项存量政策效应继续释放特别是增量政策出台实施，市场预期明显改善，为全年经济社会平稳健康发展打下扎实基础。从全市看，重庆具有国家重大战略叠加优势，肩负成渝地区双城经济圈建设、西部陆海新通道、长江经济带、新时代西部大开发等国家战略使命任务，既是重大使命也是重要机遇，尤其是建设国家战略腹地以及承接东部产业转移、近期国家存量政策持续释放和增量政策相继实施等政策叠加优势，目前一些新投资正在转化为新的增长点，战略性新兴产业、未来产业等新动能新模式正在孕育，相对其他省区市，重庆的比较优势、后发优势十分突出。总的来看，机遇大于挑战、有利条件强于不利因素。

（二）主要经济指标预测

对2025年重庆经济发展进行预测，选取地区生产总值、三次产业结构、全社会固定资产投资总额、社会消费品零售总额、进出口总值五大指标作为核心指标，时间跨度为党的十八大以来的年份，在此基础上，利用FNN神经网络分析方法进行实证研究。FNN模型是基于误差反向传播算法对参数进行训练的一种神经网络，而反向传播算法则是基于梯度下降法使全局误差最小（LMS）的一种修正学习算法。

考虑到2024年的数据尚未完全公布，本报告以2024年前8个月的数据为基准，预测2024年的全年结果，进而采用2013年以来的年度数据预测2025年的经济增长预期值。具体预测结果如表1所示。

表1 2013~2025年重庆经济增长与产业发展指标预测

时间	地区生产总值		三次产业结构(%)			全社会固定资产投资总额(亿元)	社会消费品零售总额(亿元)	进出口总值(亿美元)
	总量(亿元)	增幅(%)	第一产业	第二产业	第三产业			
2013年	13027	12.3	7.2	46.0	46.8	11205	5946	687
2014年	14623	10.9	6.8	46.3	46.9	13224	6763	954
2015年	16040	11.0	6.7	44.9	48.4	15480	7668	745
2016年	18023	10.7	6.9	43.1	50.0	17361	8728	628
2017年	20066	9.3	6.4	42.1	51.5	17441	9769	666
2018年	21588	6.0	6.8	41.0	52.6	18662	10705	790
2019年	23605	6.3	6.6	39.8	53.6	19726	11632	840
2020年	25003	3.9	7.2	40.0	52.8	20495	11787	942
2021年	27900	11.6	6.9	40.1	53.0	21745	13968	1238
2022年	29129	2.6	6.9	40.1	53.0	21897	13926	1228
2023年	30146	6.1	6.9	38.8	54.3	22839	15130	1097
2024年预测	31955	6.0	6.8	38.7	54.5	23753	16265	1130
2025年预测	33968	6.3	6.4	38.8	54.8	24703	17566	1175

数据来源：历年《重庆统计年鉴》《重庆市国民经济和社会发展统计公报》。

预测显示，2024年重庆地区生产总值可达31955亿元，经济总量稳定提升，经济发展速度高于国内平均水平；第一、第二产业占比下降，第三产业占比将会增加，产业结构进一步优化；全社会固定资产投资适度扩张，达到23753亿元，为经济增长添加动力；社零总额实现恢复性增长，进出口贸易逐渐回升，经济发展总体保持稳定。

展望2025年经济发展态势持续向好，全市地区生产总值达到33968亿元、同比增长6.3%，全社会固定资产投资总额、社零总额、进出口总值将分别达到24703亿元、17566亿元、1175亿美元。

2025年是习近平总书记视察重庆1周年，推进全年工作，要把进一步全面深化改革贯穿于经济社会发展的各方面、各领域、各环节，坚持扬长板优势、化短板弱项，巩固拓展工业增长良好态势，紧盯投资、外贸两大短板，着力稳增长、强动能、防风险，突出把握好如下工作导向。

一是注重实施国家重大战略协同联动。深刻领会加强与国家区域重大战略对接联动的重要要求，加强与成渝地区双城经济圈建设、共建"一带一路"、长江经济带高质量发展、西部陆海新通道建设、国家战略腹地建设等协同联动,携手建设内陆开放战略高地和参与国际竞争新基地,打造新时代国家战略腹地核心承载区,打造带动全国高质量发展的重要增长极和新的动力源,在服务和融入新发展格局中不断提升重庆高质量发展位势、彰显重庆地位作用。

二是用足用好国家实施的更加积极有为的宏观政策。深刻把握超常规逆周期调节工作导向,切实发挥国家稳经济"一揽子增量政策"的牵引撬动作用,强化与国家宏观政策取向的一致性和重大政策举措的有效衔接及落地落实,根据国家政策导向、经济发展形势变化和企业发展难题,同步研究储备一批稳经济、促发展的政策举措,加强统筹协调、精准滴灌,形成政策叠加放大效应。落实好防范化解房地产、政府债务、中小金融机构等重点领域风险的举措,进一步健全金融、人才等方面的支持政策,切实做好助企纾困工作,为实体经济营造更好的营商服务生态。

三是充分挖掘内部需求潜力。围绕国家战略需求和重庆国际性综合交通枢纽城市、全国先进制造业基地等建设,推动支持基础性、公益性、长远性的项目,加快推进"两重"建设和"两新"工作,完善投入机制、提高投入效率。把促消费和惠民生结合起来,促进中低收入群体增收,实施提振消费行动,大力挖掘节日经济、展会经济消费潜力,扩大养老、托育等服务消费,培育数字消费、绿色消费等新型消费业态,增强供给侧对中高端需求的适配性。

四是以改革开放创新激发内生动力。持续深化重点领域改革,构建全面创新的体制机制,优化与新质生产力相匹配的新型生产关系,创新生产要素配置方式。构建统一开放的区域大市场,积极开拓新兴海外市场,加快培育外贸新动能,建设高标准市场体系,积极营造市场化、法治化、国际化一流营商环境。扩大制度型开放及服务业对外开放,深化陆上贸易规则探索,推进多式联运"一单制"、国际铁海联运规则改革创新。发挥企业创新主力军作用,加快补齐创新平台、创新人才缺乏等短板,打造西部创新高地。

三 2025年重庆经济社会发展的对策措施

2025年是"十四五"收官之年，也是"十五五"谋划之年。要紧扣做实"两大定位"、更好发挥"三个作用"新定位新使命，锚定"六个区"建设目标，聚焦主要任务和主攻方向，进一步全面深化改革、扩大开放，发挥市场和政府两个方面的作用，强化政策协同精准发力和有效落地，确保2025年交出亮眼成绩单。

（一）加快构建现代化产业体系

改造提升汽车、摩托车、电子信息等传统产业，推动传统产业高端化、智能化、绿色化改造升级。聚力打造万亿级产业集群，不断补齐智能网联新能源汽车和新一代电子信息等支柱产业发展的短板弱项。实施未来产业和高成长性产业发展行动，大力培育空天信息、生物制造、前沿新材料、新型储能、人工智能、低空经济等高成长未来产业，着力引进培育龙头企业和专精特新企业，加快开辟卫星互联网、北斗应用、具身智能、eVTOL等新领域新赛道，积极培育经济发展新动能。推动生产性服务业与"33618"现代制造业集群深度融合发展，加快培育科技研发、工业设计、检验检测、低碳环保、金融、现代物流等现代服务业，打造优质高效、融合共享的生产性服务业体系。大力发展生活性服务业，优化高品质生活城市建设政策措施，提质发展餐饮、物业、健康、家政等社区便民服务，以"数字+""智能+"赋能教育、医疗、文化旅游、商贸等业态升级，塑造"重庆服务"品牌。加快发展现代农业，持续实施千亿级优势特色产业培育行动，聚力打造火锅食材、粮油、生态畜牧三大千亿级产业，壮大预制菜、柑橘、中药材、榨菜、茶叶、重庆小面六大百亿级产业。聚焦重点领域打造数字产业集群，协同推进产业数字化、数字产业化，巩固智能网联新能源汽车产业优势，提升集成电路、高端芯片、新型显示、智能终端等重点产业集群发展能级。创新数字经济治理模式，聚焦构建"产业大脑+未来工厂"新生态，加快培育数字经济新业态新模式。

（二）着力建设具有全国影响力的科技创新中心

推动科技创新与产业创新深度融合。聚焦"416"科技创新布局塑造创新突破点，加强原创性、颠覆性基础研究，深入开展"33618"现代制造业集群科技攻关行动。完善"研究院+产业公司""产业研究院+产业基金+产业园区"等科技成果转化路径，积极推动科技成果高水平转移转化，不断培育新的经济增长点。深化职务科技成果赋权等改革，完善科技成果转化收益分配机制和风险分担机制。加快建设"一带一路"科技创新合作区，高标准打造"一带一路"科技转移转化基地，打造先进科技成果双向互促交流平台。协同推进东部产业向中西部地区转移和打造国家重要产业备份基地，加强与京津冀、长三角、粤港澳大湾区等重点区域开展科技创新合作，推动重点领域关键核心技术协同攻关和推广应用，促进更多优秀科技成果在渝转化落地。深入推进高新技术企业和科技型企业"双倍增"行动。鼓励龙头企业和创新型领军企业发挥科技创新主体作用，联合行业上下游企业、高校、科研院所，共同组建创新联合体，加强关键核心技术协同攻关。加强"双一流"高校建设，支持高校打造特色优势学科，培育科教融合、产教融合平台，促进基础学科、交叉学科、前沿学科发展。支持有条件的大学建设前沿技术交叉研究院、现代产业技术学院和卓越工程师学院，推动高校跨学科跨领域交叉研究。提升职业教育办学质量，加快构建产教融合、科教融汇的发展体系，构建职普融通、工学结合的育才体系，构建供需适配、数实融合的专业体系。

（三）扎实扩大有效需求

投资仍然是重庆扩大有效需求最重要的途径，抓住国家优化重大生产力布局、国家战略腹地建设、东部产业转移、"一揽子增量政策"实施等契机，紧盯战略实施动态，抢抓政策窗口期，聚焦"两重""两新"，抓紧谋划包装一批利长远、跨区域的重大基础设施项目和重大产业项目，积极对接争取更多项目纳入国家发展"大盘子"。加强重点工业项目前瞻性谋划和储备，实施"谋划一批、储备一批、建设一批、投产一批"的滚动推进机制，切实增强产业接续性发展能力。积极发挥大区大县对推动全市经济发展的主发动机作用，牵头谋划和实施重大项目。加大推进制造业重点项目投资建设力度，加速推进轨道交通、高速铁路、高速公路等基础设施建设进度。加大5G、数据中心、算力等基础设施建设力度，发挥新基建对投资和未来产业发展的双重拉动作用。聚焦产业发展薄弱环节，通过产业链招商、供应链招商、以商招商、平台招商、"市场+资源+应用场景"招商等方式，加大招商引资力度。推动中老泰"三国三园"快速实体化运作，加强三国国际产业链、供应链合作。加强在建房地产开发项目全过程监测及投资管理，全力推进"久建未完""久供未建"项目处置，促进房地产开发投资平稳运行。从国际上对我国促进消费的呼声和国内消费潜力看，要高度重视激发有潜能的消费，结合"两新"推动大宗商品消费政策效应，扩大线上消费、文旅消费、新能源汽车等新兴消费业态发展，创新消费方式，最大限度激发市场活力。统筹推进促消费和惠民生，丰富消费种类和消费方式，培育养老托育、家政服务、医疗健康、健身休闲等消费新热点，满足消费者多样化个性化需求。大力推进国际消费中心城市建设，着力打造国际消费资源集聚地、国际消费创新引领地、国际特色消费目的地、国际消费环境标杆地。稳步扩大外贸出口，加大外贸企业政策支持力度，支持龙头企业以"产业链出海"方式，拓展外贸渠道。推动智能网联新能源汽车由单一整车贸易向产业链供应链"生态出海"转变，指导车企应对国外碳足迹认证、标准准入等技术性贸易措施，推动"三电两智"相关标准打捆"走出去"，深耕拉美市场等新兴市场，不断提升全球竞争力和影响力。大力发展运输、贸易金融、技术服务等服务贸易，进一步优化重庆外贸结构。

（四）努力形成更高层次改革开放新格局

坚持用改革的办法解决发展中的问题，推动全面深化改革先行区建设取得突破性进展。深化国有企业市场化经营机制改革，统筹发展与稳定，加快国有企业战略性重组，进一步推动国有企业"瘦身健体"，提升国有企业核心竞争力。持续深化"亩均论英雄"改革,提升园区开发区市场化运营能力,优化完善园区开发区功能和布局,提升园区开发区产业配套能力和运营效能。分行业、分业务、分功能推进政企分离改革,加强同业整合,提高国有企业市场化、专业化运营水平和效率。以市场化方式分类推进国有存量资产、低效闲置资产盘活,推动国有资产高效利用和保值增值。迭代完善惠企政策包,切实有效解决惠民强企领域突出问题,着力提振民营经济发展信心。完善落实结构性减税降费政策和优化税费等财税服务,切实减轻企业负担。加大对民营中小微企业金融支持力度,着力解决民营中小微企业贷款难、贷款贵问题。严格规范涉企执法监管行为,维护民营企业合法权益。细化落实《重庆市优化营商环境专项行动方案(2024—2027年)》,持续打造市场化法治化国际化一流营商环境。主动参与RCEP、CPTPP、"一带一路"和西部陆海新通道相关规则、规制、标准等的制定工作,解决数据跨境流动、碳足迹管理、政府采购等问题。建设数字陆海新通道,构建"通道大脑+智慧物流链"体系,推动国际贸易"单一窗口"智慧化发展,开展航运贸易数字化改革,拓展智慧长江物流重大应用。加快构建公水铁空多式联运体系,着力降低"一带一路"、长江经济带和西部陆海新通道物流成本。完善开放平台功能,推动重庆自贸试验区开展首创性差异化探索,高质量建设RCEP示范区。

(五)积极探索超大城市现代化治理新路子

统筹推进数字重庆建设"1361"整体构架和完善党建统领"885"工作体系,打造高效顺畅的党建统领城市治理体系。健全城市安全运行保障机制,迭代拓面城市治理风险清单管理,制定风险清单及动态分级标准。完善城市安全风险分级管控和隐患排查治理双重预防体系,完善"监测预警—应急叫应—转移避险"全链条工作机制。着力构建"大城共治"发展格局,坚持共建共治共享导向,不断完善"大综合一体化"城市综合治理体制机制。探索AI赋能城市治理,构建城市治理AI大模型,积极打造政策咨询、问题投诉、许可办理、便捷生活等客服智能体。聚焦数据高效流动,打造统一规划、统一架构、统一标准、统一运维的智慧城市数字孪生系统。积极推动跨部门、跨层级、跨区域公共数据资源高效共享和有序流动。推动数字技术场景与城市治理场景有机融合,探索建设实时全域覆盖的"物联、数联、智联"三位一体感知网络,推动城市规划、建设、管理、运维全过程各环节数据融通。开展中心城区"大综合一体化"综合试点,探索建立"市管重点、市管标准、市管跨区,属地为主、镇街为基础"的分级管理模式。加快完善急用先行领域统筹运行管理机制,探索公共服务、公共管理、公共安全一体化发展模式。健全完善网格化管理、精细化服务、信息化支撑的基层治理平台,切实提升城市基层精细化治理、精准化服务水平。

(六)统筹推进新型城镇化和乡村全面振兴

推进以区县城为重要载体的城镇化建设,分类引导区县城特色化、差异化发展。建设特色名镇强镇,培育发展以文化旅游、食品及农产品加工、商贸物流等为特色的专业功能镇。高质量推进城市更新行动,开展城市体检,深入实施城市综合交通体系、15分钟生活圈项目。提升农村基本公共服务水平,加快补齐教育、医疗、养老等社会事业短板,推动教育、医疗、养老、托幼等公共服务城乡全覆盖。持续深化要素市场化配置改革,完善主要由市场供求关系决定的城乡要素价格机制,健全劳动、资本、土地、知识、技术、管理、数据等生产要素由市场评价贡献、按贡献决定报酬的机制。坚持农业农村优先发展,学习运用"千村示范、万村整治"工程经验,建设宜居宜业和美乡村。抓好粮食等重要农产品稳产保供,全面落实粮食安全和耕地保护党政同责。深入推进农村一二三产业融合发展,大力发展农产品深加工、农村电商、观光旅游,推动农业"接二连三",提升农业综合效益。发展新型农村集体经济,培育更多新型农业经营主体、农业产业化联合体。深入实施数字乡村发展行动,积极推动城乡信息基础设施互联互通和同步规划建设,推动数字化应用场景研发推广,加快农业农村大数据应用,推进智慧农业发展。做大做强"巴味渝珍""三峡柑橘"等区域公用品牌,支持区县打造特色农业品牌。提升乡村治理水平，夯实农村基层党组织基础，完善党建统领"四治融合"乡村治理体系。

（七）大力推动经济绿色低碳转型发展

完善生态产品价值实现机制，深化集体林权制度改革，升级"长江绿融通"服务系统，优化"碳惠通"平台，拓宽绿水青山转化为金山银山的路径。着力健全绿色低碳发展机制，实施支持绿色低碳发展的财税、金融、投资、价格政策和标准体系。推动绿色金融改革创新试验区建设，不断完善"绿色+贸易融资""绿色+债券投资""绿色+资产管理""绿色+碳市场"等绿色金融产品服务体系，提升资本市场服务绿色企业的能力。完善"碳惠通"温室气体自愿减排交易机制，推动碳排放权、排污权、用水权等生态资源权益交易常态化。加快培育绿色低碳产业，加快发展氢能源、氢燃料电池汽车，以及锂电池回收利用等低碳产业。加快工业园区循环化和节能降碳改造，推进现有企业和园区开展以节水为重点的绿色高质量转型升级和循环化改造，打造一批"绿色工厂""绿色园区"。大力倡导绿色低碳生活理念和生活方式，鼓励绿色低碳产品消费，鼓励园区、企业、社区、学校等基层单位开展绿色、清洁、零碳引领行动。深入打好以治水治气为牵引的"九治"污染防治攻坚战，扎实开展消除城乡黑臭水体专项行动，深入推进空气质量改善行动。高标准建设全域"无废城市"，推进"无废城市细胞"建设，提升各领域固体废物的源头减量化、过程资源化、后端无害化水平。强化以数字赋能推进生态环境整体智治，构建多跨协同、量化闭环、系统集成的数字治理格局，加快推进"巴渝治水""巴渝治气""巴渝治废"建设。

（八）切实保障和改善民生

突出就业优先导向，健全高质量充分就业促进机制，扎实做好高校毕业生、退役军人、农民工等重点群体就业创业服务。突出就业优先导向，积极发展吸纳就业能力强的产业，稳定政策性岗位规模，拓宽市场化社会化就业渠道。扎实开展根治欠薪攻坚行动,解决好农民工"欠薪"问题,依法保护农民工合法权益。严格落实好提高学生资助补助标准并扩大政策覆盖面,提高本专科生、研究生国家助学贷款额度,推动降低贷款利率等利好政策。常态化开展服务基层、服务企业、服务群众"三服务"工作。加强社会保障服务。积极应对人口老龄化,强化"一老一小"服务保障,织密社区养老服务网络,优化生育政策,完善普惠托育服务体系,着力构建老年友好型和生育友好型社会。加强农村留守儿童、留守妇女、留守老人和城乡低保户、特困人员、残疾人等群体关心帮扶,兜住兜牢民生底线。建立健全分层分类的社会救助体系,做好城乡特困人员和失能低保老年人集中照护服务。深化医药卫生体制改革,促进医保、医疗、医药协同发展和治理。实施义务教育城乡一体化计划,推动义务教育薄弱环节改善和能力提升,创建全国义务教育优质均衡发展区县。推进文艺精品创优、文化场馆升级,办好长江文明论坛、中国重庆文化艺术节、重庆国际文化产业博览会等活动,用好文化馆、图书馆、博物馆、美术馆、非遗中心等文化场馆,加强非物质文化遗产保护传承,提升文化服务水平。

(九)注重防范和化解重大风险

坚持高质量发展和高水平安全良性互动,促进发展和安全动态平衡、相得益彰。提高金融监管效能,严厉打击非法金融活动。加强金融风险宣传教育,深入开展"反洗钱知识进商圈"活动,深入校园讲解校园贷的危害,深入社区、商户讲解电信网络诈骗的识别和防范。严格落实意识形态工作责任制,持续巩固壮大主流思想舆论,抓好重点人群思想政治引领工作,推进依法管网治网,强化区域协作联动,坚决有效防范化解意识形态风险。深化央企、民企、外企联动,用好社会资本和专业机构力量,盘活国有资产。扎实有序推动市级平台和区县政府化债工作,有效降低债务风险。加强工业生产安全风险防范,严格落实"三管三必须"要求,常态化排查整治各领域各行业风险隐患,全力遏重大、降较大、提本质。积极稳妥化解房地产风险,支持盘活存量土地,有力有序有效消化存量商品房,做好保交楼保交房工作。积极化解食品安全风险，全力打造"渝食安"全链条智慧监管系统，依靠数字赋能提高风险发现率。有力有序化解信访矛盾，创新信访难题化解路径，加快信访法治化进程，做好"送上门来的群众工作"。坚持和发展新时代"枫桥经验"，推进矛盾纠纷预防化解和信访工作法治化。推动常态化扫黑除恶斗争向纵深发展，加强线索核查、依法打击、行业整治、法治宣传，为全市经济社会健康发展营造安全稳定的治安环境。

参考文献

习近平：《高举中国特色社会主义伟大旗帜　为全面建设社会主义现代化国家而团结奋斗——在中国共产党第二十次全国代表大会上的报告》，人民出版社，2022。

《中共中央关于进一步全面深化改革　推进中国式现代化的决定》，人民出版社，2024。

习近平：《论科技自立自强》，中央文献出版社，2023。

重庆市统计局、国家统计局重庆调查总队：《2024 重庆市经济社会发展统计月报-08》，2024 年 9 月。

《市发展改革委权威解读重庆上半年经济数据："时间过半任务过半"重庆 GDP 增速全国第二》，《重庆日报》2024 年 7 月 27 日。

宋志平、刘科、沈清华：《创新高地——深圳创新启示录》，中信出版集团，2024。

《决胜四季度！前三季度重庆经济发展交出高分报表》，《重庆日报》2024 年 10 月 23 日。

高质量发展篇

B.2 2024~2025年重庆高质量发展形势分析与预测

沈桂钊　程政博　夏中源*

摘　要： 2024年以来，重庆牢记习近平总书记殷殷嘱托，全面落实党中央决策部署，自觉在中国式现代化大场景中谋划推进各项工作，突出稳进增效、除险固安、改革突破、惠民强企工作导向，凝心聚力拼经济、促改革、惠民生、防风险，持续推动全市经济稳定恢复、回升向好。重庆高质量发展既面临新的发展机遇，又面临多重困难挑战。2025年是"十四五"规划收官之年、"十五五"规划谋划之年，重庆将全面贯彻党的二十大、二十届三中全会和中央经济工作会议精神，深入贯彻习近平总书记视察重庆重要讲话重要指示精神，细化落实市委六届五次、六次全会精神，全面深化改革开放，全面落实国家重大战略，切实增强经济活力、防范化解风险、改善社会预期，巩固增强经济回升向好态势，纵深推进现代化新重庆建设，努力为推

---

* 沈桂钊，中共重庆市委研究室经济一处副处长；程政博、夏中源，中共重庆市委研究室经济一处干部。

进中国式现代化作出新贡献。

关键词： 高质量发展　两大定位　重庆

2024年是新中国成立75周年，是实现"十四五"规划目标任务的关键之年，是现代化新重庆建设从全面部署到纵深推进的重要之年。在严峻复杂的外部环境和风险挑战下，重庆坚决扛起总书记视察重庆赋予的新定位新使命，坚持高质量发展不动摇，努力以自身工作的确定性应对形势变化的不确定性，推动经济社会发展取得新成效，现代化新重庆建设迈出坚实步伐。

重庆市重点抓了四件大事：一是全面深入学习贯彻习近平总书记视察重庆重要讲话重要指示精神，聚焦做实"两大定位"、发挥"三个作用"，召开市委六届五次全会，迭代升级现代化新重庆建设的体系构架。二是扎实推动国家战略落地、积极服务融入新发展格局，迭代实施成渝地区双城经济圈建设"十项行动"，主动承接国家战略腹地建设重大任务。三是深入贯彻党的二十届三中全会精神，加快建设全面深化改革先行区，部署推进数字重庆建设、"三攻坚一盘活"改革突破等重大改革举措，推动各领域改革相互促进系统集成。四是高水平建设美丽重庆、筑牢长江上游重要生态屏障，紧盯长江经济带发展战略实施10周年关键节点，积极配合中央生态环保督察，扎实抓好问题整改，以治水治气为牵引一体推进"九治"。

一　2024年重庆高质量发展进展情况

2024年以来，重庆全面落实党的二十大、二十届三中全会精神和中央经济工作会议精神，深入贯彻习近平总书记视察重庆重要讲话重要指示精神，坚持稳中求进工作总基调，完整、准确、全面贯彻新发展理念，积极服务融入新发展格局，突出稳进增效、除险固安、改革突破、惠民强企工作导向，统筹抓好高质量发展、高品质生活、高效能治理和高水平化债，持续转

方式、调结构、提质量、增效益,持续推动全市经济稳定恢复、回升向好。第一季度开局良好,第二季度稳中加固,第三季度巩固提升,生产需求稳步增长,改革开放不断推进,风险化解力度加大,民生保障扎实有力,发展质效稳步提升,上半年GDP增长6.1%,主要经济指标好于预期、西部领先、优于全国。

(一)发展质效稳健向好

一是生产供给稳步增加。工业经济高速增长,规上工业增加值增长8.1%,高于全国2.3个百分点;3大主导产业、3大支柱产业和6大特色优势产业产值分别增长6.7%、5.3%和5.4%,18个"新星"产业中14个实现正增长。服务业增加值增长5.8%,高于全国1.1个百分点。农业生产保持稳定,农业增加值增长2.9%,食品及农产品加工业产值增长6%。二是新质生产力加快发展。新能源汽车强劲增长,产量59.4万辆、增长1.3倍。软信产业"满天星"行动深入实施,软件从业人员突破40万人,软件信息服务业营业收入增长33%。科技赋能成效显现,新增科技型企业8463家、评审通过高新技术企业2793家,技术合同登记成交额744.2亿元、增长41.2%,战略性新兴产业增加值增长13.8%。三是质量效益持续提升。税收收入增长0.6%,高于全国地方平均近5个百分点。规上工业企业利润增长11.2%、高于全国10.7个百分点,规上制造业亩均税收增长13.8%。国企营业收入增长2.4%,利润总额增长15.3%。四是社会预期积极向好。工业用电量、用气量分别增长7.5%、10.8%,制造业中长期、普惠小微、绿色贷款余额分别增长14.2%、12.8%、21.3%。

(二)国家重大战略深入实施

一是成渝地区双城经济圈建设加快推进。成渝地区双城经济圈生产总值增长5.6%、占全国的比重提高至6.52%,渝昆高铁川渝段开通运营,300个川渝共建项目完成投资3699亿元。二是西部陆海新通道提质扩面。运输货物、货值分别增长45%、80%,通达全球125个国家及地区的542个港口。重庆枢纽港产业园签约项目86个、总投资659亿元，已开工项目72个。三是推动长江经济带高质量发展进展良好。长江干流重庆段水质保持Ⅱ类，74个国控断面水质优良比例达98.6%，空气质量优良天数同比增加2天。

（三）有效需求稳步扩大

一是投资结构持续改善。固定资产投资增长1.8%，其中工业、水利、能源、技改投资保持两位数增长。二是社零消费保持稳定。社会消费品零售总额增长3.8%、高于全国0.4个百分点。以旧换新政策效应持续显现，拉动汽车销售额109.7亿元。接待国内游客人次、游客花费分别增长10.1%、15.6%，接待入境游客人次增长2.2倍，国庆期间旅游热度居全国前三。三是外贸降幅稳步收窄。进出口总值降幅较上半年收窄0.2个百分点，其中出口增长2.4%、连续9个月正增长，手机、汽车出口分别增长25.4%、36.7%。四是招商引资实效明显。新签约制造业招商项目数、资金到位额分别增长15.5%、13.3%，实际使用外资增长62.1%。

（四）全面深化改革纵深推进

一是"三攻坚一盘活"取得阶段性成效。市、区两级国企分别减亏扭亏544户、1362户，分别压减法人287户、947户，园区开发区规上企业亩均税收可比增速达14.2%，涉改企业"脱钩"验收基本完成，累计盘活国有资产4019亿元、回收资金2066亿元。二是数字重庆建设纵深推进。一体化智能化公共数据平台（IRS）数据编目16万类、归集15万类，三级治理中心八大板块2623项城市运行体征指标实现实时动态监测，六大应用系统新上线市级12个、累计达101个，通过基层智治平台办理民生诉求等事项354万件、办理率99.9%。三是重点领域改革稳步推进。强村富民综合改革成效明显，村集体经营性收入10万元以上的村占比85%、比6月末提高6个百分点。深化教育"双减"、公积金、数字医学影像服务等改革，推出新生儿出生、企业开办、企业准营等"一件事"集成套餐服务，人民群众改革获得感不断增强。

(五)民生福祉持续增进

一是就业增收稳步扩大。城镇新增就业60.7万人、增长1.9%,城镇调查失业率5.3%、低于控制目标0.2个百分点。全体居民人均可支配收入增长5.3%、高于全国平均水平。二是脱贫攻坚成果巩固拓展。精准帮扶监测对象12.2万人,特色产业覆盖90%以上的脱贫户和监测户,脱贫人口就业规模达82万人、就业率居全国前列,人均纯收入增长12.5%。三是迎峰度夏有力有效。迎峰度夏期间统筹调度增供69万千瓦,新增计划外购电37.9亿度,平稳应对4轮连晴高温,确保了居民用电、不拉闸限电。四是民生保障坚实有力。15件重点民生实事7件完成全年目标、8件达到序时进度。连晴高温期间,群众生产生活用水供给充足,人防工程纳凉免费开放,延迟秋季开学、增加线上教学,强化高温天气劳动者权益保护,防暑降温、夏季作业等有序开展。

(六)防范化解风险有力有效

一是财政金融领域风险有效处置。防范化解地方债务风险扎实推进,中小金融机构、上市企业退市等风险点及时处置,新发非法集资案件案均金额和人数分别下降85%、80.4%。二是保交楼保交房高效推进。累计交付进度分别达到97.2%、70.9%,分别列全国第1位、第3位。三是安全生产形势稳中向好。火灾起数、死亡人数分别下降31.6%、6.8%,生产安全亡人事故起数、亡人数分别下降12.1%、9.4%,未发生重大及以上事故。四是社会治理效能持续提升。信访件次、人次分别下降32.7%、32.1%,接报刑事警情、治安警情数量分别下降38.8%、12.5%。

二 当前重庆高质量发展面临的挑战与机遇

当前,世界百年未有之大变局加速演进,国际环境更趋错综复杂,给重庆高质量发展既带来一系列新机遇,也带来一些新挑战。从国际看,地缘政治、大国博弈等风险因素增加，俄乌冲突、巴以冲突延宕，红海局势持续紧张，美国对我国电动汽车及钢铝等商品加征关税，发布对华投资限制规则，欧盟对中国进口的电动汽车征收临时反补贴税，对重庆市高科技及外贸外资领域发展造成阻碍。从全国看，全国经济运行总体平稳、稳中有进，新质生产力稳步发展，民生保障扎实有力，防范化解重点领域风险取得积极进展，共建"一带一路"、长江经济带高质量发展、新时代西部大开发、京津冀协同发展、粤港澳大湾区建设、长三角一体化发展、成渝地区双城经济圈和战略腹地建设等国家战略深入推进，为重庆高质量发展带来诸多政策利好。从重庆看，重庆聚力做实"两大定位"、发挥"三个作用"、建设"六个区"，着力以全面深化改革促进高质量发展，经济保持平稳增长。但重庆短期仍受市场需求不足、企业预期偏弱、财政增收乏力等多重制约，长期还面临产业转型阵痛、区域竞争加剧等挑战，经济稳步回升基础仍待筑牢，其主要体现在以下两方面。

（一）存在的主要挑战和困难

一是稳投资难度持续加大。固定资产投资增长1.8%、低于全国1.6个百分点，其中基建投资仅增长0.6%。二是工业增长"多点支撑"不足。规上工业增加值增长受汽车产业拉动影响较为明显，其他产业增长点较为缺乏。三是房地产市场恢复还需加力。房地产开发投资下降9.7%，施工、销售面积持续下滑。四是企业经营压力犹存。企业生产经营成本依然较高，部分规上工业企业、百强商贸企业经营状况不佳。五是防范化解风险任务不轻。连晴高温期间火灾易发多发，网络舆情、欠薪讨薪、电信网络诈骗等问题需持续防范。

（二）拥有的重大机遇

一是习近平总书记视察重庆带来的发展机遇。4月，总书记亲临重庆视察、赋予重庆"打造新时代西部大开发重要战略支点、内陆开放综合枢纽"的重大战略定位，并要求重庆在发挥"三个作用"上展现更大作

为。这有利于重庆充分发挥比较优势、后发优势，着眼"十五五"规划前期，前瞻研究形成一批重大项目、重大政策、重大改革、重大平台，更好抓住西部大开放、大开发、高质量发展带来的巨大红利。二是建设国家战略腹地带来的战略机遇。2023年底召开的中央经济工作会议提出"加强国家战略腹地建设"，党的二十届三中全会明确要求"建设国家战略腹地和关键产业备份"。这有利于重庆充分利用自身的区位优势、产业优势，推动现代基础设施网络互联互通、现代化产业体系融合成群、科技人才要素集聚成势，建设国家战略腹地核心承载区。三是全面深化改革带来的制度红利。党的二十届三中全会对进一步全面深化改革、推进中国式现代化作出全面部署，更加突出经济体制改革牵引作用。重庆突出改革求变，注重数字重庆和重点改革"双轮驱动"，部署推进"三攻坚一盘活"改革突破等重大举措。这有利于重庆破解制约高质量发展的深层次问题和体制机制弊端，进一步形成公平竞争的发展环境、增强经济社会发展活力、提高要素市场化配置水平。四是各类政策叠加提升社会预期。9月26日中央政治局会议强调，要有效落实存量政策，加力推出增量政策，进一步提高政策的针对性、有效性。国家扩内需政策持续发力，"两重""两新"等重大举措有序推进，"十四五"规划项目收官建设提速，超长期特别国债、专项债等发行强化项目建设资金保障，降准降息提振金融市场信心。这些政策叠加落地，有利于恢复提升社会预期，巩固经济回升向好态势。

三 2025年推动重庆高质量发展的总体思路及政策措施

2025年是"十四五"规划收官之年，"十五五"规划谋划之年。推动重庆高质量发展，要坚持以习近平新时代中国特色社会主义思想为指导，全面贯彻党的二十大、二十届三中全会和中央经济工作会议精神，深入贯彻习近平总书记视察重庆重要讲话重要指示精神，细化落实市委六届五次、六次全会精神，坚持稳中求进工作总基调，完整、准确、全面贯彻新发展理念，积极服务融入新发展格局，突出稳进增效、除险固安、改革突破、惠民强企工作导向，全面深化改革开放，全面落实国家重大战略，切实增强经济活力、防范化解风险、改善社会预期，巩固和增强经济回升向好态势，持续推动经济实现质的有效提升和量的合理增长。2025年重庆经济发展将稳步运行在合理区间，预计地区生产总值将增长5.5%以上，社会消费品零售总额将加快提升，进出口总值将呈现反弹增长趋势，居民收入将与经济发展同步，单位地区生产总值能耗稳步下降，高质量发展良好态势将进一步巩固拓展。重庆应主要从以下几个方面发力。

（一）纵深推进成渝地区双城经济圈建设取得突破性进展，合力打造带动全国高质量发展的重要增长极

主动服务国家战略腹地建设，积极推动战略性产业基地、战略性基础设施、区域性应急物资储备基地建设，深入实施央地合作专项行动，积极承接东部地区产业转移，更好地承接国家重大生产力布局。积极争取国家提级赋能，启动制定下一阶段发展规划或行动方案，争取国家有关部门研究出台双城经济圈产业、人才、土地、投资、财政、金融等领域配套政策和综合改革措施，加快打造西部地区高质量发展先行区。协同深化川渝全方位合作，扎实推进川渝100个合作事项、300个重大项目落地见效，推动10个毗邻地区高质量发展。加快推动渝西地区高质量发展，构建各具特色的渝西现代化产业集群体系，强化渝西地区融入国际大通道能力，在打造南向开放高效枢纽上实现新突破。

（二）强化科技创新和产业创新深度融合，加快打造新质生产力发展的动力源

提升打造"33618"现代制造业集群体系，一体推进3大主导产业集群、3大支柱产业集群、6大特色产业集群稳链强链、基础再造、能力跃升，布局发展未来产业和高成长性产业，推进北斗规模应用和卫星互联网建设应用，

开辟第四代半导体、生物芯片、AI、脑科学、生命科学、航空航天、低空经济、未来能源等新领域新赛道。加快构建"416"科技创新布局，高水平建设重庆四大实验室等平台，加快关键核心技术攻关，推进人工智能、高端器件与芯片等重大科技专项，深入实施全球顶尖人才引进"渝跃行动"和新重庆引才计划，持续强化产业链创新链资金链人才链"四链融合"。做好优质市场主体梯度培育，持续深入实施高新技术企业和科技型企业"双倍增"行动计划，加快培育一批专精特新企业、单项冠军企业、"小巨人"企业。

（三）全力扩大有效投资促进消费升级，充分激发需求潜力

大力稳住投资增长，结合"十五五"前期研究，策划储备一批牵引性标志性示范性重大项目，抓好"两重""两新"项目开工建设，推动工业投资保持较快增长，促进房地产投资止跌企稳。大力培育消费新增长点，坚持以培育建设国际消费中心城市为引领，持续推进示范商圈、商业特色街、夜间经济示范街区、消费新场景等消费载体建设，进一步发展家政、养老、育幼、健康、旅游、美容、体育、文娱等服务类消费产业，加快释放刚性和改善性住房需求，更好地挖掘城乡居民消费潜能。推动招商引资取得实效，贯彻落实国务院关于规范招商引资行为促进招商引资高质量发展的若干措施，优化招商引资体制机制，策划一批重点招商项目，"以商招商"补链延链升链建链。

（四）持续深化重点领域改革，以改革创新释放高质量发展新动能

大力推动数字重庆建设，完善一体化智能化公共数据平台功能，一体推进数字党建、数字政务、数字经济、数字社会、数字文化、数字法治建设，全面提升三级治理中心贯通实战能力，迭代完善基层智治体系，探索建立"大综合一体化"超大城市治理新体制新机制。深入推动"三攻坚一盘活"改革突破，持续推进市属国企战略性重组专业化整合，创新完善园区开发区运营模式，推动政企分离改革后"脱钩"企业健康发展，加强与央企、民企、外企联动发展，持续推动国有资产盘活。加快推进全国统一大市场建

设，推动成渝地区双城经济圈市场一体化建设，深入推进要素市场化配置改革，深化市场准入"异地同标"，推动要素跨区域高效配置。

（五）大力推动西部陆海新通道建设，全力打造内陆开放国际合作引领区

持续优化空间布局，加快建设面向西部陆海新通道的渝西国际开放枢纽、智能网联新能源汽车出口基地。加快构建高能级多式联运国际物流通道，放大"五型"国家物流枢纽功能，推进西部陆海新通道运营和组织中心、中欧班列集结中心、长江上游航运中心、国际多式联运中心、国际航空物流枢纽"四中心一枢纽"建设，提升开放通道运输力带动力。推动外贸回升向好，持续实施"渝车出海"行动计划，深化"百团千企"国际市场开拓计划，毫不松劲帮助企业做好订单争取、货源组织、外汇结算、风险规避等工作，拓展中间品贸易、跨境电商、新兴市场贸易，推动进出口增速尽快转正。加速外资项目招引落地，做好外商投资全流程服务，开展欧洲制造业中小企业、新加坡和中国香港地区专业服务业招引行动，持续提升利用外资水平。

（六）持续推动以人为核心的新型城镇化，走好大城市带大农村大山区大库区的城乡融合发展之路

优化城乡融合空间规划布局，深化以主城都市区为龙头，以区县城和中心镇为重要载体的新型城镇化空间布局，构建形成优势互补高质量发展的国土空间格局。中心城区系统梳理发挥区域辐射力影响力的短板弱项，优化完善公共服务、交通、市政等空间布局。万州、永川对标市域副中心城市，进一步谋划重大交通、产业、功能、生态等核心规划要素。"一县一策"推动山区库区高质量发展，推动山区库区等区县城扩容提质，开展"小县大城"试点，提升区县城综合承载能力。高质量推进乡村全面振兴，扎实抓好粮食生产，推动"巴渝粮仓"建设，抓实农村黑臭水体清零行动，深化拓展农村垃圾、污水、厕所"三个革命"，更好地推进巴渝和美乡村创建。

（七）大力推动长江经济带高质量发展，推动美丽重庆建设再上新台阶

以"九治"为重点打好污染防治攻坚战，抓好第三轮中央生态环保督察反馈问题整改，实施美丽河湖、幸福河湖建设工程和移动源大气污染综合治理行动、土壤污染源头防控行动，提质建设全域无废城市，确保长江干流水质稳定保持Ⅱ类、空气质量优良天数达到330天。加强生态保护修复，深入实施重要生态空间管控工程、中心城区"四山"保护提升工程、山水林田湖草生态保护修复工程，推进三峡水库消落区分区分类保护和多级治理，加强濒危野生动植物保护，继续抓实长江十年禁渔，着力打造美丽中国建设先行区。完善绿色低碳转型发展体制机制，深入开展全市能耗双控和重点用能单位能耗监测、重点用能单位和存量项目能效诊断，加快推进绿色低碳示范园区建设，完善生态产品价值实现机制，深化地方碳排放权交易市场建设。

（八）加大保障和改善民生力度，持续提升人民生活品质

持续做好就业增收工作，深入实施青年留渝来渝就业创业行动计划、"稳岗扩岗"就业容量拓展工程，健全职业技能培训体系，全力解决拖欠企业账款问题、务工人员欠薪问题，优化收入分配体制机制，支持居民创业增加经营性收入。扎实做好困难群众兜底保障，积极开展全国低收入人口动态监测和防止返贫监测对象"两项政策"衔接并轨试点。持续提升公共服务质量，滚动推进15件重点民生实事，迭代升级"渝保渝快"社保惠民服务体系，推进公办养老机构综合改革。切实防控各类风险隐患，全力打好保交楼收官战，稳步扎实推进化债工作，兜牢金融风险底线，持续抓好安全生产和防灾减灾各项工作，深化重大事故隐患专项排查整治，确保风险始终处于可控状态。

B.3
重庆"33618"现代制造业集群发展形势分析及预测

重庆市经济和信息化委员会

摘　要： 2023年6月，重庆市推动制造业高质量发展大会召开，正式提出着力打造"33618"现代制造业集群体系。2023年9月，中共重庆市委办公厅、重庆市人民政府办公厅印发《深入推进新时代新征程新重庆制造业高质量发展行动方案（2023—2027年）》，专篇部署加快构建现代制造业集群体系。一年来，全市聚焦打造"33618"现代制造业集群体系深入推进新型工业化，加快国家重要先进制造业中心建设。通过集群建设带动，全市制造业高质量发展态势持续巩固，1~8月，全市规上工业增加值增长8.3%，高于全国2.5个百分点。

关键词：　"33618"现代制造业集群体系　新型工业化　制造业高质量发展

　　重庆坚定不移地把制造业高质量发展放到更加突出的位置，谋划实施新时代制造强市战略，以打造"33618"现代制造业集群体系（聚力打造智能网联新能源汽车、新一代电子信息制造业、先进材料等3大主导产业集群；升级打造智能装备及智能制造、食品及农产品加工、软件信息服务等3大支柱产业集群；创新打造新型显示、高端摩托车、轻合金材料、轻纺、生物医药、新能源及新型储能等6大特色优势产业集群；培育壮大18个"新星"产业集群，包括功率半导体及集成电路、AI及机器人等12个高成长性产业集群和生物制造、前沿新材料等6个未来产业集群）为抓手，深入推进新型工业化、发展新质生产力，加快构建以先进制造业为骨干的现代化产业体

系。通过集群建设带动,全市制造业高质量发展态势持续巩固。2024年上半年,全市制造业增加值占地区生产总值比重由上年末的24.4%提升至25.7%,全市工业增加值增长7.4%,对经济增长贡献率为34.7%,有力支撑全市地区生产总值增长6.1%,增速排名全国第2。2024年1~8月,规上工业增加值增长8.3%,高于全国2.5个百分点;工业投资增长14.1%,增速连续13个月高于全国平均水平,其中技改投资增长27.1%,高于全国16.5个百分点。

一 "33618"现代制造业集群发展成效

(一)3大主导产业集群持续壮大

智能网联新能源汽车。深入实施建设世界级智能网联新能源汽车产业集群发展规划、智能网联新能源汽车零部件产业集群提升专项行动和便捷超充行动,协同推进整车产能调整、新车型新品牌培育、配套能力提升和设施体系建设。长安渝北新工厂、赛力斯超级工厂等重大整车项目建成投产,问界、深蓝、阿维塔、启源等新品牌及新车型快速投放。智能网联新能源汽车56类关键总成全部实现本地化生产,国家级车联网先导区、成渝"氢走廊"、"电走廊"、"智行走廊"等应用场景加速成型,入选首批智能网联汽车"车路云一体化"应用试点城市,长安汽车获得全国首批L3级智能网联汽车试点。截至2024年8月末,全市已新建超充站208座、超充桩416个、充电桩11.87万个(其中公共充电桩3353个),全市充电桩累计保有量32.9万个,其中公共充电桩3.38万个、私人充电桩29.52万个,全市平均车桩比为1.75∶1,优于全国平均水平(2.4∶1)。2024年1~8月全市汽车产量达154万辆,同比增长11%;其中生产新能源汽车52.5万辆,同比增长151.4%,高于全国120个百分点;全产业集群产值增长22.7%,上半年增加值增长24.8%。在数量增长的同时,质也实现较大跃升,重庆造新能源汽车在中高端市场占比更大、品牌影响力更强、自主创新的科技含量更高、汽车产业生态更优。

新一代电子信息制造业。持续巩固消费电子终端优势地位，推动惠普、宏碁、华硕等品牌高阶笔电在渝量产，联硕国产化基地以及拓维、顺维服务器基地等投入运营，笔记本电脑单价较上年同期增长8.3%。积极拓展集成电路、新型显示、电子元器件等新增长点，安意法、芯联微电子等标志性项目加快实施，京东方AMOLED柔性显示线、润西微等投产项目爬坡上量。2024年1~8月全产业集群产值增长2.7%，上半年增加值增长3.1%；全市笔记本电脑产量达4483.2万台，继续保持全球第1；集成电路产量达44.7亿片，增长111.9%；液晶显示屏产量达2.5亿片，增长24.9%。

先进材料。着力推进重点产业链向两端延展，加快西南铝产能提升、华峰年产138万吨功能性新材料一体化产业链、丰都玻璃纤维及高性能复合材料智能制造产业基地等一批投资大、产出高的重点项目建设，推动轻合金、纤维及复合材料、合成材料三大优势领域加速补链成群。组织推动铝锂合金、高端钛材、己二腈、航空风挡玻璃、微晶纳米电子玻璃、航发用高温合金、核级测温材料等战略性材料成功实现国产替代、扩大生产应用范围，有力有效支撑国家重大战略、重大工程所需和产业链供应链安全稳定。在主要原材料产品价格走低的背景下，2024年1~8月全产业集群产值增长0.1%，上半年增加值增长6.2%。

（二）3大支柱产业集群加速起势

智能装备及智能制造。以工业母机、工业机器人、能源动力装备、农机通机装备、航空航天装备等为重点，加快整机产品迭代和企业培育。召开2024年重庆市首台（套）重大技术装备新产品发布会，发布航空轮胎高加速试验台、超大型LNG双金属全包容储罐等69款首台（套）重大技术装备产品。引进航空航天产业基地、无人机核心零部件及总装测试等亿元以上补链强链项目13个，沃兰特、腾盾试验基地等重点项目落户重庆，国家级国产通用航空装备物流运输领域创新应用试点建设工作有序推进。2024年1~

8月全产业集群产值与上年同期基本持平。

食品及农产品加工。制定《重庆市加快推动食品及农产品加工产业数字化转型实施方案》，启动数字化转型公益诊断，指导企业进行技术改造提升经营质效。建立重庆市消费品行业特色产业培育活动项目库，开展特色食品及农产品加工产业培育活动。发布重庆市消费品工业"爆品"培育清单，选入146家食品及农产品加工企业、208款产品，先后举办"百年张鸭子新春发布会"、重庆小面区域公用品牌暨"爆品"发布会，进一步提升产业发展动能。2024年1~8月全产业集群产值增长4%，上半年增加值增长5.1%。

软件信息服务。深入实施软件和信息服务业"满天星"行动计划，推动"楼宇用起来、人气聚起来、产业兴起来"，新增从业人员4.2万人、累计39.8万人，新增各类软件企业2900余家、累计4万余家，培育"北斗星""启明星""满天星"软件企业124家，创新打造软件人才"超级工厂"15家、培养人才2万余名。招商签约商飞上航、大陆伊必汽车软件、深圳十洴等软件项目180个，合同投资金额达612亿元。中冶赛迪信息、中联信息、中科创达获评2024年国家重点软件企业。2024年1~8月实现软件业务收入2229亿元、增长11.4%，排名全国第8位。

（三）6大特色优势产业集群总体平稳

新型显示。京东方AMOLED柔性显示、惠科金渝55英寸大尺寸TFT—LCD液晶面板产量提升。2024年1~8月全产业集群产值增长1.5%。高端摩托车。摩托车产量持续增长，2024年1~8月全产业集群产值增长10.9%，产量达425.9万辆、增长15.3%，占全国比重提升至32.5%。轻合金材料。九龙万博智能化提升项目基本完工，博奥镁铝三期高性能轻量镁铝合金生产基地暨镁铝合金创新研发中心项目建成投产，氧化铝、电解铝等主要产品产量均实现增长。2024年1~8月全产业集群产值增长9.7%。轻纺。理文造纸、百亚卫生用品、恩捷新材料等重点企业产值均保持不同程度增长。2024年1~8月全产业集群产值增长5.1%。生物医药。智翔金泰赛立奇单抗注射液获批上市,成为重庆市首个自研上市的1类生物新药,打破抗IL-17A单抗外资药企垄断的局面,填补国产银屑病生物制剂领域空白。国家医改政策持续聚焦控费降费,生物医药产业整体仍处下滑态势,但降幅较上年底大幅收窄。2024年1~8月全产业集群产值下降4.9%。新能源及新型储能。引进领新固态电池、众能光储钙钛矿太阳能电池组件等5个亿元以上补链强链项目,推动海辰储能、昊格艾能光伏电池片、忠县磷酸铁锂等重点项目有序建设。2024年1~8月全产业集群产值增长4.3%。

(四)18个"新星"产业集群加速布局

12个高成长性产业集群。落实功率半导体及集成电路、AI及机器人、服务器、智能家居、传感器及仪器仪表、智能制造装备、动力装备、农机装备、纤维及复合材料、合成材料、现代中药、医疗器械等12个高成长性产业集群发展专项文件,依托龙头企业,搭建应用场景,构建创新创业生态,快速形成产业发展动力源泉。2024年1~8月功率半导体及集成电路(产值增长7.4%)、AI及机器人(产值增长8.1%)、智能家居(产值增长2.3%)、传感器及仪器仪表(产值增长2.3%)、智能制造装备(产值增长2%)、农机装备(产值增长13.5%)、纤维及复合材料(产值增长4.2%)、合成材料(产值增长12.6%)、现代中药(产值增长1.5%)等9个产业集群实现正增长,正增长面达75%。

6个未来产业集群。印发实施《重庆市未来产业培育行动计划(2024—2027年)》,优先发展空天信息、生物制造、前沿新材料、氢能核能及新型储能、人工智能、低空经济等6个高成长未来产业,探索发展脑机接口及脑科学、光子与量子技术、沉浸技术等3个高潜力未来产业。空天信息领域,已培育中国星网等企业;生物制造领域,已培育精准生物等企业;前沿新材料领域,汇聚华峰集团等企业;氢能核能及新型储能领域,博世动力等企业发展态势良好;人工智能领域,芯锐算力加快人工智能软件开发,七腾机器人、中科云从、马上消费金融3家入围工信部未来产业创新任务揭榜单位名单;低空经济领域,已汇聚宗申航发等重点企业。

重庆蓝皮书

二 "33618"现代制造业集群发展面临的问题

（一）集群化发展水平不高

全市尚无万亿级产业集群。在全国45个国家先进制造业集群中，重庆仅有与成都联合申报的成渝地区电子信息先进制造集群入选。在66个国家战略性新兴产业集群中，重庆仅有巴南区生物医药产业集群入选。2023年全市全部工业增加值仅占全国的2.1%。

（二）产业核心能力不强

总部企业较少。电子信息产业主要集中在加工装配等低端环节，半导体设备、材料产业发展相对滞后，尚无专业晶圆代工线。航空航天装备、智能检测装备等整机和齿轮、轴承、模具等基础零部件均存在短板，数控系统、直线导轨、减速器等主要依靠国外进口。乙烯、芳烃、特殊钢、电解铜等基础性大宗原材料尚处空白，电解铝难以充分满足高端铝材及合金生产需求。

（三）要素保障水平不高

近3年，全市大工业用户电价年均增长5.8%。成渝线、渝怀线、川黔线等干线铁路运能饱和。三峡过坝货运量连续13年超过设计能力，拥堵和待闸时间逐年增加。要素保障水平不高制约企业降本增效。目前，全市规上工业企业营业收入利润率5%、低于全国0.3个百分点，每百元营业收入成本87.12元、较上年同期提高0.39元、高于全国1.73元。

（四）数字化转型不均衡

全市数字化车间和智能工厂主要集中在汽车、消费品、电子信息和装备制造等行业，其他行业数字化转型步伐相对较慢，仅30%左右的中小企业制定了明确的数字化转型战略规划。智能化改造项目实施带动本地产业发展不足,约70%以上的项目集成商为市外企业,全市130余家主流数字化转型服务商中本土培育的服务商占比仅38.8%。

三 做大做强"33618"现代制造业集群体系的下一步举措

深入学习贯彻党的二十届三中全会精神和习近平总书记视察重庆重要讲话重要指示精神,紧扣"两大定位"、发挥"三个作用",聚焦服务打造"六个区",落实市委六届五次、六次全会部署,实施好"健全'33618'现代制造业集群体系发展机制"等集成式标志性重大改革项目,深入推进新型工业化,因地制宜发展新质生产力,加快构建以先进制造业为骨干的现代化产业体系,发挥工业主引擎作用,持续巩固拓展工业发展良好态势,在现代化新重庆建设中展现更大担当,作出更大贡献。

(一)3大主导产业集群方面

智能网联新能源汽车。坚持整零协同、软硬结合、共建生态、自主创新、品牌提升,支持汽车企业培育市场认可度高的品牌与产品矩阵,加快打造智能网联新能源汽车之都。发挥整车企业集聚优势,推动整车产能进一步向优势企业集中、燃油汽车产能进一步向新能源汽车产能切换,支持整车企业加强整车平台架构研发,打造市场认可度高的品牌与产品矩阵。深入实施"渝车出海"行动,进一步扩大重庆智能网联新能源汽车全球影响力。谋划实施智能汽车解决方案项目,进一步加快汽车芯片、汽车软件、电池、电机、电控等关键系统及其核心零部件发展,构建更加完整的本地配套体系。加强超充、换电站、加注氢和自动驾驶、车路协同、智慧立体交通等设施体系建设,深化新能源汽车与电网融合互动,打造智能网联汽车"车路云一体化"典型场景,不断提升智能网联新能源汽车使用便利化水平,培育更多"智慧出行"新业态新模式。

新一代电子信息制造业。坚持稳存量、调结构、促融合,着力巩固笔记本电脑全球领先定位，培育壮大服务器、特色工艺集成电路和下一代平板显示等新增长点。发挥重庆市电子终端加工制造能力优势，积极导入AIPC等高端计算机产品；抓牢算力需求爆发式增长重大市场机遇，大力发展服务器产品，建设国家算力产业链备份基地。推动MOSFET、IGBT等功率器件谱系化发展，加快碳化硅等第三代化合物半导体量产步伐，前瞻布局氧化镓等第四代化合物半导体研发，积极筹建模拟集成电路晶圆代工线，推动硅光技术路线应用，建设以功率半导体、化合物半导体、模拟集成电路、硅光集成电路为代表的特色工艺集成电路高地。加强MLED显示面板技术研发，抢占下一代平板显示发展先机。深化新一代电子信息制造业与智能网联新能源汽车融合发展，加快开辟汽车电子等"蓝海"。

先进材料。坚持依托龙头、上下延展、高端迈进，着力打造轻合金材料、纤维及复合材料、合成材料三大优势领域和若干特色领域"3+N"产业体系。面向汽车、航空航天等量大面广领域高强度、轻量化结构材料需求，加强一体成型等技术研发，完善前端原料供给体系，加快铝合金、镁合金、钛合金新牌号产品开发，打造更具竞争力的轻合金材料产业体系。巩固玻璃纤维复合材料优势地位，积极培育碳纤维复合材料、陶瓷基复合材料等新兴领域。加快炼化一体化、天然气化工全产业链等战略性项目论证建设，大力发展工程塑料、特种橡胶、高性能纤维等后端产品，建设国家高分子材料战略备份基地。谋划实施不锈钢、铜冶炼及压延加工、超薄柔性玻璃等重大项目，进一步丰富先进材料产业体系。

（二）3大支柱产业集群方面

智能装备及智能制造。坚持谱系化、集成化发展，着力培育发展农机装备、智能制造装备、智能检测装备和通用航空装备，打造重庆装备"新地标"。面向山地丘陵地区作业场景，大力发展智能化、长寿命农机产品。推动工业机器人、数控机床等产品谱系化发展，提升作业精度和使用寿命，积极发展激光加工、增材制造装备。加强测距、定位等技术研发，加快发展智能检测装备。加大重载运输、垂直起降固定翼等无人机整机和航空发动机产品研发力度并推广示范应用。

食品及农产品加工。突出抓技改、造爆品、强品牌，持续升级发展。加快推进新技术、新工艺应用，促进产品创新开发、提质升级，满足多样化市场需求。推进"四海伙伴研造计划"，挖掘本地特色农产品和美食资源，整合营销推广平台资源，开展线上推广活动，助力"爆品"打造。深化"重庆小面重庆造"区域公用品牌建设，推进"重庆小面出海计划"，开设食品及农产品加工品牌建设大讲堂，提升企业品牌营造能力。

软件信息服务。深入推进软件和信息服务业"满天星"行动计划，加快培育"启明星""北斗星"企业。加强模型、算法等技术研发，推动开源社区建设，聚焦工业软件、汽车软件、卫星互联网及北斗应用等重点领域，引进一批知名软件企业，遴选培育一批专精特新企业、"隐形冠军"企业，进一步引育壮大市场主体。

（三）6大特色优势产业集群方面

不断提升特色优势产业集群"美誉度"。新型显示产业集群以柔性显示制造为牵引，逐步提升高附加值产品供给能力。高端摩托车产业集群重点加强新能源摩托车及大排量巡航车、赛车、越野车等中高档摩托车产品研发。生物医药产业集群重点加大抗体、重组蛋白及偶联药物、多肽药物、细胞基因治疗药物、疫苗、血液制品等重点领域创新投入，推动一批重点产品获批上市。轻合金材料产业集群重点加强铝合金、镁合金、钛合金等轻合金技术研发，巩固提升航空航天用材等领域竞争优势。轻纺产业集群重点加快培育体育用品、户外休闲用品、适老用品、个护美妆、产业用纺织品等新兴消费品。新能源及新型储能产业集群以电池终端制造为牵引完善正负极材料、隔膜、电解液（电解质）等一阶材料本地配套体系，加大光伏组件、风力发电设备等领域招引力度。

（四）18个"新星"产业集群方面

不断提升"新星"产业集群"聚集度"。深入实施未来产业培育行动，

实施前沿技术创新策源、科技创新成果转化、优质企业主体培育、未来产业先导区建设、应用场景牵引、高端创新人才汇聚六大行动,加快前沿技术攻关和未来产业领域企业孵化培育,形成一批优势产业集群。围绕高成长性产业集群细分领域,突出专业化、区域化发展路径,策划一批重点招商项目,"以商招商"强链补链延链扩链,推动集聚发展,进一步丰富全市现代制造业集群体系。

B.4
2024~2025年重庆市农业农村经济形势分析与预测

重庆市农业农村委员会*

摘　要： 2024年，重庆市农业农村委系统坚持稳进增效、除险固安、改革突破、惠民强企工作导向，学习运用"千万工程"经验，以"12421"工作思路和举措扎实推动乡村"五个振兴"、加快建设宜居宜业巴渝和美乡村，全市农业农村经济形势稳中有进、持续向好。2025年，重庆将持续深入学习贯彻党的二十届三中全会精神和习近平总书记视察重庆重要讲话重要指示精神，紧扣打造城乡融合乡村振兴示范区，迭代实施"四千行动"，打好农村改革"三套组合拳"，打造"三大标志性成果"，在建设农业强国上展现重庆担当、贡献重庆力量。

关键词： 千万工程　四千行动　五个振兴　重庆

2024年是实现"十四五"规划目标任务的关键之年。重庆市农业农村委系统深入贯彻习近平总书记关于"三农"工作的重要论述，全面贯彻党的二十大、二十届三中全会精神和习近平总书记视察重庆重要讲话重要指示精神，坚持稳进增效、除险固安、改革突破、惠民强企工作导向，以学习运用"千万工程"经验为引领，紧扣"两个确保、三个提升、两个强化"，以

---

* 执笔人：马善运，重庆市农业农村委员会研究室副主任；孙栋进，重庆市农业农村委员会研究室二级主任科员。

"12421"工作思路①和举措扎实推动乡村"五个振兴"、加快建设宜居宜业巴渝和美乡村,全市农业农村经济形势稳中有进、持续向好。2024年前三季度,全市第一产业实现增加值1486.83亿元、同比增长2.9%,农村常住居民人均可支配收入16790元、同比增长6.5%。②

一 2024年重庆市农业农村经济发展情况

(一)聚焦"粮食安全",粮食和重要农产品稳产保供有力

一是粮油再获丰收。制定稳粮扩油保障有效供给10项硬措施,分区县下达粮食生产任务清单。启动以大豆、玉米为重点的主要粮油作物单产提升行动,加快良田良种良机良法良制"五良"系统集成融合,建设市、区县、乡镇"三级联创"示范片,带动全市粮食作物大面积平衡增产。全力防汛抗旱夺丰收,夏粮产量125.2万吨、同比增长1%③,全年粮食产量有望达到1109万吨。油菜播种面积454.8万亩、扩种8.1万亩,超额完成年度任务,油菜籽产量62.8万吨、增长3.6%④,实现"17连增"。二是"菜篮子"产品供给充足。蔬菜、水果、水产品稳定增长,前三季度蔬菜产量

---

① "12421"工作思路,第一个"1"即以走好大城市带大农村大山区大库区的乡村振兴城乡融合发展新路子为路径选择;第一个"2"即以确保粮食安全、确保不发生规模性返贫"两个确保"为底线任务;"4"即以深入实施"四千行动"为载体抓手;第二个"2"即以强化农业科技支撑和农村改革为"双轮驱动";第二个"1"即以抓党建促乡村振兴为根本保障。
② 重庆市统计局、国家统计局重庆调查总队:《2024年前三季度重庆市经济运行情况》,https://tjj.cq.gov.cn/zwgk_233/fdzdgknr/tjxx/sjjd_55469/202410/t20241022_13726058.html,2024年10月22日。
③ 重庆市统计局、国家统计局重庆调查总队:《2024年前三季度重庆市经济运行情况》,https://tjj.cq.gov.cn/zwgk_233/fdzdgknr/tjxx/sjjd_55469/202410/t20241022_13726058.html,2024年10月22日。
④ 重庆市统计局、国家统计局重庆调查总队:《2024年上半年重庆市经济运行情况》,https://tjj.cq.gov.cn/zwgk_233/fdzdgknr/tjxx/sjjd_55469/202407/t20240719_13386205.html,2024年7月19日。

1868.4万吨、增长3%，园林水果产量376.7万吨、增长8%，水产品产量47.7万吨、增长4.3%。① 生猪产能调控逐步显效，养猪继续盈利，头均盈利500元左右；前三季度，500头以上生猪规模养殖场累计出栏402.03万头，增长12%。② 三是防灾救灾有力有效。持续加强部门协同联动，适时加密苗情、墒情、虫情、灾情监测调度，组建19支市级农技队伍下沉一线，落实抗旱减灾技术措施，农技专家蹲点包片生产指导达2000余人次，调度400余家农机合作社以及外省大型联合收割机开展作业，筑牢全年粮食丰产丰收最后一道"防线"。

（二）聚焦"防止返贫"，脱贫攻坚成果持续巩固拓展

一是监测帮扶机制更加完善。完善"两不愁三保障"及饮水安全问题月调度、月通报、动态清零机制。迭代升级"防止返贫大数据监测平台+万名监测信息员队伍+渝防贫App"立体监测网络，"一户一策"精准帮扶监测对象12.58万人，户均落实帮扶措施3条以上。③ 在国家脱贫攻坚和巩固拓展脱贫攻坚成果同乡村振兴有效衔接考核评估中连续5年获得巩固脱贫成果后评估（脱贫攻坚成效考核）"好"、东西部协作考核评价"好"、财政衔接推进乡村振兴补助资金绩效评价"A"（优秀）的"两好一优"等次，连续两年后评估综合评价位列全国第1，累计获得考核奖励资金25.7亿元。《重庆坚持"四个聚焦"高质量巩固拓展脱贫攻坚成果同乡村振兴有效衔接》列入中办《工作情况交流》刊发。二是产业就业帮扶力度加大。实施脱贫地区帮扶产业提质增效工程，坚持巩固拓展一批、提档升级一批、盘活增值一批、调整更新一批，累计建设产业帮扶基地5.7万个，特色产业覆盖95%以上的脱贫户和监测户。推进防止返贫就业攻坚行动，通过积极引导外出务工、帮扶车间、以工代赈、公益性岗位等综合措施促进高质量充分就

---

① 重庆市农业农村委员会调度数据。
② 重庆市农业农村委员会调度数据。
③ 重庆市农业农村委员会监测数据。

业，建成就业帮扶车间 632 个、吸纳就业 1.18 万人[1]，脱贫人口及监测对象务工就业规模达 82 万人[2]、就业率居全国前列。三是区域协作帮扶持续深化。鲁渝协作取得新进展，累计共建 98 个产业合作园区和 101 个鲁渝协作示范镇村，310 家山东优势企业落户脱贫地区，120 个优质品种成功实现"东产西移"，推动农林、畜禽、水产 38 大类 159 个优质品种落地重庆。深入实施"万企兴万村"，7342 家企业实施投资类项目 7990 个，惠及 4069 个村，投资总额 621.4 亿元，实际到位资金 375.11 亿元；3387 家企业参与公益类兴村项目 4059 个，惠及 2749 个村，捐款捐物 30.65 亿元。

（三）聚焦"四千行动"，农业农村高质量发展取得实效

一是高标准农田新建改造有序实施。大力推进"四改一化"建设，2024 年已完成 138 万亩建设任务，其中新建 95 万亩、改造提升 43 万亩；累计建成高标准农田 1921 万亩，亩均实现节本增收 320 元。创新高标准农田建设以工代赈方式，提供务工岗位 13272 个、发放劳务报酬 16589 万元，分别达到 2023 年全年的 2.3 倍、72%。[3] 二是巴渝特色名优"土特产"加快培育。强力打造"3+6+X"农业产业集群，实现综合产值 5200 亿元。召开巫山脆李、涪陵榨菜、奉节脐橙巴渝特色名优"土特产"培育大会，推动构建 1+336+X"土特产"品牌体系。巫山脆李、涪陵榨菜、奉节脐橙品牌价值分别达到 27.64 亿元、379.4 亿元、182.8 亿元，均稳居全国李子类、酱腌菜类、脐橙类首位。三是农民收入持续稳定增长。出台促进农民增收、促进低收入脱贫人口和未消除风险防止返贫监测对象提低增收"双 10 条措施"[4]，印发《关于千方百计增加农民收入确保完成全年目标任务的工作通

---

[1] 重庆市农业农村委员会调度数据。
[2] 重庆市农业农村委员会调度数据。
[3] 重庆市农业农村委员会调度数据。
[4] 《中共重庆市委农村工作暨实施乡村振兴战略领导小组办公室关于印发〈重庆市促进农民增收具体措施〉的通知》（渝委农办〔2024〕8 号）、《中共重庆市委农村工作暨实施乡村振兴战略领导小组巩固拓展脱贫攻坚成果工作专班关于印发〈促进低收入脱贫人口和未消除风险防止返贫监测对象提低增收帮扶措施〉的通知》（渝巩固专发〔2024〕1 号）。

知》，建立促进农民增收部门联席会议制度，加快构建农民增收长效机制。前三季度，全市农村居民人均可支配收入同比增长6.5%。① 四是巴渝和美乡村建设扎实推进。有序推进39个引领镇、291个先行村、3235个达标村、3209个巴渝和美院落建设。农村卫生厕所普及率、生活垃圾治理率、生活污水治理率分别达到87%、100%、65%。有序推进"五清理一活动"，已累计清理"蓝棚顶"1.12万处、无人居住废旧房7.82万宗、房前屋后杂物堆26.79万户、田间地头废弃物19.29万处、管线"蜘蛛网"1557处，开展农村爱国卫生运动宣传活动4800余次。前三季度，乡村振兴招商引资签约金额989.5亿元、同比增长6.9%，在建项目计划投资1202.4亿元、同比增长49.8%，完成投资239亿元、同比增长118.9%。

（四）聚焦"延链强链"，食品及农产品加工业提速发展

一是工作机制迭代完善。把食品及农产品加工业纳入全市"33618"现代制造业集群体系一体打造，建立"1+7+6+5"工作推进机制②。深入落实《重庆市支持食品及农产品加工产业高质量发展十条政策》，推动出台《金融支持食品及农产品加工产业高质量发展十条政策措施》等政策文件，健全完善政策支持体系。二是产业生态加快构建。召开2024重庆市食品及农产品加工高质量发展产业生态大会暨第九届中国（重庆）国际火锅产业博览会。实施"爆品"打造专项行动，支持重庆小面、天友百特牛奶、涪陵榨菜等"爆品"打造计划，累计培育市级以上名牌农产品781个。全力实施"20、30、50头羊计划"，集中开工重大项目37个，总投资约213亿元，举办重庆农产品加工业创新设计大赛，全链条、全环节构建产业生态。三是产业发展势头强劲。1~9月，全市规上食品及

---

① 重庆市统计局、国家统计局重庆调查总队发布数据。
② "1+7+6+5"工作推进机制，"1"即综合协调组；"7"即粮油、肉蛋奶、果蔬、休闲食品、预制菜、火锅食材、中药材等7个产业链指导部门；"6"即产业运行、原料保障、商贸流通、招商投资、政策保障、质量安全等6个专项工作组；"5"即健全完善指挥调度、集中攻坚、园区引领、运行监测、赛马比拼等5项运行机制。

农产品加工业实现产值1248.47亿元，增长6%；其中，肉蛋奶、果蔬茶、中药材3个产业分别增长7.1%、8.9%、2%。①农产品出口11.4亿元，同比增长42.3%。②

（五）聚焦"改革创新"，农业农村动力活力持续激发

一是农村基础性改革稳妥推进。合川区、璧山区获批开展第二轮土地承包到期后再延长30年整区试点，南岸区峡口镇、渝北区大盛镇等4个镇获批开展整乡延包试点。农村集体产权制度改革不断深化，农村集体资产监管提质增效行动和集体经济组织有关问题专项整治行动成效显著。二是强村富民综合改革深入推进。创新探索强村富民综合改革获重庆市改革创新奖银奖。120个强村富民综合改革试点村序时开展试验任务。农村集体经济组织经营性收入较快增长，前三季度农村集体经营性总收入40亿元，村均经营性收入43万元，10万元以上的村占比85%，农村产权流转交易额达61.47亿元。③三是农业科技创新多点突破。自育的"庆油"系列高含油油菜品种播种面积达302.75万亩，占全市油菜总面积的67%，较上年提高11.9个百分点。最新培育的"庆油11"油菜品种含油量52.37%、亩产202.4公斤，均为全国第1。成功开发出生物有机肥、非洲猪瘟病毒ELISA抗体检测试剂盒、UC8288芯片等新产品。

（六）聚焦"数字变革"，数字"三农"建设步伐加快

一是"1+4+4+N"数字"三农"体系初步构建。建设1个"渝农大脑"，夯实农地"一张图"、农信"一本账"、农事"一张网"、农品"一码通"4个基础，打造"四千行动"核心业务数字应用，推动"长江治

---

① 重庆市统计局统计数据。
② 中华人民共和国重庆海关：《2024年前三季度重庆市出口主要商品量值表（人民币值）》，http://chongqing.customs.gov.cn/chongqing_customs/515860/515862/515863/6163808/index.html，2024年10月22日。
③ 重庆市农业农村委员会调度数据。

渔""渝悦·防返贫""渝耕保·巴渝良田"等N个应用场景落地。二是"三农"信息资源加快整合。依托一体化智能化公共数据平台（IRS）编目数据4931万余条，107项涉农空间数据资源上图，1.1万个新型农业经营主体入网，20个场景完成赋码。三是数字赋能"三农"提速提效。山地履带式电动无人农机装备在10余个区县应用3万余亩，榨菜联合收割机填补了我国榨菜收获"无机可用"的空白。全市农机年作业服务面积占30%以上，农作物耕种收综合机械化率增长1.5个百分点、达到56.8%，位居西部丘陵山区前列。"渝农经管"数智系统试点投用，重庆农商行已授信130万户、220亿元。全市数字乡村水平达到43%，位居西部第1。

（七）聚焦"民生实事"，农民群众获得感持续提升

一是农村基础设施持续改善。统筹推进农村路网、水网、电网、通信网、物流网"五网"建设，新改建农村公路2346.9公里、入户道路1029公里，农村自来水普及率达到90.4%，累计新建及改造农村电网10千伏线路130公里、10千伏变压器157台、低压线路145.65公里，5G覆盖范围不断扩大，"邮运通"服务乡村振兴综合服务体系加快构建。二是公共服务供给持续优化。在全国率先开展县乡村公共服务一体化试点，目前已有九龙坡、綦江、云阳等10个区县推进试点工作。累计改善1596所农村学校办学条件，创建62个甲级基层医疗卫生机构，建设61个区县域医疗卫生次中心，为65岁以上老年人免费开展健康体检人数超过380万人。持续增加农村医养结合服务供给，支持有条件的乡镇卫生院利用现有资源开展医养结合服务。三是农业社会化服务持续扩大。规范实施农业社会化服务项目，完成作业面积超200万亩，示范带动全市农业社会化服务面积达1200余万亩。开展农业生产社会化服务试点工作，31个参与试点的区县供销合作社和智慧农服集团共承接服务面积79万亩，带动8个县级社发展青菜头订单种植15万亩，亩均助农增收1300元。

二 重庆市农业农村经济发展中面临的几个问题

（一）农业产业链条较短

产业集聚度不高，串点成面、连片发展集群效应不明显，第一产业增加值超过100亿元的区县仅3个。食品及农产品加工业实力不强，近60%的规上农产品加工企业年产值不足1亿元。品牌价值普遍偏低，2000万元以下的占比92%，品牌价值过亿的仅有涪陵榨菜、奉节脐橙、江津花椒、荣昌猪、永川秀芽、巫山脆李6个。自建产品营销渠道不畅，本地电商带货渠道影响力不够，产品销售不畅、流通较慢。农产品对外贸易水平低，如2023年出口额11.6亿元，仅为山东、广东、浙江、四川的0.8%、0.9%、2.8%、16%，仅占全市出口总值的0.24%。

（二）农村发展内生动力不足

农田水利基础设施薄弱，70%的耕地达不到大中型农机通行作业条件，耕地有效灌溉率仅36.4%，比全国低17.6个百分点。农业科技装备支撑不足，农业科技创新体制不活，原种瘦肉型种猪、种禽、种牛市外调入占比分别高达95%、80%、90%以上，主要农作物耕种收综合机械化率比全国低近17个百分点。农村资源要素市场化利用不够，全市农村闲置农房40.42万宗、9.57万亩，集体经营性资产占总资产比重为20.2%，比全国低24个百分点。

（三）乡村人才短缺匮乏

劳动力年龄偏大文化程度偏低，农村老龄化率达31%，居全国之最，小学以下文化程度的超过65%。农村产业发展能人少，高素质农民仅占农业从业人员的5.5%，致富带头人仅为农村常住人口的万分之五。专技人才缺乏，城市人才下乡体制机制不健全，乡村引才难、留才难问题突出，全市乡镇农业技术服务人员共9227人,其中取得初级及以上技术职称的3968人,占总量的43%;非专技人员占比为57%。部分地区群众仍存在"等靠要"思想,参与积极性不高。

(四)巩固拓展脱贫攻坚成果任务仍然较重

县域经济支撑不强,14个原国家扶贫开发重点区县常住人口占全市总量的27.7%,但经济规模仅为全市总量的17.73%。脱贫地区农产品加工转化率低,山区库区17个区县农产品加工产值仅占全市总量的23.7%。脱贫群众增收的内生动力不强,全市脱贫对象人均纯收入中工资性收入占比达到78%,经营净收入仅占9.9%,在经济承压前行的大趋势下,农民增收后劲乏力;低收入脱贫人口和未消除风险防止返贫监测对象"两类群体"中,半劳力、弱劳力和无劳力占比近70%。

三 2025年重庆市农业农村经济发展重点任务

坚持以习近平新时代中国特色社会主义思想为指导,深入贯彻党的二十大和二十届二中、三中全会精神,全面落实习近平总书记关于"三农"工作的重要论述和视察重庆重要讲话重要指示精神,充分利用大城市带大农村大山区大库区的独特场景,坚持"2433"工作思路①,加快打造"西部领先、全国进位和重庆辨识度"的城乡融合乡村振兴示范区。

(一)守牢底线任务,持续夯实粮食安全和成果巩固"两个基础"

一是持续保障粮食和重要农产品稳定安全供给。压紧压实各级粮食生产责任,深入实施藏粮于地、藏粮于技战略,挖潜拓展粮食生产空间,稳定粮食播种面积和产量。扎实开展粮食作物绿色高质高效行动。坚持耕地数量、

---

① "2433"工作思路,"2"即夯实粮食安全和脱贫攻坚成果巩固"两个基础";"4"即深入实施"四千行动";第一个"3"即打好农村改革"三套组合拳";第二个"3"即打造"三大标志性成果"。

质量、生态保护"三位一体""三管齐下",持续完善耕地保护责任目标考核奖惩机制,强化耕地用途管控,坚决遏制耕地"非农化""非粮化"增量,依法分类处置存量。坚持"大灾少减产、小灾能稳产、无灾多增产",加强苗情、墒情、虫情、灾情"四情"监测,做好突发险情应急处置。加强防灾减灾科技支撑,强化防灾减灾基础能力建设。强化"菜篮子"产品稳产保供,稳定生猪、蔬菜、水产品等产量。二是完善覆盖农村人口的常态化防止返贫致贫机制。聚焦增强脱贫地区和脱贫群众内生发展动力,持续加强防止返贫监测帮扶,建立农村低收入人口和欠发达地区分层分类帮扶制度。优化完善帮扶矩阵,强化派出单位与派驻人员责任、项目、资金"三捆绑",建成上下联动贯通的帮扶机制。常态化开展防返贫动态监测,持续开展"大走访大排查大整改"行动,迭代升级动态监测网络,形成"点上重点监测、线上专题监测、片上四级监测、面上大数据监测"的立体防返贫监测体系。深入实施防止返贫就业帮扶攻坚行动,持续优化务工补贴、技能培训及对吸纳脱贫劳动力的企业倾斜支持举措。

(二)聚焦高质量发展,深入实施"四千行动"

一是深入实施千万亩高标准农田改造提升行动。迭代升级高标准农田"投、建、用、管、还"一体推进机制,以"改大、改水、改路、改土和全程机械化""四改一化"为主要建设内容,加大高标准农田建设投入和管护力度,逐步把永久基本农田全部建成高标准农田。围绕"一带三区五流域"①高标准农田建设布局,统筹区域及产业规划,突出水土资源优势,重点支持龙溪河流域及渝西地区农业一体化高质量发展,将1000万亩目标任务落实到区域、落地到项目、落细到图斑。二是深入实施千亿级生态特色产业培育行动。以壮大食品及农产品加工业为引领,深入实施"20、30、50头羊计划",组建重庆市食品加工协同创新中心、西南大学食品加工协同创

---

① "一带三区五流域","一带"即长江沿岸绿色生态高标准农田示范带;"三区"即丘陵谷地高标准农田建设区、平行岭谷高标准农田建设区、山地高标准农田建设区;"五流域"即涪江—琼江流域、濑溪河流域、龙溪河流域、乌江流域、梅溪河流域。

新中心、江南大学协同创新中心西部分中心,支持江南大学开展行业关键核心技术攻关,支持市农产品加工技术创新联盟开展"入园进企"技术帮扶活动。深化鲁渝协作,做大做强"开州—寿光蔬菜"等一批协作品牌。提质建设新时代"川渝粮仓"、优质保供蔬菜产业带、"巴蜀美丽庭院示范片",接续推进万达开、泸永江、合广长、川渝高竹新区等毗邻地区农业合作示范园区建设。三是深入实施千个宜居宜业巴渝和美乡村创建行动。推行"三事分流",推广"积分制""清单制""院落微治理",不断完善"小院家"乡村治理平台功能,以"数字化"赋能乡村治理,促进治建融合更好推进巴渝和美乡村建设。在稳步推进"百镇引领、千村示范、万院和美、全域振兴"行动的基础上,引导区县通过缝合空间、串点连线和以强带弱、强片拓面等方式,打造跨区县的巴渝和美乡村片区,组团式、片区化开展巴渝和美乡村建设,更好带动全市面上整体提升。积极筹备2025年巴渝和美乡村现场推进会,发布推介巴渝和美乡村典型案例。四是深入实施千万农民增收致富促进行动。建立健全农民持续稳定增收长效机制,完善强农惠农富农支持政策,重点在产业增收上提质量、增效益,在财产增收上挖潜力、拓渠道,在就业增收上提技能、增岗位、追欠薪,在转移增收上用好政策、盘活存量、优化方式,持续培育农民收入新的增长点,不断缩小城乡收入差距。

(三)围绕城乡融合,打好农村改革"三套组合拳"

一是打好小县大城、强镇带村、强村富民贯通联动改革组合拳。着力增强区县城连接主城、服务乡村功能,提升区县城人口承载能力,分区分类分层推动农业转移人口市民化,畅通城乡之间生产、流通、分配、消费的良性循环互动。加快培育"百强镇",宜农则农、宜工则工、宜商则商,打造一批县域经济副中心。扎实推进强村富民综合改革,抓好120个村的改革试点,探索村庄经营机制,带动农民持续稳定增收。健全土地要素随人走、公共资源随人走的引导机制,推动协调发展、集约紧凑布局。二是打好农村信用体系建设综合改革组合拳。深入总结"三农"信用体系建设试点经验,逐步改变银行原有授信模式,降低信息获取成本,为农民信贷提供更加优惠的利率。进一步优化改进银行信贷产品模型,优化信贷审批环节,实现秒申秒贷,打造农村金融服务样板。依托专业信用服务机构,引入市场化运营机制,按照规范标准优先把新型农业经营主体纳入信用采集范围,在重点产业链上试点,逐步向普通农户、农业产业全覆盖。三是打好农村产权交易体系集成改革组合拳。推动重庆土交所延伸扩容,健全完善四级农村产权交易体系,有序延伸村级联络员,培育引进农村市场交易主体,逐步活跃农村产权交易市场。加快建设全市农村产权要素交易平台、土地市场化改革实践平台、自然资源生态价值探索平台、农业农村发展决策咨询平台,体系化构建农村资源资产价格发现、价值实现及资源分配机制。全面上线"渝农经管",集成农村集体三资监管体系。构建"农户委托、集体收储、招商联营、利益共享"的农村资源资产盘活机制,有序探索"土地+""水库+""森林+"等自然资源资产组合交易,更好地发挥农村资源资产效益。

(四)紧盯重庆辨识度,打造"三大标志性成果"

一是以渝西地区、龙溪河流域为重点,打造新时代"巴渝粮仓"。加快推动以渝西地区、长垫梁龙溪河流域为重点的粮食生产基地建设,示范带动粮食综合生产能力提升。聚焦大中型灌区,打造一批有产业、有规模、有品牌、有效益的高标准农田改造提升精品示范项目,建成一批现代粮油产业示范区。持续推动"五良"集成,打造主要粮食作物大面积单产提升高水平示范片150万亩以上。二是以巫山脆李、涪陵榨菜、奉节脐橙为代表,打造巴渝特色名优"土特产"金名片。依山就势发展生态特色农业,持续打造巫山脆李、涪陵榨菜、奉节脐橙3个具有"国际影响力"的"土特产"品牌,荣昌猪、潼南柠檬、恒都牛肉3个具有"全国竞争力"的"土特产"品牌,巫溪老鹰茶、梁平张鸭子、忠县忠橙、江津花椒、城口老腊肉、石柱莼菜6个具有"区域辐射力"的"土特产"品牌,支持各区县因地制宜打造"土特产"品牌,健全1+336+X"土特产"品牌体系。加强"巴味渝珍""三峡柑橘""酉阳800"等区域公用品牌建设。三是发展各具特色的县域经济,差异化打造一批农业强县、工业大县、旅游名县。突出抓好渝西地区农业一体化高质量发展示范区、龙溪河流域现代农业示范区、长江上游柑橘产业带、畜牧科技城建设，示范引领农业强县建设，力争到2027年打造认定10个左右农业强县。支持区县围绕主导特色产业实施制造业高质量发展专项行动，因地制宜培育先进制造业集群，打造工业大县。推动创建旅游名县，打造彰显巴渝风韵的世界级旅游景区和度假区、红色旅游高地等旅游精品，促进农文旅融合发展。

参考文献

《中共中央关于进一步全面深化改革 推进中国式现代化的决定》，新华社，2024年7月21日。

《中共中央 国务院关于学习运用"千村示范、万村整治"工程经验有力有效推进乡村全面振兴的意见》，新华网，2024年2月3日。

《中国共产党重庆市第六届委员会第六次全体会议决议》，《重庆日报》2024年9月15日。

《中共重庆市委 重庆市人民政府关于学习运用"千村示范、万村整治"工程经验加快建设巴渝和美乡村扎实推进乡村全面振兴的实施意见》，《重庆日报》2024年4月10日。

《重庆市人民政府关于大力度推进食品及农产品加工产业高质量发展的意见》，重庆市人民政府网，2023年6月13日。

《中共重庆市委农村工作暨实施乡村振兴战略领导小组办公室关于印发"四千行动"实施方案的通知》，2023年2月1日。

B.5
重庆加快培育飞行汽车产业的必要性可行性分析及建议

刘嗣方 唐于渝 陈容 樊坤*

摘　要： 习近平总书记强调，"要牢牢把握高质量发展这个首要任务，因地制宜发展新质生产力"。飞行汽车作为交汇叠加智能网联汽车、低空航空、新能源三大领域的战略性新兴产业，蕴藏着巨大发展潜力和商机。当前，全球飞行汽车产业发展处于爆发前夕，国内飞行汽车产业加速布局，重庆加快培育飞行汽车"新星"产业集群的战略紧迫性凸显。本报告结合国家新质生产力发展最新导向和重庆现实基础，建议聚焦"一都四地"总体布局，聚力将重庆打造成为飞行汽车山城江城特色体验之都、国家重要产业制造新高地、陆水空天一体新基建试验地、产学研融合创新孵化地、综合服务保障先行地，助力重庆更好服务国家重大战略落地实施。

关键词： 飞行汽车　新质生产力　低空经济

飞行汽车（又称 eVTOL 电动垂直起降航空器）作为低空经济发展的重要载体，同时辐射牵引重庆"33618"现代制造业集群体系跨界融合，是未来产业孕育兴起和新质生产力培育形成的集聚区。飞行汽车与重庆现代制造业产业集群关联性及契合度较高，汽车、电子信息、新材料等领域的技术经验、产业优势和配套能力可实现快速规模化衔接转换。为抢抓飞行汽车发展重大

---

* 刘嗣方，重庆社会科学院党组书记、院长；唐于渝，重庆社会科学院城市与区域经济研究所副研究员、博士，主要研究方向为区域经济与产业布局；陈容，重庆社会科学院智库建设处副处长，主要研究方向为开放经济；樊坤，重庆社会科学院智库建设处副处长，主要研究方向为宏观政策。

机遇，亟须因地制宜明确产业主攻方向，以场景促应用、以龙头带全链、以网联强支撑、以生态育"繁星"、以政策明导向，融合"有人"与"无人"竞逐飞行汽车新赛道，加快培育壮大具有重庆辨识度的新质生产力。

一 重庆加快飞行汽车产业发展的必要性分析

（一）全球飞行汽车产业处于爆发前夕

飞行汽车被视为低空经济新赛道的战略必争之地。目前，全球有超过800家顶尖企业从事其研发与制造（见表1），包括波音、空客和贝尔等国际航空龙头，大众、丰田、通用等领军车企，及谷歌、特斯拉、英特尔等高科技巨头。产业格局中，美国发布了《国家航空科技优先事项》和《先进空中交通（AAM）实施方案》，计划到2028年实现飞行汽车和eVTOL的广泛应用，且在核心技术方面绝对领先，其初创公司Alef Aeronautics 2023年的飞行汽车订单已达2850份，并与Archer、Joby等军工科技企业开展eVTOL军事试验合作；欧盟航空安全局（EASA）早在2019年起就为小型VTOL飞行器设立特别适航标准，并制定了城市空中出租车运行规则；我国在城市空中交通（UMA）、无人机制造研发、全空间无人体系等领域处于世界领先，飞行汽车的研制实力已迈入全球第一梯队。

表1 国外主要飞行汽车企业及其产业化情况

企业名称	所属国家	产业化推进情况
乔比航空（Joby Aviation）	美国	2021年上市,目前市值约60亿美元。已经取得美国联邦航空管理局(FAA)的135部航空承运人证书，成为首个获准进行空中出租车服务的飞行汽车企业。目前处在试运行阶段，计划2025年商业飞行
阿彻航空（Archer Avia-tion）	美国	已获得美国联邦航空管理局(FAA)颁发的特殊适航证书。美联航已预定200辆,总价10亿美元
阿勒夫汽车（Alef Automotive）	美国	2023年7月获批美国第一个飞行汽车特殊适航证，"Model A"已获得400多份预售订单，计划2025年底首批汽车交付用户，每辆售价30万美元

续表

企业名称	所属国家	产业化推进情况
阿斯卡（Aska）	美国	2023年1月发布Aska A5飞行汽车，开启预售，预计2026年量产
Electra	美国	计划2026年完成审定获得适航证。至2022年已公布近200架订单，订单总额超过5亿美元。美空军正与其合作研发超短程起降飞机
Overair	美国	推出Butterfly型6座级倾转旋翼构型客运eVTOL飞机，2022年6月获得韩国韩华集团1.45亿美元投资
飞行出租车创业公司（Lilium Aviation）	德国	2019年就实现了5座原型机Lilium Jet的首飞，首款将量产7座机型，计划2025年在美国推出区域空中交通网络
Vertical Aerospace Group	英国	2021年美国上市，美国航空、霍尼韦尔等投资。已获得1300余份eVTOL产品订单，预计2025年实现交付。与维珍航空合作，计划最快于2024年在英国推出一支由50~150架eVTOL组成的机队
巴航工业（Eve UAM）	巴西	2022年美国上市。美联航参股并预定200辆空中出租车。计划在2026年上市首批飞行汽车
Volocopter	德国	在德国斯图加特和法兰克福之间建设首座生产基地，计划在巴黎夏季奥运会期间提供初步的UAM示范服务之前，每年组装50多辆VoloCity双座空中出租车
Heart Aerospace	瑞典	与美联航合作，ES-19飞机计划于2026年投入使用

资料来源：根据深企投产业研究院资料整理。

（二）国内飞行汽车产业加速布局

一是规划政策密集出台，产业正从试点探索走向全面发展。2023年10月，工信部、科技部、财政部、中国民航局四部门发布《绿色航空制造业发展纲要（2023—2035年）》，提出到2025年，飞行汽车实现试点运行；到2035年，建成具有完整性、先进性、安全性的绿色航空制造体系，新能源航空器成为发展主流。国家明确鼓励开展绿色航空示范运营，将飞行汽车融入综合立体交通网络，加快形成安全、便捷、绿色、经济的城市空运体系。2024年1月，伴随《无人驾驶航空器飞行管理暂行条例》正式施行，各地抢抓战略机遇布局飞行汽车,其中深圳、上海、安徽等地围绕飞行汽车龙头企业引育、适航取证、研发创新、场景示范、商业运营等已出台针对性支持政策(见表2)。

表2 国家层面及部分省市飞行汽车发展相关政策

发布日期	政策名称	发布单位	主要内容
2023年10月	《绿色航空制造业发展纲要(2023—2035年)》	工信部等四部门	到2025年,飞行汽车实现试点运行;到2035年,建成具有完整性、先进性、安全性的绿色航空制造体系,新能源航空器成为发展主流
2023年6月	《无人驾驶航空器飞行管理暂行条例》	国务院、中央军事委员会	规范无人驾驶航空器飞行以及有关活动,促进无人驾驶航空器产业健康有序发展,维护航空安全、公共安全、国家安全
2024年3月	《通用航空装备创新应用实施方案(2024—2030年)》	工信部等四部门	推进电动垂直起降航空器(eVTOL)等一批新型消费通用航空装备适航取证;适应未来城市空中交通需要,支持依托长三角、粤港澳等重点区域,以eVTOL为重点开展应用示范
2023年12月	《深圳市支持低空经济高质量发展的若干措施》	深圳市交通运输局等七部门	加快推动载人eVTOL等低空航空器产业化。加速载人eVTOL、飞行汽车等应用产品产业化发展。对研制载人eVTOL、飞行汽车并实现销售的在深圳实际从事相关经营活动的低空经济企业,给予一定比例销售奖励。支持eVTOL航空器适航取证。对获得中国民航局颁发的eVTOL航空器型号合格证和生产许可证并在本市经营的低空经济企业给予奖励
2024年4月	《安徽省加快培育发展低空经济实施方案(2024—2027年)及若干措施》	安徽省发展改革委	支持企业开展eVTOL等低空飞行器整机、关键系统、零部件自主研发和产业化,加快军民两用技术双向转移转化;引导eVTOL等低空飞行器开展市场化飞行,促进低空"飞起来、热起来"
2024年8月	《上海市低空经济产业高质量发展行动方案(2024—2027年)》	上海市人民政府办公厅	支持10家以上电动垂直起降航空器、工业级无人机和新能源通航飞机研发制造领军企业落地发展,培育20家左右低空运营服务领军企业、3~5家行业领先的适航取证技术服务机构,集聚100家以上关键配套企业,建成研发制造、适航取证、飞行服务、场景应用全产业链

资料来源:根据国家及各地发布的政策文件整理。

二是带动效应日渐显现，产业万亿级市场初具雏形。2023年12月，全国首个获得适航审定的"成都造"沃飞长空（四川）eVTOL首次试飞成功；2024年2月，全球首条eVTOL跨海跨城空中航线由峰飞航空（上海）"盛世龙"5座飞行汽车从珠海到深圳演示飞行成功，将单程3小时的地面车程缩至20分钟；万丰飞机（浙江）与全球知名汽车主机厂确定合资成立飞行汽车制造公司；3月，小鹏（广州）汇天飞行汽车旅航者X2完成城市CBD"天德广场广州塔"低空飞行；4月，亿航智能（广州）EH216-S成为全球首个取得适航通行许可的飞行汽车获准量产；6月，沃飞长空AE200（成都）完成首次公开试飞；8月，首款厦门造"飞行汽车"宣布进入检测环节；9月，广汽飞行汽车GOVE（广州）正式获得中国民用航空中南地区管理局颁发的民用无人驾驶航空器特许飞行证。据摩根士丹利等机构预测，2030年、2040年全球飞行汽车市场规模将突破3000亿美元、1万亿美元，其中中国潜在市场规模将占60%以上。

三是应用场景广泛拓展，产业业态不断丰富。峰飞航空（上海）与深圳宝安携手打造城市及都市圈城际空中出行应用场景。亿航智能（广州）与无锡共建低空经济产业基地，合作打造文商体旅融合发展IP；深度参与安徽城市空中交通体系的设计和运营，在智慧城市管理、生态环保、应急救援等领域共推应用。沃飞长空（四川）与甘肃航投协作探索交通接驳、文旅环飞等场景应用服务。小鹏汇天已经在全国范围内完成超110个飞行营地的合作签约，并计划到年底前完成超200个飞行营地的布局；携手广州城投集团和广州产业投资基金管理有限公司，以广州塔为核心，构建广州低空飞行试验网，联合开发城市通勤、旅游观光、商业展示、紧急救援等商业应用场景。

二 重庆加快飞行汽车产业发展的可行性分析

飞行汽车产业链涉及上游供应链、中游整机制造和下游运营服务三个环节，主要包含原材料及零部件配套、机体制造、场景应用、基础设施和运营服务。重庆作为全国主要汽车生产基地之一和重要航空航天制造基地，全市"33618"现代制造业集群体系中，智能网联新能源汽车、新一代电子信息制造业、智能装备及智能制造、先进材料、新能源及新型储能等均与飞行汽车产业链密切耦合关联，为生产制造、研发孵化、应用推广和政策推动飞行汽车发展奠定了良好基础。

（一）产业链上游资源富集，有助于快速形成全链配套生产力

一是原材料配套能力国内领先。航空铝材、钛合金、镁合金及碳纤维等飞行汽车制造原材料与重庆汽车、航空产业的适配度超80%。目前，重庆新材料生产企业超200家，部分领域处于国内领先。比如，国产大飞机C919超过50%的铝材由中铝高端制造提供；两航金属、金世利航空钛合金技术能力稳居国内第一梯队；卡莱碳纤维复合材料已成熟供应飞行汽车电池龙头企业——宁德时代；再升科技是国内唯一、全球第3家能够批量生产"飞机棉"的企业；重庆阿莫森救生安全带产品占据国内市场份额90%以上。

二是核心零部件本地配套扎实。重庆拥有规模以上汽车、航空零部件企业逾千家，汽车零部件本地配套化率达70%，且部分领域已在国内形成引领态势。电池方面，形成以海辰储能、比亚迪、吉利等为代表的"大小三电"企业，预计到2025年新能源汽车"三电"本地化配套率将超过50%。动力系统方面，形成以隆鑫通航、重交绿航院等为代表的航空发动机龙头企业，其中宗申航发航空活塞发动机占据国内市场份额第1位。智能制造方面，电科芯片为神舟十五号载人飞船配套模拟集成电路、微波组件和光调制模块等核心产品。自动驾驶系统方面，引进科博达等集中打造西南区域智能驾驶汽车技术中心，长安科技&长线智能等超级智能汽车平台项目集中落地。

（二）产业链中游厚植潜力，有助于蓄势发力支撑产业迭代升级

一是研发创新力量汇聚。北京理工大学重庆创新中心成功自主研制并发布全球首款载人级两座智能分体式飞行汽车工程样车；重庆交通大学绿色航空技术研究院正加紧推进首架垂直起降飞行汽车科研样机的制造和首飞。西

北工业大学重庆科创中心、上海交通大学重庆研究院、重庆丰鸟无人机研究院、重庆空天推进研究院、重庆大学航空航天学院、重庆航天机电设计院等研发创新平台已形成，具有推动飞行器产业链集成创新的优势。

二是整机集成具备雄厚实力。中国商飞与重庆签署战略合作框架协议。集聚长安、赛力斯等16家国内新能源整车头部企业，2023年新能源汽车产量达到50万辆，正加快推进智能网联新能源汽车12大总成全覆盖和集群式发展，形成了赛力斯"黑灯工厂"、长安"5G工厂"等智能制造行业标杆，为构建飞行汽车总装能力奠定较好基础。无人机整机制造领域，已集聚驼航科技、亿飞智联、国飞等龙头企业，具备垂直起降固定翼、氢能长航时等整机生产能力。

（三）产业链下游支撑多维，有助于精准对接市场需求丰富应用场景

一是超大山地城市应用场景丰富多元。重庆集大城市、大农村、大山区、大库区于一体，区域地貌环境复杂，建筑形态多样，且辐射西部多个省区市数亿人口，风貌独特、市场广阔，在个人定制旅游、空中游览观光、山地运输、商务通勤、应急救援、农林植保、地理测绘、治安巡逻、环保监测、电力巡检等领域，具有丰富多元、潜力巨大的应用场景。作为国家级车联网先导区和"双智"试点城市，重庆还在探索具有山地特色的车路协同测试场景上积累了丰富经验。2024年4月，重庆举办首届低空飞行消费周，发布首张低空飞行体验地图，开通首条城市空中交通航线，亿航EH216-S飞行汽车首次在重庆中心城区成功展出。

二是空地融合基础设施建设具有先发优势。重庆正着力建设国家电动汽车换电模式示范城市、成渝氢走廊和长江经济带氢走廊，到2025年底规划建成超充站2000座以上。目前，全市每万人拥有5G基站数超过22万个，位列西部第1。重庆造"天目一号"气象星座在轨组网运行，已集聚中国星网、航天新通等北斗和卫星互联网企业超90家，有条件在国内陆水空天融合新基建、低空飞行服务保障体系建设方面开展先行示范。2024年9月，重庆发布推动低空空域管理改革促进低空经济高质量发展的行动方案，提出

探索构建低空空域资源协同管理新模式，开发建设以北斗应用为支撑的低空经济发展基础设施体系，打造"低空经济创新发展之城"。目前，重庆正加快构建涵盖空域图、设施图、产业图、场景图的低空实景三维"四张图"，为以飞行汽车为代表的低空经济发展赋能。

三 重庆加快飞行汽车产业发展的建议

作为国家重要先进制造业中心，重庆应顺势而为、乘势而上，抓住飞行汽车产业爆发前的"窗口机遇期"，联动成渝地区双城经济圈建设等国家重大战略，协同优化智能网联新能源汽车、新一代电子信息、新材料等产业集群资源，充分发挥特色应用场景牵引，因地制宜差异化、特色化布局，找准低空经济发展的有形抓手和关键突破口，加快培育壮大飞行汽车"新星"产业集群。

（一）以场景促应用，创造新需求、释放大价值，聚力打造山城江城特色飞行汽车体验之都

一是培育具有全国辨识度的陆水空天融合"飞行汽车+文旅"应用示范场景。紧盯深圳、合肥、无锡等地，加快引进亿航智能、德国Lilium、上海峰飞等头部链主，合作打造eVTOL低空经济产业园及西南区域运营总部，推动飞行汽车在重庆尽早实现应用测试、场景验证和市场运营。依托龙兴飞行服务站辐射两江四岸，永川飞行服务站涵盖渝西及渝东新城的綦江—万盛一线，梁平飞行服务站囊括武隆、万州等山区库区，开通eVTOL商业化空中游览航线，并尝试与野外探险、研学俱乐部等机构合作，推动各类线上直播活动赋能。借鉴珠海"双航展"龙头带动模式，开发由1个试飞基地和多个飞行演示中心组成的"1+N"立体产旅融合示范项目，塑造"空地融合智慧交通+绿色立体旅游"应用新名片。

二是构建"飞行汽车+社会治理"数字重庆典型应用场景。推广飞行汽车在应急救援、森林防火、城市消防、交通巡查、违建巡查、国土测绘等社

会治理领域的应用。将相关运行数据接入数字重庆一体化智能化城市公共数据平台，探索人机协同的指挥调度体系，打造全局"一屏掌控"、政令"一键智达"、执行"一贯到底"、监督"一览无余"的社会治理协同创新场景。

三是逐步拓展"飞行汽车+物流配送""飞行汽车+市内出行""飞行汽车+城际交通"应用场景。积极争取获得国家对人口密集区无人机配送试运行的许可，完善全市及成渝城际低空公共航路规划，提前谋划飞行汽车应用规模化、商业化发展。支持企业探索开展飞行汽车 B2B 和 B2C 物流配送。支持飞行汽车企业探索在铁路枢纽、港口枢纽等开展联程接驳应用，拓展货物多式联运等创新场景。

（二）以龙头带全链，构建大链条、汇集新优势，聚力打造飞行汽车国家重要产业制造新高地

一是整零协同培育壮大本地企业。鼓励市内智能网联新能源汽车等产业龙头与北京理工大学重庆创新中心等机构组建创新联合体，围绕突破车体平台、低空智能驾驶和动力推进三大领域的核心技术瓶颈，开展整机以及玻璃纤维、电池、飞控系统、汽车软件、通信导航系统等自主研发。支持宗申航发等优势企业进入国内外头部链主企业的产品配套体系，做大做强本地零部件产业集群。支持本地企业争取中国民用航空局颁发的无人驾驶航空器型号合格证（TC）、生产许可证（PC），加快提升重庆在飞行汽车新赛道的技术生成和生产制造能力。

二是积极承接央企重大新质生产力布局。对接实施好国家智能网联新能源汽车、航空制造等产业链关键环节产业布局，争取中国航天科技集团、中国一汽、航发动力等央企在渝布局飞行汽车总部经济（第二总部、区域总部、功能总部）及重大平台（研发机构、板块业务中心、重大装置）。参照上海等地，推动中国商飞集团、中国航天科技集团、兵器装备集团等与重庆深化合作，共建飞行汽车研发制造基地。

三是精准招"大"引"强"开放协作。围绕动力电池积极引进国科高轩、香山股份，围绕 MEMS 传感器积极引进敏芯、芯动联科等行业领军企

业。围绕整机制造、通信导航等领域，加强与成飞集团、四川九洲等协作，推动成渝共建飞行汽车产业生态圈。依托西部陆海新通道，探索与迪拜等沿线国家和地区开展合作，前瞻性谋划建设"一带一路"飞行汽车产业链供应链中心。

（三）以网联强支撑，建设大平台、形成新标准，聚力打造陆水空天一体新基建试验地

一是先行建设低空飞行智联网。围绕交通管制、空域管理、流量控制三大核心需求，利用重庆空天信息产业资源，推动"北斗+5G+卫星技术"融入低空智联管理体系建设。支持中国星网等低轨卫星研制应用企业与低空飞行器制造、运营企业设立联合实验室，在两江新区等地率先探索建设"数字空域"。

二是探索构建空地融合通信组网。紧跟深圳"陆海空天"一体化通信网络建设，全力推进智能网联新能源汽车车能路云融合。结合全市智能网联新能源汽车试验场布局，在两江新区、西部（重庆）科学城、永川区等地构建智能网联新能源汽车与无人驾驶航空器联合试验基地，推动基础设施、数据底座等共建共享，研究开发空地一体通信组网。

三是适度超前布局低空飞行服务保障设施。支持在渝东北、渝东南有条件的区县建设 eVTOL 起降场、直升机起降平台等设施。在两江新区谋划建设城市空中交通运营示范中心，在渝西地区规划布局 eVTOL 融合飞行示范基地。建立健全一批涵盖通信、导航、雷达、电磁、反制等内容的强化飞行保障体系，提升通航情报服务、低空监视、低空气象服务能力。完善全市无人机小型起降点、智能起降柜机充换电站、中转站、气象监测站等网络。加快规划通信导航、充电储能等新型专用场所。整合民航局 UOM 无人机监管平台、市公安局无人机安全监管中心，提供飞行汽车实名登记、适飞空域查询等服务，加强 AI 智能识别、5G、北斗、大数据等新一代信息技术应用，合理规划建设地面通信监视设施，强化低空飞行安全监管水平。

（四）以生态育"繁星"，拓展大空间、培育新业态，聚力打造飞行汽车区域产学研融合创新孵化地

一是构建产业空域管理模式。高度重视飞行汽车产业的发展布局，迭代升级、更新完善重庆"33618"现代制造业集群体系，明确将飞行汽车及相关配套产业纳入18个"新星"产业集群清单予以重点培育。借鉴深圳等地经验，完善低空空域协同管理机制，争取在国内率先开展空域资源管理模式创新工作试点，积极争取国家在划设低空空域分类、构建低空航线网络等方面的政策支持。

二是构建全链条研发创新平台。整合汽车与航空等领域优势创新力量，围绕源头创新、应用创新、孵化转化和产业化，协同突破新能源动力、陆空两栖平台和三维智能交通等关键基础技术。积极争取创建国家级飞行汽车制造业创新中心、无人驾驶航空器系统质量检验检测中心。以高校和重点企业为载体，推动建设一批重点实验室、任务载荷实验室和自主飞行系统实验室。鼓励有关科研单位开放共享相关研发、先进设备和测试计量等资源。争取成立中大型飞行汽车适航审定检测中心、系统质量安全检验检测试验中心、发动机及螺旋桨验证性试验中心，推动本地化开展适航审定、验证试飞等业务。

三是建设区域性创新创业孵化场。优化两江新区、巴南区等航空产业孵化基地功能布局，完善"项目孵化+资本驱动"培育体系，吸引飞行汽车制造、驾驶培训和运营服务等企业入驻，培育孵化飞行汽车领域科创企业、独角兽企业。依托重庆大学航空航天学院、重庆航天职业技术学院等高校职校，加强校企合作，创建市域产教融合联合体，打造区域性飞行汽车教育人才培养基地。

（五）以政策明导向，健全新体系、助力大发展，聚力打造飞行汽车产业综合服务保障先行地

一是强化产业顶层设计。组织国内外顶尖团队，专项研究重庆飞行汽车发展的战略规划，因地制宜明确战略布局，差异化确定主攻方向。组织研究制定飞行汽车发展技术路线图，面向社会发布创新需求清单，实施"揭榜挂帅"行动。适度超前制定飞行汽车基础设施规划布局方案，与全市超充、氢能等新能源建设结合，前瞻性布局建设或预留所需软硬件条件。对接《无人驾驶航空器飞行管理暂行条例》，适时启动"重庆低空经济促进条例""重庆市民用无人驾驶航空器飞行管理暂行办法"起草编制，为推动规范化运营做好准备。

二是强化产业扶持政策。紧盯欧美和国内深圳、上海等地前沿动态，围绕做强飞行汽车产业链，对龙头企业落户、关键核心领域研发制造、场景应用、商业运营、适航认证等给予专项支持。充分利用自贸区政策，促进飞行汽车融资租赁业务发展壮大。

参考文献

《习近平著作选读》（第一卷），人民出版社，2023。
《习近平著作选读》（第二卷），人民出版社，2023。
《中共中央关于进一步全面深化改革　推进中国式现代化的决定》，中华人民共和国中央人民政府网，2024年7月21日。
习近平：《发展新质生产力是推动高质量发展的内在要求和重要着力点》，《求是》2024年第11期。
中国汽车工程学会：《飞行汽车发展白皮书1.0》，2024年5月。
《深入推进新时代新征程新重庆制造业高质量发展行动方案（2023—2027年）》，重庆市人民政府网，2023年9月28日。

B.6 提升国际品质 塑造城市名片：重庆对标打造中西部国际消费中心城市样板

王顺辉 施沅赤 赵升*

摘　要： 重庆自获批率先开展国际消费中心城市培育建设以来，立足比较优势，积极主动作为，通过提升"国际范"品质能级、提质"高颜值"地标场景、提振"强支撑"发展格局、提档"渝快享"发展动能、健全"高效能"工作机制等一系列工作措施，促进重庆市消费市场多领域、多行业提质融合发展，培育建设工作起步稳健，成效初显。同时，对标对表先进发达城市，重庆培育建设工作在发展基础、国际吸引力、消费品质、消费环境、服务水平、政策支撑等方面还存在一定差距。下一步，重庆将坚持目标导向、问题导向，进一步激活广阔消费市场、集聚优质消费资源、融合多元消费业态、塑造特色消费载体、提升品质消费环境、深化机制改革创新，推进培育建设工作走深走实，加快培育建设富有巴渝特色、彰显中国风范、引领国际时尚、辐射西部、面向全球的国际消费中心城市。

关键词： 消费融合　消费环境　首发经济　不夜重庆　爱尚重庆·渝悦消费

培育建设国际消费中心城市，是党中央、国务院作出的重要战略部署。重庆作为中央直辖市和国家重要中心城市，是长江上游地区经济中心、西部国际综合交通枢纽和国际门户枢纽。国务院批准重庆等城市率先

---

* 王顺辉，重庆市商务委员会消费促进处处长；施沅赤、赵升，重庆市商务委员会消费促进处干部。

提升国际品质　塑造城市名片：重庆对标打造中西部国际消费中心城市样板

开展国际消费中心城市培育建设，这对稳住经济大盘、促进经济增长，推动高质量发展、创造高品质生活，更好服务构建新发展格局具有重要意义，为重庆发展赋予了新的使命、提供了难得机遇。自启动培育建设工作以来，重庆坚持对标对表中央要求，以人民群众对美好生活的需求为导向，加快建设扩大内需、畅通双循环的国际消费枢纽，培育建设工作提质步稳，成效初显。三年来，全市社会消费品零售总额平均增速8.7%，高于全国2.3个百分点。

一　丰富消费供给，提升"国际范"品质能级

一是大力发展首发经济。出台《支持首店经济发展若干措施》，创新政策体系3.0版本，初步形成"首发"带"首展"、促"首店"、落"总部"的联动发展效应。三年来，累计举办各类首发活动120余场、落地品牌首店892个。目前，重庆累计引进老佛爷等国际国内知名品牌超2000个，世界500强企业进驻数量达319家，全球四大会计师事务所相继落户重庆。二是加力培育特色品牌。推动"必购必带"品牌打造，累计培育中华老字号31个、重庆老字号357个，重庆火锅全产业链产值达3000亿元，重庆小面年产值突破400亿元。顺应消费升级趋势，立足优势产业发展基础，持续壮大新能源汽车等产业集群。2024年1~9月，重庆新能源汽车产量达59.43万辆，同比增长1.3倍，赛力斯新能源汽车销量达31.67万辆，同比增长365%。开展食品及农产品加工产业高质量发展七大行动，培育重庆美食"渝味360碗"品牌，并开展进商圈、进街区、进景区宣传推介活动，2024年1~9月，全市餐饮收入增长9.6%。三是持续壮大服务消费。打造"不夜重庆""山水旅游""美食之都""生态康养""户外运动""文化消费"六大特色服务消费品牌，重庆连续四年蝉联"中国十大夜经济影响力城市"榜首。统筹举办国际消费节、文旅惠民消费季、体育赛事"三进入"等"爱尚重庆·渝悦消费"系列活动超2000场，打造富有巴渝特色、商文旅体深度融合的消费促进主题活动品牌，吸引外来消

费。三年来，重庆接待过夜游客年均增长超 1200 万人次，餐饮收入平均增幅达 14.97%。

二 做亮消费载体，提质"高颜值"地标场景

一是集聚化建设核心承载区。注重商业发展与城市规划有机结合，统筹推进中央商务区、寸滩国际新城"双极核"建设，加快推进解放碑—朝天门、观音桥创建世界知名商圈，培育建成 1 个全国示范步行街（解放碑步行街）、3 个市级示范商圈（观音桥商圈、时代天街商圈、杨家坪商圈），中環万象城等重点项目有序推进，两江国际旅游度假区已纳入市级重点项目统筹推进。二是品质化打造城市新地标。持续培育 5 个市级夜间经济示范区（大九街、巴国城、山城巷、紫薇路、天生城），陆续建成长嘉汇购物公园、重庆万象城、光环购物公园、来福士购物广场等 80 余个城市消费新地标，兼具国际范、巴渝味的品质消费载体吸附力进一步提升。推出城市 CityWalk 精品线路 10 条，创建国家级夜间文化和旅游消费区 15 个。三是特色化培育消费新场景。依托"江崖街洞天"城市景观资源，升级改造磁器口、十八梯等特色街区，陆续推出地下之城防空洞老火锅、世贸大厦"天台 131"等特色消费新场景。发挥文旅消费特色优势，培育精品旅游度假区、长江游轮等特色文旅消费新场景。融合咖啡店、茶馆、餐酒吧、社区食堂等新业态，改造民主村、金州社区等一刻钟便民生活圈，助推老社区焕发新生机。

三 促进消费融合，提振"强支撑"发展格局

一是国际交流更深入。打造中西部国际交往中心，持续拓展国际合作载体，国际友好交流城市达 129 个，在渝领事机构达 14 个。成功举办智博会、西洽会等重点展会，创设陆海新通道国际合作论坛，不断提升国际影响力。2024 年西洽会签约重大招商项目 196 个，其中商贸、文体、旅游等消费服务类项目占比近 10%，为培育建设工作注入了强劲动力。二是川渝共建更

融合。围绕成渝地区双城经济圈建设,联动打造富有巴蜀特色的国际消费目的地,推进产业配套协同、消费服务共享,批发和零售业、交通运输业互补性、依存度较高,成渝双城消费节、百万职工游巴蜀等活动激活了川渝消费市场"一江春水"。三年来,川渝两地社会消费品零售总额平均增速8.3%。三是数字赋能更强劲。立足数字重庆建设,壮大"互联网+社会服务"消费业态,支持大型商贸企业线上线下融合发展,656家限额以上实体零售企业"触网营销"。实施电商直播带货专项工程,成功创建全国示范智慧商圈1个、智慧商店2个。三年来,网络零售额平均增速14.2%。

四 优化消费环境,提档"渝快享"发展动能

一是构建"联动世界"物流枢纽体系。建成全国首个拥有港口型、陆港型、空港型、生产服务型、商贸服务型"五型"的国家物流枢纽城市,开放口岸数量位居西部第一,西部陆海新通道辐射124个国家(地区)523个港口,重庆与全球消费资源连通能力得到进一步增强。二是构建"高效便捷"城市接驳系统。打造"轨道上的都市",城市轨道交通运营总里程达538公里,100%串联中心城区核心商圈、特色街区、重要景点等消费载体,提升了八方游客和广大市民畅游都市、畅享消费的便利度。探索"低空+文旅"应用场景,带动50余万人次"畅游"市内景点,深挖消费新潜力。三是构建"渝悦便捷"消费服务环境。迭代"渝悦·信用"应用,出台全国首个支持消费者集体诉讼工作规范地方标准。推进离境退税"即买即退"试点,提升入境支付便利化水平,吸引更多市外旅客、境外人士来渝旅游消费。解放碑—朝天门商圈上榜"2024十大入境消费友好型商圈"。

五 加强组织领导,健全"高效能"工作机制

一是全市统筹,加力推动以旧换新。市政府"主责主抓"多次展开专题会议统筹部署,8月下旬全面启动消费品以旧换新工作。12个市级部门联

合成立"两新"工作专班,并向下延伸健全市、区(县)、镇(街)三级联动体系,形成齐抓共管工作态势,确保"以旧换新"快速推进。优化完善"1+5"政策体系("1"即制定《重庆市加力促进消费品以旧换新实施方案》;"5"即研究制定汽车报废更新补贴、汽车置换更新补贴、家电以旧换新补贴、电动自行车以旧换新补贴、家装厨卫消费品消费贷款贴息等5项政策),并在全国范围内率先出台政策资金管理实施细则、率先开发应用家电产品序列号监测系统,联动纪委跟踪监察,聘请第三方审计机构全程审核,确保"以旧换新"工作成效、资金安全"双落实"。截至9月29日,汽车以旧换新约7.01万辆(报废更新3.57万辆、置换更新3.44万辆)、补贴资金约10.01亿元(报废更新6.83亿元、置换更新3.18亿元),家电以旧换新申领补贴资格30.6万人次,补贴资金22036.95万元,家装消费贷款贴息拉动消费贷款近9452万元。二是示范先行,全力促进赛马比拼。健全"促进消费提质扩容督查激励"机制,明确19项考评内容,全面考核各区县培育建设情况。区分国际消费中心区、区域消费中心城市、商文旅体融合发展城市3类试点,评定20个试点区县,以评促建,试点先行,促进培育建设工作走深走实。三是营销推广,着力营造浓厚培育氛围。健全对外宣传和城市形象推广机制,建成"爱重庆"英文推广平台,举行"感知重庆"海外行城市宣介活动10余场。以香港美食博览会、世界科技大会等境外展会活动为平台,开展专场推介活动,全面介绍数字经济、现代服务业,以及夜间经济、特色载体、"渝味360碗"等发展情况,展示"巴渝新消费"特色魅力。重庆在2023年中国城市海外网络传播力综合指数排名中位列第5。

通过一系列工作推进,重庆市培育建设国际消费中心城市取得了一定的成效。一是国际知名度不断扩大。"山水之城、美丽之地"已逐步成为境内外消费者"心怡之地",2023年,全市接待过夜游客超1亿人次,增长88.1%。2024年上半年,通过144小时过境免签政策入境人数是2023年全年的3.2倍。2024年暑期,"与辉同行"重庆专场直播活动三天"吸粉"近7000万,累计实现网络零售额1.43亿元。二是消费繁荣度持续升温。深入实施"巴渝新消费"八大行动(品质提升行动、数字赋能行动、绿色健康行动、市场细分行动、国际拓展行动、场景优化行动、流通畅通行动、普惠共享行动），统筹开展汽车、家电、家装、家居等多领域消费品以旧换新，消费市场保持火热。2023年，全市社会消费品零售总额突破1.5万亿元，增长8.6%。三是商业活跃度更加有感。结合城市更新，完善商业空间布局，推进消费载体提质，持续打造10个高品质商圈、重点培育10个市级夜间经济示范区，"爱尚重庆·渝悦消费"火爆出圈。2024年第二季度，全市零售物业市场空置率环比下降2个百分点。四是环境优越度优化提升。加强信用体系建设，营造放心舒适消费环境，消费者满意度位次上升，居全国百城中第4位。提升便利服务水平，境内外银行卡刷卡、移动扫码支付、现钞支付实现重点商圈、重点场所、重点商户100%全覆盖；境外旅客离境退税、办理退税金额双双增长10倍。

对标国际国内先进发达城市，重庆还存在以下六个方面问题亟待解决。一是发展基础有待进一步夯实。人均可支配收入不高，产业发展相对单一，本土优质消费品牌较少，产品竞争力不强，电子商务和跨境电商发展能级不高。二是国际吸引力有待进一步提升。国际知名度和竞争力还有待提升，缺乏具有较大影响力的国际展会和体育赛事活动，对境外游客的吸引力还有待加强。三是消费品质有待进一步提高。高能级消费载体数量偏少且布局相对分散，集聚效应不够明显。多业态融合型消费相对偏少。对国际知名品牌、首店吸引力有待提升。品牌培育有待加强，本土消费品牌国际竞争力有待提高。四是消费环境有待进一步优化。中欧班列、西部陆海新通道等通道优势发挥不够明显，对"一带一路"进口商品的集散分拨枢纽功能尚未有效发挥，江北国际机场开通国际国内航线数量相对较少，铁路线网供给能力不足，境内外通达性有待提升。五是服务水平有待进一步提升。大型营业性演出、体育赛事等活动审批流程有待进一步优化，推动商旅文体融合发展的跨部门协同机制进一步健全，对新业态新模式的监管水平有待进一步提高。六是政策支撑有待进一步加强。重庆市消费促进政策，特别是对于品牌首店、重点项目的支持政策"含金量"较其他城市偏弱，城市宣传推介力度还不够大，国际传播力需进一步提升。

下一步,重庆将深入贯彻落实党的二十届三中全会精神和国家赋予的使命任务,聚焦"奋力打造新时代西部大开发重要战略支点、内陆开放综合枢纽"两大定位,紧盯"四地"建设目标,坚持目标导向、问题导向,推进培育建设工作走深走实。

一是全力激发消费市场潜能。统筹专项资金加强政策引导,推进实施汽车、家电、家装以旧换新和回收体系建设"四大"行动,持续推动消费品以旧换新工作走深走实。按照"2024消费促进年"统一安排,系统开展"爱尚重庆"主题消费季,商务、文旅、体育等部门一体联动,重点办好"成渝双城消费节""火锅美食文化节""文旅惠民消费季""巴山渝水·运动川渝"等消费促进活动,营造浓厚消费氛围,不断提振消费信心。

二是加快集聚高端消费资源。大力发展"四首经济",持续推进国际美食集聚区和中環万象城等消费新地标打造,促进高品质消费资源集聚发展。提升会展能级,拓展智博会、西洽会等国际展会功能,培育陆海新通道国际合作论坛等特色会议,提升重庆对外影响力和集聚辐射力。

三是推进商文旅体健深度融合。发挥重庆特色优势,持续做亮"不夜重庆""山水旅游""美食之都""生态康养""户外运动""文化消费"等特色消费品牌。统筹组织体育赛事、文艺演出、专业展会等消费集聚型项目进商圈(特色商业街区)系列主题活动,持续丰富沉浸式、体验式消费供给,促进"流量"变为"增量"。鼓励"老字号"守正创新,培育"渝味·360碗"和重庆"伴手礼",塑造特色"必购必带"消费品牌,促进旅游"流量"持续转化为消费"留量"。

四是构建品质多元消费载体。统筹推进中央商务区、寸滩国际新城"双极核"建设,精心打造解放碑—朝天门、观音桥等世界知名商圈。突出"场景营城"综合效益,打造一批"渝悦消费"新场景。发挥九龙坡民主村示范引领作用,结合城市更新,完善高品质"老幼小""食住行""文娱体"保障设施,引导打造一批便捷舒适的"一刻钟便民生活圈"。

五是营造近悦远来消费环境。发挥"五型"国家物流枢纽城市优势,叠加"144小时过境免签",提升境外、市外人员来渝便利度和全球消费品中转集散水平。推进数字重庆建设，加强数字赋能，健全消费服务规范和标准，持续营造"渝快服务"营商环境和"安全放心"消费环境。打造入境消费友好型商圈和境外人员支付便利化示范区，提升境外人员来渝消费便利化水平。

六是深化保障机制改革创新。进一步扩大服务业对外开放，持续扩大优质商品和服务进口。发挥自贸试验区"改革试验田"作用，开展即买即退、免税经济、低空经济等试点探索，优化跨境电商便利化服务。对标 RCEP、CPTPP 等高标准经贸规则，在公平竞争、反垄断、知识产权保护等方面强化制度性创新，打造市场化、法治化、国际化一流营商环境。

B.7 重庆市以科技创新促进现代化产业体系构建研究

詹懿*

摘　要： 科技创新是发展新质生产力的核心要素，是引领现代化产业体系发展的基础支撑，是打造具有完整性、先进性、安全性现代化产业体系的主动力。重庆在科技创新方面取得明显进展，但仍存在五个方面的不足，需要从加强高端研发平台建设、加强高端研发主体培育、加大高水平科技人才引进和培育力度、加强重点产业关键核心技术攻关、健全完善科技成果转化服务体系等方面着力，切实提升重庆市科技创新支撑现代化产业体系发展能力。

关键词： 科技创新　现代化产业体系　成果转化　重庆

　　科技创新是引领现代化产业体系发展的基础，是打造具有完整性、先进性、安全性的现代化产业体系的主动力。2024年8月19日，全市科技创新大会提出，要推动科技创新和产业创新深度融合，聚焦"416"科技创新布局塑造创新突破点，深入开展"33618"现代制造业集群科技攻关行动，积极推动科技成果高水平转移转化，不断培育壮大新质生产力。基于此，研究分析全市以科技创新促进现代化产业体系构建中存在的问题，并提出有针对性的对策建议，对实现"两中心两地"的战略定位具有重要意义。

---

* 詹懿，经济学博士，重庆社会科学院产业经济研究所副研究员，主要研究方向为产业经济学、区域经济学。

一 重庆市科技创新发展现状

党的二十大以来，全市深入学习贯彻习近平总书记关于科技创新的重要论述和对重庆所作重要指示批示精神，紧扣成渝地区双城经济圈打造具有全国影响力的科技创新中心和经济中心定位，坚持面向世界科技前沿、面向经济主战场、面向国家重大需求、面向人民生命健康，深入推进创新驱动发展战略和人才强国战略，坚持把科技创新作为推动产业高质量发展的主动力。先后出台《深化现代职业教育体系改革服务成渝地区双城经济圈建设实施方案》《重庆市提升科技服务能力推动科技服务业高质量发展三年行动计划（2023—2025年）》《重庆市集成电路设计产业发展行动计划（2023—2027年）》《重庆市未来产业培育行动计划（2024—2027年）》等政策文件，强化对科技创新、产教融合、战略性新兴产业和未来产业发展的顶层设计，引领全市科技创新和产业发展取得了较为明显的成效。

（一）创新能级持续提升

围绕"416"科技创新布局不断搭建科技创新平台框架，聚焦"33618"现代制造业集群体系不断加强关键核心技术攻关以及前沿技术布局，围绕产业链部署创新链，围绕创新链布局产业链，加强顶层设计，完善体制机制、集聚创新要素，不断提升产业发展能级和创新能级。初步形成了以国家重点实验室、省级重点实验室、高水平研究型大学、一流科研院所为龙头的核心战略科技力量，以重点新型研发机构、技术创新中心、工程技术中心和科技领军企业为重点的产业创新力量。2018~2023年，全市研发经费年均增长13.5%，高于全国平均增速1.7个百分点；研发投入强度由2017年的1.88%提高至2022年的2.36%。全社会研发经费占地区生产总值比重和科技进步贡献率两项关键指标均保持稳步提升。截至2023年底，全市授权专利5.41万件，其中发明专利1.36万件、实用新型3.41万件、外观设计0.64万件，国际专利（PCT）申请528件；其中，每万人口发明专利拥有

量达到19.98件，是2018年的2.1倍。全年规模以上工业战略性新兴产业增加值和高技术制造业增加值占规模以上工业增加值的比重分别提升至32.2%和18.3%。

（二）重大科技创新平台布局不断完善

两江新区先后打造了两江协同创新区、礼嘉悦来智慧园、两江数字经济产业园三大创新平台，形成了从研发到应用的完整场景。其中，两江协同创新区聚焦产业发展需求和新兴前沿技术领域，已发展科技型企业超过5000家，高新技术企业突破900家；签约引进知名高校、科研院所、龙头企业等国际化高端研发机构50家，集聚高端创新人才3000余人、院士团队25个、研发平台140余个，获批国家级博士后科研工作站5家、市级博士后科研工作站20家，获批市级新型高端研发机构21家。西部（重庆）科学城以成渝综合性科学中心（金凤）为牵引，推动超瞬态实验装置、种质创制科学装置和空间太阳能电站实验基地启动建设，北京大学重庆大数据研究院、中国自然人群生物资源库等研发机构投用。已先后引进重大科创平台33个，新增国家级科创平台7个；集聚吴宜灿等院士20余名，国家级人才超300名，研发人员达2.5万人；建成市级以上孵化器众创空间20个，其中国家级7个。广阳湾智创生态城启动建设长江模拟器、野外观测站，构建重庆5G产业园、智慧广阳岛数字孪生平台等大数据智能化创新平台，打造国家城乡融合发展示范区、长江经济带绿色发展示范区承载地，累计集聚各类研发平台111个。长寿、涪陵合作共建新材料产业协同创新区，丰都、石柱入选全国创新型县。九龙坡、巴南、涪陵、大足、綦江5个产业获批国家创新型产业集群。

（三）创新主体和资源不断汇聚

加速建设高端创新主体。截至2023年底，拥有市级及以上重点实验室222个，其中国家重点实验室12个。市级及以上工程技术研究中心364个，其中国家级中心10个。新型研发机构179家，其中高端研发机构82家；优化重组市级实验室168个，重组市级技术创新中心24个，新认定市级技术创新中心18个。加速集聚高端创新资源。自实施《重庆市引进科技创新资源行动计划（2019—2022年）》以来，重庆市已累计与54所国内外高校签署合作协议，其中包括清华大学、北京大学、上海交通大学、同济大学、华中科技大学等28所"双一流"高校，以及新加坡国立大学等世界知名高校16所。累计建设各类实验室、研发中心等科研平台120余个，建设博士后科研工作站（流动站）15个。① 高端产业创新主体不断增加。截至2023年，高新技术企业和科技型企业分别达到7565家、58524家，分别增长19.2%、36.1%；新增市级专精特新中小企业1366家，累计达到3694家，占全国比重为3.6%。其中，专精特新"小巨人"企业286家，占全国比重为2.4%（见图1）。

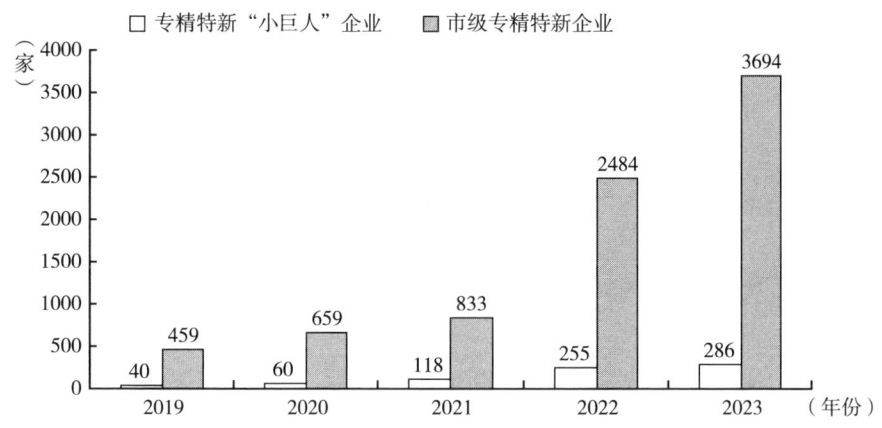

图1　2019~2023年重庆市专精特新企业增长情况

（四）协同创新机制逐步完善

围绕产业基础能力提升强化创新支撑。强化相关部门创新工作协同，加强重点产业重点企业相关领域的关键核心技术攻关，有效解决一批产业

---

① 《聚焦产业发展方向，导入国家级科研平台、人才等优质创新资源　北京航空航天大学助力重庆建设具有全国影响力的科技创新中心》，《重庆日报》2024年7月26日。

"卡脖子"问题。实施人工智能等5个重大专项和新材料等8个重点专项，设立项目137个，布局解决关键技术问题311个、"卡脖子"技术问题60个。超级智能汽车平台SDA、全球首款18MW级全集成式中速海上风电机组、国内首个尼龙66全产业链制备技术、镁合金一体化超大压铸件、国际首次利用三维电镜揭示纳米金属塑性变形微观机制、国际首套超高精度纳米圆时栅角度基准装置等一批重大关键技术攻关和成果产业化实现突破。围绕产业链"补链""强链"强化创新支撑。围绕33条重点产业链发布关键技术需求清单，持续实施规模企业研发机构倍增计划。编制《重庆市技术图谱》，聚焦汽车、电子信息、大数据、大健康等重点产业领域短板问题，组织实施技术创新项目2100余个。围绕产业高端化智能化绿色化发展强化创新支撑。实施智改数转绿提工程，持续推动企业智能化改造、数字化转型、绿色化提升。以新一代人工智能创新发展试验区建设为抓手，推进"十大新基建""十大应用场景"。近年来，全市重点对汽车、装备制造、生物医药、新材料等传统及新兴产业实施智能化改造，推进"全要素、全流程、全生态"数字化转型，实现数字化、智能化变革从龙头企业向产业链中小企业延伸，从制造环节向供应链各环节延伸。2023年，全市新认定智能工厂17家、数字化车间224家，累计分别达到144家、958家。截至2023底，重庆累计实施6000多个智能化改造项目，示范项目生产效率平均提升近60%。

（五）科技金融支撑力度不断加大

不断丰富政府引导基金种类，提升政府引导基金服务质量。整合重庆产业引导基金公司和重庆科技金融集团，组建注册资本金100亿元的重庆科技创新投资集团有限公司，聚焦科技创新成果转化及科创企业孵化、引导、培育及上市，力求"投早投小投好"，帮助小微企业融资。积极落实"揭榜挂帅""赛马"制度，设立初创型科技企业股权投资基金，采用"母基金+子基金"方式，构建种子投资资金池，对接科技企业孵化器孵化项目。累计组建种子基金46支，支持企业821家、金额2.98亿元，其中2023年支持初创期科技型企业44家、金额1930.5万元。依托重庆科创投集团设立天使、产业、风投引导基金撬动社会资本，加快科技成果转化和科技企业孵化培育。目前，三只基金累计设立科创参股子基金76支、总规模632亿元，撬动社会资本404亿元，投资项目1276个、投资金额446.13亿元。持续推进知识价值信用贷款改革试点。持续推进科技型企业轻资化、信用化、便利化的知识价值信用贷款改革试点，缓解科技型企业融资难题，助推科技成果转化，促成合作银行累计为12535家（次）科技型企业发放知识价值信用贷款217.2亿元，引导发放商业贷款148.1亿元。中国人民银行重庆市分行实施"一行一品"专项行动，推进"知产保""惠担贷"等银担合作，设立"长江渝融通"线上融资服务平台"科企快贷"专区，汇集60余款科技信贷产品，便利企业线上融资。截至2023年末，全市科技型企业贷款余额4915亿元，同比增长28.8%。推动构建多层次资本市场融资服务体系。动态建立科创板上市企业储备库，择优选择重点培育企业进行清单化管理，通过"一企一策"方式推动企业上市。2023年，全市共3批197家企业纳入市级拟上市企业后备库。截至2023年底，重庆市拟上市企业后备库已新增536家入库企业，入库企业总数达1014家，同比增长121%。出台《重庆市企业上市助推机制改革暨"千里马"行动实施方案（2023—2027年）》，以建立组织推动、政策拉动、基金撬动、宣传发动、多方联动的企业上市系统推进机制为总体思路，绘制"体系化助推企业上市架构图"。2023年，全市新增上市公司10家，全年新增境内IPO上市公司首发融资额120.74亿元。

（六）科技创新成果转化服务体系持续完善

成果转化的政策法规保障逐步完善。颁布出台《重庆市促进科技成果转化条例》《重庆市进一步促进科技成果转化的实施细则》等，完善科技成果转化相关政策法规，聚焦科技成果赋权、科技成果有效供给、科技成果转化要素集聚、科技成果转化便利化服务四大方面，着力解决科技成果转化链条中"最后一公里"难题。深化科技领域"放管服"改革。在国内率先实行科研项目经费"包干制"、项目结题备案制，开展减表、精简牌子等7项减负行动，精简项目管理步骤1/3，项目申报书减少2/3。构建完善的创新

成果转化服务体系。搭建重庆技术转移转化公共服务平台、重庆市科技成果汇交平台等公共平台,成立重庆市技术转移研究院等科技成果转移转化平台,通过线上与线下相结合的方式,广泛开展科技成果精准查询、智能筛选、推荐发布、转移转化等成果转化全过程的线上服务活动。截至2023年底,累计建设市级以上科技企业孵化器135家、众创空间384家。新培育技术经纪人1133人,技术合同成交额达到865.1亿元,增长37.2%。

二 重庆市以科技创新促进现代化产业体系构建存在的问题

(一)高端研发平台支撑能力不足

高端研发平台是集聚创新资源、产出重大科技创新成果的重要载体。截至2023年底,重庆市仅拥有国家级大学科技园3个,而四川省有7个、江苏省有20个、上海市有14个;拥有国家重点实验室12个,而四川省有18个、湖北省有30个、陕西省有36个;拥有国家大科学装置1个(在建),而湖北省有8个、四川省有10个、安徽省有12个;拥有国家制造业创新中心1个,而湖北省有2个、广东省有5个;拥有国家技术创新中心1个,而四川省有2个、湖北省有2个、广东省有3个;拥有国家级企业技术中心48个,而湖北省有81个、四川省有92个。总的来看,与周边省份和发达地区相比,高端研发平台数量不足、质量不高,难以发挥集聚国内外优秀科研人才、开展高水平基础研究和应用基础研究,以及提升科技创新策源能力等功能。

(二)高端研发主体支撑能力不足

高端研发主体既是高质量科技创新成果的供给者,也是先进产业技术的重要需求者,是支撑产业高质量发展的重要力量。截至2023年底,重庆市拥有高新技术企业7565家,仅占四川的1/2、湖北的1/3、广东的1/10;拥有制造业单项冠军企业13家,仅占湖北的1/4、湖南的1/5、山东的1/18;

拥有专精特新"小巨人"企业286家,远低于四川省的423家、湖北省的678家、广东省的1539家;拥有新型研发机构179家,而湖北省有477家、陕西省有506家。与其他省份相比,重庆市高新技术企业、专精特新"小巨人"企业、新型研发机构等高端研发主体明显偏少,支撑产业发展的能力明显不足。

(三)高水平科技人才支撑能力不足

高水平科技创新人才是提升科技创新能力和促进产业发展的核心力量。重庆市高水平科技人才存在较大缺口:首先,全市仅拥有国家"杰青"人才56人,而北京有1873人、上海有351人;在渝工作院士数量仅20人,其中60岁以下仅3人,且主要集中在医药卫生、土木建筑等工程领域,而湖北省有院士81人、四川省有院士65人、陕西省有院士72人。总的来看,顶尖人才数量不多,急需的新能源、新一代电子信息等领域尚无院士团队。其次,2024年公布的81名"国家卓越工程师"和50个"国家卓越工程师团队"名单中,重庆市仅有"国家卓越工程师"1名,而上海市有4名、浙江省有3名、广东省有4名,还没有"国家卓越工程师团队",而上海市有2个、浙江省有4个、广东省有3个。总的来看,高水平复合型人才数量不多,急需的智能网联新能源汽车、先进材料、生物医药等领域尚无国家卓越工程师及其团队。调研发现,赛力斯、长安汽车、顺微(重庆)科技等企业普遍反映,存在高水平复合型人才"引进难、培养难、留住难"问题。最后,全市仅有专利代理机构197家,执业专利代理师500人,而北京市拥有1063家、12924人,广东省有1362家、4781人,上海市有340家、2217人,江苏省有1000家、2990人;全市已累计培育技术经纪人1401人,而浙江省有10000人、上海市有20000人。总的来看,专利代理和技术经纪人等服务科技成果转化的专业化人才数量不多。

(四)关键核心技术供给能力不足

关键核心技术是支撑产业链供应链自主安全可控的重要环节。重庆市还

存在一些制约产业发展的"卡脖子"环节：在笔电、汽车摩托车、装备制造等传统支柱产业领域，其电脑硬盘、电池、高效内燃发动机、高强度合金材料等关键技术设备和核心零部件很多仍然需要进口。以笔电产业为例，2023年，重庆市存储设备进口额达到130.27亿元，占整个自动数据处理设备及其零部件进口额的66.60%；集成电路进口额1032.13亿元，占全市进口总额的43.82%。智能网联新能源汽车中的高集成度电池、燃料电池电堆、自动驾驶芯片、毫米波雷达、微波雷达、新型电子电气架构、智能网联汽车操作系统、车路协同等关键核心技术有待攻克。其中，汽车基础软件、车规级IGBT芯片、电机控制器主控芯片、驱动芯片等关键芯片均高度依赖进口。如高端车规级IGBT市场的90%被英飞凌、恩智浦等国外厂商垄断，如遇美国技术封锁和知识产权制裁，重庆市产业升级和发展将受到冲击。总的来看，重庆市在传统优势产业、战略性新兴产业和未来产业领域关键核心技术支撑不足，产业"缺芯""少核""弱基"问题突出。

（五）科技成果转化能力较弱

科技成果转化是科技创新的"最后一公里"，是科技成果与产业需求对接的"关口"。截至2023年底，重庆市技术合同成交额为865亿元，而四川省为1952亿元、湖北省为4802亿元、陕西省为4120亿元；有专利代理机构197家，执业专利代理师500人，而北京市拥有1063家、12924人，广东省有1362家、4781人，上海市有340家、2217人；有国家技术转移示范机构8家，仅占全国总数（425家）的1.9%，而四川省有22家、湖北省有20家、陕西省有21家；重庆市有新一代信息技术、智能制造数字孪生、重庆大学等5家概念验证中心，而成都有10家、苏州有14家、杭州有20家、深圳有30家；有私募基金657支，基金规模为1815.4亿元，而上海拥有私募基金43694支、51643.3亿元，北京有24170支、46513.1亿元，广东有12564支、34384.4亿元；重庆市有重庆农商行和浦发银行2家科技支行，而四川省有25家、浙江省有127家、江苏省有43家、广东省有188家；重庆市科技型企业贷款余额为4914.9亿元，分别占上海、北京、广东的1/2、

1/2、1/4。与其他省份相比，重庆市在专利代理机构和人员、技术转移示范机构、概念验证中心、私募基金、科技银行等科技成果转化服务机构明显偏少，支撑科技成果转化能力明显不足。

三　重庆市以科技创新促进现代化产业体系构建的对策建议

（一）加强高端研发平台建设

一是以"一对接"推动高校与区县合作共建大学科技园。按照优势学科对接优势产业的原则，支持重庆大学依托机械设计与制造、车辆工程、电气工程、生物医学工程、精密仪器及机械、材料学等优势学科，与两江新区、九龙坡区、巴南区等区县合作共建重庆大学国家大学科技园两江创新园区、九龙坡创新园区、巴南创新园区。支持重庆邮电大学科技园升级为国家级大学科技园。支持重庆文理学院依托其金属材料工程、高分子材料与工程等优势学科组建重庆文理学院科技园。

二是以"两服务"推进重庆市国家级实验室建设。聚焦服务国家战略需要和打造国家战略产业备份基地，积极争取在渝布局国家实验室。加快超瞬态实验装置和种质创制大科学中心建设，积极谋划布局软件和信息服务、人工智能、智能网联新能源汽车等领域的国家重大科技基础设施建设。聚焦服务重庆市"33618"现代制造业集群体系和"416"科技创新战略布局需要，推动计算智能、量子信息芯片与器件、类脑计算与智能芯片、空天地网络智联与信息融合、高端装备材料表界面技术等市级重点实验室升级为国家重点实验室。

三是推动重庆市"产学研用"融合创新平台建设。支持长安汽车、赛力斯等行业龙头企业联合国内高校和科研院所，组建智能网联新能源汽车国家制造业创新中心。支持中国四联集团、中国船舶重工集团长江科技有限公司、重庆材料研究院有限公司、重庆红江机械有限责任公司等科技领军企业牵头，联合重庆大学、重庆理工大学、重庆邮电大学等高校和科研院所，聚焦精密仪器、高性能合金材料等领域，组建一批国家级技术创新中心和企业技术中心。支持现有的工业大数据、集成电路特色工艺及封装测试、先进清洁能源动力装备、高端轻合金等市级制造业创新中心升级为国家级制造业创新中心。

（二）加强高端研发主体培育

一是在"33618"现代制造业集群体系的重点产业链、创新链、供应链等领域着力培育一批具有国际影响力的制造业龙头企业，支持赛力斯、长安汽车等龙头企业整合产业链上下游企业和科研院所力量，尽快成长为引领产业创新发展的领军企业。

二是加强专精特新企业"梯队"建设，聚焦"33618"现代制造业集群体系急需的关键核心技术和"卡脖子"环节，建立全市专精特新企业数据库，梳理入库企业的核心产品、主要优势、面临困难和建议等信息，有针对性地提供服务，帮助其尽快成长为制造业单项冠军企业和专精特新"小巨人"企业，培育支撑产业创新发展的骨干企业。

三是大力培育引进新型研发机构。聚焦"33618"现代制造业集群体系"建链""延链""补链""强链"，着力引进一批新型研发机构，支持"国防七子""兵工七子"来渝组建研究院，提升重庆市科技创新支撑力。支持重庆大学、重庆邮电大学、重庆理工大学等高校，围绕人工智能、新材料、软件等优势学科，组建产业研究院，加速高校科技成果转化。鼓励主城都市区相关区县聚焦产业发展"痛点"，联合市内外优质高校、科研院所和企业，共同组建产业技术研究院，形成"研究院+产业"的科技与产业融合发展模式。

（三）加大高水平科技人才引进和培育力度

一是加大顶尖科研人才培养引进力度，紧盯国内外科技动态，围绕"33618"现代制造业集群发展所需，在新能源、新材料、卫星互联网、人工智能、集成电路等领域引进一批院士、杰青人才和优秀科研人才。加大在渝高校优秀科研人才挖掘培养力度，建立青年拔尖人才"蓄水池"，通过"给资金、给项目、给平台、给机会"，不断支持青年拔尖人才成长为优青、杰青、长江学者和院士等顶尖科研人才。

二是加大复合型技术人才的培养和引进力度，鼓励市内高校围绕"33618"现代制造业集群发展要求组建相关学科，引进优秀学科人才，加强电子信息工程、通信工程、人工智能、人机交互等研究型人才培养。鼓励重庆大学等高校探索实施"大科研建制"，联合企业建设产教研融合研究院和现代产业学院，着力培养高素质应用型、复合型、创新型人才和工程师人才。

三是加大科技成果转移转化专业人才培育力度。支持西南政法大学、重庆理工大学等高校聚焦重庆市产业创新需要，联合培养既有法律知识功底，又熟悉新兴产业技术的复合型专利代理人才。依托国家技术转移人才培养基地（重庆）、重庆市科学技术研究院国际技术转移中心等平台，加大高级技术经纪人培育力度。

（四）加强重点产业关键核心技术攻关

一是加强对现有重点产业关键核心技术的攻关，围绕高端装备、智能网联新能源汽车、新一代电子信息等现有重点产业，支持由长安汽车、电科芯片等行业龙头企业牵头，联合国内相关高校、科研院所和上下游企业，共同组建产业技术创新联合体，加强对汽车芯片、先进传感器等关键核心技术的联合攻关，尽快实现国产化替代。

二是加强对战略性新兴产业和未来产业等前沿技术的攻关，围绕重庆市人工智能、生物材料、卫星互联网、量子技术等未来产业领域，采用"赛马制"和"揭榜挂帅"方式，引进国内外专家团队，着力加强颠覆性前沿技术布局，实现"聚焦一个领域—引进一个团队—培育一个产业"的放大效应。

（五）健全完善科技成果转化服务体系

一是提升知识产权转化运营和交易流转服务功能。积极争取在重庆布局国家技术转移区域中心，进一步丰富完善重庆知识产权运营中心和专利导航服务基地功能，建设线上线下一体化技术交易服务平台。积极引进上海汇智商标专利事务所、北京集佳知识产权代理有限公司等国内知名专利代理机构。

二是搭建科技成果转化服务平台。依托重庆国家科技成果转移转化示范区，进一步完善重庆技术转移转化公共服务平台和重庆市科技成果汇交平台等公共服务平台功能，为成果转化双方提供供求信息精准查询、智能筛选、推介发布、转移转化等综合性服务。支持两江新区、高新区、渝北、九龙坡等产业基础较好的地区，联合高校、科研院所，围绕区县产业发展需要，组建一批金属材料、智能制造等概念验证中心和中试基地。

三是完善"募投贷管退"全链条科技金融生态体系。建议以重庆产业投资母基金、重庆科创基金等政府引导基金为母基金，围绕"33618"现代制造业集群体系相关产业，组建一批概念验证子基金和中试子基金。依托"重庆创投大会"等重大活动，招引国内外知名创投基金来渝设立分支机构和开展业务。用好"科创资本通"和"产科金"等资本服务平台，推动各类投资基金与市内优质科创项目有效嫁接。积极引导中国建设银行等国有银行在重庆市设立科技支行，开展科技信贷业务。结合"科创板八条"等国家上位政策，进一步细化完善重庆市科技型上市融资支持制度，逐步打造覆盖种子期、成长期、成熟期的全周期投资链，推动科技创新、产业发展和金融资本有效融合对接，营造"投得进、用得好、退得出、有效益"的科技金融生态。

参考文献

习近平：《论科技自立自强》，中央文献出版社，2023。

工业和信息化部：《习近平总书记关于制造强国的重要论述学习读本》，人民出版社，2023。

B.8 重庆推动企业上市融资现状、问题及对策[*]

谢 攀[**]

摘　要： 推动企业上市融资是助推经济高质量发展的重要驱动力。当前资本市场竞争日益激烈，各地争相出台激励政策加速企业上市融资发展。本报告分析了重庆推动企业上市融资的现状，总结了重庆助企上市面临的上市融资产业基础偏弱、梯度培育欠精欠优、上市服务没有全周期覆盖等三大难点和堵点，从推动新兴产业企业上市前瞻布局、夯实上市后备企业梯队建设、以融资融智融制助力企业加速上市、做好企业上市接续服务等四个方面提出对策建议，为进一步做大做强渝企、全面提升金融服务实体经济能力提供参考。

关键词： 股权融资　上市公司　重庆

上市企业是经济高质量发展的主力军和资本市场欣欣向荣的动力源。党的二十大报告强调，健全资本市场功能，提高直接融资比重。中央金融工作会议要求，大力提高上市公司质量，培育一流投资银行和投资机构。近年来，重庆市委、市政府高度重视资本市场建设和改革工作，多次就推进企业上市融资工作进行安排部署，出台《重庆市企业上市助推机制改革暨"千里马"行动实施方案（2023—2027年）》《发挥资本市场功能服务经济高

---

[*] 基金项目：重庆市重大决策咨询研究课题"重庆推动企业上市融资研究"（编号：2024WT19）。
[**] 谢攀，重庆社会科学院财政与金融研究所助理研究员，主要研究方向为金融理论与政策。

质量发展工作方案》等文件，努力构建上市发展良好环境，着力将市域资源优势与区位优势转化为发展优势，取得了明显成效。但调研发现，与北京、上海、浙江、广东等先进省市比较，当前重庆市推动企业上市融资在企业上市基础、后备企业培育、助企上市服务等方面还存在明显短板，需要采取针对性的应对措施。

一 重庆推动企业上市融资的现状分析

（一）上市公司数量居于全国中游

截至2024年8月底，重庆境内A股上市企业共77家[①]，较2023年底减少2家。退市的2家企业中，ST迪马是重庆市第一家民营上市企业、中国特种车行业第一家上市公司，2002年在上海证券交易所上市，2024年以来其股价多次低于1元，触及交易类强制退市情形，于2024年8月7日退市；建车B是中国兵装集团旗下上市公司，1995年在深圳证券交易所上市，其公司股票在2024年5~6月，连续20个交易日收盘市值均低于3亿元，触及交易类强制退市指标，于2024年8月22日被摘牌。

从上市地点看，上交所35家，深交所36家，北交所6家。其中，重庆钢铁、重庆银行、渝农商行是A+H股，长安汽车是A+B股。太阳能、重庆啤酒、巨人网络、天域生态4家公司办公地址并不在重庆市，太阳能、巨人网络为市外企业借原有渝股的壳实现上市。

同期，全国A股上市公司5350家，重庆77家A股上市企业占全国的1.44%，低于2023年重庆地区生产总值占全国的比重（2.40%）。从上市公司数量排名看，重庆在全国排名第17位，比重庆2023年GDP排名低1位。

（二）上市进程总体上呈加速态势

1990年底沪深交易所成立，成为中国资本市场发展的重要里程碑。

[①] 本报告数据均来源于证监会重庆监管局网站、Wind金融终端，下同。

1992年9月10日，重庆丰华股份（600615.SH）在上交所挂牌，成为重庆第一家上市公司，由此开启了渝企上市的序幕。按照我国资本市场重大改革、多层次资本市场的建设节点，本报告将重庆企业上市融资进程划分为三个阶段（见表1）。

表1 重庆A股上市公司上市阶段

单位：家，%

上市时间	上交所	深交所	北交所	合计	占比
1993~2003年	12	12	—	24	31.17
2004~2013年	6	7	—	13	16.88
2014年至今	17	17	6	40	51.95
合计	35	36	6	77	100.00
上市地点占比	45.45	46.75	7.79	100.00	—

第一阶段：1993~2003年，快速发展阶段。此阶段共有24家企业在沪深交易所上市。其中上交所与深交所均为12家，主要集中在房地产、医药生物、汽车、公用事业等行业。同期全国共有约1200家上市公司，重庆A股上市公司数量占比接近全国的2%。

第二阶段：2004~2013年，缓慢发展阶段。2004年5月证监会批复深交所设立中小企业板，2005年5月至2006年6月进行股权分置改革，标志着多层次资本市场建设向前推进了一大步。2009年证监会批复深交所设立创业板，2012~2013年底证监会开展了严格的IPO公司财务大检查，全国IPO实质性暂缓。在此阶段，重庆A股上市公司仅新增13家，上市速度减缓。

第三阶段：2014年至今，加速发展阶段。此阶段科创板、北交所、全面实行注册制等资本市场重大改革相继落地。2018年重庆市政府印发《重庆市提升经济证券化水平行动计划（2018—2022年）》，提出构建实体经济、科技创新、现代金融、人力资源协同发展的产业体系，推动质量变革、效率变革、动力变革，提升经济证券化水平；2022年出台《重庆市上市、挂牌企业财政奖补办法》，旨在发挥财政资金激励引导作用，加强财政金融政策协同联动，推动企业上市融资。十年间，重庆新增 A 股上市公司 40 家，增长速度较前两个阶段明显加快。

（三）区域分布不平衡

从区域分布来看，重庆 77 家 A 股上市公司主要分布在 18 个区县，其余 20 个区县尚未出现上市公司。其中，江北区 14 家，渝北区 12 家，北碚、长寿区各 6 家，渝中区、九龙坡区、巴南区、涪陵区各 5 家，沙坪坝区、璧山区、江津区、南岸区各 3 家，大渡口区 2 家，万州区、合川区、开州区、荣昌区、垫江县各 1 家（见表 2）。

表 2　重庆 A 股上市公司区域分布

序号	地区	上市公司数量(家)	占比(%)	市值(亿元)	占比(%)
1	江北区	14	18.18	2875.62	36.11
2	渝北区	12	15.58	950.94	11.94
3	北碚区	6	7.79	199.05	2.50
4	长寿区	6	7.79	260.17	3.27
5	渝中区	5	6.49	518.38	6.51
6	九龙坡区	5	6.49	232.61	2.92
7	巴南区	5	6.49	385.33	4.84
8	涪陵区	5	6.49	436.38	5.48
9	沙坪坝区	3	3.90	1151.01	14.45
10	璧山区	3	3.90	171.49	2.15
11	江津区	3	3.90	51.32	0.64
12	南岸区	3	3.90	232.56	2.92
13	大渡口区	2	2.60	245.67	3.08
14	万州区	1	1.30	131.17	1.65
15	合川区	1	1.30	34.94	0.44
16	开州区	1	1.30	25.98	0.33
17	荣昌区	1	1.30	49.99	0.63
18	垫江县	1	1.30	11.73	0.15
合计	—	77	100.00	7964.35	100.00

具体来看，仅江北区、渝北区两个区上市公司数量超过 10 家，仅江北区、沙坪坝区两个区上市公司市值超过 1000 亿元。江北区 A 股上市公司的数量、市值均位于重庆首位，上市公司数量占总数的 18.18%，市值占重庆 A 股上市公司总市值的 36.11%。渝北区上市公司数量较江北区少 2 家，但市值仅不到江北区的 1/3。与此同时，沙坪坝区上市公司仅 3 家，但市值占比 14.45%，位列全市第二。

值得注意的是，上市企业区域分布并不均衡，20 个区县 A 股上市公司数量为 0，这些区县（尤其是渝东北、渝东南区域）没能跟上全国企业竞相上市的大趋势，对企业上市的认识和推动企业上市融资的力度都需要进一步加强，以充分发挥上市公司实体经济的"基本盘"、转型升级的"领跑者"、高质量发展的"主力军"作用。

（四）产业分布以传统产业为主

从资本市场研究惯用的申万行业分类标准（1 级）来看，重庆 A 股上市公司分布在 22 个行业。其中生物医药行业 15 家，汽车行业 9 家，房地产、机械设备行业各 5 家，电力设备、公用事业、环保行业各 4 家，电子、基础化工、建筑材料、建筑装饰、交通运输、食品饮料行业各 3 家，传媒、美容护理、银行、有色金属行业各 2 家，非银金融、钢铁、计算机、商贸零售、通信行业各 1 家（见图 1）。

从各行业总市值来看，排名前三的行业分别为汽车、生物医药、银行（见图 2）。其中，排名第一的汽车行业总市值为 2719.76 亿元，占全部的 34.15%；排名第二的生物医药行业总市值为 1238.05 亿元，占比 15.54%；排名第三的银行业总市值为 734.69 亿元，占比 9.22%。前两大行业总市值为 3957.81 亿元，占比 49.69%，除此之外的其余 20 个行业总市值占比均低于 10%。从上市公司产业分布看，重庆上市公司产业分布呈现以下三个特点。

一是以汽车制造业为代表的传统工业较为发达。重庆是全国重要的汽车生产基地，汽车产业是重庆支柱产业之一。赛力斯、长安汽车是重庆汽车制

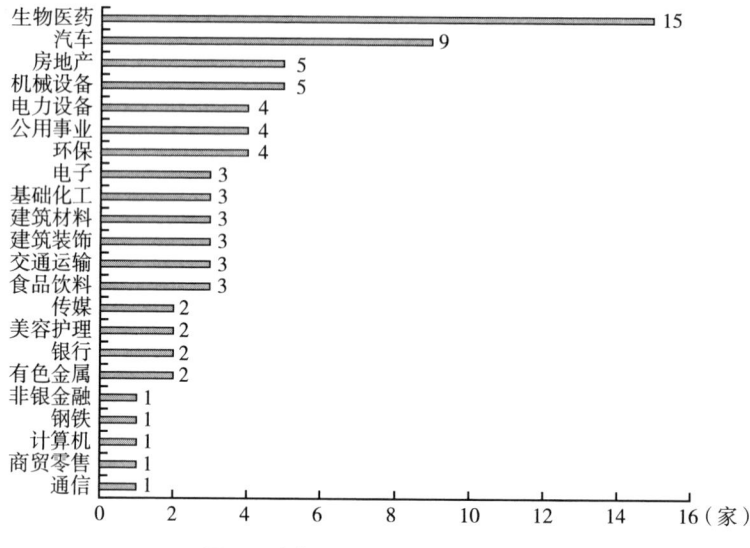

图1 重庆A股上市公司行业分布

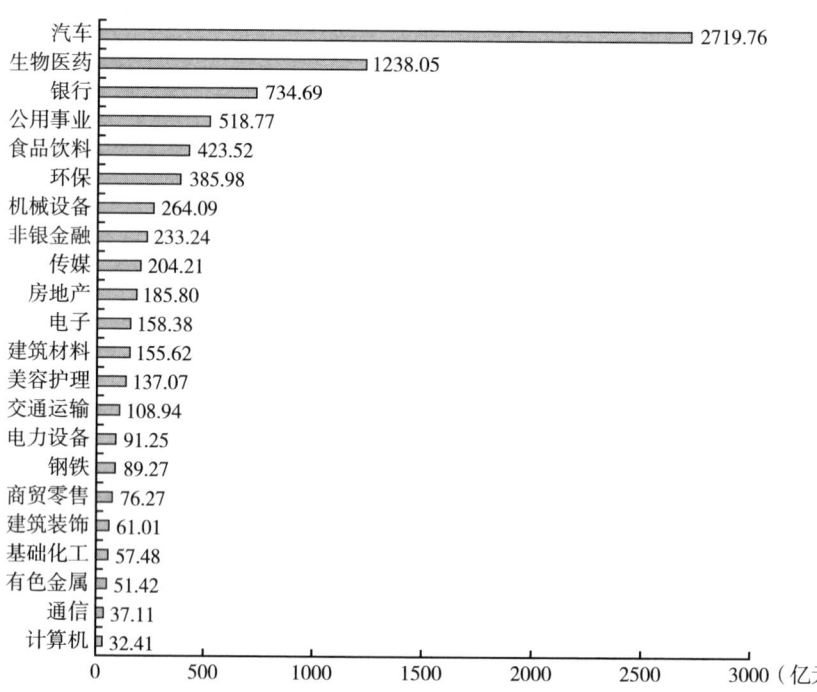

图2 重庆A股上市公司行业市值

造业的龙头，截至 2024 年 8 月底，其市值分别为 1125.54 亿元、1032.51 亿元，分别占汽车行业总市值的 41.38%、37.96%。近年来，重庆围绕"建成世界级智能网联新能源汽车产业集群"目标，以新能源汽车整车制造龙头企业为引领，大力实施零部件产业集群提升专项行动。一方面，加大招商引资力度，围绕整车及链主企业需求，全面梳理产业链上下游产品和企业，"以整车找总成，以总成找部件"，层层递进，努力实现产业链条的纵向垂直整合和横向聚链成群；另一方面，大力推动传统零部件企业转型升级和创新企业招引培育，目前重庆智能网联新能源汽车零部件三大系统、12 大总成、56 个部件已实现全覆盖和集群式发展，弗迪动力电池、青山电驱动、龙润电转向、博世氢动力、北斗智联智能座舱等零部件技术水平国内领先。

二是生物医药行业头部引领作用明显。2011 年，重庆将生物医药行业列入十大战略性新兴产业，形成以智飞生物、智翔金泰、博唯生物为代表的生物制药集群，以科瑞制药、兴泰濠药业为代表的化学制药集群。其中，智飞生物作为重庆生物医药产业龙头企业，市值为 525.20 亿元，占生物医药行业总市值的 42.42%，头部效应明显。截至 2023 年，重庆市生产化药企业有 133 家，中药企业有 124 家，生物制品企业有 26 家，原料药企业有 52 家，医疗器械企业有 624 家，药包材企业有 40 家，药用辅料企业有 20 家，保健品企业有 35 家。

三是科技创新能力有待进一步提升。主要表现为高科技产业、新兴产业 A 股上市公司数量较少。从重庆 A 股上市公司的市值排名看，靠前的行业主要为汽车、生物医药、银行业。从上市公司分布的产业看，仍然偏传统，集成电路、新型显示、新型智能终端、新能源汽车和智能网联汽车、先进材料、高端装备制造、绿色环保、软件和信息技术服务等战略性新兴产业上市公司偏少，行业龙头企业引领作用不足。截至 2024 年 8 月底，重庆仅 3 家科创板上市公司，排全国第 17 位，与贵州、吉林持平；四川以 19 家位列全国第 8、西部第 1，江苏、上海、广东、北京均超过 70 家。

（五）上市公司主体为小市值公司

重庆77家A股上市公司总市值占全国的比重较小，截至2024年8月底，重庆A股上市公司总市值为7964.35亿元，占全国的比重仅为1.05%，即A股市场的资金仅有1.05%流入重庆，远小于重庆2023年GDP占全国的比重（2.40%）。

本报告按总市值将重庆A股上市公司分为六个梯队（见表3），截至2024年8月底，重庆A股上市公司总市值超过1000亿元的仅有赛力斯、长安汽车2家，占比2.60%，合计总市值为2158.05亿元、占比27.10%；500亿~1000亿元仅有渝农商行、智飞生物2家，占比2.60%，合计总市值为1061.38亿元、占比13.33%，这个区间的上市公司是头部企业的"预备队"，表明重庆头部企业的后备力量不足；总市值300亿~500亿元的上市公司尚处于空缺状态；100亿~300亿元的有18家，占比23.38%，合计总市值为2857.81亿元、占比35.88%；50亿~100亿元的有10家，占比12.99%，合计总市值为777.88亿元、占比9.77%；50亿元及以下的有45家，占比58.44%，合计总市值为1109.23亿元、占比13.93%。

表3 重庆A股上市公司市值梯队

总市值区间	上市公司 数量(家)	占比(%)	合计总市值（亿元）	合计总市值占比(%)
1000亿元以上	2	2.60	2158.05	27.10
500亿~1000亿元	2	2.60	1061.38	13.33
300亿~500亿元	0	0.00	0.00	0.00
100亿~300亿元	18	23.38	2857.81	35.88
50亿~100亿元	10	12.99	777.88	9.77
50亿元及以下	45	58.44	1109.23	13.93
合计	77	100.01	7964.35	100.01

总体来看，重庆A股上市公司大市值企业分布少，小市值企业分布较多，截至2024年8月底，赛力斯总市值为1125.54亿元，占全市总市值的

14.13%，2家头部公司（赛力斯、长安汽车）总市值占全市的27.10%。重庆A股上市公司总市值10强的总市值为4474.80亿元，占全市总市值的56.19%；后10位总市值为94.24亿元，占比仅为1.18%。重庆A股上市公司总市值前30%的公司总市值为6264.04亿元，占据了重庆A股上市公司总市值的78.65%。表明重庆A股上市公司头部、腰部企业偏少，小市值上市公司较多。

（六）上市公司创新能力不断增强

根据2023年重庆A股上市公司公布的年报，全市77家A股上市公司披露研发支出的有63家，占比81.82%，研发支出合计244.70亿元，平均每家公司研发支出为3.88亿元。长安汽车、赛力斯、重庆钢铁研发支出排名前三，研发支出分别为90.08亿元、44.38亿元、14.54亿元（见表4）。

表4 重庆A股上市公司研发支出前十

单位：亿元，%

序号	证券简称	研发支出	研发支出占营业收入比例	上市日期	所属申万行业（1级）
1	长安汽车	90.08	5.95	1997年6月10日	汽车
2	赛力斯	44.38	12.38	2016年6月15日	汽车
3	重庆钢铁	14.54	3.70	2007年2月28日	钢铁
4	智飞生物	13.45	2.54	2010年9月28日	生物医药
5	力帆科技	9.18	13.56	2010年11月25日	汽车
6	巨人网络	6.92	23.66	2011年3月2日	传媒
7	智翔金泰-U	6.20	51208.87	2023年6月20日	生物医药
8	川仪股份	5.24	7.08	2014年8月5日	机械设备
9	隆鑫通用	5.24	4.01	2012年8月10日	汽车
10	博腾股份	4.52	12.33	2014年1月29日	生物医药

值得注意的是，智翔金泰-U 研发支出在 77 家 A 股上市公司中排名第 7，支出总额为 6.20 亿元，但研发支出占营业收入比例却高达 51208.87%，原因在于该公司 2023 年营业收入为 0.012 亿元，但研发支出高达 6.20 亿元。这一数据表明，智翔金泰-U 在研发上的投入巨大，几乎将所有收入都投入研发中。调研发现，由于该公司主要产品尚未获批上市销售，因此未产生主营业务收入，仅通过原材料销售和少量样品销售产生了少量其他业务收入，研发投入占营业收入的比例在这种情况下并不具有参考性。然而，这一数据仍然反映了智翔金泰-U 对研发的高度重视和巨大投入。

（七）上市公司社会贡献持续凸显

从就业贡献来看，截至 2024 年 8 月底，重庆 A 股上市公司员工总人数达 35.76 万人，较上年同期增加 1.2 万人，增长 3.47%。员工人数超过 1 万人的上市公司 9 家，与上年同期持平。员工人数排名第一的上市企业为长安汽车，员工人数为 4.91 万人，同比增加 0.62 万人；排名第二的上市企业为新大正，员工人数为 4.35 万人，同比增加 0.95 万人；排名第三的上市企业为赛力斯，员工人数为 1.61 万人，同比减少 0.07 万人。排名前十的上市公司中员工人数净下降的有 5 家，其中重庆百货员工减少最多，减少 0.20 万人。员工就业人数的增长，与企业经营周期、发展态势密切相关。

从税收贡献来看，根据 2023 年公司年报数据，重庆 A 股 77 家上市企业的税收贡献达到 116.51 亿元，平均每家上市企业上缴税收 1.51 亿元。税收贡献超过 10 亿元的企业有 2 家，分别为长安汽车，税收贡献 47.58 亿元，较 2022 年增长 6.56 亿元；*ST 金科，税收贡献 11.40 亿元，较 2022 年增长 2.82 亿元。税收贡献排名前十的上市企业中，8 家公司税收贡献正向增长。2 家公司税收贡献出现下降情况，分别为赛力斯，税收贡献较 2022 年同期减少 0.22 亿元；中交地产，税收贡献较 2022 年同期减少 0.08 亿元（见表 5）。

表 5　重庆 A 股上市公司就业贡献、税收贡献前十

单位：人，亿元

	序号	证券简称	2024年8月员工总数	2023年8月员工总数	员工人数净增长	所属申万行业（1级）
就业贡献前十	1	长安汽车	49117	42894	6223	汽车
	2	新大正	43538	34038	9500	房地产
	3	赛力斯	16102	16777	−675	汽车
	4	渝农商行	14592	14846	−254	银行
	5	重药控股	14485	13809	676	生物医药
	6	重庆建工	14063	14666	−603	建筑装饰
	7	重庆百货	12623	14616	−1993	商贸零售
	8	太极集团	12589	12704	−115	生物医药
	9	华邦健康	12580	12476	104	生物医药
	10	隆鑫通用	8932	8535	397	汽车
	序号	证券简称	2023年税收贡献	2022年税收贡献	税收贡献净增长	所属申万行业（1级）
税收贡献前十	1	长安汽车	47.58	41.02	6.56	汽车
	2	*ST 金科	11.40	8.58	2.82	房地产
	3	重庆啤酒	9.58	9.21	0.37	食品饮料
	4	赛力斯	9.04	9.26	−0.22	汽车
	5	中交地产	4.75	4.83	−0.08	房地产
	6	渝农商行	2.77	2.74	0.03	银行
	7	隆鑫通用	2.46	1.48	0.98	汽车
	8	智飞生物	2.39	1.77	0.62	生物医药
	9	重药控股	2.19	1.89	0.30	生物医药
	10	太极集团	1.89	1.59	0.30	生物医药

二　重庆推动企业上市融资面临的问题

（一）推动企业上市融资的产业基础偏弱，助企上市较难实现"从无到有"

截至2024年8月，我国科创板上市公司共569家，高新技术企业占比

近90%，但重庆仅3家（山外山、西山科技、智翔金泰-U）远低于北京的72家、上海的87家、深圳的47家、成都的18家。

1. 新兴产业核心竞争力不足，难育上市"良种"

重庆市于2019年10月被确定为首批"国家数字经济创新发展试验区"，但产业结构迭代升级较慢。调研发现，重庆市仅有3家国家级工业互联网"双跨"平台，2023中国战略性新兴产业领军企业100强名单中仅智飞生物1家；全市16条标志性产业链470项关键环节尚处空白，发展不足的占63.6%；国家级单项冠军、专精特新"小巨人"企业数量分别仅占全国的1.2%、2.4%，尚无一家本土互联网企业成功IPO。猪八戒网作为线上服务交易领域的独角兽企业及本土第一大互联网公司，从2011年至今13年间已4次谋划上市失败，原因在于企业发展关键要素供给不足，"造血能力"减退出现亏损，区域整体布局未及时形成产业链，加之对上市政策把握欠佳，错失最佳上市时机。

2. 传统产业提质升级欠佳，难壮上市"好苗"

2023年重庆市汽车产量居全国第二，西部陆海新通道建设助推"渝车出海"36.8万辆，同比增长29.8%。但以为汽车服务配套的本土物流行业为例，重庆市物流企业普遍偏小偏弱，更无融入全球供应链的头部物流企业，导致超95%的通道货物承运业务需外包给市外物流企业，每年近4亿元物流费用外流。本市资本对重点产业链上下游的中小企业关注培育不足。据统计，重庆股份转让中心累计挂牌企业2281家，其中本土中小企业占比不到10%，服务上市的30家企业中尚无中小企业发展壮大而成。针对专精特新中小企业的服务产品于2024年3月才发布。对比上海中小企业上市培育政策已从2020年的1.0版更新至2024年的4.0版，更立足于帮助中小企业融入全球产业链供应链，全面促进上下游协同发展，不仅加快了本地企业上市步伐，更吸引了市外企业入沪，如重庆市思洋物流就于2023年选择到上海股权交易中心挂牌培育，2023年该市上市的26家中15家为中小企业。

3. 金融服务体系未建成资本支撑极，难培上市"沃土"

重庆市缺乏较强聚集辐射能力的全国金融基础设施、金融机构，缺少区域特色金融基础设施和功能性总部机构。无全国性法人银行和外资银行总部落地，仅有57家分支机构且授权层级不高；全国性证券公司总部仅西南证券1家，无股票、期货、区域性债券、人民币离岸交易等交易市场。"信易贷·渝惠融""金渝网"等6个市级融资服务数字平台未实现多跨融合。2023年新发放企业贷款加权平均利率3.84%，高于上海（3.34%）、广东（不含深圳3.53%）、成都（3.56%）等地，意味着重庆市企业融资成本较上述地区分别高出15%、8.8%、7.9%。相较东部地区，对境内外金融人才吸引力不足，高层次金融从业人员欠缺。截至2022年底，重庆市金融机构从业人数7.5万人，同期浙江、上海分别为27.5万人、12.8万人。全市尚未推进金融相关专业"双一流"学科建设，而成都已有四川大学、电子科技大学、西南财经大学等7所高校设立了金融相关专业的"双一流"学科。

（二）培育梯度体系欠优欠精，助企上市较难实现"从弱到强"

目前，重庆市上市后备库有1014家企业，分为标杆企业、苗子企业、种子企业三级梯队开展培育，但梯队更新偏缓、链条带动滞后。

1. 标杆企业"领头羊"效应未溢

2021年首批确定的70家汽摩、电子等重点行业领军企业引领带动作用不够充分，龙头企业一枝独秀，上下游"上市不易"。比如，长安汽车作为重庆市汽车制造龙头企业、链主企业，其在全市有460多家主要配套服务企业，其中仅中国汽研、溯联股份、秦安股份3家上市。国企是资本市场的定盘星，重庆市现有上市国企29家（地方16家、央企13家），平均市值超140亿元，但对全市产业的创新引领不理想。比如，三峰环境作为国内垃圾焚烧发电的行业领军企业，经过20年的发展，其业务尚未实现向垃圾制氢、储能供热等相关新领域拓展延伸，促进本土企业绿色低碳转型示范作用有限，未推动形成量大面广、配套协同的能更好孕育上市"苗子"的上下游产业链。据统计，目前重庆仅有国家绿色工厂106家、绿色工业园区9个，低于浙江（283家，20个）、山东（306家，23个）、江苏（299家，30个）

等省。无营收超过50亿元的环保企业,固定资产小于2000万元的环保企业占比近80%。同为国企龙头的山东华特达因,主动在医药行业领域发挥国企担当、"链主"责任,自1999年上市以来引领带动山东药玻、正海生物等31家上下游企业实现上市。

2. 区域协调发展欠佳致上市有别

重庆市上市企业分布在18个区县,其中中心城区55家、主城新区19家(渝西八区8家,其中永川、大足、铜梁、潼南4地为0)、渝东北3家、渝东南暂无。调研发现,这与中心城区辐射带动能级不强、渝西地区和山区库区产业发展相对滞后紧密相关,同时也与部分区县未抓住国家试点示范等政策机遇有关。如长寿化工园区为国家绿色示范园区,目前上市的6家企业均属钢铁、基础化工等高能耗高污染行业,未能跟上绿色产能发展机遇,推进环保服务产业全面发展。渝东南拥有2个国家生态文明建设示范区,享有绿色低碳企业上市融资"绿色通道",但尚无国家绿色工厂、绿色工业园区。相邻的四川省域经济副中心建设与"强省会"并重,形成了绵阳、宜宾—泸州、南充—达州三大组团,产业承接空间梯度相对合理。如绵阳组团提出发挥绵阳科技城优势,加快建成川北省域经济副中心,目前该组团10家上市企业中8家为科技型企业。

3. 上市后备扩容加速但提质不易

截至2023年12月,重庆市上市后备军已扩容至1014家,但其中有限公司占比大,因还未进行股份制改造,离上市还有较长距离,如2023年四批次235家入库企业中有限公司就有211家,占比89.8%,其中重庆市柏林麻油厂尚属个体小微企业。同时,作为重庆市拥有最多上市企业的江北区,目前区级上市企业后备库入库企业130余家,2024年进入辅导期的重庆泓宝科技股份等企业均处初期阶段,本年出现上市空窗可能性较大。比较发现,青岛从2018年起首创企业上市规范运作"十项工作机制",根据产业成长周期搭建梯度培养体系,建立442家重点拟上市企业后备库,近年来新培育国家级制造业单项冠军企业8家、专精特新"小巨人"企业54家,为该市储备起坚实的上市后备力量。

（三）融资融智融制政策分层，上市服务较难实现"全周期覆盖"

当前正面临北京证券交易所市场高质量扩容机遇，助企上市需要融资融智融制全面发力，但调研发现还存在以下问题。

1. 融资受益面有待拓宽

截至2023年10月，重庆股份转让中心"专精特新"专板培育企业211家，仅占全市专精特新中小企业数量的5.5%；至2023年6月末，全市科技型企业贷款余额达4879.5亿元，获融资支持1.9万家，仅为全市科技型企业的35%。对比山东精准对接1.3万家创新型中小企业、1.6万家专精特新企业、1000余家"小巨人"企业，统筹银行保险、基金投资、管理咨询等500余家金融机构，"精准滴灌"开展投融资和上市培育专项服务，融资受益主体逐年递增近30%。

2. 融智体系有待健全

从公开的信息看，2023年重庆市组织上市公司与拟上市公司对接沙龙、重庆资本市场服务周等培训宣传活动仅6场，举办拟上市企业投融资路演仅2次，未针对初创企业、成长企业推出相应的基础培训活动，智博会也无中小企业专场活动。而安徽从2020年开始举办万家企业资本市场业务培训专项行动，至今平均每年开展培训近97场，培训企业5600余家、培训人员超9200人次，极大地加速了企业上市，至2023年已有上市企业68家，排名全国第7。

3. 融制体系有待优化

调研发现，重庆市目前还未对全市专精特新"小巨人"企业的财务、专利等指标数据及拟上市意向、培育情况等逐一进行梳理对接，相关数据数字化集成程度偏低，上市指标监测、企业画像、对接沟通效率较低。同时，企业上市合规证明"繁、多"问题依然突出，如有的企业反映一些证明没有规范名称和统一的格式标准，证明开具"难、慢"，加之企业上市周期较长，每更新一次报告期，所有证明都要重开一遍，证明总量经常会达到上百个。针对这方面，上海已全面推行以专用信用报告替代无违法记录证明，有

效解决上市企业行政合规出证难、重大违规认定难问题；湖北成立上市工作指导中心（员工数8人），统一负责办理上市所需的各类证明和手续，集中优化行政资源服务企业上市。

三 重庆推动企业上市融资的政策建议

（一）强化对战略性新兴产业企业上市的前瞻布局

一是重战略促进新兴产业企业上市。进一步落实绿色金融改革创新试验区等政策，支持企业绿色制造体系建设，鼓励开展能效提升、智慧能源管理、资源综合利用、数据中心绿色化改造等项目，提升上市竞争力。积极申创国家级科创金融改革试验区，支持企业数字化、网络化、智能化改造，推动高端装备、生物医药、新能源、先进材料等领域"硬科技"企业、成长型创新创业企业到科创板、创业板上市。实施"北交所攻坚"专项行动，对288家"小巨人"企业和1014家入库企业进行再梳理，严把拟上市企业申报质量，严禁以圈钱为目的盲目谋求上市、过度融资，引导更多业绩穿透、数据真实的专精特新企业登陆北交所。

二是重引领推动传统产业中小企业上市。借鉴福建培育石化化工企业上市经验，筛选符合产业发展方向和创新产业链条的优质企业开展辅导培育，分层分期推进股改、规范发展，引导拟上市企业树立正确的"上市观"。压实中介机构"看门人"责任，鼓励企业所在区县与证券公司、会计师事务所、律师事务所等中介服务机构合作，及时解决企业改制上市中遇到的历史遗留问题，募投项目落地过程中的用地、环评等问题。运用人工智能、大数据等现代信息技术，依托企业生产经营信息合理评估企业资质并进行授信，为有订单、有市场、有前景但抵质押能力较弱的市场主体提供支持，并建立起常态化滚动式现场监管机制。

三是重聚力释放产业基金效能。发挥政府引导基金、产业母基金的作用，鼓励社会资本参与子基金出资，联合上市公司设立产业子基金，撬动社会资本投早投小投科技，整合引导产业链联动发展。推动基金投资阶段前移，优化尽职免责及容错机制。强化公募基金投研核心能力、服务投资者能力建设，推广璧山区"招商与上市挂钩"模式，针对全国符合"33618"现代制造业集群体系建设的上市潜力企业开展"点对点"基金招商。

（二）夯实上市后备企业梯队建设

一是充分发挥链主企业、龙头企业产业引领作用，重点梳理对接各条产业链前100名企业及具有原始创新能力、能够突破关键技术等契合资本市场发展方向的战略性新兴产业龙头企业，鼓励大型骨干企业向金融机构共享信息，推动大型骨干企业为上下游企业增信，在真实交易的背景下，引导金融机构向大型骨干企业的上下游企业提供供应链金融产品，促进上下游产业链融合对接。

二是加强上市后备企业库的动态管理，开展重点企业上市范围筛选工作，加强智能网联新能源汽车、新一代电子信息、智能装备及智能制造等产业规模大、产业链条长的产业集群梳理，按企业规模、上市阶段等维度将拟上市企业分为上市储备期、培育期、辅导期，并提供专业咨询、资本市场培训辅导、融资对接等服务。

三是结合"三攻坚一盘活"，推动一批国有企业向战略性、前瞻性、新兴产业转型，支持符合产业政策、成长性好的国企通过重组、改制、并购与产业链相关联的上市公司"借壳"等方式实现上市。

四是坚持因地制宜、因城施策，引导相关区县抓住西部贫困地区企业IPO绿色通道、国家级试点示范等政策机遇，推动上市企业空白区县实现"零的突破"，基础较好的区县实现稳步提升。

（三）以融资融智融制助力企业加速上市

一是强化金融要素赋能上市后备企业。充分利用智博会、西洽会等品牌，分行业分赛道举办投融资对接会、项目路演等活动，每年开展不少于10场资本市场融资对接等各类活动，服务对接不少于100家优质企业。提

级赋能"科创资本通"等融资对接服务平台，引导银行机构、股权投资基金为上市后备企业提供量身定制的融资服务，推动政府性融资担保机构加强对上市后备企业融资增信支持，按规定给予担保费率优惠。在依法合规的前提下，鼓励金融机构依托应收账款、存货、仓单、订单、保单等提供金融产品和服务，规范发展供应链金融。

二是创新资本市场服务企业上市载体。对照境内外上市条件和板块定位，利用沪深交易所、北交所、全国股转系统在渝基地，引入证券公司、会计师事务所、律师事务所、投资机构、银行等专业服务机构，提高企业上市保荐服务水平。组织开展走进交易所、上市苗圃企业特训营等系列活动，为拟上市企业提供政策咨询、诉求受理、导办领办、跟踪协调等综合服务和培训辅导等精准服务。进一步推广跨境融资便利化试点政策，扩大本外币合一银行结算账户体系试点范围。

三是对标"一件事一次办"提升上市综合服务水平。推动"多证合一"改革，吸取上海以专用信用报告替代无违法记录证明的经验，推动使用企业专用信用报告代替上市合规证明。借鉴浙江"凤凰丹穴"数字化平台建设经验，对接沪深北交易所培育系统，依托"科创资本通"平台构建数字化、智能化的上市服务信息系统，集成拟上市企业财务数据、培育情况等信息，归总各级企业扶持政策，实现企业动态画像、辅导跟踪诊断、政策定向推送、服务精准对接。推进包容审慎服务监管，对"种子"企业、"辅导申报"企业原则上以帮助整改规范为主。

（四）做好企业上市后的接续服务

一是统筹市、区县两级财政奖补政策，加大前置奖补力度，将上市企业开展增发等再融资纳入奖补范围，对成功上市及增发再融资的市属重点国有企业领导班子实施绩效挂钩政策，具体办法由国资监管部门另行制定。

二是支持上市企业充分利用股票增发、发行债券、资产证券化（ABS）、不动产投资信托基金（REITs）和全球存托凭证（GDR）等资本市场工具融资，围绕产业链上下游开展并购重组，投资实体经济。

三是引导上市企业建立完善的治理机制和内控制度，推动控股股东、实际控制人、董事、监事和高管等"关键少数"提高规范意识，建立有效的债券融资约束机制。

四是有序处置上市企业风险苗头，通过设立政府纾困基金、支持证券行业成立资管计划对接项目、推动私募基金等市场机构加入纾困队伍等方式，统筹推进上市企业纾困化险工作。

参考文献

田玲、刘春林、石睿：《走向资本市场对企业环境行为选择的影响研究》，《经济评论》2024年第1期。

赵雪梅、卢洁妤：《基于元分析的我国上市公司股权激励对企业财务绩效的影响研究》，《西北师大学报》（社会科学版）2024年第2期。

李倩、程昱、程新生：《产业链企业上市是否影响企业创新投资？》，《金融研究》2023年第11期。

夏婷、蒲雨琦、韦庆芳等：《公开上市与企业创新：基于发审委严监管自然实验的再检验》，《南方金融》2023年第5期。

徐景泉、潘文卿：《科技竞争背景下加速科技企业上市的科技金融构型研究——基于中关村科技上市企业的csQCA分析》，《投资研究》2023年第7期。

黄树民、宋敬波、周琼等：《"专精特新"中小企业上市培育税收政策及服务研析——基于重庆市"专精特新"中小企业的调查》，《税务研究》2023年第6期。

梁上坤、薛慰至：《政府审计监督与公司战略调整——基于中央企业上市公司的研究》，《财务研究》2023年第2期。

李晓红、金正贤：《环境税对企业绿色技术创新的影响研究——基于A股工业企业上市公司的实证经验》，《经济问题》2023年第1期。

王敬勇、孙彤、李珮等：《数字化转型与企业融资约束——基于中小企业上市公司的经验证据》，《科学决策》2022年第11期。

林卫银、薛德升、谭一洺：《基于上市企业与高级生产性服务业联系的中国城市网络——以创新500强企业IPO为例》，《经济地理》2022年第9期。

高品质生活篇

B.9
2024~2025年重庆创造高品质生活形势分析与预测

李美铮 李润乐 牛天宝 杨洪超*

摘　要： 创造高品质生活，是践行以人民为中心发展思想的具体体现，是推动高质量发展的根本目的所在。2024年以来，重庆市委、市政府深入学习贯彻习近平总书记视察重庆重要讲话重要指示精神，认真践行"中国式现代化，民生为大"的重要论述要求，聚力打造健全保障和改善民生制度体系标志性成果，千方百计提升高品质生活成色，加快建设高品质生活宜居地，人民群众的获得感更加充实、幸福感更可持续、安全感更有保障、认同感更加强烈。但也要清醒地认识到，重庆创造高品质生活的发展动能还需加强，社会治理还有短板，社会公共服务供给质量与老百姓对高品质生活的期待还有差距。要正视问题、找准病灶、精准开方、靶向施治，紧盯重点民生领域人民群众反映强烈的突出问题，把惠民生的事办实、暖民心的事办细、顺民意

---

* 李美铮，中共重庆市委研究室社会处处长，研究方向为社会学；李润乐，中共重庆市委研究室社会处副处长，研究方向为社会学；牛天宝，西南政法大学博士后，研究方向为社会学；杨洪超，中共重庆市酉阳县委办公室干部，研究方向为社会学。

的事办好，进一步补齐服务短板、增进民生福祉，扎实推动高质量发展建设共同富裕示范区取得显著成效，让高质量发展成果更多更好地惠及人民群众，不断将人民群众的民生愿景转变为幸福实景，奋力谱写中国式现代化重庆篇章。

关键词： 中国式现代化 高品质生活 共同富裕 重庆

2024年是实现"十四五"规划目标任务的关键之年，是现代化新重庆建设从全面部署到纵深推进的重要之年。重庆市委、市政府深入贯彻落实习近平总书记视察重庆重要讲话重要指示精神，牢固树立和践行以人民为中心的发展思想，坚持在发展中保障和改善民生，持续深化惠民暖心优服行动，及时回应解决群众急难愁盼问题，在幼有善育、学有优教、劳有厚得、病有良医、老有颐养、住有宜居、弱有众扶上尽力而为、量力而行，老百姓的获得感、幸福感、安全感、认同感不断增强。

一 2024年重庆创造高品质生活的总体态势和显著特点

当前，外部百年变局中大国博弈加速演进、国际关系纷繁复杂，国内处于经济爬坡过坎、社会稳定承压、矛盾纠纷凸显的时期，各类潜在不稳定、不安定、不确定因素仍然存在，重庆创造高品质生活的任务更加繁重。面对国内外复杂多变的严峻形势，重庆坚持在推动高质量发展中创造高品质生活，健全社会保障体系，强化基本公共服务，大力发展社会事业，扎实推进民生实事，切实兜牢民生底线，不断提升人民群众的生活品质。2024年前三季度，居民人均可支配收入达30792元，同比增长5.3%，排名全国第9位、西部第1位。

（一）守住守好粮食安全底线，百姓餐桌有保障更健康

学习运用"千万工程"经验，深入实施"四千行动"，坚决遏制耕地

"非农化"、防止耕地"非粮化",改造提升山区农业机械化水平,恢复补足耕地 34.1 万亩,复耕复种撂荒耕地 8.8 万亩,新建及改造提升高标准农田 138.34 万亩,全市夏粮产量达 125.18 万吨,同比增长 1%,守好百姓"米袋子"。全力抓好百姓生活必需品保供稳价工程,1~9 月蔬菜、水产品、猪牛羊禽肉、水果产量分别达到 1893.3 万吨、47.66 万吨、7044 万吨、538.63 万吨,分别同比增长 4.8%、4.2%、1%、15.5%,百姓"菜篮子"拎得稳、"果盘子"更丰富。建立完善数字化市场监管体系,加快"渝食安"全链条智管综合场景建设,常态化开展食品安全"你点我检"活动,全市主要农产品产地抽检合格率保持在 96%以上,百姓"舌尖上的安全"有保障。

(二)健全就业服务体系,推动全市就业形势保持稳定

全面落实惠企稳岗举措,为 9175 家用人单位发放社保补贴等就业补助 8.6 亿元,为 30 万家企业降低失业保险费 26.2 亿元,联合金融机构为 6592 家企业提供低利率"稳岗贷"222.5 亿元,稳定就业岗位 640.9 万个。保障重点群体就业创业,制定出台 15 项重点群体就业政策措施,举办留渝来渝服务活动 31 场,促进青年就业创业 29.3 万人、同比增长 34.22%,全市 35.4 万名应届高校毕业生去向落实率达 86.58%,培育市级创业孵化基地 115 个、带动 22.6 万人就业,793.6 万名农民工实现愿出尽出,79.8 万脱贫人口端稳就业"饭碗",47.18 万名退役军人、24 万名残疾人就业规模保持稳定,6975 名有转产就业意愿的退捕渔民 100%就业,零就业家庭保持动态清零。提质增效就业服务,通过"渝职聘"精准推送岗位 30 余万个,开展补贴职业培训 14.3 万人次,产业匹配度达 84.1%、同比提高 2 个百分点。全市就业形势总体稳定,城镇新增就业 60.7 万人、完成年度目标 101.2%、同比增长 1.9%(见表 1)。大力实施"渝你同行"和谐劳动关系构建工程,开展治欠保支查处欠薪案件 1334 件、涉及人数 1.48 万人,力促就业创业环境风清气正。

表1 2024年1~9月重庆市就业情况

序号	指标		人数/比例	完成进度	同比
1	城镇新增就业人数		60.7万人	101.1%	1.9%
2	城镇调查失业率		5.3%	—	-0.1个百分点
3	重点群体	高校毕业生 留渝来渝就业创业人数	29.3万人	97%	—
4		高校毕业生落实去向人数	30.63万人	—	增加1.73万人
5		高校毕业生去向落实率	86.58%	—	-0.09%
6		农民工就业人数	793.6万人	—	增加3.3万人
7		退役军人就业人数	47.18万人	—	—

资料来源：根据市人力社保局、市教委提供数据整理，标注"—"为没有年度目标或不掌握数据情况。

（三）落实立德树人根本任务，推进教育优质均衡发展

聚焦教育强市建设，稳定保障教育投入，积极争取中央转移支付增量6.6亿元，落实全学段各级各类学生资助财政资金48.86亿元，推动教育提质促优，更多孩子享受优质教育。坚持惠民有感，加快教育优质均衡进程，努力办好群众家门口的学校，新增学前教育公办学位0.52万个、义务教育学位5.6万个、普通高中学位1.5万个，全市学前三年毛入园率达到91.5%以上，普惠性幼儿园覆盖率巩固在94%以上、公办幼儿园占比保持在53%以上，义务教育学校学区化、集团化办学占比超过80%，残疾儿童入学率为98.1%，小学、初中、高中入学率分别为99.99%、99.91%、98.72%，更好地满足群众"上好学"的美好期待。持续巩固扩大"双减"成果，推动出台促进"民转公"学校高质量发展指导意见，学科类培训机构压减率达99.6%，课后服务学生参与率达98.33%，全市教育生态持续向好。加强新时代专业技能型人才培养，加快推动职普融通、产教融合、科教融汇，专

业与产业匹配度达87%,全国职业院校技能大赛教师教学能力比赛总成绩、一等奖总数均列全国第2,成为全国唯一获奖率100%的省份,再现领跑之势。全面深化高等教育改革,推动产学研一体化,激发教育发展活力,新增16个学科进入ESI世界学科排名1%、4个学科进入排名1‰,入选国家一流本科专业302个,教育强市建设之基更加夯实。

(四)实施健康中国重庆行动,健全公共卫生体系

推进优质医疗资源扩容增效,推动35个次中心建设,新创建社区医院31家,新建临床重点专科国家级9个、市级35个,新增重庆市中医药转化医学研究中心1个、市级中医名科10个,获评国家中医特色优势专科23个。持续深化医药卫生体制改革,制定"326+N"的"三医协同"数字化建设方案,谋划培育改革项目19个。延伸服务触角引才育才,选拔国家级后备人才20人、领军人才30人、中青年人才180人,推荐国务院政府特殊津贴专家10人、市突出贡献专家8人。深入开展医药领域行为监管,查处违法违规行为477起、违规收费问题1.45万个、民营医疗机构346家,全市门诊急诊和住院患者投诉率分别同比下降6.45个、16.18个百分点,医疗机构执业行为不断规范有序。迭代升级数字健康建设,"一人一码一档"电子健康档案累计建档2834.2万份、建档率88.81%,"疫智防控"应用覆盖率97.1%,开发上线"智慧急救"应用,20家三级医院接入"云医"应用。纵深推进健康中国重庆行动,国家卫生县城覆盖率全国排名第4,居民健康素养水平提升至31.77%,高于全国2.07个百分点。

(五)健全社会保障体系,城乡居民基本民生更有保障

持续开展社会保险参保"扩面提质"专项行动,优化升级"参保直通车""工伤无忧"应用,截至9月末,全市养老、失业、工伤保险参保人数分别为2665万人、644万人、695万人,均超额完成年度目标任务,覆盖面持续扩大。精准落实基本医保、大病保险、医疗救助三重保障机制,全市基本医保参保3126.7万人、参保率97.97%、高于全国平均水平,脱贫人口大

病救治率99%以上。开展残疾人关爱服务提升行动，建设"渝馨家园"278家，新增残疾人就业5.8万人次，实施残疾人家庭无障碍改造0.4万户、残疾人辅助器具适配5.4万人次，启动并实施残疾儿童康复救助、训练服务1万人次。稳步实施妇女儿童关爱保护工作，开展妇女儿童综合服务体项目建设试点，申请低收入"两癌"妇女救助金550万元，服务女大学生就业创业1.1万余人次，开展"百场讲座进万家"线下家庭教育讲座等覆盖31.2万人次；大力开展"渝童守护"行动，发放补贴1.2亿元，兜底保障孤儿、事实无人抚养儿童等基本生活。全面做好拥军优抚工作，妥善安置转业军官、退役士兵，解决0.39万名军人子女就学问题，为354名退役军人发放创业担保贷款7118万元，帮助1100名退役军人解决生活生产困难。开展安居优居惠民行动，全链条保障群众住房安全，出台优化住房套数认定、购房补贴等10条支持政策，新增分配公租房2.21万套，新筹集保障性租赁房源2.8万套（间）。

（六）巩固拓展脱贫攻坚成果，做好城市生活困难群体救助工作

强化产业帮扶，持续打造5.6万个产业帮扶基地，产业覆盖90%以上的脱贫户和监测户。区域结对协作不断延伸拓展，9家中央定点帮扶单位累计投入帮扶资金230亿元，鲁渝协作累计援助资金120亿元。抓好防止返贫监测工作，优化完善"一户一策"帮扶举措，扎实开展"大走访大排查大整治"行动，"两不愁三保障"及饮水安全巩固提升，脱贫家庭义务教育阶段辍学学生实现动态清零，脱贫人口基本医保应保尽保，参保率100%。加强困难群众基本生活保障，制发《关于做好特困人员解需暖心工作的通知》等文件，健全完善分类分层社会救助体系，迭代升级"渝悦救助通"应用平台，发放低保金39.36亿元、特困供养金16.73亿元、临时救助金3亿元，社会兜底保障能力进一步加强。

（七）紧盯"一老一小"强化服务保障，提升人口发展水平

优化人口发展战略，完善生育支持服务体系改革，促进人口高质量发

展。持续推进婴幼儿照护服务能力提升三年行动计划,大力发展多样化、多元化、覆盖城乡的婴幼儿照护服务,扩大普惠性托育服务供给,全市每千人口拥有3岁以下婴幼儿托位数4.05个,实现"幼有所育、渝有善育"。聚焦养老更"适老""享老",持续健全完善养老服务体系,开展"养老服务监管效能提升年"活动,加快建设"渝悦养老"云平台服务应用,推行农村"四有五助"互助养老模式,老年人家庭适老化改造工程累计完成3.5万户,共整合社区养老服务站2728个,探访关爱服务特殊困难老年人89万人次、惠及29万人,长期护理保险参保750余万人,老年人实现了老有所养、老有所依。完善基本养老医疗服务体系建设,全市二级以上综合性医院老年医学科设立比例达64.6%、同比提升34.2个百分点、超2025年国家60%的目标,4个医养结合项目纳入国家积极应对人口老龄化工程,老年人健康得到有效保障,稳稳托起幸福"夕阳红"。

(八)积极探索超大城市治理,建设宜居韧性智慧美丽城市

积极探索超大城市现代化治理新路子,迭代三级数字化城市运行和治理中心体系构架,建立健全"大综合一体化"城市综合治理体制机制,乘势而上加快形成数字重庆基本能力,奋力打造超大城市现代化治理示范区。推进中心城区交通缓堵保畅,着力建设"轨道上的都市区",致力构建"一张网、多模式、全覆盖"的轨道交通体系,轨道运营里程达523公里、位居全国第8,中心城区路网密度达7.4公里/公里^2,向主城都市区各区之间1小时通达、相邻地区之间半小时通达目标更近一步。加快推动数字化城市治理,新增错时共享车位4.6万个,升级改造垃圾投放点5万余个,完成人行道整治95.02万平方米、路平整治160.13万平方米,新增LED路灯1.4万盏,城市容貌更加亮丽净美。加快建设巴渝和美乡村,推进30个美丽宜居示范乡镇建设,新争取全国传统村落集中连片保护利用示范县1个,开工改造城镇老旧小区1835个,乡村旧貌换新颜、"蜕变"的"高颜值"可见可感。系统推进美丽重庆建设,开展生态优先绿色发展行动,一体推进"九治"工作,深入打好长江经济带污染治理和生态保护

攻坚战，深入实施空气质量持续改善、城乡黑臭水体"清零"、"白色污染"减量等行动，筑牢长江上游重要生态屏障取得显著成效，交出生态环境高分报表。

（九）推动全市文化事业发展，文化强市建设成效显著

坚持文明筑基、文化铸魂、文艺筑梦，丰富人文内涵，推动城市发展更有深度。文艺创作成果丰硕、精彩纷呈，精心打造《竹·缘》、《天女散花》、杂技《摇摆青春》、歌剧《一江清水向东流》、舞剧《绝对考验》等重大文艺节目，扶持方言剧《书月楼》《河街茶馆》成功首演，复排话剧《雾重庆》，支持《奔跑吧》《青春环游记》等知名综艺节目在渝摄制。推动基层公共文化服务标准化建设，评选第一批示范乡镇（街道）41个，新增公共文化空间57个，放演惠民电影15万场次，送流动文化下基层8000余场次。建设"高品质文化生活"综合应用场景，圆满完成第七届"书香重庆·阅读之星"有声阅读大赛，成功举办首届和美乡村才艺大赛，实现文化惠民多姿多彩。加强文化遗产保护利用，启动中小石窟寺保护利用设施建设（二期）工程，新增备案博物馆4家、全市总数达138家，15人入选第六批国家级非遗代表性传承人推荐公示名单。建设巴蜀文旅走廊，推出100余个景区"成渝文旅一卡通"年卡、优化川渝十大精品旅游线路，"百万职工游巴蜀"活动带动130万人次，新增国家级夜间文化和旅游消费集聚区3个，城市气质更加彰显。

（十）高质高效建设平安重庆法治重庆，安全底线守得更牢

突出除险固安工作导向，进一步全面深化政法领域改革，推进平安重庆风险闭环管控综合场景建设，迭代升级风险闭环管控机制，构建以"1+4+N"为整体架构的数字法治应用系统，各类风险隐患有效防范化解。持续开展矛盾纠纷"大排查大起底大化解"专项行动，上线运行"法治·社会矛盾纠纷多元化解应用"，探索构建"156N+7"重庆信访工作数字化体系，排查矛盾纠纷55.37万件、化解率99.64%，全市信访总量、进京访和到市

集访分别同比下降33.7%、32%、58%。深入实施主动警务、预防警务，加快"警快办""渝诉快执"等应用建设，全市刑事、治安警情和九类街面警情同比下降40%、9.7%、28.9%。坚持人民至上、生命至上，深入开展重点领域安全风险隐患专项整治，排查整改重大隐患0.57万个，全市安全生产死亡事故起数、死亡人数同比下降24.6%、25.2%，实现"双下降"，未发生重特大生产安全事故。加强防灾减灾基础设施建设，打好三峡库区危岩地灾治理攻坚战，实施河道治理、城市防洪排涝等重大治理工程，不断提高综合防灾减灾救灾能力，紧急避险转移0.55万人、转移安置0.3万人，群众生命财产安全得到保障。

二 当前重庆创造高品质生活面临的严峻挑战和重大机遇

党的二十大以来，重庆发展环境和条件都有了新的深刻复杂变化。创造高品质生活，必须深刻认识错综复杂国际局势带来的新挑战，把握全面深化改革国内环境带来的新机遇，坚持底线思维，增强忧患意识，增强信心底气，善于在危机中育先机、于变局中开新局，在深化改革中为人民群众创造幸福生活、提高生活品质。

（一）面临挑战

一是经济下行压力持续，民生保障任务艰巨。受国际环境更趋复杂严峻的形势影响，重庆经济逆势而上、承压前行，外贸经济持续低迷，消费动力依然偏弱，房地产市场持续疲软，超大城市治理难题不少，国企负债较重、经营困难较多，严重影响民生投入、群众就业等民生实事。2024年前三季度，城镇调查失业率5.3%、高于全国平均水平0.2个百分点，还有21.5万名登记失业人员需要再就业。

二是居民收入水平偏低，群众生活基础薄弱。重庆是我国辖区面积和人口规模最大的城市，集大城市、大农村、大山区、大库区于一体，经济社会发展任务繁重、责任重大，民生保障水平还有不少短板弱项。居民收入不高，2024年前三季度人均可支配收入30792元，不仅远低于北京（64314元）、上海（66341元）、天津（42499元）等直辖市，而且远低于同为中心城市的广州（41037元）、武汉（44001元）。兜底保障负担较重，全市低保对象有77.5万人、特困供养人员17.7万人。巩固拓展脱贫攻坚成果还需加力，目前仍有监测对象12.1万人。

三是民生需求日益多元，服务供给难度增加。随着经济社会的发展，人民群众对美好生活的向往更加强烈，呈现多样化多层次多方面，期盼更可靠的社会保障、更高水平的医疗条件、更优美的生活环境等多元需求。但当前重庆优质公共资源不均衡、社会保障不平衡，新时代高品质服务供给不足，资源结构、供给形态都与群众的需求存在较大差距。

四是人口结构形势严峻，持续发展面临挑战。目前，全市65岁及以上老年人口588万、占比18.3%、高于全国平均水平3个百分点，且高龄、失能失智老人数量多，人口老龄化程度逐步加深。人口区域分布不平衡，城镇化率达71.7%，农村人口大量减少，高龄化、空心化趋势日益凸显，导致养老、医疗负担加重，养老金支付等面临巨大挑战。

（二）拥有机遇

一是重大战略叠加形成集成效应。重庆是西部大开发的重要战略支点，处在"一带一路"和长江经济带的联结点上，也是长江上游生态屏障的最后一道关口，依托西部陆海新通道、中欧班列、长江黄金水道等，构建起对外开放的立体通道体系，央地合作、中新合作等持续深化，多个利好政策在重庆落地生根，为重庆提供了加速发展的重要政策窗口期，有利于形成更加健全完善的民生保障体系，有机会更好地改善市政基础设施、城乡环境，扩大养老、医疗、教育等优质公共服务供给，在发挥"三个作用"上展现更大作为。

二是全面深化改革激发动力活力。党的二十届三中全会对进一步全面深化改革作出全面部署，明确了总目标、时间表、路线图，国家陆续推出经济

体制、科技体制、财税金融体制等一批重大改革措施,打通新质生产力发展的堵点卡点。重庆自觉把改革摆在更加突出位置,结合数字重庆建设、"三攻坚一盘活"等改革协同推进,战略机遇叠加凸显,加强产业集聚,优化区域布局,把优势长板发挥到极致,必将放大重庆改革红利,促进现代化新重庆全面发展迈上新台阶。

三是经济回暖向好积蓄强大势能。重庆面对国内外错综复杂的形势变化,加快培育经济增长点和发展新动能,经济回升向好的基本面没有变、长期向好的基本趋势没有变,推动经济实现质的有效提升和量的合理增长有基础有条件有潜力。2024年前三季度GDP增长6%,工业增加值增长8.1%,服务业增加值增长9.9%,社会消费品零售总额增长3.8%,带动城乡居民收入稳定增长,支撑城乡居民生活品质改善的物质基础更加巩固,为社会提供更优质、高效、便捷服务的能力进一步增强。

三 2025年重庆创造高品质生活的主攻方向和重点举措

2025年是"十四五"规划的收官之年,也是全面贯彻落实党的二十届三中全会精神的开局之年。重庆深入学习贯彻习近平总书记视察重庆重要讲话重要指示精神,坚持以人民为中心的发展思想,坚持把实现人民群众对美好生活的向往作为现代化建设的出发点和落脚点,坚持以进一步全面深化改革为动力,统筹推进高质量发展、创造高品质生活、实现高效能治理,坚持尽力而为、量力而行,找准工作发力点,细化工作颗粒度,采取更多顺民意、惠民生、暖民心举措,千方百计解决群众急难愁盼问题,更好地满足人民群众多样化高品质生活需求。

(一)织密织牢社会兜底保障网

持续做好巩固拓展脱贫攻坚成果同乡村振兴有效衔接,精准做好监测对象优帮优扶,全面开展防返贫"大排查大走访大整改"行动,完善落实

"一户一策一责任人"产业就业帮扶,对符合条件的依规纳入农村低保、特困人员救助供养范围或及时给予临时救助。建立低收入人口动态监测和救助机制,建设社会救助服务联合体,完善《重庆市低保边缘家庭认定办法》,制定"重庆市刚性支出困难家庭认定办法"。健全低保对象、特困人员、低边群体、精神障碍患者、孤儿、事实无人抚养儿童以及其他困难群体兜底保障机制,扎实做好农村"三留守"人员关爱服务工作,上线"社会救助"一件事。

(二)大力实施就业增收行动

优化人才创新创业全周期服务机制,深入实施"渝跃行动"和新重庆引才计划,加快建设明月湖科创园,升级打造环大学创新创业生态圈,打造人才创新创业服务港,实现高校毕业生等青年留渝来渝就业创业30万人以上。实施"稳岗扩岗"就业容量拓展工程、"就在山城"重点群众就业帮扶工程,加强与川渝等周边地区就业协作,推进新就业形态就业人员职业伤害保障试点,推进高质量充分就业区县和社区建设,确保全年城镇新增就业人员在60万人以上、城镇调查失业率控制在5.5%以内,确保高校毕业生、退役军人、农民工等重点群体就业稳定。完善困难人员就业援助制度,加强对大龄、残疾、较长时间失业等就业困难群体的帮扶。突出培训促进就业导向,全链条推行3个"3+"组训模式,实施"巴渝工匠"终身职业技能培训工程,推动"培训链""就业链"高效融合。积极推进数字赋能工程,打造"数字就业驾驶舱",推广运行"渝职聘"公共平台,促进供需精准匹配。完善劳动关系协商协调机制,推动欠薪长效治理,引导企业规范用工,构建和谐用工市场。

(三)推动全市教育高质量发展

深化教育综合改革,实施新时代立德树人工程,优化教育资源配置,推进全市各级各类教育优质均衡发展,创建全国义务教育优质均衡发展区县。扩大优质基础教育资源供给,组建"优质学校+"教育发展共同体,深化义

务教育学区制管理和集团化改革,加强农村中小学寄宿制学校建设和中心建设,在"双减"中做好科学教育加法,落实《重庆市深入推进体教融合促进青少年体育发展行动方案(2024—2027年)》,提高县域高中办学水平,确保公办幼儿园占比54%以上、学前教育普惠率90%以上、残疾儿童入学率97%以上。加快推进现代职业教育体系建设新模式和技能型社会建设试点,推动14个市域产教联合体实体化运行,推动重庆工业职业技术学院升为职业教育本科,力争10所以上高职入选新一轮国家"双高"计划,实现职教专业与产业匹配度达88%以上,高水平建设西部职教基地,打造市域产教联合体和产教融合共同体。健全高校高质量发展机制,深化"双一流"和"四新"特色高校建设,扩大国际学术交流和教育科研合作,探索构建拔尖创新人才自主培养体系,启动组建重庆第二医学院,积极支持1~2所高校申报博士学位授予单位,推动市内高校创建国家一流学科。

(四)加力建设西部医学中心

着力建设医疗服务高质量发展先行区,加快创建儿童、检验、职业健康等专业类别国家医学中心,布局一批三级甲等综合医院建设为市级医学中心,围绕重医、市中医院、市人民医院等打造一批"名医院",积极创建国家临床重点专科、国家专病诊疗中心、中医特色专科诊疗中心,汇聚更多的优质医疗资源到重庆,让群众在家门口也能享受高水平的诊疗服务。着力建设公共卫生综合防治引领区,创建国家区域公共卫生风险监测预警中心、检测中心,争创国家中毒应急检测鉴定研究中心,上线"疫智防控"应用。着力建设卫生健康数智治理样板区,建设"三医"数据交互中心、统一驾驶舱、协同应用场景,推进社区医疗服务智能化、医养中心建设、医养结合一件事,全面推行"医检互认",群众看病就医更便捷更高效。着力建设卫生健康人才科研支撑集聚区,实施卫生健康高峰人才攀登计划,开展国家级顶尖人才扩增、市级领军人才扩优、中青年骨干人才扩面、西部高层次人才引智赋能平台建设行动,深化医疗卫生人才"县聘乡用"改革,守护好群众健康。

（五）统筹促进养老育幼等服务发展

积极完善养老、育幼、住房、社保等民生政策体系，全面提升"一老一小"服务水平，竭尽全力把特殊困难群体的急难愁盼办到"百分之百"。深化养老服务体系改革，持续开展"渝悦养老"行动，健全区县、镇街、社区（村）三级养老服务网络，推动乡镇敬老院公建民营改革，培育社区养老服务综合体、社区嵌入式养老机构，实施"银龄行动"项目，构建医养结合服务体系，上线"医养结合一件事"应用，推动全市养老服务从"有保障"向"有质量"迈进，实现养老更"适老""享老"。完善生育支持政策体系和激励机制，扩大孕产妇医保、生育保险覆盖范围，探索建立育儿补贴制度，完善生育休假制度，推动落实"长幼随学"入学（入园）机制，提升优生优育服务水平，推动建设生育友好型社会。推动房地产市场投资回暖，完善"市场+保障"住房供应体系，深入实施保障性住房建设、"平急两用"公共基础设施建设、城中村改造等工程，打通公租房、保障性租赁住房、配售型保障住房等全链条，加强老旧小区改造提升，加快"数字管线""安居巴渝"等场景建设，推动城镇居民由"住有所居"向"住有宜居"转变。推进单位参保缴费一件事、人员参保缴费一件事改革，开展零城保扩面提质行动，完善优化参保结构，巩固提升城乡参保率，健全多层次社会保障体系。

（六）加快建设新时代文化强市

推进文旅产业提质增效，打造一批红色旅游高地、遗产旅游胜地、内河游轮集群、温泉之都等知名旅游目的地。实施"公共文化新空间"行动，新建、改扩建一批城乡书房、文化驿站、乡情陈列馆、文化礼堂、非遗传习所等新型文化空间，提升公共文化服务效能。加强文化遗产保护传承，持续开展巴渝文化、三峡文化、抗战文化、革命文化、移民文化、民俗文化等重庆特有的文化传承转化，持续推进钓鱼城遗址、白鹤梁题刻、川渝盐业遗址、蜀道（荔枝道重庆段）申报《中国世界文化遗产预备名单》，建设修缮一批历史文化名城、名镇、名村、名街区,留住重庆记忆、山城味道、烟火气息。延续巴渝文化"出海计划",打造一批对外文化交流基地,拓展共建"一带一路"国家文化交流平台和渠道,不断提高重庆文化传播力、吸引力、影响力,实现"出圈"更"出彩"。优化文旅深度融合发展体制,推动"四季春晚"和乡村艺术节常态化开展,上线"高品质文化生活"综合应用,打造国家文化产业和旅游产业融合发展示范区。加快推进澜湄旅游城市合作联盟手续报批,完善陆海新通道旅游推广联盟建设,支持重庆国际文旅之窗持续培育"渝见不同"出境游品牌,积极打造国际旅游枢纽城市。

(七)着力提升生态环境质量

建立国家"绿水青山就是金山银山"实践创新基地培育机制,健全以治水治气为牵引的"九治"生态治理体系,坚决打好长江经济带污染治理和生态保护攻坚战,不断筑牢长江上游重要生态屏障。坚决打好蓝天碧水净土保卫战,完善山水林田湖草沙一体化保护和系统治理机制,加快构建"一村一溪一风景、一镇一河一风情、一城一江一风光"各美其美、美美与共的幸福河湖画卷。巩固提升国家卫生城市建设成果,持续开展城乡黑臭水体清零专项行动,深入实施空气质量改善行动,深化全域"无废城市"建设,探索垃圾分类长效机制,深化建筑垃圾专项整治,守护好群众身边健康生活环境。全面提升三级数字城市运行和治理中心实战效能,拓展城市治理风险清单管理,健全直达基层的分段分级分类分层预警响应机制,提升城市运行智能监测预警能力,确保城市安全运行、有序运转。实施城市品质提升工程,优化产城融合、职住平衡、综合功能空间布局,提质建设"两岸青山·千里林带"和国家储备林,深化"两江四岸"整治提升,加强"增绿添园""增花添彩"打造,一体推进农村"五网"建设,深化农村改厕质量提升行动,创建巴渝和美乡村。持续推进全市路网工程,完善"轨道+公交+慢行"绿色出行体系,加快建设"2小时重庆"交通圈,更好地满足百姓出行需求。加强中小学、幼儿园周边设施配套,较大程度提升群众的幸福感。健全节能降碳增效体系，落实"碳惠通"交易机制，积极稳妥地推进碳达峰、碳中和，加快近零碳园区、绿色智能工厂、生态产品价值实现机制等试点，有序推动能耗"双控"向碳排放"双控"转变，打造绿色低碳发展高地。

（八）建设更高水平的平安重庆法治重庆

全面贯彻落实总体国家安全观，坚持统筹发展和安全，全力打造更高水平的平安中国建设西部先行区，努力交出平安建设高分报表。一体推进平安重庆法治重庆建设，持续深化新时代"枫桥经验"重庆实践，健全警调、诉调、访调"多调合一"矛盾纠纷多元化解机制，加快基层"一站式"矛盾纠纷联合调处中心建设，完善"接诉即办""民呼我为"工作制度，开展信访矛盾全链条法治化治理改革，解决信访突出问题。完善党建统领"四治融合"乡村治理体系，迭代升级基层智治平台，优化与"141"体系相适应的镇街管理体制，提升网格精细化治理水平。全面深化公安领域改革，完善社会治安整体防控体系，加快构建符合超大城市运行规律的现代警务体系，防范打击电信网络诈骗、跨境赌博等违法犯罪，做好反恐怖反分裂反邪教斗争，推动扫黑除恶长效常治，全方位服务保障高质量发展大局。严格落实安全生产责任制，对工贸、非煤矿山、危化品、烟花爆竹、燃气、消防、交通等重点领域分级分类执法、疏堵结合，有效防范重特大安全事故。完善分段分级分层分类防灾减灾救灾体系，完善"全灾种大安全"应急管理体系，深入推进山峡库区危岩地灾治理攻坚战行动，扎实推进安全生产治本攻坚、自然灾害固本强基三年行动，推动"应急指挥智救"综合场景实战应用，提高急难险重突发公共事件处置保障能力。迭代风险闭环管控机制，有效防范化解经济金融领域矛盾风险，健全法治服务金融机制，规范举债融资行为，加强民营经济司法保护，依法打击非法集资等违法犯罪。健全食品药品安全全链条监管体系，上线"渝食安""渝药安"应用，确保食品药品安全。大力实施"春风满巴渝"社会风气提升行动和文明乡风工程，创建全国乡村治理示范村镇，全面提升乡村治理水平。

参考文献

习近平:《开创我国高质量发展新局面》,《求是》2024年第12期。

《习近平在重庆考察时强调 进一步全面深化改革开放 不断谱写中国式现代化重庆篇章》,《人民日报》2024年4月25日。

《重庆市人民政府工作报告——2024年1月21日在重庆市第六届人民代表大会第二次会议上》,《重庆日报》2024年1月29日。

B.10
重庆市人力资源和社会保障形势分析与预测

重庆市人力资源和社会保障局*

摘　要： 2024年以来，全市人力社保系统深入学习贯彻党的二十届三中全会精神和习近平总书记视察重庆重要讲话重要指示精神，认真落实市委六届五次、六次全会部署要求，牢牢把握稳进增效、除险固安、改革突破、惠民强企的工作导向，以快跑助先行、以实干换实效，全市就业形势保持总体稳定，社会保险参保扩面量质齐升，人才支撑更加强劲，劳动关系和谐稳定，公共服务便民利民，全市人社领域呈现政治统领有力、业务推进有效、除险固安有为、惠民强企有感的良好局面。

关键词： 就业　人力资源　社会保障　重庆

一　2024年重庆市人社事业发展基本情况

（一）夯实民生之本，推动高质量充分就业

坚持把就业当作民生头等大事来抓，大力实施就业优先战略，深化"大就业"工作格局，多渠道稳岗扩岗，兜牢重点群体就业底线。2024年1~8月，全市城镇新增就业54.9万人，完成年度目标任务的91.4%，同比

---

* 执笔：重庆市人力资源和社会保障局政策研究处、宣传处。除特别注明的数据外，本文数据均由重庆市人力资源和社会保障局统计而来。

增长3.5%；全市城镇调查失业率平均值为5.3%，同比下降0.2个百分点，低于年度调控目标。重庆作为全国5个就业先进省份之一，获得人社部、财政部"2023年度促进就业工作激励地区"联合表扬激励。一是惠企援企稳就业。延续实施阶段性降低失业保险费率政策，为30余万家企业降低失业保险费22亿元，向9175家用人单位发放社保补贴等就业补助8.6亿元；实施助企用工保障专项行动，为智能终端产业招工6.6万人；提供"稳岗贷"208亿元，稳定就业岗位641万个。二是聚焦重点群体保就业。实施百万高校毕业生等青年留渝来渝就业创业行动计划，2024年已促进青年留渝来渝就业创业27.5万人，完成全年目标任务的91.7%。全市35.4万名应届高校毕业生就业形势总体稳定，793.6万农民工实现愿出尽出，80.9万脱贫人口端稳就业"饭碗"，有转产就业意愿的退捕渔民100%就业，零就业家庭实现动态清零。三是创新创业扩就业。助力环大学创新创业生态圈建设，全市提供免费创业工位1万个，发放创业担保贷款25.1亿元，直接扶持创业1.3万余人。组织开展第四届成渝地区双城经济圈就业创业活动周活动，成功助力7.5万人就业创业。全市新增科技型企业7108家，同比增长12.2%，有效促进就业。四是精准服务促就业。举办线上线下招聘会2157场，发布招聘岗位110余万个，升级打造零工市场108个，提供就业服务300万人次。开展补贴性职业培训12.4万人次，与重点产业匹配度达到84.1%。深化"大数据+铁脚板"模式，用活"数治就业""渝职聘"等平台，用好2.3万名劳务经纪人和1万名就业服务专员，以就业服务之准促就业局势之稳。

（二）织密保障之网，助力高品质生活

坚持在发展中保障和改善民生，充分发挥社会保障的"减震器""安全网"作用，兜住、兜准、兜牢民生底线。一是参保扩面量质齐升。开展社保扩面提质专项行动，截至8月末，全市城乡养老、失业、工伤保险参保人数达2667万人、642万人、693万人，分别完成全年任务的100.4%、100.8%、97.3%。企业年金覆盖参保职工1811家企业30.9万人。全域先行实施个人养老金制度，覆盖379.8万人。将超龄人员和实习生纳入工伤保险参保范围，已参保6.38万人。新就业形态就业人员职业伤害保障试点，已覆盖7家平台企业56万人。新开工工程建设项目工伤保险参保率达100%。二是待遇水平稳步提升。稳妥推进完成2024年退休人员基本养老金调整，惠及468.8万人。创新探索城乡居民养老保险缴费筹资和待遇水平双提升机制，推动城乡养老保险工作提质增效，现已在南岸、石柱、潼南、长寿等区县先行试点。三是基金运行安全平稳。全市养老、失业、工伤保险基金运行总体平稳。养老保险基金累计投资600亿元，累计收益54亿元，职业年金投资691.6亿元，累计收益49.8亿元，促进了基金保值增值。开展社保基金管理巩固提升行动，推进"基金智管"应用场景建设，狠抓突出问题专项整治，维护社保基金安全。

（三）凝聚创新之智，引育高层次人才

深入实施科技创新和人才强市首位战略，围绕"打造西部人才中心和创新高地"总目标，建强专技、技能两支队伍，加速培育和发展新质生产力。一是倾心引才。2024年1~8月，开展"百万人才兴重庆"等引才活动237场，深入实施"满天星"行动计划，全市引进人才5.9万人，同比增长30.1%；新招收博士后842人，引育卓越工程师3999人；新认定"鸿雁计划"和高层次人才585人，同比增长29.8%；拓宽市场化引才渠道，发布"揭榜招贤"榜单615个，揭榜431个。二是悉心育才。成功举办第二届"一带一路"国际技能大赛，五大洲61个国家和地区的590名技能精英参赛观摩，8万余人现场观赛观展，近2000名专家学者、领军人才参加专题交流研讨，签署国际技能合作项目100余个，98%的外宾期待再次来渝，成功让重庆走向世界、让世界了解重庆。新建60个博士后科研工作站和200余个技能人才平台。新选派顶岗科研人员208名，同比增长10.6%；聘用退休"双高"人员674名，同比增长62%；培育乡村振兴"五万计划"相关人才6万余名。深入实施"巴渝工匠"行动计划，新增高技能人才5.5万名，高技能人才占比31.7%，保持西部第一。在2024年9月法国里昂举办的第47届世界技能大赛上，重庆市参赛技能选手取得了3金1银1优胜奖

的优异成绩。三是精心用才。在全国率先认定数字技术助理工程师职称60人。全面推行"新八级工"制度，评聘特级技师85名、首席技师3名，职业贯通专技人才240名。打造职称快评"一件事"，452名特殊人才通过"绿色通道"取得高、中级职称。遴选10个区县开展首批中小学校周转岗位试点，保障优质师资向农村学校、薄弱学校流动。首次成功申报开发火锅料理师新工种，《中式烹调师（火锅料理师）国家职业标准》正式颁布。四是服务留才。出台新重庆人才服务管理办法，升级推出73项服务，2024年以来提供服务44.2万人次。在全国率先推出留学人员管理服务"一件事"。指导举办第一届人力资源服务交易大会，签约项目173个、金额56.9亿元。打造"渝才荟"数字平台，构建全周期人才服务体系。

（四）筑牢和谐之基，强化高效能治理

坚持把促进社会公平正义、增进人民福祉作为出发点和落脚点，触角前移、全面覆盖、专项攻坚、高效处置，切实维护劳动者合法权益。一是强化和谐创建源头治理。实施"渝你同行"和谐劳动关系构建三年行动，重庆市获评全国和谐劳动关系创建先进个人12名、先进集体4个。推进国家级区域和谐劳动关系改革创新试点，加强全周期劳务派遣服务监管。开展劳动合同用工风险排查化解专项行动，升级劳动用工监管在线，精准指导企业化解风险。扎实开展企业职工薪酬调查和企业最低工资标准调整工作。二是强化根治欠薪长效治理。推进劳动保障监察执法体制改革，深化"大数据+铁脚板"模式，治欠协管员动态覆盖率92%，"渝悦·根治欠薪"应用实现三级治理全域贯通，获评数字重庆2023年度优秀应用，欠薪治理机制获重庆市首届改革创新奖。开展工程建设领域"惠民强企·利剑安薪"专项行动，试点推进数字人民币发放农民工工资，大幅度提升"一金三制"运行率，覆盖全市所有区县3496个在建项目。2024年以来，全市查处欠薪违法案件2288件，为1.18万名劳动者追讨薪资1.26亿元。三是强化调解仲裁多元治理。开展重大集体劳动人事争议预防化解专项行动，建成川渝首个跨省域的高竹新区劳动人事争议数字仲裁庭。筛选60

余个调解组织和100余名调解员入驻重庆法院纠纷易解平台,联合法院、司法、工会等推动建设新就业形态劳动纠纷"一站式"调解中心20余个,持续加强劳动者权益保障。

(五)响应民心之盼,打造高标准服务

坚持聚焦企业所需、群众所盼,推进线下办事"只进一门"、线上办事"一网通办"、企业和群众诉求"一线应答",抓好关键小事,办好民生实事。一是数字人社建设见行见效。构建1个数字人社"大脑"、4条跑道、5大业务板块、N个一件事场景的"145N"数字人社整体构架。成功向人社部申报数字人社"揭榜领题"应用场景18个、居全国第一。编制"高质量就业""和谐劳动关系"2个综合场景"三张清单",完善就业、社保2条跑道建设,7个多跨事件三级贯通,梳理体征指标43个、KPI 12个,"渝悦·根治欠薪、就业、社保"3个应用驾驶舱接入市级治理中心,并在数字重庆建设中连续两次被评为五星满分。二是民生服务提速提质。新上线社保卡居民服务、退休2个"高效办成一件事"。全市社保卡持卡人数达到3638万人,其中电子社保卡2200.8万人,社保卡居民服务"一件事"实现人社领域105项服务"全业务用卡",全市公共交通"一卡通行",3.3万个定点医疗机构持卡就医购药,川渝两地24个景区用卡购票预约、174家图书馆持卡通借通还。三是营商环境向上向好。推行城乡居民基本养老金领取等8项政策"免申即享"、单位社保补贴等2项政策"直补快办",2024年已惠及1.15万家单位80.78万人。179个事项上线新版"渝快办",网上可办率达98%。发布首批35项"零材料"服务事项清单。开展"惠民强企·人社在行动"宣讲服务活动,把人社服务延伸至基层"最后一米"。

二 当前重庆市人社事业发展面临的形势问题

就业形势稳中承压。当前就业总量压力依然较大,并将持续存在。同

时，人口结构变化与技术变革交织叠加，也会带来人力资源供需不匹配，"有活没人干"与"有人没活干"并存。同时，提升就业质量已成为广大劳动者的迫切愿望。

社保体系建设仍需加强。重庆市人口老龄化日趋严重，2023年末全市60岁及以上人口765.9万人，占比达24%，远高于全国平均水平。养老保险体系建设需要进一步健全完善，各支柱之间融会贯通不够，企业年金第二支柱、个人养老金第三支柱覆盖还需加力。企业职工养老保险和工伤保险的结构质量有待持续优化。

人才引育工作任重道远。人才发展体制机制改革有待深化，特别是围绕激励人才活力、发挥人才效益的薪酬、使用、培养等制度改革，亟待加快研究推进。针对新产业、新行业、新职业需求及特点，相关职称专业体系有待深入论证调整。技能等级人才培养数量还不能满足企业日益增长的迫切需求。针对人才个性化需求的服务水平有待进一步提升。

劳动关系矛盾风险仍然存在。新就业形态发展快、涉及面广，从业人员利益诉求多样化，权益保障需进一步完善。部分社会企业内部管理的依法用工意识有待增强，侵害劳动者权益问题依然存在。维权案件联调化解的多元处理沟通难度较大，需要加大协调力度。

公共服务质效还有短板。在持续推进人社公共服务体系网络建设的同时，区域不平衡、业务协同不充分等问题日益显现，尤其是一些偏远乡镇，还存在服务力量不足的情况，与群众期盼相比还有一定差距，需要切实加以解决。

三 重庆市人社事业高质量发展的对策建议

全市人力社保系统将深入学习贯彻党的二十届三中全会精神，全面落实市委六届六次全会精神，始终牢记中国式现代化民生为大，始终坚持以人民为中心的改革价值取向，重点围绕"四个聚力"攻坚突破，切实以人社速度、改革力度提升民生温度。

（一）聚力打造高质量充分就业先行区

着力构建"就业优先"政策联动机制，培育"公共+市场"就业服务专员队伍，建设一批高质量充分就业区县、社区，努力打造西部就业创业首选之城。一是大力促进市场主体稳岗扩岗。打好政策"组合拳"，统筹用好失业保险降费、就业补贴、税收优惠等援企稳岗减负政策，推动就业和产业政策协同，加大对民营经济、中小微企业支持力度，帮助市场主体有力稳岗、有效扩岗。进一步拓宽渠道做好企业与失业人员的对接服务，稳步扩大就业。二是稳定高校毕业生等青年群体就业。提速实施百万青年留渝来渝行动计划，动态发布产业需求图谱，市区联动举办对接服务活动，全年促进青年留渝来渝就业创业30万人以上。开展离校未就业毕业生服务攻坚行动，集中力量筹集市场化岗位100万个，确保应届高校毕业生实现稳定就业。三是提升农村劳动力外出务工稳岗率。建好农民工实名制数据库，定期收集外出务工需求、市外企业用工需求"两张清单"，发挥劳务经纪人队伍优势，做好"出家门、上车门、进厂门"的暖心服务，确保农村富余劳动力"愿出尽出"。四是持续推动促进创业带动就业。围绕"416"科技创新布局和"33618"现代制造业集群体系建设，促进创新链、产业链、资金链、人才链"四链融合"，升级打造环大学创新创业生态圈。做强市级创业孵化基地、农民工返乡创业园等载体，举办好第八届"渝创渝新"创业创新大赛，持续实施大学生创业"启航计划""加速计划"，推动创业有路、就业无忧。

（二）聚力健全多层次社会保障体系

深化扩面提质专项行动，多维度、多层次、多领域创新探索社会保障体制机制改革，不断增强社会保障可持续性、可及性、安全性、便捷性、规范性。一是完善社会保险制度。在先期展开的改革探索基础上，进一步研究促进引导更多集体经济组织对城乡居民养老保险参保人缴费给予补助，逐步建立城乡居民养老保险缴费筹资和待遇水平双提升机制。全面推行以社会保障卡为载体的"一卡通"民生管理服务新模式，推动社保卡"一卡多用、跨省通用"。二是推动高质量参保。深入推进扩面提质,建立社会保险精准扩面统筹推进机制,强化"部门+险种"间数据比对,将更多新业态就业人员、灵活就业人员、农民工群体纳入覆盖范围;进一步推动建设施工项目工伤保险参保。加强政策宣传引导,促进更多灵活就业人员参保缴费。深化新就业形态就业人员职业伤害保障改革,推动试点扩围,优化"政府主导、商保承办"的职业伤害保障模式,提升服务能力和水平。稳步推进开展职业年金计划分类管理试点。三是加强社保基金管理。深化社保基金巩固提升行动,强化人防、制防、技防、群防"四防"协同,筑牢政策、经办、信息、监督"四位一体"防控体系,不断健全基金安全监管体系。推进养老保险信息"双改"、社保经办突出问题专项整治,深化以案促改、以案促治。扩大基金投资运营规模,促进基金保值增值。

(三)聚力完善人才发展机制

加快培育塑造现代化人力资源,坚持创新制胜、人才引领、改革突破协同发力,深入实施科技创新和人才强市首位战略,助力建设西部人才中心和创新高地。一是精心办好各类引才活动。深入实施"渝跃行动""新重庆引才计划",持续开展"百万人才兴重庆"系列引才活动,力争全年引进人才7万人以上。谋划打造"一带一路"国际技能交流中心和技能之城,高质量办好重庆国际人才交流大会,策划好"会、引、赛"系列活动,切实办出影响、办出特色、办出实效。指导高校、科研院所和重点企业积极申报新重庆引才计划,主动参与市和区县举办的各类引才活动。二是持续推动人才工作制度机制创新。深入推进千名科研人员顶岗培养、聘用退休"双高"人员项目,让人才作用充分发挥。健全以创新价值、能力贡献为导向的人才评价机制,出台职称评审专家管理办法,实施数字技术工程师培育项目专项支持措施,深化外籍人才认定标准、跨区域人才"同城化融入"保障机制等先行试点,开展高层次人才自主认定试点。三是推进人才创新创业全周期服务机制改革。充分发挥"两中心、两平台、四基地"服务功能,升级推出留学人员管理服务"一件事"2.0版,打造人才创新创业服务示范港,强化

"渝才荟"平台推广运用,提升人才"个性化"服务质量。同时,指导各区县加强人才自主认定、创新评价和队伍平台建设等工作,共同打造最优人才生态。四是加大技能人才培养力度。实施"巴渝工匠"行动计划、高技能领军人才培育计划、技能强企产业根基计划,加强"一带一路"国际技能大赛成果转化,建好"智能+技能"数字技能人才培养试验区,大力实施数字技术工程师培育项目,打造"一带一路"国际技能交流中心,进一步升级技能人才培育体系,力争全年新培育技能人才20万人、新增高技能人才8万人。

(四)聚力增强基本公共服务均衡性和可及性

构建以社会保障卡为载体的居民服务"一卡通"体系,迭代升级推进人社数字化改革,持续优化人社营商环境,打造更多改革标志性成果,为现代化新重庆建设贡献人社力量。一是加快数字人社建设。按板块、跑道梳理好25个KPI,协调增设"劳动关系"跑道,实现人社业务全覆盖。打造人社西部数据实验室2.0版,上架数字人社大脑+"总驾驶舱",升级大模型构建,争取人力资源领域人工智能基地项目落户重庆。持续深入开发"渝悦·根治欠薪""渝悦·就业""渝悦·社保""党建·渝才荟"4个应用,梯级开发下一级、二级应用场景,升级优化功能模块,不断提高人社业务数字化水平。二是提升一线服务能力。实时发布区县人社综合指数,提升指挥调度能力。统筹指导各区县主动谋划建设具有区域辨识度的特色子跑道和一件事场景,加快梳理KPI,高效处置三级贯通事件,提升区县和镇街治理中心调度处置水平。指导部分区县加快"一件事"开发上线和全市共享。深入开展人社服务窗口练兵比武活动,建立常态化工作机制,定期组织人社政策和业务培训,及时更新知识技能储备,以赛促学、以赛强能,提升经办服务能力。三是迭代便民措施。深入推进"清减压",加快发布第二批"零材料"服务事项10项,依申请政务服务事项申请材料再精简20%。探索建立跨市(省)区域社银合作新机制,推动高频社保服务事项在川渝乃至全国合作银行之间跨省通办、就近可办。迭代升级"渝保渝快"社保惠民行动计划,

持续深入推进建立跨省社保服务新机制,深化拓展"退休一件事"和"131"资格认证服务体系等应用场景,逐步扩大"工伤服务一件事"试点,拓展丰富"一网通办",持续提升经办服务效能,提升群众对人社服务的满意度。

参考文献

《中共中央关于进一步全面深化改革 推进中国式现代化的决定》,https://www.xuexi.cn/lgpage/detail/index.html? id = 5796365703422511348& item_ id = 5796365703422511348,2024年7月21日。

《习近平在重庆考察时强调 进一步全面深化改革开放 不断谱写中国式现代化重庆篇章 蔡奇陪同考察》,https://www.xuexi.cn/lgpage/detail/index.html? id = 18337751892991741803& item_ id = 18337751892991741803,2024年4月24日。

《习近平主持召开新时代推动西部大开发座谈会强调 进一步形成大保护大开放高质量发展新格局 奋力谱写西部大开发新篇章》,https://www.xuexi.cn/lgpage/detail/index.html? id = 14183980288229771544& item_ id = 14183980288229771544,2024年4月23日。

《市委六届六次全会举行 牢记习近平总书记殷殷嘱托 以进一步全面深化改革的闯劲干劲 为奋力谱写中国式现代化重庆篇章注入强大动力 市委常委会主持 市委书记袁家军讲话》,《重庆日报》2024年9月15日。

《袁家军在重庆市科技创新大会上强调 深入实施科技创新和人才强市首位战略 奋力打造具有全国影响力的科技创新中心 胡衡华主持 王炯程丽华出席》,《重庆日报》2024年8月20日。

《权威访谈 | 坚定不移深化改革 持续增进民生福祉——访人力资源社会保障部党组书记、部长王晓萍》,新华网,http://www.news.cn/20240725/4f1c3ae5b0ef49d19923fe9c831b15ad/c.html,2024年7月25日。

中华人民共和国国务院新闻办公室:《国新办举行"推动高质量发展"系列主题新闻发布会(人力资源和社会保障部)图文实录》,http://www.scio.gov.cn/live/2024/34848/tw/,2024年9月24日。

重庆市统计局、国家统计局重庆调查总队:《2023年重庆市国民经济和社会发展统计公报》,https://tjj.cq.gov.cn/zwgk_233/fdzdgknr/tjxx/sjzl_55471/tjgb_55472/202403/t20240326_13084652.html,2024年3月26日。

B.11
重庆市疾病预防控制体系形势分析与预测

杨天蓉*

摘　要： 国家及各省区市疾病预防控制局的逐步成立意味着我国疾病预防控制体系改革正稳步推进。当前，重庆在全国率先落实《国务院办公厅关于推动疾病预防控制事业高质量发展的指导意见》，以重庆市政府办公厅名义印发《重庆市公共卫生三年能力提升行动计划（2023—2025年）》，全面贯彻落实国务院关于疾控高质量发展的要求。但是，仍然存在疾控体系改革不到位、疾控事业高质量发展基础有待夯实、疾控体系核心能力建设还有差距等问题。下一步，重庆将加快机构改革运行，推动疾控事业高质量发展，健全常态化防控机制，高效应对重大传染病疫情，实施重点传染病攻坚行动，做好公共卫生工作，提升监督执法效能，为提高群众的健康水平提供支撑保障。

关键词： 疾病预防控制体系　疾控体系改革　重庆

重庆大力推进疾控体系改革，尤其是在新冠疫情防控期间，不断总结经验教训，不断加大投入力度，逐步完善体制机制，着力提升疾病预防控制能力和水平，建立起以疾控中心和专病防治机构为骨干、医疗机构为依托、基层医疗卫生机构为网底的疾病预防控制体系，为全市经济社会发展提供了坚实保障。

---

* 杨天蓉，重庆市疾病预防控制局综合处副处长（主持工作）。

一 重庆市疾病预防控制体系发展现状

（一）疾控体系改革稳步推进

一是市级层面。重庆市疾控局2023年5月25日挂牌成立，2023年12月29日印发"三定"方案，2024年2月4日完成实体组建。重庆市疾控局为副厅级机构，内设综合处、监测预警处、应急处置处、传染病防控处、免疫规划处、卫生管理处、综合监督一处、综合监督二处8个处室。共有人员编制74名，实有干部69名。设局长1名、副局长2名，处级领导职数20名。目前，工作人员、办公场所已全部到位。二是区县层面。2023年6月2日前，全市39个区县按要求全部完成挂牌。目前，已有38个区县完成疾控局主要负责人任命（渝北未完成），并按程序事先征求市疾控局党组意见。各区县的疾控体系改革已进入科室配置，以及疾控中心和卫生监督机构整合的环节。关于科室设置，目前各区县疾控局依托设置在卫生健康行政部门的疾病预防控制科或公共卫生科等科室承担疾病预防控制相关工作。关于疾控中心和卫生监督机构的整合工作，各区县正在按照编制部门的要求积极推进，此项工作已纳入2024年全市疾控工作要点，要求各区县2024年6月底之前完成。

（二）重点项目初见成效

一是加强顶层设计。在疾控体系改革的基础上，根据《国务院办公厅关于推动疾病预防控制事业高质量发展的指导意见》等有关文件精神，结合重庆实际，提请市政府办公厅印发《重庆市公共卫生能力提升三年行动计划（2023—2025年）》，明确了疾控体系重塑后的工作目标和路径，启动实施"8项行动"，试点疾控监督员、赋予公卫医师处方权等改革任务，坚持以一域服务全局，努力实现重庆疾控事业高质量发展，为国家区域发展战略和战略大后方建设提供坚强支撑。二是高位推进等级疾控创建。

2022年重庆市人民政府办公厅印发《关于开展等级疾病预防控制机构建设的意见》，市卫生健康委牵头制定《重庆市疾病预防控制机构等级评审管理办法》《重庆市疾病预防控制机构等级评审指标体系》，且每年修订和完善。目前，重庆市成功创建4家三级甲等疾控机构、1家三级乙等疾控机构、7家二级甲等疾控机构。推动28家疾控机构完成改扩建，业务用房面积增加26.88万平方米，全市疾控机构编制数从2705名增至5165名，实现"以创建提内涵、以创建促提升"。三是加强公共卫生学科建设。连续三年持续开展公共卫生重点专科（学科）建设，共确定70个公共卫生重点专科（学科）项目，涵盖23个门类，覆盖23家医院和15家疾控机构。四是全面推动医防融合。印发《重庆市医疗机构公共卫生职责清单和工作指南》《重庆市二级及以上医疗机构公共卫生科室设置标准》，建设12个市级防治中心；在临床医师规范化培训中增加公共卫生内容，积极探索公共卫生医师处方权。

（三）疾控能力逐步提升

一是监测预警能力明显提高。积极推进"疫智防控"建设，目前已有1200多家医疗卫生机构接入，联通对接率超过96%，初步建成覆盖各级医疗卫生机构、联通相关部门的多点触发、多渠道预警、多部门协同的监测预警网络。全年发出预警信息1.07万次。市疾控中心入选全国6个传染病监测预警实训基地。二是实验室检测能力不断增强。市疾控中心检测项目从1264项增加到1524项，建成西部地区疾控系统首个二噁英检测实验室，建立持续有机污染物检测实验室，在重庆市首次检出新型布尼亚病毒、大别班达病毒。区县疾控机构平均检测项目从310项增加到400项，其中九龙坡区检测项目达到1000项。三是应急处置能力普遍提高。建成2支市级传染病防控应急队伍、40个区县级传染病防控应急队伍和41个背囊小分队，形成较为完善的市级、区县、机构三级传染病防控应急队伍体系。四是人才队伍建设梯次推进。加强公共卫生人才队伍建设20条措施的运用，落实"两个允许"要求，全面推进"一类保障、二类管理"，市级和13个区县疾控机构人均年收入增加1.6万元，较2022年增长12.4%。单独组建公共卫生高级职称评委会，单设公卫人才评价标准，向市疾控中心下放副高职称评审权限，柔性引进国家二级专家累计9名。持续开展现场流调等专业培训和公卫医师规培，实施公卫医师"三基三严"大比武，选拔区县级学术技术带头人，启动监督执法人才"十百千"计划。

（四）重点传染病防控持续发力

一是艾滋病防控力度持续加大。成功申报并启动第五轮全国艾滋病综合防治示范区创建。出台艾滋病暴露后预防用药门诊规范化流程建设指南，在全国率先将老年人艾滋病筛查纳入基本公共卫生服务。全市全人群艾滋病检测覆盖率达39.7%，艾滋病感染者治疗成功比例达到97.3%。二是结核病报告发病率持续下降。在8个区县开展65岁以上老年人筛查，在10个区县开展密切接触者筛查，肺结核报告发病率48.11/10万，较2022年下降7%，全国排位下降到第13位。启动5个无结核校园创建，处理13起学校聚集性疫情。重庆结核病防治模式在全国会议上3次发言交流。重庆代表队在2023年全国结核病临床诊疗总决赛中荣获团队二等奖。三是寄生虫病和地方病防治持续巩固。实施新一轮地方病防治巩固提升行动，持续消除碘缺乏、克山病、地氟病危害，随访管理现症地方病病人1.23万人，规范管理率96.37%，防止血吸虫病在本地发生。

（五）公共卫生服务提质增效

一是预防接种管理更加规范。出台《重庆市预防接种门诊规范设置指导意见（2023年版）》，累计建成常规免疫门诊2055个、犬伤门诊855个、产科门诊571个。全市儿童免疫规划疫苗接种率保持在95%以上。为全市19.3万名适龄女学生接种HPV疫苗，成为全国第4个实现省级全覆盖的省份。二是学校卫生干预常态化。实施学生常见病及健康影响因素监测，覆盖39个区县373所学校15万余名学生，完成率178.7%；全市学生总体近视率49.97%，同比下降0.63个百分点；肥胖总检出率26.04%，同比下降

2.55个百分点。三是环境卫生介入更加深入。组织实施8项环境危害因素监测项目。联合出台《环境健康风险评估技术指南》。成功申报全国城市污水公共卫生风险监测试点。开展《生活饮用水卫生标准》（GB 5749-2022）水质基线调查，组织完成水龙头水质监测及情况公示。全年完成农村饮用水水样监测5244份、城市水样监测2060份，分别达成目标任务的101.94%和103.73%。四是监督执法效能强化。优化全市执法监管平台服务保障，璧山、沙坪坝、秀山、九龙坡、万州、渝中等启动非现场执法项目，统一接入市级平台，实现执法业务"一网通办"。对符合条件的3.93万个公共场所进行信用等级评价，并将评价结果与"双随机"抽查深度融合，实施差异化分类监督执法。组织实施10项"卫监蓝盾"专项执法，统筹开展"双随机"抽查1.78万户，连续7年开展"你点名、我监督"交叉执法。共计查处违法案件8369件，同比增长13.63%；罚款3449万元，同比增长20.26%。

二 重庆市疾病预防控制体系建设存在的主要问题

（一）疾控体系改革未完全按照国家方案执行

一是机构改革尚未完全到位。目前，仍有1个区县（渝北）尚未任命疾控局负责人，16个区县尚未明确疾控局专门疾控科室，6个区县尚未确定监督机构和疾控中心整合方案。二是人员编制数量大幅减少。在完成机构整合的13个区县中，只有忠县编制总数增加3个（参公编减少11个，事业编增加14个），巫溪县编制数维持不变，其余11个区县编制数量减少175个（参公编119个，事业编56个），其中大足区编制减少情况尤为突出，减少参公编制44个。三是工作运行机制不够顺畅。受机构改革影响，有的区县疾控局仅是"空壳"，有的疾控局负责人不分管监督执法工作，有的区县卫健委和疾控局分工不一，导致市级任务需要多头安排或重复对接，影响工作贯彻落实。

（二）疾控事业高质量发展基础有待夯实

一是疾控机构规范化建设滞后。《重庆市公共卫生能力提升三年行动计划（2023—2025年）》提出，到2025年，所有区县疾控中心达到二级及以上水平。但目前，二级及以上疾控中心仅覆盖12个区县，还有27个区县未完成创建工作；在完成机构整合的13个区县中，还有7个区县尚不具备集中办公条件。二是公共卫生科研能力不强。全市疾控领域科研项目底数不清，科研资源整合利用率不高。科研人员的专业素养、创新能力等有待提高，重大科研项目申报率低。科研工作与市场脱节，科研成果难以转化为实用技术和产品。三是公共卫生人才队伍结构不优。全市疾控机构空编率近30%，从事公共卫生的在编工作人员研究生及以上学历仅占7%，副高及以上职称仅占13%，引领疾控事业高质量发展的高层次人才有待扩增。

（三）疾控体系核心能力建设还有差距

一是监测预警和应急处置存在薄弱环节。多点触发监测预警系统还没建成，"疫智防控"应用建设进度放缓，多跨事件疫情协同处置未打通"最后一公里"，部分区县对"疫智防控"应用具体功能和操作方法还不太熟悉。疫情信息从区县和有关市级部门收集汇总后，未能及时将疫情分析研判结果和防控建议通过有效途径告知相关单位和市民，预警信息作用发挥不充分。应急处置能力建设存在历史欠账，各区县对传染病应急处置预案制修订重要性认识不足，未针对预案及时开展演练评估、应急处置评估和备案工作。国家突发传染病防控队（重庆）、市级防控队均在建设之中，参与传染病疫情现场处置较少，实战经验不足。二是重大传染病防治亟须加强。艾滋病抗病毒治疗覆盖比例下降，上半年全市治疗覆盖比例91.4%，离95%的年度目标还有较大差距；还有9个区县疾控中心未建立艾滋病确证实验室，10个区县中医院和6个区县妇幼保健院未建立艾滋病筛查实验室。结核病密切接触者检查率较低，国家疾控局《关于2024年一季度结核病防治工作进展的通报》显示，重庆结核病密切接触者检查率（62.8%）低于全国平均水平

（81.9%），2023年成功治疗率未达到90%。结核病诊疗管理方式有局限，仅以质控中心开展医疗质量控制评价的方式，评价结果的应用不充分，缺乏对不规范诊疗行为督促整改的手段。地方病防治投入减少，近几年重点地方病达到消除或控制标准后，各区县纷纷减少对地方病防治工作的投入，伤害防治几乎没有专项经费，专业设备和人才缺乏，不利于防治工作深入开展。三是执法监管面临挑战。监督执法力量弱化，区县执法队伍骨干人才流失严重，一线执法人员不足，执法办案质控力度下降，疾控中心可能出现监督盲区。执法检查进展缓慢，从执法平台1~5月统计数据看，国家"双随机"监督完成率15.82%、任务完成率8.10%、任务完结率8.14%，均未达到理论进度；全市查办案件637件、罚款134万元，较上年同期分别下滑53.74%、32.32%；消毒产品备案自查自纠工作完成率仅9.09%，个别区县"双随机"工作完全没有启动，少数区县个别专业没有启动，监督执法整体情况不够理想。数字化监管能力滞后，执法平台尚无托幼机构、现制现售饮用水饮用监管模块，本底档案、监督检查、行政处罚等信息还需人工统计，公共场所信用评价系统与执法平台数据暂未实现交换，影响工作效率。

三 重庆市疾病预防控制体系建设形势展望

重庆全面贯彻落实习近平总书记关于疾控体系改革的重要指示批示精神，以党建统领、数字化变革为抓手，建机制、塑体系、提能力，努力构建平急结合、医防协同、上下联动、反应灵敏、运转高效的疾控体系，力争到2027年，实现市级疾控工作综合评价进入全国前10名，标准化疾控中心100%覆盖，智慧化疾控一体化平台100%联通，综合能力达到西部领先水平。

（一）重塑全市疾控体系，加快机构改革运行

一是深化全市疾控体系改革。党中央明确要求，疾控体系改革在党中央集中统一领导下由中央全面深化改革委员会统筹推进，市疾控局将加强与编

办、人社、财政、卫生健康等部门的沟通协调,按照职能分工,做好有关工作,形成工作合力。指导各区县按照疾控体系改革文件要求,从本地实际出发,会同有关部门设计好推进改革的方法路径,统筹做好与行政执法体制改革等衔接,确保改革到位。关于区县疾控局的组建,指导各区县按照改革方案要求,在卫生健康部门增设承担疾病预防控制、传染病疫情应急处置、公共卫生监督等职责的专门内设机构,充实加强工作力量,尽快完成区县疾控局组建。关于区县疾控中心和卫生监督机构的融合,指导各区县加快重新组建疾控中心,保留卫生监督所(站)牌子,合理设置科室、保障业务用房、配足配强人员,强化疫情防控和卫生健康行政执法职能,确保疾病防控和卫生监督工作不弱化、不断档,确保机构整合重组不打折、不走样。执法队伍撤并整合后,编制实行总量控制、专项管理,人员实行实名制专库管理,采取"老人老办法、新人新办法",妥善安置涉改革人员。"老人"继续保留原有身份待遇承担执法工作。二是抓好涉改单位建章立制。改革完善疾控体系,从机构职能角度讲,核心是理顺管理体制和运行机制。尽快建立完善公文流转、业务承接、平台对接等领导管理运行机制,有效强化业务领导和工作协同,尽快形成市、区县两级联动的疾控工作体系,建立上下级疾控部门协调联动机制。指导区县疾控局对标市疾控局的职责,捋顺机关内部疾控工作板块及业务细分条线,建立运转顺畅、办事高效、协同有力的统筹机制。三是探索创新医防协同、医防融合模式。修订医疗机构公共卫生职责清单和评价管理办法,出台公立医院公共卫生履职情况与医院总体绩效、财政补偿挂钩制度,督促指导清单事项落实。启动疾控监督员制度和公共卫生医师处方权两项试点工作,积极探索基层有效做法,切实做到医防人员通、信息通、业务通,形成具有辨识度的改革创新成果。

(二)加强指导意见落实,推动疾控事业高质量发展

按照国务院办公厅和市政府的统一部署,认真学习领会《国务院办公厅关于推动疾病预防控制事业高质量发展的指导意见》和《重庆市公共卫生能力提升三年行动计划(2023—2025年)》文件精神,结合实际,推动

各项行动计划尽快地见效。一是强化公共卫生机构等级创建。印发等级疾控评审管理办法和评审指标体系，明确各级疾控机构建设标准和能力标准，构建"市—区域—区县"三级疾控网络，力争到2025年区县疾控机构均达到二级水平。二是培育公共卫生重点专科（学科）。制定全市公共卫生重点专科（学科）管理实施细则和评审指标，全力培育一批优势学科。每年拟新创建15~20个公共卫生重点专科（学科），2025年实现区县全覆盖。三是构建完善的公共卫生实验室网络。出台公共卫生实验室能力建设规划，全面构建以疾控机构为核心，以医疗机构为基础，以科研院校、生物医药企业、第三方检测机构等为补充的公共卫生实验室体系。依托市疾控中心和7个区域疾控中心设立"1+7"公共卫生实验室质量控制中心，加强检测能力建设，强化对新发传染病、群体性不明原因疾病等的快速准确鉴别能力。

（三）健全常态化防控机制，高效应对重大传染病疫情

一是巩固联防联控。固化防治重大疾病工作联席会议制度，定期召开会议研究推进艾滋病、结核病、新发传染病等重大疾病综合防控工作，并保持常态化运行。二是强化监测预警。出台重庆市传染病监测预警规划（2024~2027年），制定重点疾病监测目录，完善监测哨点布局和协作工作机制。持续加强"疫智防控"应用建设，全面构建以哨点医院主动监测为核心、以其他医疗机构监测信息为补充、多方位协同监测、覆盖多渠道的检测网络，各区县要抓好系统对接工作，实现医疗卫生机构全覆盖。建立传染病全量监测预警分析机制，组建市、区县两级突发公共卫生事件专家组，落实传染病疫情日监测、周分析、月评估制度，持续加强传染病监测预警，及时发现和精准识别风险苗头。三是抓好应急处置。全面梳理、制定、修订疫情防控应急预案，更新、完善预案内容，突出指导性、实用性，报上级疾控部门审核批准后实施。启动应急队伍建设方案编制，组建国家、市级、区县传染病应急队伍，继续修订完善应急物资储备目录，加强平战两用传染病应急物资储备。高度重视地震、洪涝、干旱等自然灾害后的卫生防疫，认真做好重大会议活动疫情防控保障，确保无大疫。

（四）出台针对性防控措施，实施重点传染病攻坚行动

实施遏制艾滋病和结核病两个专项行动（2024~2030年），出台艾滋病和结核病定点医疗机构管理办法，组织对定点机构实施评价。一是实施艾滋病防治攻坚行动。逐步扩大基本公共卫生服务老年人群艾滋病检测范围，推动艾滋病全人群检测比例和感染者治疗覆盖比例进一步提高，治疗成功比例超过95%。对14个艾滋病疫情重点区县开展专项工作指导，强化高危人群综合干预。高标准完成第五轮艾滋病防治示范区创建工作。二是实施结核病防治攻坚。以市政府名义印发《重庆市结核病防治行动方案（2024—2035年）》，对6个结核病高发区县开展驻点指导，在低流行区县启动"无结核区县"创建，推动65岁及以上老年人结核病主动筛查比例达到60%，高二学生结核病检查率超过80%，结核病报告发病率下降到48/10万以下，治疗成功率达到90%。探索开展活动期肺结核患者住院隔离治疗，出台住院诊疗规范。三是加强病毒性肝炎防治。持续巩固肝炎免疫屏障，从源头减少疾病传播。优化风险人群检测策略，稳步扩大检测覆盖面，推动早诊断、早治疗。加强重点人群综合干预，强化院内感染防控和血液安全。四是加强寄生虫病和地方病防治。健全地方病和寄生虫病患者救治体系，完善疾控、医疗、社区"三位一体"模式。地方病监测评价实现重点区县全覆盖，血吸虫病监测网络覆盖长江三峡重庆段全流域，筛选代表性病种，探索建立地方病智慧防控。五是规范传染病医疗机构管理。建立传染病医院和传染病专科业务管理制度体系，分类组建传染病诊疗专家队伍，全面开展多学科交叉培训，提升整体诊疗能力。加强传染病医疗机构和其他医疗机构公共卫生日常工作管理，规范传染病感染者收诊标准和诊治流程。

（五）落实综合干预措施，持续做好公共卫生工作

一是提高预防接种服务质量。完善免疫规划体系，构建"1+4+35"预防接种规范化培训体系，即1个市级基地、4个区域性中心基地、35个区县规范化培训基地。出台疫苗临床试验基地建设规划，建立标准化的质量

管理体系,完善疫苗临床研究体系。健全免疫规划机制,建立全市冷链体系评估制度,出台非免疫规划疫苗接种单位备案制管理办法,加强异常反应监测处置工作。提升接种服务能力,探索推行电子预防接种证,建设疫苗种类全量覆盖的接种服务App并接入渝快办。根据群众需要,在符合条件的医疗卫生机构增设狂犬疫苗接种门诊和HPV接种点,全市新增1~2家特需接种单位。二是加强环境卫生干预。会同市生态环境局等落实《环境健康风险评估技术指南》。推进环境对人群健康影响的研究工作,持续开展空气、饮用水等环境卫生监测,加强数据分析利用,强化部门间信息共享,及时通报发现的风险隐患。三是协同抓好学校卫生。聚焦"近视眼""小胖墩"等国家重点关注问题,支持配合教育部门持续开展学生常见病及影响因素监测和营养干预工作,健全医防协同联防联控机制,建立完善市、区域、区县三级儿童青少年近视、肥胖等常见病防控基地,推进5个国家试点区县儿童青少年近视防控适宜技术推广工作。四是推进意外伤害预防。在防治重大疾病联席会议基础上,联合公安、教委、民政等相关部门,定期召开专题联席会议,形成意外伤害预防"季度小结、年度通报"工作机制。健全监测预警网络。在现有2个国家级监测点、7个市级监测点的基础上,逐步扩展市级监测点至全市覆盖,将监测情况纳入医疗机构公共卫生履职评价。开展意外伤害干预,出台伤害预防指南,引导落实健康第一责任人责任。

(六)加强监督体系建设,提升监督执法效能

一是健全监督执法体系。明确执法权责,建立公共卫生执法事项清单,制定乡镇(街道)赋权事项下放方案。健全执法程序,修订执法责任规范等执法制度。完善执法保障,加强执法人员资质管理,优化执法装备配置。二是提升监督执法效能。提升人才素质,3年内计划培养执法办案能手100名,培训骨干1000人次。提升执法质量,每年评查案卷200件。提升数字赋能,推进"智慧卫监"新功能上线,执法移动端录入率达100%。三是加大监督执法力度。会同相关部门,组织实施"卫监蓝盾"、"双随机、一公

开"、"你点名、我监督"、川渝毗邻地区联合普法执法等工作。在传染病监督执法方面，积极推进医疗机构传染病防治分类监督综合评价工作，持续巩固抗抑菌制剂专项整治成效，严厉查处医疗废物处置、消毒隔离、预防接种等工作中的违法行为。在公共卫生监督执法方面，深化公共卫生领域信用评价，强化公共场所信用评价结果在随机监督抽查中的运用，进一步加强饮用水、学校卫生监管。在职业卫生监督执法方面，着力推进全域实施职业卫生分类执法，加强用人单位监督检查，切实维护劳动者健康权益。在放射卫生监督执法方面，严厉查处建设项目"未批先建、未批先用"、违规配置大型设备、出具虚假报告、职业健康监护和放射防护不到位等违法行为。

（七）实施支撑保障工程，夯实疾控事业能力基础

一是实施公共卫生人才引育工程。以公共卫生人才队伍建设20条措施为统领，做强做优疾控体系人才队伍。组建市、区两级疾控专家库，出台公共卫生人才培育计划，培养遴选10名公共卫生中青年骨干人才，对全市所有公共卫生机构公共卫生医师分类实施"三基三严"培训考核，规范化培训公卫医师20~30名，形成首席公共卫生专家、中青年骨干人才、公卫规培医师、基层人才引育梯队。二是规范疾控机构社会服务行为。出台疾控机构对外服务管理办法，规范公共卫生服务行为。指导各级疾控机构提前做好谋划，从服务项目、收费流程、分配方式等方面完善相关制度。三是实施科研能力提升工程。建立公共卫生科研项目库，有针对性地推进公共卫生科研发展，依托市预防医学科学院试点开展成果转化。充分发挥市疾控中心预防医学应用基础研究、科技创新和人才培养作用。用好P3实验室优质资源，加强与高等院校、科研机构开展合作，推进一批科研攻关项目，推动建成预防医学科研成果转化中心。四是实施数字公卫一体化建设工程。迭代升级"疫智防控"数字化应用，将疫苗接种、艾滋病、结核病、地方病、寄生虫病等监测管理和公共卫生风险监测逐步纳入，初步建成医防融合、部门联动、上下协同、全程管理、便民利民的数字公卫一体化应用。五是实施健康知识科普工程。加强市级健康科普"两库"、疾控专家库建设，建立全媒体

健康科普知识发布和传播机制，编制出版市民居家健康指南，持续打造"重庆健康科普"新媒体平台。依托"渝康健"便民应用，探索推进"健康科普服务一件事""云健康科普馆"等建设。

参考文献

《国务院办公厅关于推动疾病预防控制事业高质量发展的指导意见》，《中国农村卫生》2024年第1期。

郭祥倩：《推进疾病预防控制体系建设》，《中国家庭报》2024年7月29日。

朱萍、李佳英：《我国疾控体系将迎系统重塑，5方面22条措施推动疾病预防控制事业高质量发展》，《21世纪经济报道》2023年12月28日。

张娜、毛阿燕、王丹蕾等：《我国疾病预防控制机构考核评价体系的发展历程、问题及建议》，《中国公共卫生》2023年第4期。

莫江玲：《习近平关于疾病预防控制体系建设重要论述的逻辑理路与实践进路》，《湖南科技大学学报》（社会科学版）2022年第6期。

B.12
重庆市基层医疗卫生服务能力提升研究

罗 伟*

摘　要： 基层医疗为居民提供基本医疗服务和公共卫生服务，是实现分级诊疗的基础，是促进医疗资源均衡分布的重要环节。重庆市落实中央要求和国家部署，以制度建设为牵引，完善体制机制，加强基层医疗卫生发展支撑，推动优质医疗资源下沉，以信息技术激发基层医疗卫生资源使用效能，全市基层医疗卫生服务能力快速提升。但全市基层医疗卫生资源仍然难以满足人民群众日益多元化的医疗需求。需要完善保障机制，动态调整服务网络，改善服务环境，进一步下沉人才、技术、学科和服务。

关键词： 基层医疗服务能力　公共卫生服务　卫生健康

中国式现代化，民生为大。健康关乎人的生命、关乎人的生活，是人民最基本的权利，是最大的民生。党的二十大报告提出，推进健康中国建设，要"把保障人民健康放在优先发展的战略位置，完善人民健康促进政策"。提升基层医疗卫生服务能力，是构建优质高效医疗卫生服务体系的重要内容，也是全面推进健康中国建设的迫切要求。2023年3月，中共中央办公厅、国务院办公厅印发《关于进一步完善医疗卫生服务体系的意见》，要求"强化城乡基层医疗卫生服务网底"。国家卫生健康委始终将基层医疗卫生服务能力建设作为最基础、最根本的一项重要工作。[①] 重庆市落实中央要求

---

* 罗伟，重庆社会科学院法学与社会学研究所副研究员，主要研究方向为人口问题、社会建设。
① 《国家卫生健康委：强机构、强队伍　持续提升基层医疗卫生服务能力》，http://health.people.com.cn/n1/2024/0319/c14739-40198831.html，2024年3月19日。

和国家部署,多措并举提升基层医疗卫生服务能力成效显著,但仍有诸多发展难题待解。

一 重庆市提升基层医疗卫生服务能力主要做法及成效

全市卫生健康系统切实落实市委决策和市政府工作部署,推动全市基层医疗卫生服务能力快速提升。累计建成甲级基层医疗卫生机构217家,2023年全市基层医疗卫生机构诊疗量占全市总诊疗量的56.32%,较上年提高1.59个百分点;乡村地区居民20分钟内能到达最近医疗点的比例达81.9%;乡村地区两周患者第一次就诊到基层医疗卫生机构占比达78.9%,基本实现基层首诊,群众的满意度和获得感明显提升。

(一)着力顶层设计,基层医疗卫生发展根基更加牢固

1. 高位推动,系统谋划基层医疗卫生服务发展规划

重庆市委、市政府认真贯彻落实"以基层为重点"的新时代党的卫生与健康工作方针,把基层卫生健康事业发展作为全市重要工作来抓。2018年以来,全市持续推进"优质服务基层行"活动,制定出台《重庆市医疗联合体建设规划(2018—2020年)》等政策文件。2023年,市委主要领导对基层卫生健康工作作出3次批示,并主持召开市委深改委会议研究基层卫生健康事业发展相关政策;市政府主要领导召开市政府常务会议研究相关工作。市委、市政府成立以市委副书记为组长,两位副市长为副组长的文件起草领导小组,制定出台《重庆市进一步深化改革促进乡村医疗卫生体系健康发展若干措施》。在此基础上,加强部门联动,市政府办公厅牵头,市委编办、财政、人社、卫生健康、医保、大数据等部门组成工作专班,共同调研、共同创新,先后联合印发重庆市推进家庭医生签约服务高质量发展指导意见、大学生乡村医生专项计划、基层卫生健康便民惠民服务举措等配套文件,完善促进基层医疗卫生服务发展政策措施。

2. 完善制度，有力加强基层医疗卫生服务发展支持

重庆在制度层面着力强化对基层医疗卫生服务发展的支持。一是市级财政加大对基层医疗卫生机构建设的支持力度。2023年，市财政投入2.5亿元，支持61个县域医疗卫生次中心建设。二是医保加强对基层医疗卫生机构运营的支持。达到县级医院服务能力标准的次中心（社区医院）医疗服务项目收费可按二级医院标准执行；一般诊疗费乡镇卫生院（社区卫生服务中心）由9元/次调整到10元/次，村卫生室由5元/次调整到6元/次，增加部分全部由医保解决，增加基层医疗卫生机构医疗服务收入2600余万元。三是编制、人社部门加强对基层医疗卫生机构队伍建设的支持。明确每5年动态调整1次乡镇卫生院人员编制总量，原则上乡镇卫生院人员编制按照所辖乡镇常住人口总数1.2‰~1.7‰配置，社区卫生服务中心参照执行；支持乡镇卫生院（社区卫生服务中心）按本单位专业技术岗总量的50%设置中级岗（之前为40%）、15%设置高级岗（之前为10%），其中3%为基层定向高级岗，同时，按照辖区乡镇卫生院（社区卫生服务中心）专业技术岗位总量的5‰设置专业技术三级、四级岗位（之前无）。四是区县财政加强对基层医务人员的待遇保障。按照"一类保障二类管理"，基层人员基本工资、基础绩效和60%的超额绩效由财政保障，盈余的60%可用于发放绩效，平均薪酬水平低于区县级医院的基层医疗卫生机构绩效总额增核不受相关规定限制。按每名注册全科医生每月300元追加基层医疗卫生机构绩效工资总量，用于设立全科医生津贴，所需经费由区县财政全额保障。村医专项补助标准由每人每月400元增至执业医师、执业助理医师、乡村全科执业助理医师、乡村医生每人每月分别不低于1000元、800元、700元、600元。

3. 考核监督，切实保障基层医疗卫生服务发展落地

一是纳入主题教育推进。市委将"乡村医疗卫生体系不健全、基层群众就医服务质量不高问题"纳入主题教育11个市级专项整治之一，已完成整治任务和目标，主要做法入选市委《第一批主题教育工作典型案例选编》。二是纳入市委、市政府工作任务。市委、市政府将县域次中心建设、县域医共体改革、"一人一码一档"电子健康档案等内容纳入市委常委会工作要点和市政府工作报告统筹推进。三是纳入党委、政府考核。将65岁老年人健康管理、居民健康档案规范化建设纳入市委争先创优赛马比拼指标。将优质服务基层行和社区医院、次中心建设纳入市委、市政府对区县党委、政府的年度社会经济发展督查考核。

（二）着力改革创新，基层医疗卫生"三缺"问题得到有效解决

1. 建立基层医疗卫生发展"资金池"，解决基层"缺钱"问题

针对基层医疗卫生机构发展资金不足，房屋建设和设施设备严重滞后的问题，重庆借鉴"众筹"原理，创新建立基层医疗卫生机构发展"资金池"。按一定比例提取基层医疗卫生机构、区县级医疗机构的医疗服务收入，财政投入部分资金等，形成发展"资金池"，统筹用于基层医疗卫生机构就医环境改造、基础设施建设、人才培养、专科建设、偏远乡镇卫生院绩效补偿等支出。2020年以来，全市"资金池"已累计筹资20余亿元，为基层医疗卫生机构新建或改建房屋18.47万平方米，购置医用设施设备308台（件），其中CT配置71台、DR配置102台，有效提升了基层医疗卫生机构服务能力，改善了就医环境，群众在家门口就享受到区县级医院的设施设备。其中，全国乡村振兴重点帮扶县彭水县从2011年起推进"资金池"改革，累计筹集资金10.5亿元，新改扩建乡镇卫生院和社区卫生服务中心40个，新（改）建村卫生室300余个，为基层医疗卫生机构配备CT 16台、彩超51台、DR 45台，全面完成基层医疗卫生机构提档升级和数字化设备配置，有效解决了基层医疗卫生机构基础设施落后的问题，相关做法被《柳叶刀》刊载。

2. 推进"三大远程诊疗中心"建设，解决基层"缺技术"问题

针对基层服务水平不足、诊断和医疗技术与上级医院不同质问题，重庆坚持"资源共享、优势互补"理念，在县域内建立医学检验、医学影像、心电诊断"三大远程诊疗中心"，实行"基层检查、上级诊断"。一是完善硬件建设，形成服务共同体。发挥区县级医院龙头作用，依托区县级医院建立"三大远程诊疗中心"，通过信息系统，与基层医疗卫生机构实现互联

互通、资源共享。通过"资金池"筹资,各基层医疗卫生机构基本实现全自动生化、彩超、DR等数字化影像系统全覆盖,为实现基层检验检查奠定基础。二是完善付费机制,形成利益共同体。建立远程诊断费用共担机制,基层医疗卫生机构和区县财政按一定比例,对区县级医院进行合理补偿,充分调动双方积极性,实现"三大远程诊疗中心"可持续运行。三是完善质控制度,形成质量共同体。建立区县级检验、影像、心电图质控中心,统一质控管理标准,实行检验检查结果互认。建立定期培训督导制度,规范基层医疗卫生机构的医疗行为和医学检查,提升服务质量,确保医疗安全。

3. 深化"县聘乡用"改革,解决基层"缺人"问题

针对基层医疗卫生机构人才"引不进留不住"、总体素质不高等情况,重庆创新"县聘乡用"制度,将有限任期与无限发展相结合,为基层医疗卫生机构注入发展"活水",群众在家门口享受到区县级专家的诊疗服务。一是政策引导,让医务人员沉下去。区县级公立医院每年按照不低于当年新聘执业医师总数的80%,根据基层医疗卫生机构的需求,针对性派遣骨干医务人员到基层工作至少一年。二是严格管理,让医务人员待得住。区县将所有"县聘乡用"人员虚拟成一个新的单位,单独核定绩效工资总量,依据考核结果,由区县卫生健康委发放绩效工资;将"县聘乡用"人员的处方权和处方医保工作账号调整到下派的基层医疗卫生机构,让医务人员安心在基层工作。三是正向激励,让医务人员有动力。"县聘乡用"人员绩效工资不低于区县级医疗机构平均水平;在基层工作满3年的,在职称晋升、岗位聘任等方面享受优先政策;在基层工作满5年的,可以在基层评基层职称,回原单位后转为通用职称,让医务人员愿意到基层工作。四是通过"资金池",让改革落地有保障。"县聘乡用"人员工资待遇等费用由"资金池"支出,派出医院"出人不出钱",基层医院"接人不出钱",让区县医院愿意派、基层医院愿意接。累计选派"县聘乡用"人员2935名,目前在岗2035名。其中,2023年全市共选派1041名(中级及以上职称929人),开展新业务新技术836项,新建科室109个。部分卫生院新建科室快速发展,如忠县拔山镇卫生院新建的儿科年门诊量已达到1.5万人次。该项改革获国务院副总理肯定性批示1次、市委书记肯定性批示2次,被中央改革办《改革情况交流》和新华通讯社《国内动态清样》专篇刊载、《人民日报》专版报道,获全国"推进医改服务百姓"十大新举措奖项。

(三)着力信息赋能,基层医疗卫生服务质效显著提升

1.居民电子健康档案"建管用"一体推进提升健康服务连续性

重庆有效整合联通全市所有区县现有信息系统,按照"一人一档一属地"原则,为居民在全市范围内建立唯一、覆盖全生命周期、涵盖公卫和医疗服务等信息的动态电子健康档案。一是建立全市统一的健康档案数据库。已实现跨机构、跨区县数据实时交换共享和动态更新。二是实现全市统一健康档案管理云服务。实行全市健康档案新建、更新、转迁、异地服务"四统一"管理。截至2024年4月,全市累计建档2800万人(建档率87%),累计转迁档案495万人次。三是推进健康档案务实运用。对各区县、各机构数据指标实时监测和动态分析,现已应用于基本公共卫生服务绩效评价。基层医疗卫生机构人员可按层级分权限查询居民健康档案,有利于更加准确地为居民提供健康服务。正稳步推进全面向居民开放,有利于居民自我健康管理。截至2024年8月,全市37个区县已开放居民电子健康档案。[①]

2.远程协作提升基层诊疗水平

重庆市通过远程协作网建设推动医疗技术下沉,目前全市已实现医学检验、医学影像、心电诊断"三大远程诊疗中心"区县全覆盖,"基层检查、区县诊断、基层治疗"的诊疗模式初步形成。2023年,全市"三大远程诊疗中心"服务群众超300万人次,群众就医更加便捷优质,在家门口享受到区县级医院的诊断服务。

---

① 重庆市卫生健康委员会:《关于市政协六届二次会议第1108号提案办理情况的答复函》,https://wsjkw.cq.gov.cn/ztzl_242/rdjyzxta/zxta/202409/t20240903_13589005_wap.html,2024年9月3日。

3."医检互认"提升基层就医性价比

重庆市开发"渝悦·医检互认"应用,搭建统一标准、统一结构、统一质量的数据库,建成互认共享平台,初步建成"市—区县—基层"三级数字网络。目前,全市共有1151家医疗机构接入"渝悦·医检互认"应用,各机构的45项医学检验项目、67项医学影像学检查项目实现跨层级、跨机构互认。通过该平台,各个医院的医生便能以高清无损的方式实时查看原始检查检验结果,"病人来看病,我们在开具检查项目时,如果患者近3个月内在重庆市其他公立医疗机构做过相同的互认检查项目,系统会主动弹窗提醒医生"。① 在符合互认条件、满足诊疗需求的前提下,遵照互认项目和适用范围的原则,医生对其他医院的检验检测结果予以认可,减少重复检验检查。自"渝悦·医检互认"应用上线以来,该应用已汇集各类检查检验资料1.3亿份,已为群众节约就医费用超3900万元。② 群众也可通过应用,随时查看本人全部检验检查结果,看病就医时不再需要携带检验检查的胶片,让看病就医更加便捷。基层医院也能快速获取市内三甲医院检查检验结果,使患者在基层就诊时更便捷、更放心。

4."智慧急救"提升基层急救水平

《关于进一步完善院前医疗急救服务的指导意见》(国卫医发〔2020〕19号)对院前医疗急救网络建设、人才队伍建设、服务能力建设作出部署。重庆市基本实现乡镇卫生院、街道卫生服务中心救护车全覆盖,但人才队伍、服务能力发展较慢。重庆市大力发展"互联网+医疗云急救"的新模式,推动院前急救服务能力提升。2021年6月,重庆市智慧急救指挥调度中心建成投用,中心自主研发"渝视救"视频120自救互救系统,建立患者、现场目击者、急救医生"现场—院前—院内"实时协同救治新模式,实现了一键报警、自动定位、视频指导现场人员进行自救及互救、远程会诊

---

① 《数字改变重庆|重庆112项医学项目医检互认 覆盖全市二级以上医疗机构》,https://cqcb.com/shuzijingji/2024-04-10/5544102_pc.html,2024年4月10日。
② 《全市1151家医疗机构接入"渝悦·医检互认"应用 已为群众节约检查就医费用超3900万元》,https://app.cqrb.cn/economic/2024-04-08/1914666_pc.html,2024年4月8日。

等，极大地改善了传统报警后的"医疗空窗期"，为抢救生命赢得时间。该平台已完成接警594万例次，有效开展视频指导救治34.8万例次，服务覆盖人群超过6000万。其中，在"胸痛、卒中、创伤"病人中应用超过5万人次，实现超过80%的危重患者院前信息传输，有效视频指导心肺复苏、异物梗阻等紧急抢救1.4万例。[①]

二 重庆市提升基层医疗卫生服务能力需解决的主要问题

随着城镇化进程加快、群众健康意识增强，全市基层医疗卫生资源仍然难以满足人民群众日益多元化的医疗需求。

（一）基层卫生服务网络仍需动态调整

1. 城区基层医疗机构配置不足

在城区，原则上应按街道设置社区卫生服务中心，目前全市仍有9个街道没有单独设立社区卫生服务中心。人口规模大于10万人的街道办事处，应增设社区卫生服务中心，目前全市尚有65个服务人口超过10万人的街道只有1个社区卫生服务中心。

2. 乡村基层医疗机构需要优化配置

乡镇卫生院按一乡镇一卫生院要求配置，随着农村人口持续减少，各区县持续推进乡镇撤并，被撤并乡镇的卫生院也面临撤并。2014年以来，全市乡镇卫生院减少138个。目前，全市有乡镇卫生院807个，乡镇786个，21个乡镇卫生院有待撤并。全市城镇化仍在快速发展，还将有相当规模的乡镇卫生院需要撤并。村卫生室的调整更加复杂，既要考虑服务人口，也要考虑服务半径，自然村合并为行政村、行政村相互合并时村卫生室的去留无法一刀切。

---

① 《重庆市急救医疗中心（重庆大学附属中心医院）智慧急救平台为医疗急救再提速》，https://wap.cq.gov.cn/zwgk/zfxxgkml/zdlyxxgk/shgysy/jbylws/202309/t20230905_12307444.html，2023年9月5日。

（二）基层医疗机构硬件建设仍需加强

1. 基础设施离行业规范标准差距大

部分基层医疗卫生机构存在"面积小、设施落后"等不足，建筑面积、布局分区和流程设计等不能适应时代变化。面积上，根据《重庆市城乡公共服务设施规划标准》（DB50/T 543-2014），100张床位以下的乡镇卫生院每住院病床业务用房面积55平方米、用地面积100平方米，最低用地面积430平方米、最低业务用房面积300平方米；100张床位及以上的，每增设1张床位用地面积增加80平方米、业务用房面积增加55平方米。调研发现，A区乡镇卫生院87%用地面积不达标、61%业务用房面积不达标。受面积限制，许多乡镇卫生院无法按照《乡镇卫生院服务能力标准（2022版）》新设科室，制约医院等级提升。此外，重庆市多数乡镇卫生院建于20世纪或在原址改扩建，业务用房不符合诊疗规范，大多数无法规范设置发热门诊、肠道门诊等传染病门诊及DR室、CT室等特检科室。

2. 设备缺乏和陈旧

受资金投入、场地条件等限制，全市基层医疗卫生机构检验检测设备缺乏、陈旧情况仍较突出，影响医学检验、医学影像、心电诊断"三大远程诊疗中心"实施效果。调研发现，基层医疗卫生机构大中型医疗设备配备少，未配备CT、数字DR、数字心电等高频使用设备的仍较多，2022年末，A区和B区CT配备率分别仅有4.4%、4.6%。设备购置时间早，C区某卫生院彩超机、TCD、心电图机、CR机等设备于2011年购置，检测精度和检测项目等方面存在缺陷和安全隐患。B区某卫生院反映设备超期使用，经常处于维修状态，影响群众的正常就医和诊疗效果。部分设备维护费用超过设备使用收入，弃用现象突出。

（三）基层卫生服务水平仍需提升

1. 医卫人才队伍建设亟待加强

一是编制紧张。根据《重庆市乡镇卫生院管理办法》规定，"乡镇卫院人员编制按乡镇常住人口的 1.2‰~1.7‰配置、卫生人员按床位数 1：1.5 标准配备"。调研发现，乡镇卫生院普遍缺编 20%~50%，C 区某镇中心卫生院缺编高达 57%。同时，各区县对乡镇卫生院进人控制较严，2022 年 C 区镇街卫生院余编 26.1%、A 区余编 18.2%。近几年，因公共卫生项目扩容和疫情防控等需要，乡镇卫生院普遍大量使用临聘人员。2022 年 C 区镇街卫生院在职人员中临聘占 37.95%、A 区在职人员中临聘占 35.9%。二是人才匮乏。人才总量不足，P 县每千常住人口卫生技术人员、执业（助理）医师、注册护士分别为 5.95 人、2.39 人、2.5 人，较全市平均水平少 2.55 人、0.81 人、1.51 人。三是人才引进难，如 2021 年 C 区镇街卫生院招聘到岗率仅为 53%。全科、儿科、口腔科以及中医、康复、精神卫生、影像、超声、麻醉、临床药师等人才在基层十分紧缺。四是人才流失严重。乡镇卫生院工作条件相对较差、薪酬待遇较低、发展天花板较低，普遍存在本科以上人才"留住难"的问题。2022 年 D 区乡镇卫生院辞职 20 人，其中包括农村订单定向免费医学生 7 人；F 县 2015 年以来招录的本科医学生，经过 3 年医学规培并完成 2 年服务期后就陆续离职，流失比例已超过 20%；位于主城中心的 E 区某社区卫生服务中心近 3 年人才流失率超过 40%。个别乡镇卫生院因人员流失被迫关闭专科门诊。

2. 服务内容亟待提质扩容

乡镇卫生院等级仍普遍偏低，目前全市甲级镇街卫生院不足三成，调研的 P 县无甲级卫生院，许多卫生院未达到一级丙等，直接影响医疗卫生服务水平。一是首诊能力弱。根据《乡镇卫生院服务能力标准（2022 版）》，乡镇卫生院医疗服务基本病种有 66 种，其中内科 26 种、外科 17 种、妇（产）科 7 种、眼耳鼻咽喉科 10 种、口腔科 6 种。调研发现，各卫生院外科、口腔科薄弱，妇（产）科很少开展产科业务。如 A 区中心卫生院 66 个基本病种平均覆盖率只有 79%，而非中心卫生院仅有 41%。乡镇卫生院首诊病种少，长期下来，到县级及以上医院就医成为部分农村居民习惯性就医选择。二是手术能力不足。乡镇卫生院传统手术领域现都升级为微创手术，由于设备贵、手术要求高，仅有部分乡镇卫生院开展少量一级低风险手术。

如D区2022年乡镇卫生院开展的手术仅占全区的4.9%，52个镇街卫生院中有23家未开展手术，有18家全年手术量不足100例；A区23个镇街卫生院中有18家未开展手术。三是急诊急救能力弱。多数乡镇卫生院缺急救人才、药品和设备，单独设置急诊科的少，部分配置了急救专班，有的仅配备了急救护士。农村脑卒中、胸痛卒中等病人易错过黄金救援期，增大后续治疗难度，影响后期康复效果，有的直接抢救无效失去生命。四是治疗见效慢。乡镇卫生院需按序使用一二线药，不能联合用药，客观上疗效不如个体诊所（其用药不受限），严重影响群众对乡镇卫生院诊疗能力的信任度。由于以上问题没有得到重视和较好解决，乡镇卫生院逐渐失去农村居民的信任，很多应该能在乡镇卫生院治疗的疾病，现实生活中有许多农村居民患病后选择到县医院或更高一级医院就诊。乡镇卫生院陷入业务水平低、发展缺后劲、病人"流失"的恶性循环，目前约50%的基层医疗卫生机构亏损。

三 重庆市提升基层医疗卫生服务能力的建议

（一）完善基层医疗卫生发展保障机制

1. 完善资源投入机制

一是加强财政保障。以区域次中心为重点，增加基层医疗卫生机构基础建设区县财政投入，市级财政常态化设置专项资金支持。切实落实"一类保障二类管理"，基层人员基本工资、基础绩效和60%的超额绩效由财政保障。二是创新"资金池"运行机制。推广运用彭水县经验，各级财政经费统一划入"资金池"，统筹用于基层医疗机构基础建设、设备配置和薄弱机构人员待遇保障；同时，取消高盈余基层机构人员待遇财政保障和该机构60%盈余发放员工待遇比例限制，相应经费统筹用于提升基层机构软硬件建设水平和设备更新。

2. 完善队伍建设机制

一是落实人员编制。定期由编办牵头，联合人社、卫健、统计局等部门，以乡镇街道常住人口的 1.2‰~1.7‰ 为标准，重新核定各卫生院、社区卫生服务中心编制数，逐步消除大量使用临聘人员的现象。二是加强人才引育。由市人力社保局牵头，联合市财政局、市卫生健康委等部门，研制支持基层医疗卫生机构引进紧缺人才的指导意见，对引进高层次人才给予安家费、科研费等政策支持。通过科室联建、下派专家、上挂锻炼、在职培训与进修等方式，着力提升基层医务人员急诊急救、康复、二级以下常规手术、儿科、老年科、基本公共卫生服务等业务水平；加强年度在职培训统筹，尽量避免出现要求基层机构同时派出多名医务人员参加上级培训，影响业务开展。通过专项培训、乡村医生例会、继续教育等方式，每年对乡村医生实行全覆盖培训，提升乡村医疗卫生人员队伍的专业知识与诊疗水平。三是保障合理待遇。区县财政按照同地区公务员薪酬福利整体水平，分级分类差异化保障乡镇卫生院员工（含临聘人员）的基本工资、基础绩效和超额绩效；在激励上，由市人力社保局牵头，联合市卫生健康委，研制基层医疗机构超额绩效奖励制度建设指导意见，重点是灵活设置收支盈余用于发放超额绩效的比例和分配原则。

3. 完善三医联动机制

一是加强医保对基层医疗机构发展的支持。建立基层医疗机构医疗服务收费标准动态调整机制，根据物价上涨情况定期调整收费水平。完善基层医疗机构收费目录，探索将家庭医生签约服务、符合条件的上门医疗服务、安宁疗护、康复治疗服务、互联网医疗服务、远程医疗服务等项目纳入医保支付范围，并确定合理支付标准。二是借鉴山西、浙江、山东、宁夏等省份经验，采用乡镇卫生院用药目录与基本医保目录并轨或参照区县级医院用药范围的方式，放开基层医疗机构用药目录和范围。三是优化基层医疗机构药品供应机制，在实现用药目录统一的基础上推动处方流转，完善基层缺药登记和配送制度，解决好基层医疗机构仍时有发生的无基药可用问题。同时，全面梳理现有用药政策和药品使用情况，研究制定基层药品遴选指导原则，扩

大基层慢性病、常见病用药种类。切实杜绝基层医疗卫生机构所使用基药集采价格高于市场价问题。

（二）动态优化基层卫生服务网络

1. 加强县域医疗卫生次中心建设

一是根据群众需求，合理增加次中心建设数量。二是制定县域医疗卫生次中心建设指南。明确次中心在各区县加紧推进的紧密型医共体中的定位，要与区县级医院在功能定位上加以严格区分；明确以二级医院标准开展建设，放宽诊疗技术、药品限制，令其具备超基本医疗、超基本公卫的服务能力；明确次中心要在医疗救治、急诊急救、人才培训、技术指导、公共卫生等功能方面发挥引领作用，服务人口应辐射到医共体牵头单位难以有效辐射的区域，实现农村医疗体系的上下贯通。①

2. 优化城乡基层医疗机构布局

一是及时配建人口快速集聚城区基层医疗卫生机构。根据城市建设规划和人口集聚情况，适度超前布局社区卫生服务站，及时跟进布局社区卫生服务中心，以优质的医疗资源吸引人口集聚。二是老城区以服务覆盖为主整合优化基层医疗机构布局，根据人口结构变动增设全科、中医理疗、犬伤门诊、老年人和慢病免费体检等业务。三是合理缩减人口萎缩乡村地区基层医疗卫生机构。调整"一乡镇一卫生院"政策，按服务人口数量、服务半径、地理位置、交通条件等，合理划分乡镇卫生院服务区域，提高医院等级，扩大医院辐射范围。逐步撤销在职人员10人以下的乡镇卫生院，推动县域医疗次中心托管邻近规模小、暂时又不宜撤销的乡镇卫生院。

（三）有效加强基层卫生服务优质资源配置

1. 改善基层医疗卫生机构基础条件

一是及时有序推进基础设施建设。开展新一轮基层医疗卫生机构提档升

---

① 《对标二级医院，全国654个县域医疗卫生次中心名单发布！》，https：//baijiahao.baidu.com/s?id=1797092838282522149&wfr=spider&for=pc，2024年4月23日。

级，分时序推进基层医疗卫生机构基础设施建设。除可能撤并的乡镇卫生院外，建议县域医疗次中心按《重庆市乡镇卫生院等级评审标准（2020年版）》甲级标准完善基础设施，一般院按乙级标准完善基础设施。

二是加快补齐和更替设备。开展基层医疗卫生机构设备需求情况普查，制定医疗设备配置清单，建立常态化基层医疗卫生机构基础医疗设备更新机制。推动基层医疗卫生机构数字DR、彩超、全自动生化仪全覆盖，县域医疗次中心CT全覆盖，为"基层检查、上级诊断"奠定基础。推动医疗次中心急救设备全覆盖，尽快更换10年以上的老旧设备。

2. 推进优质医疗资源"四个下沉"

一是深化"市聘县用、县聘乡用、乡聘村用"改革，推进人才下沉。抓好县聘乡用政策落实，全市县聘乡用已有较好的制度设计，一方面需要在实践中逐渐优化，另一方面需要强化落实。现有政策要求"县聘乡用"人员工资待遇等费用由"资金池"支出，调研发现还有区县"'区聘镇用'医务人员派驻期间人事关系不变，基本工资、国家统一规定的津贴补贴等由派出单位发放"。[①] 同时，总结市内外市聘县用、乡聘村用改革经验，完善相关制度设计，努力推进常态化实施。

二是持续加强县域医学检验、医学影像、心电诊断和病理诊断"四大中心"建设，推进技术下沉。落实好"上级诊断"费用分担制度，目前有区县"上级诊断"系免费服务，医务人员意见大。加强县域医共体内信息化建设，利用区域信息化平台实现基层检查、影像实时传输、区级诊断，提升诊断效率和服务质量。探索与专业公共卫生机构、第三方医学检验实验室等合作，共同建设和管理"四大中心"，引入先进管理理念与诊断技术，提升中心的专业水平和服务能力。

三是抓好市级、区县级医院与基层医疗卫生机构门诊、科室、专科联建，推进学科下沉。推进紧密型医共体建设，加强基层医疗机构儿科、口腔

---

① 《重庆市铜梁区卫生健康委员会关于区第十八届人民代表大会第四次会议第319号建议的复函》，https://www.cqstl.gov.cn/bm/qwsjkw_71116/zwgk_70831/fdzdgknr_70834/qtgknr/qtxx/202407/t20240703_13344676.html，2024年7月3日。

科、外科、老年科等专科建设。实施对口帮扶，组织三级医院与基层医疗卫生机构建立对口帮扶关系，通过专家派驻、专科共建、临床带教等方式，提升基层医疗机构的专科服务能力。强化人才培养，加大对基层医务人员的培训力度，通过师带徒、跟岗学习、远程教学等形式，提高基层医务人员的专业素质和技能水平，为学科下沉提供人才保障。推广远程医疗，完善远程医疗服务网络，推进"基层检查、上级诊断"医疗服务模式基层医疗机构全覆盖，拓宽学科下沉的渠道。完善激励机制，出台相关政策措施，对参与学科下沉的医务人员在职称晋升、薪酬待遇等方面给予政策倾斜，激发其积极性和创造力。

四是推进服务下沉。推动家庭医生签约服务网格化。组建全科医生+专科医生+社区网格员的家庭医生团队，鼓励二、三级医院医护人员加入团队，发挥网格员组织协调、宣传动员作用，配合家庭医生做好重点人群健康管理，将医疗卫生服务延伸到社区和家庭；建设"家医有约"应用场景，搭建家庭医生与签约居民互动交流管理平台，提升基层健康治理能力；落实家庭医生签约服务费政策，提高补助水平，稳步扩大家庭医生签约服务供给和覆盖面。推动医疗卫生服务数字化。加快建设"云医"应用，建设全市互联网医院统一平台，促进互联网医疗服务与医保报销有序衔接，加强网络药品销售监督管理，保障线上用药质量，实现群众全流程在线就医；发展"人工智能+辅助诊疗"，探索在乡镇卫生院、社区卫生服务中心和服务站推广应用AI辅助医疗诊断技术，实现快速、精准识别病情。推动社区养老服务便利化。建立完善居家医疗服务规范、技术指南和工作流程，支持社区卫生服务中心（乡镇卫生院）为行动不便或确有困难的老年人提供家庭病床、上门送诊等居家医疗服务；发展"互联网+护理服务"，建立"线上申请、线下服务"运行机制，为有需求的老年人提供便利的居家护理服务。提质扩面长期护理保险，将待遇享受覆盖范围扩大到中度失能人员。

高效能治理篇

B.13 数字赋能超大城市现代化治理形势分析与预测

王渝东 杨虹 吕杰才*

摘 要： 党的十八大以来，党中央高度重视超大城市现代化治理工作。2024年4月，习近平总书记视察重庆，对城市治理工作作出重要指示，殷切期望重庆积极探索超大城市现代化治理新路子。重庆深入学习党的二十届三中全会精神，坚决贯彻落实习近平总书记视察重庆重要讲话重要指示精神，更好地发挥直辖市扁平化管理优势，围绕数字重庆"1361"整体构架，运用数字化的理念思路方法手段，创造性探索高质量发展新机制、高品质生活新模式、高效能治理新体系，打造全域城市运行和治理数字化新范例。

关键词： 超大城市 现代化治理 数字化

---

* 王渝东，重庆市大数据应用发展管理局政策和规划处处长；杨虹，重庆市大数据应用发展管理局数据资源管理处副处长、三级调研员；吕杰才，重庆市大数据应用发展管理局政策和规划处干部。

重庆蓝皮书

一 重庆探索数字赋能超大城市现代化治理的新成效新经验

习近平总书记高度重视超大城市现代化治理，多次发表重要讲话、作出重要指示。特别是2024年4月，总书记亲临重庆视察，专门考察市数字化城市运行和治理中心，听取加快城市数字化转型、探索超大城市治理新路等情况汇报，观看系统应用演示，对三级治理中心建设给予肯定勉励，就超大城市现代化治理作出新指示、提出新要求。总书记的精准指导，为重庆推进数字赋能超大城市现代化治理提供了根本遵循、注入了强大动能。

重庆坚决贯彻习近平总书记视察重庆重要讲话重要指示精神，以数字重庆建设引领城市数字化转型、智慧化发展，按照最快系统部署、最小代价投入、最佳实战效果、最大数据共享要求，坚持整体设计、系统推进，引领城市治理理念、模式、手段变革重塑，全领域推进城市数字化转型、智慧化发展，积极探索超大城市现代化治理新路子。

（一）建成全领域全流程全覆盖的一体化智能化公共数据平台，筑牢超大城市现代化治理数字基石

数字资源基础不断完善。建成全国首个市域一体建设、两级管理、三级贯通的公共数据资源体系，形成上联国家政务大数据平台，横接市级部门、中央在渝机构、公共企事业单位，外连四川政务信息资源共享平台，下贯全市所有区县镇街的一体化数据底座。建设一体化数字资源系统（IRS），实现对全市数字资源全量化编目、一体化申请、智能化开通、全周期管理。2023年4月至今，数据归集从无到有、大幅跃升，数据共享增长10倍，数据治理合格率增长52.5个百分点。数据要素价值加快激活。统筹建设五大基础数据库，探索打造时空基础数据库，汇聚"地、海、空、天、电、网"等态势数据，接入卫星、低空飞行器、车辆、船舶等时空态势数据，赋能低空经济、应急救援等场景建设。创新建设西部数据交易中心，建设运营汽

车、金融、农业、算力等特色数据交易专区，创新"数盾合规"为数据交易提供一站式高效合规服务，探索"数度寻源询价"解决数据产品价格信息不对称问题，上线全国首个基于"一链一码一指纹"的数据资产登记平台，跻身全国数据交易场所第一梯队。安全网络底座全域构建。首创打造政务外网与视联网"一网两线"数据级的异构主备政务网，有力保障政务网络整体安全，为全国电子政务网络建设探索一条新路。建设自主安全视联网，依托国密加密算法的V2V视联网协议，创新构建了自主可控、非IP的重庆全域安全网络底座，统一承载全市视频会议、视频监控、数据通信等。空间治理能力显著提高。建设重庆市国土空间数据综合信息系统（GIS），建成全国首个市域一体建设、二三维一体、全域共用的空间底座，推动镇街L2级实景三维地图建设全覆盖，实现重庆8.2万平方公里"一图掌控"。"两端"集成效能大幅提升。重构"渝快办"全面上线，建立全国首个一网通办、一网统管、一网协同深度融合体系架构，入选2024年数字政府卓越贡献奖；针对老年人群体，打造首个可查可办政务服务事项电视端，实现足不出户就能在线办成事。迭代优化"渝快政"，构建全市统一的组织体系、用户体系、应用体系，集成即时通信、文件传输、语音通信、视频会商、会议直播等服务功能，上线违规传输涉密文件检测、消息"必达"功能，实现全市公职人员组织、沟通、业务在线。

（二）打造三级贯通、五级调用、多跨协同的三级数字化城市运行和治理中心，建强超大城市现代化治理智能中枢

发挥直辖市扁平化管理优势，以强大的一体化平台为支撑，在重庆全域创新建成全国首个也是唯一的"一体部署、三级贯通、五级调用、多跨协同"的三级数字化城市运行和治理中心，实体化运行1个市级中心、41个区县中心和1031个镇街中心。打造超大城市精细化治理体系。强化顶层设计、系统集成，坚持从宏观到中观到微观，科学设置八大板块，细化设置跑道、子跑道，系统收集高楼消防、危岩地灾等具有实时性、预警性、回溯性和可评价性的体征指标，梳理具有全局性、战略性和紧迫性的KPI，全面动

态监测经济社会发展情况，以"绣花"功夫推进城市精细化治理。构建超大城市经济高质量发展体系。围绕高质量发展重点领域和关键环节，设置经济发展板块，划分经济调节等跑道，细化经济运行分析等子跑道，编目接入数字经济增加值占地区生产总值比重等体征指标，梳理设置 GDP 增速等 KPI，形成全面精细的经济动态监测调度体系。完善超大城市高效安全保障体系。打造"韧性安全城市治理一张图"，全量接入易发多发风险点，全域接入政府和全社会感知设备。紧盯防汛救灾、燃气管网等领域风险点，制定风险智能预案，形成带不走的能力。推动事件高效处置，汇聚全市事件，计算形成风险预警提示单，实现风险提前预警、提前研判、提前预防。抓好指挥体系融合，建成视联网、"渝快政"、融合通信、挂图作战系统等多种数字指挥调度模式。

（三）全力开发惠民利企服务应用场景，树立超大城市现代化治理价值取向

深化打造高效办成一件事。深入践行人民城市理念，将企业群众办理的高频办理事项综合集成为"一件事"集成服务，打通"渝快政""渝快办"两端，上线新生儿出生、开办企业等"高效办成一件事"，简化层层签字、现场核验身份等不必要环节，自动获取身份证、结婚证、房产证等电子证照，统一调用电子签名，推动办事环节、申请材料、办理时间、跑动次数分别减少 74.6%、60.1%、72.3%、91.5%。加快推动高频事件智能预案惠民利企。围绕群众企业的烦心事揪心事，实现"根治欠薪""企业吹哨、部门报到"等高频事件智能预案接入三级治理中心贯通运行，用数字化手段实现民有所呼、政有所为。比如，"根治欠薪"智能预案将欠薪线索处置时间缩短 50%以上，"全民反诈"智能预案将日均办理涉诈资金返还事件数提升 1.3 倍。

（四）强化人工智能等新质生产力赋能，夯实超大城市现代化治理技术支撑

算力资源持续优化。创新提出"业务全覆盖、算力全纳管"的算力存储一朵云"1+2+N"架构,实施市级政务云"统采统付"改革,全市智算算力规模西部领先。打造西部算力调度平台,接入四川、贵州、新疆等地算力资源,实现西部地区算力资源统一调度利用。实施"疆算入渝"工程,构建以新疆哈密等西部地区为算力主要供给,重庆为算力枢纽,服务全国、辐射东盟的西部算力网。能力组件提质增效。丰富能力组件矩阵,上架洪峰淹没分析、气象风险预警、火焰检测等能力组件,强化"AI+"组件开发上线。积极探索AI大模型,创新利用AI模型提升行业发展服务水平、推动社会治理模式变革,覆盖政务服务、产业发展、安全生产、生活服务等多个方面,为城市现代化治理精准赋能。"AI+"赋能加快探索。深入推进"人工智能+超大城市治理",充分发挥重庆丰富应用场景优势、海量数据乘数效应、新型算力枢纽支撑和大模型驱动引擎作用,整合提升城市信息模型、国土空间地理信息、三维实景地图等基础平台功能,推进设施运行、智慧交通、公共安全、防灾减灾和高品质生活圈等示范应用场景建设,打造大模型分析、推荐、识别、预测等能力体系,提高城市治理重大事件运行态势精准感知、科学评估、辅助决策水平。

(五)构建"市级统筹+横向协同+纵向贯通+以城带乡+共建共治"的"大综合一体化"城市综合治理履职矩阵,汇聚超大城市现代化治理强大合力

坚持市级统筹,成立由市委、市政府主要领导任组长的数字重庆建设领导小组、城市运行和治理委员会,建立三级治理中心建设、六大应用系统建设、基层自治体系建设等工作专班,更好地对跨区域跨部门重大问题、重要事项发挥"统"的作用。强化横向协同,厘清城市治理相关部门权责边界,建立城市综合治理常态化沟通机制,完善各类事件协同处置流程清单,创新"执法+"监管模式,经常性联合开展各类重大事件指挥调度演练。突出纵向贯通,优化分级管理职能职责,梳理市带区县、区县带镇街重点事项和机制方法,完善指挥调度、处置反馈等机制,提升市、区县、镇街三级"一体化"治理水平。注重以城带乡,探索城乡公共基础设施、公共服务、公

共管理、公共安全一体化发展模式，推动城市治理经验成果向农村延伸应用，创新构建城乡一体的综合治理新格局。推动共建共治，充分发挥街道、社区的基础性作用，更好运用市场和企业的力量，健全完善党建引领下的居民自治、民主协商、群团带动、社会参与等机制，建设人人参与、人人负责、人人奉献、人人共享的城市治理共同体。

二 重庆探索数字赋能超大城市现代化治理的形势研判

（一）主要问题挑战

一是规模体量大。重庆是我国辖区面积和人口规模最大的城市，辖区面积相当于5个北京、13个上海、37个东京、104个纽约，人口规模是荷兰的1.6倍、瑞士的3.4倍、芬兰的5倍。城市规模大、人口多导致城市管理对象和管理事项纷繁复杂，资源短缺、交通堵塞、环境污染、治安管理压力大、基础设施和公共服务不足等"城市病"凸显，城市治理难度大。

二是灾害隐患多。重庆是山城江城，跨江大桥多、穿山隧道多、高层建筑密度高、地下空间复杂，危岩地灾监测仅覆盖74.7%，消防安全物联网建设滞后，应急救援队伍53.8%集中在中心城区，城市运行风险防控难度较大。

三是信息基础弱。重庆市信息产品制造业虽然增速很快，电子信息制造业产值增长幅度也比较大，但产值规模仍然较小，远低于广东、上海、北京，与同处西部的四川、陕西也有一定差距，占全国比重不足1%。近年来，重庆的软件产业尽管有了一定的发展，但产业总体规模偏小，仍低于全国平均水平。

四是管理职能散。扁平化管理是直辖市的特点和优势，但扁平化也容易造成碎片化，一方面造成各城市管理部门间存在一定程度的职责交叉、边界不清，另一方面也导致各部门间存在管理缝隙。同时，超大城市在运行中出现的社会问题呈现跨域、跨界、关联性强的特点，各管理部门"九龙治水"、各自为战难以高效解决问题。

（二）重大推进机遇

一是发展机遇。党的二十届三中全会对进一步全面深化改革、推进中国式现代化作出系统部署，强调深化城市建设、运营、治理体制改革，加快转变城市发展方式。推动形成超大特大城市智慧高效治理新体系，建立都市圈同城化发展体制机制。2024年习近平总书记视察重庆时指出，重庆是我国辖区面积和人口规模最大的城市，要求重庆积极探索符合自身特点的超大城市现代化治理方式，这是总书记首次对西部城市交办这一重点任务。市委六届五次全会紧扣总书记赋予的新定位新使命，提出打造"六个区"的目标要求，"打造超大城市现代化治理示范区"是其中之一。

二是战略机遇。党的二十大对全面建设社会主义现代化国家作出战略部署，提出推动西部大开发形成新格局、长江经济带发展、成渝地区双城经济圈建设、西部陆海新通道建设等紧密关系重庆的重大战略举措。国家发展改革委、国家数据局等部门大力推动"东数西算"工程，在成渝等地建设国家算力枢纽节点，在重庆等地建设国家数据中心集群，更好地为数字化发展赋能。这些重大国家战略的叠加，将为重庆探索数字赋能超大城市现代化治理注入强劲动能。

三是政策机遇。为推动城市治理体系和治理能力现代化，国家发展改革委、国家数据局、财政部、自然资源部发布《关于深化智慧城市发展 推进城市全域数字化转型的指导意见》，涉及数字基础设施、城市精准精细治理、数字公共服务、城市数字经济、数据要素赋能体系等诸多方面，含金量很高、惠及面很广，将为重庆积极探索数字赋能超大城市现代化治理提供重大支撑。同时，重庆作为数字中国建设综合试点省市，能够在项目、资金等方面得到更多支持，进一步激发数字赋能超大城市现代化治理的活力潜力。

三 重庆探索数字赋能超大城市现代化治理的思路举措

坚决落实习近平总书记视察重庆重要讲话重要指示精神，围绕数字重庆建设"1361"整体架构，迭代升级一体化智能化公共数据平台，持续建强三级数字化城市运行和治理中心，建立健全"大综合一体化"城市综合治理体制机制，加快打造全域城市运行和治理数字化新范例，奋力打造超大城市现代化治理示范区，积极探索超大城市现代化治理新路子，为谱写中国式现代化重庆篇章提供有力支撑。

（一）在推动一体化平台建设上迈向新台阶

夯实数据资源体系，完善数据问题"发现—反馈—修正—校验"闭环管理机制，优化IRS自动检测、智能纠错、周期提醒、信息补全等功能，建立数据分级分类模型，强化五大基础数据库数据融合治理，提升数字资源集约供给服务能力。推进数据要素市场化配置改革，积极探索公共数据授权运营，推动各类高质量行业数据资源纳入一体化平台实现全市共享。完善基础设施体系，升级数字重庆云算力系统，打造信创核心资源池，在做好政务云资源监管的基础上，推动全市私有云统一纳管。升级完善政务外网和视联网"一网两线"，推动视联网点位补点扩面，大力推动全市各级部门视频监控资源汇聚接入视联网。扩展能力组件体系，加快构建AI能力组件矩阵，优化能力组件清单，持续集成算法类组件，及时下架使用率不高和信息不完善组件，打造一批新的大模型、智能算法成果，增强大模型识别、分析、推荐、预测能力。迭代两端集成体系，全面推广"渝快办"，促进"一网通办""一网统管""一网协同"深度融合，打造智能预审、智能审批、智能导办、免证办事、免申即享等创新服务场景。迭代升级"渝快政"，完善全市组织架构和用户体系，规范应用接入，优化提供即时通信、音视频会议、人员实时定位等功能。

（二）在打造全域感知预警系统上获得新成效

优化跑道子跑道，完善跑道长、板块长、联系副秘书长责任制，建立八大板块与六大系统的常态化会商机制，推动系统与板块现有跑道、子跑道有效衔接对应，统筹推进跑道联动更新。完善体征指标库，构建体征指标阈值体系，建立专班接入和"巡检"机制，强化防汛、防火、燃气管网、城市内涝、危岩地灾、舆情管控等重点领域体征指标接入，推动市级指标向区县、街镇拆分，实现一次归集、三级使用。强化关键绩效指标梳理，健全完善关键绩效指标体系，分层分级梳理构建关键绩效指标并接入三级治理中心驾驶舱动态展示，并对照吸纳八张报表的重要指标，推动全量全时全要素监测评估各区县、各部门经济社会发展情况。迭代"韧性安全城市治理一张图"，推动防汛救灾、燃气管网等领域风险点全量落图，强化各类风险隐患滚动提示、及时推送、闭环处置。构建城市全域感知网，全量接入感知设备，细化完善规划建设清单，强化感知资源功能标签管理、感知资源算法复用集成。推动接入全市网络舆情、城市内涝、森林防火等重要领域风险提示信息，实时推送风险提示到三级治理中心并触发事件，实现重点领域风险提示全上跑道。

（三）在构建高效决策处置体系上迈出新步伐

迭代升级三级驾驶舱，分类优化三级驾驶舱设计，建设驾驶舱可视化开发能力组件，推动市级部门在全面梳理本部门核心业务基础上加快设计开发数字化治理驾驶舱，实现板块跑道子跑道全覆盖及动态调整，核心绩效、体征指标、事件风险一目了然，事发现场全域全量全景呈现。完善融合指挥调度系统，整合新建视联网、存量视联系统及终端设备，集成视联网、"渝快政"、融合通信、挂图作战等通信手段，利用存量无人机设备、网络链路等打造低空调度体系，提升移动基站、便携式卫星等通信网络在"断网、断电、断路"恶劣环境下的保障能力。探索"AI+"辅助决策，构建智能研判预警模型，建设辅助决策系统，强化对一人多述、多人同述、无效事件等场

景的智能分析和研判，实现事件自动分析、深度评估、模拟决策等功能，确保及时应对、快速响应、高效处置。

（四）在完善科学监督评价链条上取得新进展

健全任务事件监督机制，推动三级治理中心与"互联网+督查"有机结合、高度耦合，建立事件"执行—监督—评价—反馈"数字化管理体系，升级超期事件自动督办功能，对部门、区县、镇街依法履职、问题整改落实情况进行全程监督，强化对事件流转、事件上报规范性等的监督，形成每日发现、每日督促、每日反馈、每日销号的事件闭环处置工作流程。建立精准科学评价体系，探索打造数字化智能评价工作台，围绕八大板块、跑道、体征指标等内容探索建立评价模型和标准库，构建"定性指标+定量指标"的评价指标体系，合理设定评价指标权重，定期发布评价结果和分析报告，实现有效评价各部门区县的数字化履职能力。建立第三方评估机制，适时邀请专家顾问参与评估，定期对城市运行和治理的整体效果进行精准量化评估。

（五）在优化系统工作体制机制上实现新突破

完善"大综合一体化"城市综合治理体制机制，加快制定"重庆市城市运行和治理委员会工作规则""重庆市城市运行和治理委员会工作细则"，切实发挥城市运行和治理委员会"统"的作用。健全三级治理中心建设运行机制，加快出台"重庆市数字化城市运行和治理中心管理暂行办法"，进一步厘清三级治理中心与各级各部门之间的职责边界，理顺三级治理中心与党委和政府值班室、各条线指挥调度体系的关系。完善线上线下横向协同机制，完善力量派驻、值班值守、联勤联动等具体方案，探索建立联席会议制度，八大板块各成员单位线上明确人员负责事件处置，线下安排专人专岗进驻市级中心值班值守。迭代市—区县—镇街纵向贯通机制，持续深化"市带区县、区县带镇街"，优化片区指导工作机制，完善市级中心日常指导下级中心建设、事件处置反馈机制，优化任务事件分拨、反馈流程，做到一级带一级、层层抓落实。

（六）在开发实战实用场景应用上展现新气象

加快综合场景应用谋划上线，做好综合场景预案谋划，完善综合集成技术规范，探索跨"6"贯"1"综合场景开发激励机制，定期进行评奖评优，推动形成创先争优的良好局面。机制化推进综合场景在治理中心贯通上线，定期召集相关单位开展场景演练，实现应用"建成即贯通""上线即实战"。完善应用全生命周期管理生态，优化数字化应用管理、三张清单论证审查办法等制度，规范应用谋划、申报、开发、接入、注销等流程环节，形成一批全市统一、规范清晰的应用标签，提高应用精准规范管理质效。优化"一地创新、全市共享"模式，明确知识产权、共建共享等问题，健全优秀应用发现、培育、推广机制，鼓励各区县结合实际开发应用。对已开发应用上线运行试点情况组织开展评估，集中推广一批试点效果好、运行成熟的应用，推动更多优秀应用在全市复制推广、落地见效，有效避免重复开发、减少开发成本。

B.14
数字驱动重庆韧性城市建设之路：
发展现状、问题分析及对策建议[*]

刘晓君[**]

摘　要： 数字驱动重庆韧性城市建设是实现超大城市治理体系和治理能力现代化的有益探索，也是数字重庆建设的必然要求。本报告从基础设施韧性、经济韧性、社会韧性、生态韧性和治理韧性五个方面分析重庆韧性城市数字化建设的发展现状。同时指出其存在数据备灾意识不足且成本高、数字基础设施建设不均衡、数字化应用深度和协同有障碍、人才和资金缺乏等问题。针对这些问题提出了推行数据备灾强制化、丰富数字技术应用场景、加强成渝两地部门协同与信息共享、加强人才队伍建设和提高社会资本参与度等对策建议，以促进数字技术与韧性城市建设真正融合，推动重庆打造智慧宜居安全的韧性城市。

关键词： 韧性城市　数字重庆　城市安全

城市自诞生起，便成为统筹发展与安全的空间，承载着文明体的安全治理功能，发挥着维护所在区域社会稳定及持续发展的枢纽支撑作用。伴随着城市发展加速与现代化进程推进，人口、资源、资本等要素持续向城市汇

---

[*] 基金资助：2023年重庆社科规划项目"数智驱动城市韧性治理能力提升的内在机理及实现路径研究"（2023PY34）；2023年重庆教委人文社科项目"'数字双赋'驱动重庆社区韧性治理的运行机理与提升路径研究"（23SKGH180）；重庆工商大学高层次人才科研启动项目"基于物联网的城市突发性事件应急管理系统研究"（2255002）。

[**] 刘晓君，管理学博士，重庆工商大学公共管理学院讲师，主要研究方向为城市风险治理。

聚，城市风险呈指数级增长，迫切要求在城市建设与发展中加入韧性功能。以党的十九届五中全会首次提出建设"韧性城市"为标志，韧性理念在城市治理领域逐渐引起广泛关注。党的二十大报告特别指出，"加快转变超大特大城市发展方式，实施城市更新行动，加强城市基础设施建设，打造宜居、韧性、智慧城市"。在整体性风险与复合型灾害的背景下，韧性城市被视作城市安全发展的战略导向与崭新范式。2023年，重庆市政府工作报告提出要增强城市安全韧性。同年，数字重庆建设战略面世，主张将数字化、一体化、现代化融入党的领导以及经济、政治、文化、社会、生态文明建设的各个环节，推动市域治理体系和治理能力迈向现代化。在城市安全方面，重庆市围绕构建"大安全、大应急"框架，全力推进数字应急建设工作。以大数据、人工智能、物联网等为代表的数字技术持续涌现，为借助"数字化"打造韧性城市提供了现代解决方案。①

一 数字驱动重庆韧性城市建设的发展现状

韧性城市是指能够适应各种冲击和压力，保持其功能和结构稳定，并在遭受破坏后能够迅速恢复的城市。当突发性事件发生后，韧性城市能够有效预测、承受冲击，快速应对、恢复以及保持城市功能正常运行。同时，通过合理调配资源，将各类风险带来的损失降到最低，并通过适应与调节更好地应对即将发生的灾害风险。韧性城市建设是一项系统工程，包含基础设施韧性、经济韧性、社会韧性、生态韧性、治理韧性等，体现在安全生产、社会治安、医疗卫生、生态环境、食品药品安全等诸多领域。② 在当今数字化时代，数字化转型为韧性城市建设提供了新的机遇和手段。重庆作为中国重要的直辖市之一，也在积极探索数字驱动的韧性城市建设之路，并取得了一定成效。

---

① 肖文涛、王鹭：《韧性视角下现代城市整体性风险防控问题研究》，《中国行政管理》2020年第2期。
② 林立：《关于韧性城市建设的探索与思考》，《国家治理》2023年第2期。

（一）基础设施韧性：智能化设施系统正在建设中

基础设施韧性是城市基础设施有效化解和抵御灾害冲击的能力，是保障城市安全运行的基础单元，完备的基础设施对城市服务各项工作的顺畅运行起着至关重要的保障作用。在数字重庆建设背景下，技术赋能基础设施韧性效能进一步提升。

1. 数字基础设施建设加快，为韧性城市建设提供基础支撑

近年来，重庆数字基础设施建设正在加速，涵盖了城市的交通、能源、通信、医疗等各个方面，尤其是在5G网络的普及方面。"十四五"以来，重庆5G发展保持在全国第一梯队。根据重庆市通信管理局相关数据，截至2024年7月底，重庆已建成5G行业虚拟专网898个，每万人拥有5G基站数超33个，行政村5G通达率达100%，全市产业园区实现100%"双千兆"网络覆盖，已开通5G轻量化（RedCap）基站超1万个，这为韧性城市建设的预测预警、应急响应、灾后学习等提供了基础支撑。

2. 老旧设施智能化改造，提升城市基础设施鲁棒性和智慧性

城市老旧设施已无法满足现代城市发展需求，存在诸多安全隐患。借由数字重庆建设契机，加强对城市老旧设施的智能化改造，使其更加符合韧性城市的鲁棒性、智慧性、冗余性需要。为此，一方面，重庆加大对全域城市道路桥梁、防洪防涝系统、供气供水系统、通信电力系统、老旧社区基础设施等的隐患排查和升级改造力度；另一方面，完善地下管网、桥梁隧道等配套物联智能感知设备。在排除安全隐患的同时，通过智能化改造，实现重要基础设施数据的全面感知、自动采集、监测分析和预警上报，提升城市基础设施的鲁棒性和智慧性。

3. 应急管理信息化平台建设，数字应急效能凸显

应急管理信息化平台建设不仅能有效提升城市基础设施韧性，也是数字赋能城市韧性建设的最直接体现。一方面，重庆依托数字重庆一体化数据平台，建立全市应急管理数据治理平台，建成"会商预警""防汛抗旱""危岩地灾""避险转移""九小场所智管""工贸安全在线"等12个"一件事"应用。另一方面，基于三级数字化城市运行和治理中心，打造"韧性安全城市治理一张图"，确保城市平时高效运行、急时安全运行。目前，重庆已接入40类GIS图层、43类49万个易发多发风险点、11万公里9类管线；全量全域接入政府和全社会感知设备1187万个，集约打造物联、数联、智联"三位一体"城市感知网。[①]

（二）经济韧性：数字经济助推经济高质量安全与发展

经济韧性表现为经济系统在遭遇破坏性力量时所具有的稳定和恢复能力。经济结构越合理、产业链越完整，创新能力越强，城市的经济韧性也就越高。在数字重庆建设背景下，数字经济的发展无疑为城市经济韧性提升注入一剂强心针。

1. 大力发展数字经济，推进产业结构优化

根据重庆市经济和信息化委员会的数据，重庆市数字经济核心产业增加值超过2000亿元，共有数字经济企业超过2万家。[②] 数字经济的快速增长为重庆市经济安全提供了有力支撑，通过加大高技术产业和战略性新兴产业的比重，推动产业结构优化。这些产业具有创新能力强、市场需求大、发展潜力足的特点，有效提升了经济的内在质量和抗风险能力，有助于经济长期稳定发展。

2. 强化产业链供应链安全，构建开放型经济体系

产业链供应链是经济循环的重要纽带。重庆市已建立汽车、电子、装备制造等十大产业链。特别是在全球产业链供应链重构的背景下，重庆积极参与国际经济合作。根据《2023年重庆市国民经济和社会发展统计公报》，2023年重庆市进出口总额达到7317亿元，新增外商投资企业387家，同比增长44.4%；实际利用外资达到10.53亿美元，同比增长8%。[③] 通过强化

---

① 《数字重庆建设为引领 重庆全面推进城市全域数字化转型》，重庆市人民政府网，2024年9月13日。
② 王亚同、卞立成：《向着网络强市昂首奋进——新时代重庆网信事业高质量发展综述》，《重庆日报》2024年6月3日，第03版。
③ 重庆市统计局、国家统计局重庆调查总队：《2023年重庆市国民经济和社会发展统计公报》，2024年3月26日。

产业链供应链的稳定性和安全性，降低了外部经济波动对本市经济的影响，有助于分散风险，增强经济的抗冲击能力。

3. 防范化解重大金融风险，构建金融风险智能化监测预警体系

从2018年开始，重庆市扎实推进防范化解重大金融风险的工作。这一工作经历了三个阶段：2018~2020年攻坚战，2021年全面巩固期，2022年进入持续推进新阶段。在此过程中，重庆建立了以市政府主要领导为组长的市金融工作领导小组并开始实施跨区域金融风险线索处置首见负责制。随着数字技术的不断成熟，重庆市利用大数据、人工智能等技术手段，构建金融风险监测预警体系，提高金融风险防控能力。2023年，累计开展防范非法集资宣传培训8600余场次，处置风险线索350条，打击非法集资犯罪77起，化解存案121起。①

（三）社会韧性：多元主体参与的公共安全智治体系

社会韧性一般是指社会在面临冲击和扰动时，能够保持自身整合并推动社会有序运行的能力。社会韧性高的城市，公共安全水平高，社会参与程度高，防范化解风险的能力强，这样的城市在应对扰动和冲击时表现出较强的稳定性。数字赋能超大城市安全保障，是数字重庆建设在提升社会韧性上的具体实践。

1. 线上线下两手抓，切实提升城市公共安全水平

新兴技术的发展使原本纷繁复杂的社会治安得以延伸到最末端。为此，重庆公安创新性地构建了圈层查控、单元防控、要素管控的三级社会治安防控体系，打通了基层应急管理的"最后一公里"。截至2024年3月，重庆13个区县已与四川17个区县公安机关签订110报警合作机制协议，建立执法服务站点236个，建成公路公安检查站37个，建成智慧街面警务站48个，建设智慧安防小区7144个。②

---

① 《守住风险底线 筑牢"金融防火墙"》，《重庆晨报》2024年2月8日，第08版。
② 周捷、陈建、成静：《重庆：构建三级防控体系 织密社会平安网》，《人民公安报》2024年3月18日，第01版。

此外，重庆市还重视网络安全，建立了网络安全监测预警系统，及时发现并防范网络攻击和网络犯罪，提升网络空间安全水平。2024年上半年，重庆市网信部门大力查处网上各类违法违规行为，依法关闭违法网站142家，约谈整改网站平台101家，依法依约关闭违法违规账号29个，下架移动应用程序21个，开展行政处罚案件11起。①

2.拓展社会参与的深度与广度，增强社会韧性

依托党建统领"141"基层智治体系，配备专业应急队伍，并不断扩大其规模。与2019年相比，灾害应急责任人人数增加200%，排查网格员人数增加32%，灾害信息员人数增加15%。新建25个应急科普宣传教育和安全体验基地，每年固定举办"最美应急人""最佳改革创新案例""安全生产月""5·31全民安全开放日"等活动。在全国率先出台安全生产举报奖励和地质灾害报告奖励制度，吸纳更多社会主体参与。② 此外，重庆还积极推动政企合作，与华为、紫光集团、中科曙光、中国航天科工集团第一研究院等企业及科研机构在智能交通、智能能源、智能安防等方面开展合作项目，提高了城市的基础设施安全和社会韧性水平。

（四）生态韧性：精准治污和资源管理两手抓

生态韧性是指一个生态系统在遭到破坏时，仍能维持原有基础结构和功能的能力。优质的生态环境是韧性城市建设的重要内容，稳定的生态系统对提升城市韧性具有促进作用。数字技术的发展为重庆加强生态资源管理、提升环境治理效果提供了有效的技术支撑。

1.污染精准治理，有效提升生态环境质量

通过"大渝治水"等水环境管理大数据系统、空气质量监测系统、土壤修复与开发建设数字化协同平台等，综合运用物联网、视频监控、卫星遥感、无人机航飞等技术，形成"空天地"立体监测监控网络，为环境污染

---

① 《重庆市网信部门依法查处网上各类违法违规行为》，网信重庆，2024年7月22日。
② 《构建"六大体系" 提升"六大能力" 深化"全灾种、大安全"应急管理体系改革》，重庆市应急管理局网，2024年6月17日。

的精准溯源、精准治污提供了有力支撑。根据重庆市生态环境局的相关数据，截至2024年9月26日，重庆市空气质量优良天数达243天、同比增加2天。PM2.5平均浓度为31微克/米^3、同比下降9.4%。2024年1~8月，重庆74个国控断面水质优良比例达98.6%，修复污染土壤58.7万立方米，提供修复后的净地面积1198亩，新建"两岸青山·千里林带"27.38万亩，年度目标完成率78.2%，① 有效提升了重庆环境质量。

2. 加强生态资源数字管理，提高生态系统稳定性和适应性

重庆大力利用生态模拟、植被生长算法等数字技术，实现对生态系统的科学规划和管理，提高生态系统的稳定性和适应性。例如，两江新区搭建区域多跨融合的生态环境数据资源中心，采用多种方式入库监测数据7200万组，建成覆盖水、气、声、固危废、环境安全等环境要素的"空天地"一体化智能感知网络，实现了对生态资源数据的集中管理和分析，为生态保护决策提供了有力的数据支持。②

（五）治理韧性：超大城市整体智治能力提升

提升城市治理韧性的重点是提升城市的科学管理能力和城市精细化治理能力。较高的治理韧性不仅能优化城市安全治理的体制机制，也能为提高基础设施韧性、经济韧性、社会韧性和生态韧性提供制度保障。

1. 加大政策支持力度，形成数字驱动韧性城市建设政策体系

《重庆市数字经济发展"十四五"规划（2021—2025年）》明确提出，要加快数字技术在城市建设中的应用，提高城市的韧性和可持续发展能力。为此，重庆市政府出台了多项关于数字经济、智慧城市、数据治理、防灾减灾等领域的规划和实施方案，为数字驱动韧性城市建设提供了有力支持。如《重庆市数据安全管理办法》《重庆市数据治理规范》《重庆市智慧城市建设技术规范》《重庆市主城区防洪规划（2016—2030年）》《重庆市主城区海

---

① 李海岚：《1~8月重庆74个国控断面水质优良比例达98.6%》，2024年9月28日。
② 郑阳华：《两江新区：数字赋能助力生态环境绿色发展》，2024年8月5日。

绵城市专项规划》等，为数字驱动韧性城市建设提供政策支持，初步形成数字驱动的韧性城市建设政策体系。

2. 构建整体智治的数字应急总体架构，提升数字应急治理能力

重庆市应急管理局统筹发展和安全，深化"全灾种、大安全"应急管理体系改革，构建了统一高效的组织指挥体系、精准灵敏的风险防范体系、专业集约的救援救灾体系、科学完备的支撑保障体系、良性互动的社会共治体系以及整体智治的数字应急体系，并在此基础上设计具有重庆特色的"1+3+5+6+N"数字应急总体架构，提升城市韧性治理能力。

3. 建立跨区域协同机制，共建"城市安全圈"

在成渝地区双城经济圈建设背景下，建立跨区域协同机制，共建"城市安全圈"。一方面，统筹考虑成渝地区双城经济圈内的重大应急设施配置、应急物资储备及重要保障空间布局，在应急通信保障联动协同、救灾物资协同联动等方面建立了广泛的合作关系。另一方面，针对川渝毗邻地区自然灾害与环境污染问题，成渝加强自然灾害联防联控，如2024年4月重庆市大足区应急局联合四川省安岳县两板桥镇开展的防灭火应急演练。同时，强化环境污染协同治理，如《重庆市重污染天气应急预案（2022年修订版）》增加了川渝毗邻地区重污染天气联合应对相关内容，提升了成渝两地城市间的资源互补性和城市群韧性。

二 数字驱动重庆韧性城市建设的问题分析

重庆位于我国西南地区，地形复杂，桥隧遍布，"大山区、大库区"的特点导致其自然灾害频发；同时作为人口超3000万的超大城市，"大城市、大农村"的特点又使得城市运行风险种类多样，风险防控难度较大。近年来，在重庆数字建设背景下，重庆尝试通过数字赋能推进韧性安全城市建设，取得了一定成效，但因经验缺乏，加之新兴事物的不确定性，从推动高质量发展、实现中国式现代化的更高要求看，数字驱动重庆韧性城市建设仍然存在一些短板和挑战。

（一）数据备灾意识不足，成本较高

大数据通过提供精准的风险分析、高效的资源调配、智能的决策支持以及促进多元主体协同参与，对韧性城市建设发挥着关键的推动和保障作用，但随着信息采集技术进步，数据信息面临网络攻击、数据泄露等风险，因此数据备灾显得尤为重要。但是结合重庆韧性城市建设实际情况，一方面，部分行业主管部门和企业对灾备的认知还不够深入，过于注重网络攻防等方面，而对数据安全的预防性措施重视不足。另一方面，重庆地区的电力供应仍以火电为主，电价相对较高，而灾备基地运维成本以电费为主，占总成本的60%~70%。[①] 并且受限于电价相关政策，创新性电力交易机制尚未形成，增加了数据灾备的成本。

（二）数字基础设施建设发展不均衡

完善的数字基础设施是韧性城市建设的基本单元和物质保障。一方面，由于重庆"大城市、大农村、大山区、大库区"的发展格局，城市中心区域的数字基础设施建设相对完善，偏远农村地区的数字基础设施建设较为滞后。根据重庆市通信管理局的统计数据，截至2023年底，重庆主城区的5G基站密度是偏远农村地区的10倍以上，这使得农村地区在灾害预警、信息传递等方面存在较大的劣势，影响了整个城市的韧性建设。另一方面，存在大量的老旧城区，这些区域的数字基础设施改造面临诸多挑战。例如在一些老旧小区，由于建筑结构和规划的限制，难以安装智能电表、智能消防设备等，这些区域的数字化管理水平较低，安全隐患较大。

（三）数字化应用的深度和协同存在障碍

在数字驱动韧性城市建设的过程中，由于管理体制、技术限制及数据安

---

① 《关于进一步夯实数字重庆安全屏障的建议》，2024年9月20日。

全与共享机制等问题,数字化应用的深度及协同性存在一定障碍。一方面,数字化应用场景还不够丰富和广泛,主要集中在城市基础设施的智能化管理、公共安全的智能监测与预警、应急救援的数字化指挥等方面,在如何推进预警信息的智能传播,如何实施和执行智能决策,如何进行数字预案的编制、更新和虚拟演练等方面仍有较大的提升空间。另一方面,数字驱动的韧性城市建设涉及多个部门和领域,如城市管理、应急管理、交通、公安、气象等。但目前各部门之间的协同配合还不够紧密,存在信息孤岛和条块分割的现象,这不仅影响了政府的决策效率和管理水平,也不利于数字技术在韧性城市建设中的应用和推广。

(四)人才和资金限制韧性城市建设发展

韧性城市数字化建设及发展需要一定的人力和财力作为基本保障。但懂数字技术又懂城市管理、应急管理等多领域知识的复合型人才在重庆较为缺乏。从全国范围来看,长三角、京津冀和粤港澳城市群的数字经济人才储量较为丰富,成渝城市群虽然成为全国数字经济人才发展第四极,但人才总量与发达地区仍有较大差距。[①] 同样,重庆的财政资金相对有限。根据重庆市财政局的相关数据,重庆在数字城市建设方面的资金投入仅占城市建设总资金的10%左右,与发达地区相比存在较大差距。加上缺乏有效的政策引导和投资回报机制,社会资本的参与度不高,难以满足韧性城市数字化建设的全部需求,影响了韧性城市建设项目的推进和实施。

三 数字驱动重庆韧性城市建设的对策建议

综上分析可以发现,数字赋能为重庆韧性城市建设提供了发展机会,但也存在不少问题。针对以上问题,需要出台更具针对性的政策措施,以促进

---

① 《我国数字经济人才缺口超2500万,重庆如何抢抓机遇,听听他们怎么说》,《重庆日报》2023年8月17日。

数字技术与韧性城市建设真正融合，这对推动重庆打造宜居安全的韧性城市具有重要意义。

（一）推行数据备灾强制化，降低备灾成本

数据备灾对韧性城市建设具有至关重要的作用，它能够在灾害发生时保障数据的安全性和可用性，为城市的应急响应、恢复重建以及持续发展提供关键支持，增强城市应对各种风险和挑战的能力。一方面，要加强对行业主管部门和企业的灾备培训及宣传，提高它们的数据备灾意识；另一方面，通过制定统一的数据灾备标准，健全与灾备相关的法律法规，从法律层面实现数据备灾强制化，加强数据的安全管理。针对如何降低备灾成本，可以鼓励企业采用先进的新能源技术和节能设备，降低对火电的依赖，从而降低电价。同时，争取相关政策支持，探索创新电力交易机制，为灾备基地提供优惠的电价政策。

（二）丰富数字技术应用场景，推动数字技术与城市安全管理的深度融合

丰富的数字技术应用场景可以大幅提升城市智能化治理水平，增强经济和社会系统的适应性与恢复力。一方面，要继续深入挖掘数字技术在城市基础设施管理、公共安全监测与预警、应急救援指挥等方面的应用潜力，并开发预警信息的智能传播、智能决策及执行、数字预案的编制与更新和虚拟演练等更多新应用场景。另一方面，通过建立数字技术应用示范项目，推广成功经验和做法，如"社会矛盾纠纷多元化解"应用、"智慧门牌一码通"系统等，提高数字技术的应用水平和扩大其覆盖面，推动数字技术与城市安全管理的深度融合。

（三）加强成渝两地部门协同与信息共享，提高区域整体韧性

成渝两地的部门合作与信息共享能够整合各方资源，打破信息孤岛，促进协同发展，提升区域韧性，为重庆韧性城市建设提供有力支持。一是两地

共同编制韧性城市建设专项规划，成立成渝地区韧性城市建设领导小组，由两地政府相关部门领导担任成员，定期召开联席会议，在智慧交通、智慧能源、智慧应急等方面共同研究制定政策措施和行动计划。二是制定数据开放目录和标准，规范数据的采集、存储、处理和应用，提高数据质量和可用性，搭建成渝地区数据共享交换平台，实现两地政务数据、企业数据、社会数据等的共享交换，为韧性城市建设提供数据支撑。三是建立信息共享的激励机制，对积极参与协同行动的部门和单位给予奖励，提高信息共享的能动性。

（四）加强人才队伍建设，提高社会资本参与度

专业人才能够为城市规划、技术创新和应急管理等方面提供智力支持，而充足的资金则保障了基础设施建设、数字技术应用以及灾害应对等工作的顺利开展，共同推动韧性城市的可持续发展。一是加强高校与企业的合作，开设数字技术相关专业和课程，开展人才联合培养和引进项目，培养既懂数字技术又懂城市管理、应急管理等多领域知识的复合型人才。二是制定优惠的人才政策和激励机制，吸引国内外高端及复合型人才来重庆发展，并建立专家人才库及人才交流平台，促进人才的合理流动和资源共享。三是设立韧性城市数字化建设专项资金，将其纳入财政预算，并逐年加大投入力度，用于支持数字基础设施建设、技术研发、人才培养等项目。四是制定优惠的政策措施，鼓励社会资本参与数字驱动韧性城市建设。例如，给予税收优惠、土地政策支持等，提高社会资本的投资回报率；创新投融资模式，建立多元化的投融资渠道。鼓励金融机构创新金融产品和服务，为韧性城市的数字化建设提供融资支持。

B.15
成渝地区政务服务"跨省通办"建设成效及展望*

朱永涵**

摘　要： 发展政务服务"跨省通办"为建设成渝地区双城经济圈提供创新动能，对于优化营商环境、增强人民幸福感具有重要意义。本报告梳理了2020年以来成渝地区"跨省通办"的建设成效，并详细阐述了当前成渝地区"跨省通办"面临的资源困境、结构困境、技术困境和经验困境，从战略思想、制度标准、技术手段三个维度提出政策建议，以此助力成渝地区政务服务"跨省通办"进一步深化发展。

关键词： 政务服务　"跨省通办"　成渝地区

随着市场经济的蓬勃发展和区域一体化进程的加速，地区间的人口流动与生产要素配置愈发频繁，企业跨区域经营日益普遍。这一趋势极大地激发了民众对于异地政务服务便捷化、高效化的迫切需求，渴望政府服务能够跨越行政区划的界限，实现更加灵活、就近的办理方式。① 为积极回应这一社会诉求，2020年国务院办公厅正式发布《关于加快推进政务服务"跨省通办"的指导意见》，将"跨省通办"明确为深化"放管服"改革的关键一

---

* 本文为重庆市社会科学规划博士和培育项目"成渝地区双城经济圈背景下政务服务'跨省通办'满意度提升路径研究"（2023BS051）阶段性成果。
** 朱永涵，西南政法大学政治与公共管理学院教师，长期致力于数字治理领域研究。
① 王学军、陈友倩：《数字政府治理绩效生成路径：公共价值视角下的定性比较分析》，《电子政务》2021年第8期。

环。在制度层面给予坚定支持的同时,国家也注重技术层面的革新与支撑。为此,全国一体化在线政务服务平台应运而生,这一平台作为联通各省、自治区、直辖市及国务院各部门的总枢纽,于2019年正式上线运行,为"跨省通办"提供了强有力的技术保障。随着时间的推移,政务服务"跨省通办"的服务内容不断丰富与拓展,从最初的社保查询、公安业务等基础服务,逐步涵盖了就医、户口迁移、工商注册、财务税务等民众和企业迫切需要的服务事项。2022年9月,国务院办公厅发布"跨省通办"新增任务清单,进一步推动了政务服务跨区域、跨部门的深度融合。① 我国在推行全国"跨省通办"的基础上,自2020年起,又根据国家重大区域发展规划率先开通了"京津冀一网通办服务专区""长三角区域政务服务一体化专区""泛珠区域专区""川渝通办专区""东北三省一区通办专区"等"跨省通办"专区,旨在鼓励这些区域对"跨省通办"进行更为深入的先行探索。

然而,尽管政策推动力度持续加大,但聚焦区域内政务服务"跨省通办"在实际推进中取得的成果、面临的发展梗阻,以及相对应优化策略的研究仍十分缺乏。鉴于此,本报告聚焦成渝地区政务服务"跨省通办"的实践探索,系统梳理其建设成效,深入剖析其现实困境,旨在提出切实可行的优化路径,为进一步提升成渝地区政务服务效能、促进成渝两地协同发展提供有力支持。

一 政务服务"跨省通办"推动新一轮治理转化

(一)逻辑转换:由政府中心转向人民中心

治理的驱动力正经历从政府单方面供给向积极响应公民多样化需求的深刻转变。传统政府管理遵循的是一种自上而下、以职能为中心的传统模式。

---

① 刘旭然:《政务服务"跨省通办"情境下公共价值实现的模型建构与作用机制》,《电子政务》2024年第7期。

"跨省通办"作为数字政府治理领域的一次革新，运用大数据、智能算法等前沿技术，精准剖析并主动响应公众需求，构建了一系列以民众需求为引擎的应用场景，有效颠覆了既往的行政主导框架，实现了由外而内的治理逻辑重塑。公众的异地服务需求成为直接导向，政府据此聚焦高频业务，不断升级公共服务效能，催生出一种自下而上的创新动力。与此同时，治理的力量结构也在悄然变化，由政府主导逐渐融入并强化市场力量。社会治理不再是政府单方面的责任，而是政府、企业、社会等多方共同参与的共治格局。"跨省通办"在这一进程中尤为重视市场机制的引入，依托企业的技术优势，通过政企合作模式，促进技术资源的深度融合与应用，进一步激活数字经济的潜力，为市场机制的有效运作铺平道路。①

（二）价值转换：由结果导向转向服务导向

在电子政务的演进历程中，为追求以结果为导向的效率飞跃，部分地方政府日益倾向于技术专业化，却可能因此陷入算法逻辑与工具理性的局限，同时，潜藏于"数理化赋权"背后的"数据歧视"风险不容忽视。相比之下，"跨省通办"作为政务服务的新范式，不仅聚焦审批流程的高效优化，更将群众满意度作为服务成效的核心标尺，通过持续优化服务场景与应用，实现技术与人本需求的深度交融，在时空无界的环境下展现出人本主义的价值追求。治理的焦点亦发生了根本性转变，由过去的部门利益分割转向整体利益的协同。传统电子政务体系常因碎片化而受阻，不同地域、部门间壁垒森严，部门利益成为数据共享与整合的绊脚石。"跨省通办"则在数字政府转型的浪潮中，勇于打破部门界限，倡导并实践整体性政府治理，促进跨地域、跨部门的无缝协作。此外，治理的定位也实现了从区域局限向全国协同的跨越。"跨省通办"超越了单一地域的治理框架，摒弃了属地管理下的物理空间束缚，转而采用"全国一盘棋"的战略视角。②

---

① 张博、林宝霞：《数字政府"跨省通办"的实践发展与优化策略》，《人民论坛》2024年第4期。
② 刘祺：《省级数字政府改革的内在逻辑与推进路径》，《学习论坛》2022年第3期。

（三）工具转换：由电子政务转向数据治理

治理手段正经历从数据管理向数据治理的全面升级。传统电子政务虽通过数据管理实现了办理时限的缩减和服务效率的提升，但其数据流通往往局限于部门内部，伴随着数据的重复采集与处理，无形中抬高了行政成本。相比之下，"跨省通办"将数据的角色从单纯的效率工具转变为驱动效能提升的核心模式，通过打破物理空间的局限，将数据流通的疆域拓展至横贯多领域、纵连各层级的网络空间，充分释放数据潜能。同时，治理技术也发生从电子技术向数字技术的深刻变革。传统电子政务所依赖的电子技术，侧重于数据的单向流动与单一部门的流程优化，难以实现跨部门的数据共享与协同。而"跨省通办"则采用区块链等前沿技术，利用其分布式数据存储与处理能力，对海量数据进行深度挖掘与跨域分析，不仅促进了数据之间的无缝互联与高效共享，还推动了区块链技术与政务数据的深度融合，为政务服务带来了治理工具上的根本性创新与深度转型。[①]

二 成渝地区政务服务"跨省通办"建设情况

从 2020 年起，为鼓励与推动各区域内部对"跨省通办"服务的先行探索与合作，国家先后开通了一批区域通办专区，其中，"川渝通办"是最先开通的专区之一。"川渝通办"在实施国家规定的高频"跨省通办"服务事项的基础上，可以根据川渝地区，尤其是成渝地区双城经济圈内具体发展需要，自主开展跨区域部门协作，拓展区域内"跨省通办"服务事项，以达到服务成渝地区双城经济圈的目的。

和全国其他地区"跨省通办"一样，"川渝通办"主要涵盖三种业务模式，分别是"全程网办""异地代收代办""多地联办"。其中，"全程

---

① 包国宪、王学军：《以公共价值为基础的政府绩效治理——源起、架构与研究问题》，《公共管理学报》2012 年第 2 期。

网办"作为最为便捷的模式,为申请人打造了一个"单点登录、全国漫游、无感切换"的在线政务服务环境。在这一模式下,申请人无须亲临现场,仅凭网络即可远程、高效地完成所有事项的办理流程,极大地提升了服务便捷性。"异地代收代办"模式则主要针对那些根据法律法规规定必须现场办理的服务事项。为解决这一问题,该模式创新性地采取"收受分离"的方式,即申请人所在地部门负责接收、审核并验证申请材料,随后通过邮寄方式将材料转送至业务归属地部门进行处理。待业务办理完成后,结果将再次通过网络或邮寄渠道直接送达申请人,有效减轻了申请人的奔波之苦。而"多地联办"模式则针对那些需要申请人辗转多地办理的复杂事项。该模式通过优化流程,实现了一地受理、多地政府部门内部协同的办理方式,显著减少了申请人的往返次数和办理时间,提高了服务效率。值得注意的是,尽管"全程网办"是理想中的最优模式,但受当前技术条件、法律法规或基础设施建设等因素的限制,部分本应实现全程在线办理的业务不得不暂时采用"异地代收代办"模式作为过渡,以确保服务的连续性和可及性。

相较于全国层面的"跨省通办"服务,"川渝通办"在办理事项上更加丰富、在服务内容上更加细致。2020年10月,四川省人民政府办公厅和重庆市人民政府办公厅联合发布了第一批95项"川渝通办"服务;2021年3月,第二批115项"川渝通办"服务发布,其中包含国办确定的"跨省通办"事项65项,川渝两省自主增设的特色事项50项;2022年2月,第三批101项"川渝通办"服务发布。前三批"川渝通办"高频政务服务事项共计311项,涉及公安、民政、司法、交通、医疗、商贸等领域,均实现落地可办。2024年,四川省人民政府办公厅、重庆市人民政府办公厅又联合印发《深化川渝政务服务合作2024年重点工作任务清单》,从7个方面推出72项政策,明确健全"川渝通办"事项动态调整机制,在现有311项通办事项基础上,拓展新增需求量大的事项,力争通办事项达到350项以上。

2020年11月以来,"川渝通办"办件量已达1500多万件,年均办件量超500万件,日均办件量突破2万件。311项高频政务服务事项中已实现252项事项全程网办，涉及电子监控违法处理、机动车驾驶证补发、电子社会保障卡签发等事项。尤为值得一提的是，川渝两地在全国率先试点川渝跨省市"一站式"户口迁移，办理时限缩短至最快10分钟，累计办理开具户籍类证明、身份证换领补领、新生儿入户等事项13.7万件。教育入学方面，小学入学"一件事"实现川渝异地办理，义务教育阶段学生学籍档案异地查询核验量超过450万次，极大地方便了跨区就学家庭。医疗健康服务方面，两地超过70%的二级及以上公立医疗机构实现了电子健康卡的互认互通，928家医疗机构间112项检查结果共享互认达56.13万次，跨省异地就医直接结算定点医疗机构扩展至2.85万家，惠及跨省就医购药人数达1469万。此外，川渝养老保险关系转移服务推出"便捷快转"机制，最快可当日办结，惠及群众多达2.81万人次。住房政策亦放宽限制，全面取消住房公积金在缴存地、户籍地和工作地之间的使用限制，推动购房贷款与提取享受同城化待遇，累计办理住房公积金异地转移接续5.04万人次，涉及金额8.25亿元，发放异地贷款9608笔，总金额高达42.49亿元。

三 成渝地区政务服务"跨省通办"发展的现实梗阻

2020年以来，成渝地区"跨省通办"不断取得进步，服务体系初步达成。然而，该领域仍然面临发展梗阻，其资源困境、结构困境、技术困境、经验困境所导致的服务碎片化、数字形式主义等问题仍客观存在。

（一）资源困境：人力短缺与投入不均

空间异质性（spatial heterogeneity）主要指代资源在空间分布上的非均匀性与复杂性。[1] 从实践看，空间异质性无疑构成了成渝地区政务服务"跨

---

[1] 刘旭然：《数字化转型视角下政务服务跨域治理的特征、模式和路径——以"跨省通办"为例》，《电子政务》2022年第9期。

省通办"改革的客观阻碍。具体而言，该区域内各市（区）、县（市、区）之间，在经济基础、社会文化风貌、自然地理条件以及技术发展水平等方面存在显著差异，导致在推动政务服务跨域办理的过程中，各地在资源投入、服务供给的质量与效率上呈现不均衡状态，从而对"跨省通办"改革的整体进程与成效构成直接影响。以重庆为例，根据笔者实地走访调研，重庆两江新区、高新区等财政相对较好，其建设的政务服务大厅明朗宽敞，配备各类智能服务设备，为"跨省通办"提供了良好的硬件支持。而相对而言，九龙坡区等政务服务大厅则相对拥挤，服务设施存在陈旧、不齐全等问题。此外，"跨省通办"服务工作人员的待遇也存在差异。而资源投入不均的现象在四川省内更为明显。据笔者实地调研，成都市拥有多个占地面积大、交通便利、设施齐全的政务服务中心。相对而言，在四川省一些偏远地区，仍存在基础设施建设不足问题，导致政务服务"跨省通办"的均等化与可及性难以实现。

资源困境的另一个表现是人力的短缺，这种短缺主要涉及服务人员的学历、专业能力、业务水平以及服务态度等方面。以重庆高新区政务服务大厅为例，该大厅目前共有窗口服务人员100多人，其中绝大多数人员学历为大专及以下，且此前不具备政务服务相关工作经历，在面对群众较为具体的需求时，往往难以提供高效、满意的服务。而由于政务服务窗口人员的待遇水平较低，难以聘请到高学历、专业化人才，所以现在大多数政务服务大厅只能选择通过内部培训的方式提升窗口人员综合素质。

（二）结构困境：区域壁垒与整合障碍

权力的部门化倾向往往催生自成体系、各自为政的现象，以及基于部门私利的选择性执行策略，这些行为虽披着"履行职责"的合法外衣，实则偏离了公共利益的轨道。[①] 在成渝地区推进政务服务"跨省通办"这一创新

---

① 郝海波：《整体性治理视阈下政务服务"跨省通办"的现实困境和实践进路——以婚姻登记"跨省通办"试点为例》，《中国行政管理》2022年第6期。

实践时，核心理念在于跨省协作，力求整体利益超越局部利益，这一转变难免触动了地区内部门既有的利益格局，从而阻碍成渝地区"跨省通办"工作的顺畅推进。

更为具体的是，成渝两地各级政府在权责清单的理解与执行上存在显著差异，这种认知偏差导致政务事项在名称、标准、编码、设定依据、受理条件及办理流程等方面的非标准化，严重制约了跨省政务事项的互认与对接，加剧了在线政务服务供给的碎片化状态，使得服务流程混乱无序，难以形成高效统一的服务体系。目前，重庆市还没有在全市范围内形成统一的政务服务标准，各区县服务标准仍存在一定差异。在重庆市内部仍无法形成统一政务服务标准的情况下，与四川省或成都市的标准形成无缝对接显然无法实现。

（三）技术困境：数据风险与数据孤岛

"跨省通办"相较于传统的异地办理模式，其最鲜明的特色在于技术进步的深度融入，这标志着政府服务模式正从传统的物理空间局限中解脱出来，迈向更加开放、高效的数字空间时代。[①] 然而，"数据烟囱"现象的产生，根源在于当前政务数据体系普遍采用分布式存储的超融合基础架构（HCI），这种架构虽有其优势，但其分布式特性却不可避免地带来了技术层面的挑战，即"数据孤岛"问题。具体而言，技术标准、数据标准以及接口标准之间的不统一，使得数据的格式化存储与管理难以实现全面整合。加之各地在管理体制机制、一体化发展路径及信息化支持能力上存在的显著差异，导致在推进"跨省通办"过程中，尽管点对点代办、相互授权信任并签订协议成为常见的合作模式，但这种模式往往因缺乏统一的协调机制而易于出现衔接不畅的情况。结果便是，当前的"跨省通办"大多仍停留在异地代收代办的初级阶段，未能充分实现全流程的线上办理，从而限制了政务

---

① 韩万渠、袁高辉：《构建敏捷治理协同机制 推进政务服务"跨省通办"》，《中国行政管理》2023年第5期。

服务效率与便利性的进一步提升。[①]

因此,在成渝地区"跨省通办"服务推进过程中,仍存在"不愿共享""不能共享""不敢共享"等"数据孤岛"的割据局面。此外,成渝地区"跨省通办"还面临信息系统相互隔绝、数据标准化进程缓慢、数据资源被条块化分割、共享技术资源匮乏以及数据开发利用不够等多重问题。这些问题共同导致在线政务环境中数据的离散化、重复采集以及同一数据多源并存的现象。而在推动跨省数据共享的过程中,数据的安全性更是成为不可忽视的严峻挑战,包括数据泄露、数据侵权以及数据篡改等潜在风险显著增加。因此,相关主体在促进数据共享的同时,必须高度重视并采取有效措施来保障共享过程中的数据安全性。

(四)经验困境:平台设计与服务缺陷

由于成渝地区"跨省通办"发展时间较短,现阶段仍存在由服务经验缺少而导致的细节问题。在平台功能构建上,"川渝通办"服务专区因运营经验积累不够,面临统一身份认证系统支撑缺乏的问题。这些专区虽然具备了基本的界面框架,但在细节设计上却显得不够完善,平台功能的缺陷直接影响了用户办理业务的流畅度和整体体验。例如,"川渝通办"服务专区的"渝快办"平台上,在事项类别设置上出现了明显的空缺,虽有"特种设备检验检测机构核准"等类别标签,但实际中并未填充具体业务事项,点开显示空白,导致用户无法直接获取所需服务。此外,部分服务事项的呈现上也存在缺失,未能有效进行分类分栏,使得填表、查询、反馈、投诉等关键功能使用不便。而在成渝两地"跨省通办"服务专区的统一性上,目前仍然存在较大提升空间。"天府通办"和"渝快办"两个平台在"跨省通办"服务专区的结构设计、外观设计和内容设计上均存在差异,导致在使用两个平台时,办事群众需要花时间习惯不同的页面风格和点击流程,对使用体验造成影响。

---

① 孙宗锋、席嘉诚:《数字化协同治理的类型及其逻辑——以政务服务"跨省通办"为例》,《电子政务》2023年第10期。

四 多维度视角下成渝地区"跨省通办"优化进路

（一）战略维度：明确定位、促进协同，积极适应"跨省通办"常态化

在"跨省通办"改革持续深化的背景下，应积极转变思想，主动迎接"跨省通办"，紧密围绕政务服务跨域治理的实际需求，精准把握改革的战略定位与发展方向，强化"跨省通办"常态化意识。首要任务是强化整体性治理理念的整合力，从公共价值战略管理的视角出发，政务服务跨域治理的核心在于通过整体战略规划，优化整合组织内外技术、数据、知识、技能及资金等资源，以最大化地创造公共价值。推进"跨省通办"，即从国家整体政府改革和社会行政扩展的大局出发，实现由传统"办事人找部门"向"办事人找整体政府"的转变，促使政府部门超越部门界限，构建垂直联动、条块协同、政社共治的宏大治理格局。这一转变要求以"条"的专业优势强化"块"的综合能力，推动跨层级、跨地域、跨部门的业务流程深刻变革，从而提供无缝衔接、高质量的一体化政务服务。

（二）制度维度：健全机制、统一标准，系统推进"跨省通办"规范化

在推进成渝地区"跨省通办"的过程中，应高度重视政府间"合作—竞争"关系的微妙平衡，确保在追求各方共同利益最大化的基础上，有效调和"共同利益"与"行政区利益"之间的张力。为此，需要从两个维度完善利益协调机制：一是建立健全利益补偿机制。建议考虑设立专门的"跨省通办"绩效考核机构，赋予其明确的权责范围，负责构建科学合理的绩效评估体系，以引导成渝两地政府在合作中更加注重区域整体利益的实现。在考核设计上，应充分考虑地区差异，灵活设置考核内容和权重，特别是要增加地方政府在"跨省通办"合作中的参与度、贡献度等关键指标，如统一性指标与差异化指标相结合，以激励地方政府积极投身跨区域合作。

二是优化利益纠纷处理机制。设立专门的利益协调机构,如纠纷协调仲裁机构,以专业、高效的方式处理成渝两地"跨省通办"协同过程中的利益冲突,促进横向利益的和谐共存。

(三)技术维度:数据赋能、技术支撑,加速实现"跨省通办"智能化

在提升治理效能的进程中,技术发展的加速是关键一环。需利用技术创新来驱动政府治理模式的转变,有效突破碎片化治理的困境。成渝两地各级政府应基于自身实际,加大对技术建设的投入,包括资金、人才等资源,以应对"数据孤岛"这一多源异构数据挑战。政府需着力缩小区域间信息技术条件的差距,统一数据平台标准、优化目录编制、强化数据质量监控与安全保障,同时增强软硬件技术设施的支撑能力。作为技术融入治理的核心力量,相关部门应积极推动人工智能、区块链、大数据等前沿技术与政务数据平台的深度融合,探索新技术与数据间的无缝对接,持续优化技术支撑体系,克服技术瓶颈,充分发挥技术优势。

在数据共享方面,需深化对数据价值的认识,意识到数据共享对于提升"跨省通办"协同能力的重要性。从组织行为层面看,数据共享面临组织边界的障碍,因此,增强数据共享意识、构建数据共享共识成为关键。政务服务平台作为政府与民众互动的重要窗口,应持续围绕用户需求进行迭代升级。平台建设应深化与国家及地方平台的融合,利用统一身份认证体系,实现跨省办事群众的"一站式"服务。同时,优化成渝两地服务专区平台界面与功能设计,分类整合政务服务事项,提供便捷的检索、查询、咨询与反馈机制,并通过清晰的使用指引、政务服务地图与办事流程图,简化办理流程,提升用户体验。此外,政务服务应更加注重适老化设计,优化线上办事服务与流程,确保老年人也能便捷享受数字红利,提升社会的整体幸福指数。

B.16 重庆市农村黑臭水体治理进展、形势及对策

重庆市生态环境科学研究院课题组 重庆市生态环境局[*]

摘　要： 农村黑臭水体是农村人居环境的突出短板，直接影响美丽重庆的"颜值"和广大农民群众的"观感"。近年来，重庆市深入学习"千万工程"经验，把农村黑臭水体治理作为美丽重庆与巴渝和美乡村建设"牵一发动全身"的重点工作，在全国率先实施农村黑臭水体清零区县创建行动，迭代升级目标体系、工作体系、评价体系和保障体系，推动农村黑臭水体治理取得积极进展。然而，面对"2025年实现全面清零、全域创建、长制久清"的总体目标，当前工作仍面临治理质效有待提高、长效管理机制有待完善、共治共享格局有待形成等问题。建议按照"以创促干、以奖促治、动态清零"工作思路，坚持因地制宜、分类施策，健全长效机制、强化跟踪问效，全力实施农村黑臭水体清零区县创建行动，聚力打造"西部领先、全国进位、重庆辨识度"的标志性成果。

关键词： 农村黑臭水体治理　巴渝和美乡村　美丽重庆

加快实施农村黑臭水体治理，是新时期贯彻落实习近平总书记对重庆全

---

[*] 重庆市生态环境科学研究院（中国环境科学研究院西南分院）课题组：丁佳佳、邓伟、刘婷、何轶杰、李子未、牛晋兰；重庆市生态环境局：肖罗、何光宝。主要执笔人：丁佳佳，高级工程师，主要研究方向为环境政策与规划；邓伟，正高级工程师，主要研究方向为环境政策与规划；肖罗，重庆市生态环境局干部。

面筑牢长江上游重要生态屏障,加快建设美丽中国先行区殷殷嘱托的实际行动。市委、市政府对标党中央、国务院决策部署,紧扣群众对美丽重庆、巴渝和美乡村的殷切期盼,学习借鉴"千万工程"成功经验,把全域全面消除农村黑臭水体作为高水平打造美丽中国建设先行区的"必答题",高质效满足人民群众对美好生活向往的"优先项",先后制发《重庆市总河长令(第六号)》《重庆市农村黑臭水体清零区县创建工作方案》《深化农村生活污水治理行动方案》,扎实推动农村黑臭水体治理清零,努力改善农村生态环境,着力守好乡愁水脉。目前,全市动态排查建档农村黑臭水体1255个、299万余平方米,已完成治理920个,消除黑臭面积约218万平方米,分别占全市总任务量的73.3%、73.1%。56.2万群众受益,10个区县实现动态清零,首批国家农村黑臭水体治理试点任务圆满完成,一批"黑水沟""臭水坑"变成"清水溪""生态塘",群众满意度、获得感明显提升。

一 重庆市农村黑臭水体主要特点

(一)水体分布广,以主城都市区为主

从水体分布看,全市39个涉农区县及开发区均有农村黑臭水体,且不同地区农村黑臭水体数量和面积差异较大。从区域分布看,主城都市区地势相对平坦、人口聚集、水网密布,农村黑臭水体数量最多、面积最大,共804个、245.5万平方米,分别占全市的64.1%、82%。

(二)水体类型多,以沟渠和坑塘为主

水体包括河流、水库、坑塘、沟渠4种类型,除湖泊型重庆市不涉及以外,其余常见的农村黑臭水体类型全部存在,其中沟渠型577个、占46.0%,坑塘型436个、占34.7%,河流型234个、占18.7%,水库型8个、占0.6%(见图1)。

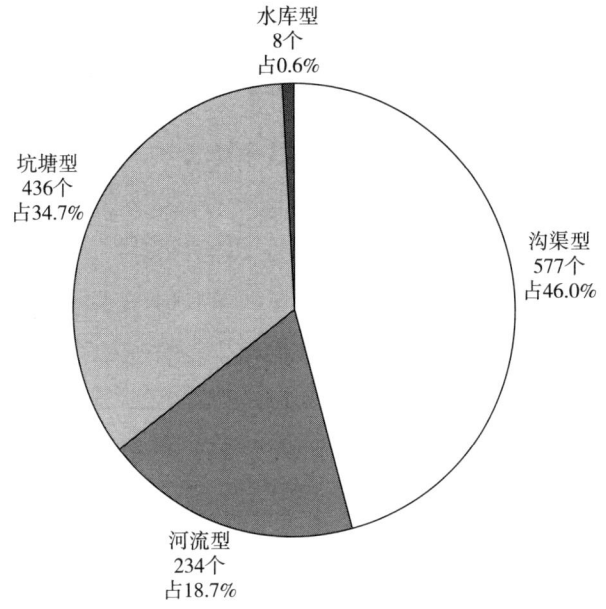

图 1　全市农村黑臭水体类型

（三）水体面积小，以2000平方米以下为主

单个农村黑臭水体面积在200平方米及以下的有304个、占24.2%，面积介于200~2000平方米的有705个、占56.2%，面积大于2000平方米的有246个、占19.6%，其中面积大于10000平方米的有48个、占3.8%。区县农村黑臭水体面积范围及占比参见图2。

（四）污染成因杂，以农村生活污水和底泥淤积为主

农村黑臭水体污染成因复杂多样，主要包括农村生活污水污染、底泥淤积、畜禽养殖污染、水产养殖尾水污染、种植业污染、小微企业排污、生活垃圾和生产废弃物污染、其他问题等8类，其中约63.7%的水体涉及生活污水污染问题，约57.5%的水体涉及底泥淤积问题。从污染源种类看，单一污染源的有448个、占35.7%，两种污染源的有455个、占36.3%，三种及以上污染源的有352个、占28.0%。

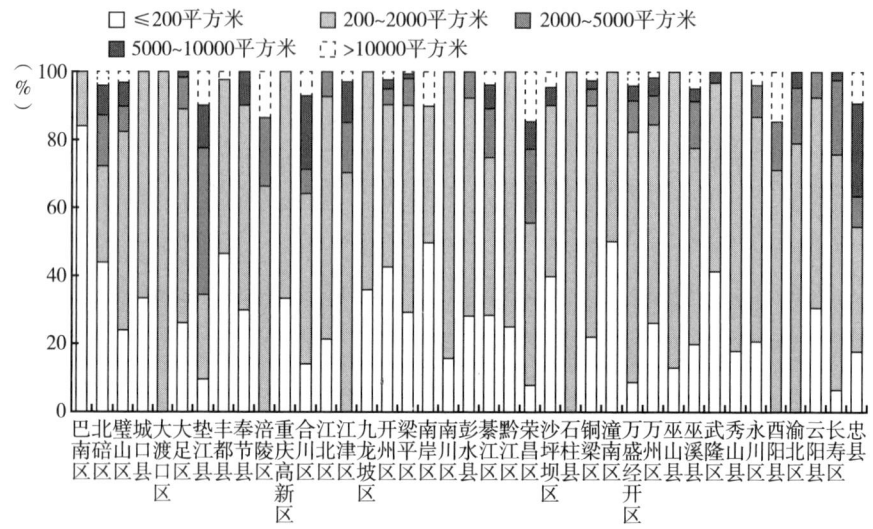

图 2　区县农村黑臭水体面积范围及占比

二　重庆市农村黑臭水体治理主要做法与成效

（一）持续高位推动，建立高效协同推进机制

一是加强组织领导。成立由市委副书记任组长，分管生态环境和农业农村工作的副市长任副组长，13个市级部门主要领导为成员的市级工作专班，统筹推进"清零"创建。各区县积极行动，成立39个工作专班，累计开展现场调研146次，召开推进会、专题会134次。二是加强过程管理。市、区县绘制作战图，实施个块结合、扁平化管理，高规格召开现场推进会2次、工作调度会6次，建立农村黑臭水体治理常态化调度和联络员制度，形成"半月通报、每月调度、季度复盘、半年总结"的工作模式。三是加强监督考核。将农村黑臭水体治理纳入2024年市政府重点民生实事和市政协专项民主监督，市人大开展专题调研指导，将农村黑臭水体治理情况纳入生态环保督察问题清单和党建统领"885"生态报表等考核体系，对治理进展慢、效果差的区县进行约谈、通报和扣分。

（二）强化政策支持，凝聚黑臭水体治理合力

一是制定工作方案。12个市级部门联合印发《重庆市农村黑臭水体清零区县创建工作方案》，构建农村黑臭水体清零行动"5+7+9+16"工作架构（5个创建标准、7个创建步骤、9大攻坚行动、16项评估指标），该方案被生态环境部转发全国学习借鉴。二是强化部门协同。将农村黑臭水体治理同流域治理、美丽河湖建设、农村环境整治、乡镇污水管网延伸、巴渝和美乡村建设等工作贯通融合，整合部门项目、资金，合力推进"九大行动"。跨部门成立农村黑臭水体专家库，建立农村黑臭水体问题移交机制，已向市城乡建委、农业农村委等部门移交问题3批次230余个。三是加强资金保障。坚持将农村黑臭水体整治作为公共财政保障的重点领域，积极筹集市级奖补资金3.9亿元，目前已下达"以奖促治"资金1亿元。积极探索EPC+O等模式运用，广泛吸引社会资金参与农村环境整治。四是积极争取国家试点。2022年，重庆市被纳入国家首批农村黑臭水体治理试点，申报中央资金1亿元，目前纳入试点的54个水体已全部完成治理，消除黑臭面积30余万平方米、10余万群众受益。2024年5月，重庆市巫溪县再次入选国家农村黑臭水体治理试点名单。

（三）坚持标本兼治，探索精准科学治理路径

一是持续动态排查。创新"乡镇排查—区县核查—市级抽查"农村黑臭水体三级排查方式，开展全覆盖、地毯式摸底排查并建立台账清单，确保底数清、数据准、情况明。充分发挥群众力量，对发现新增农村黑臭水体者予以现金奖励，加密水体排查"眼睛"。二是强化分类治理。牢牢遵循黑臭水体"问题在水里，根源在岸上"科学特征，综合考虑水体污染成因及类型、群众意愿等条件，指导各区县科学编制农村黑臭水体清零区县创建工作方案，建立"一水一策"问题清单，针对性采取控源截污、清淤疏浚、水网连通、生态修复等措施，不搞整齐划一、不搞盲目攀比。目前，全市已完成农村黑臭水体治理920个、消除黑臭面积218万余平方米，分别占全市总任务量的73.3%和73.1%，治理工作取得积极进展。三是巩固治理成效。

全面落实第6号总河长令，建立健全水体巡查、保洁长效机制，厅级领导带队组建7个现场核查组，累计出动800余人次，常态化开展完成治理水体现场核查和效果评估，确保水体"治理一个，见效一个"。

（四）总结示范推广，凝练形成一批典型案例

一是鼓励区县自主创新。梁平区创新网格式、点穴式、顺藤摸瓜式、晴雨对照式、停水检查式"五式"农村黑臭水体排查法，因地制宜采用"乡村小微湿地净化塘+节水灌溉"模式实现了分散式生活污水净化及资源化利用"双赢"；北碚区在油坊河治理过程中创新性地将清淤产生的淤泥用于生态湿地建设，"臭水库"嬗变成"美丽湖"；江津区创新探索社区自治模式推进黑臭水体治理，整体工期大大缩短、节约资金15%以上；璧山区创新采取"截污+清淤+复耕""清淤疏浚+换填土石+生态修复"等方式，多措并举实现农村黑臭水体变良田、公园。二是强化数字赋能。将农村黑臭水体纳入"巴渝治水"数字场景运用，搭建多元感知、分级监管、精细治理、制度保障、复盘评估的全链条管理智慧大屏，初步完成"1个全市总览+2个信息展示+3个应用板块"的农村黑臭水体"底座"专题场景。开发完善重庆市农村黑臭水体智慧监管系统和现场核查App，实现农村黑臭水体基本信息、治理进度、水体验收、现场核查等全过程在线填报、数据归集。三是加强宣传引导。在《重庆日报》《重庆新闻联播》等主流媒体设立专栏，定期宣传报道正面典型。将黑臭水体整治纳入突出生态环境问题有奖举报范畴，在《今日关注》等媒体设立农村黑臭水体曝光专栏，为每个水体配发"身份证"（一水一码），进一步强化社会监督。

三 重庆市农村黑臭水体治理面临的新形势

（一）面临的有利条件

国家系列政策文件进一步明确了农村黑臭水体治理的方向和要求。2019年，生态环境部等先后印发实施《关于推进农村黑臭水体治理工作的指导

意见》（环办土壤函〔2019〕48 号）、《农村黑臭水体治理工作指南（试行）》（环办土壤函〔2019〕826 号）等文件，用于指导全国农村黑臭水体排查治理工作。2023 年 7 月，习近平总书记在全国生态环境保护大会上指出，今后 5 年要基本消除城乡黑臭水体并形成长效机制。为适应新形势新要求，2024 年初，生态环境部与相关部门联合印发《农村黑臭水体治理工作指南》（环办土壤函〔2023〕23 号），进一步明确了农村黑臭水体识别范围、步骤及标准、治理要求、长效管护机制及完成治理水体验收标准，要求按照清单化管理、系统化治理、常态化监管，以点带面推进农村黑臭水体治理并形成长效机制，为农村黑臭水体治理提供了接地气、可操作的实践路径。

市委、市政府明确要将农村黑臭水体清零打造成为美丽重庆建设的标志性成果。美丽乡村是美丽中国的重要组成部分，习近平总书记多次强调，中国美不美，关键在农村。重庆集大城市、大农村、大山区、大库区于一体，辖 9100 余个行政村社，农村常住人口近千万，农村污染治理工作复杂、任务艰巨，是美丽重庆与巴渝和美乡村建设的突出短板。市委、市政府认真贯彻落实习近平总书记重要指示精神，把打造美丽中国建设先行区作为 6 个全局性、标志性、引领性目标之一，印发实施《美丽重庆建设行动计划》，将农村黑臭水体和生活污水治理作为美丽重庆与巴渝和美乡村建设的"一号工程"，将农村黑臭水体清零区县建成率 100% 和农村生活污水治理（管控）率 100% 作为美丽重庆建设的核心指标，深入打好农业农村污染治理攻坚战，统筹推动乡村生态振兴和农村人居环境整治，厚植美丽重庆建设乡村底色，奋力打造城乡黑臭水体剿灭标志性成果。

老百姓对优美生态环境的需求为农村黑臭水体治理提供源源不断的内生动力。农民是乡村的主人，在农村黑臭水体治理中，农民群众不仅是受益者，更是重要的参与者、建设者、监督者。近年来，市委、市政府将农村黑臭水体治理作为改善农村人居环境的重要民生事项，积极宣传、广泛发动，以更好地满足人民群众日益增长的美好生活需要为出发点和落脚点，把解决农村黑臭水体等群众"家门口"环境问题作为"民有所呼、我必呼应"的重要内容，消除黑臭面积 218 万余平方米，56 万余群众受益，群众参与度、知晓度、满意度显著提高。随着生活水平的提高,老百姓对农村水环境的期待越来越高,守护乡愁水脉和参与农村环境质量改善的积极性也越来越高,农村黑臭水体治理有着良好的群众基础。

(二)存在的主要问题

农村黑臭水体仍面临较大的治理难度。重庆农村黑臭水体多为封闭或半封闭水域(坑塘型、沟渠型占比超80%),补给和水体自净能力较差,又因地理区位、黑臭成因、治理目标等不同,既不能照搬城市黑臭水体整治经验,也不宜采用统一的治理模式。据分析,全市一半以上的农村黑臭水体涉及农村生活污水污染,超过60%的水体黑臭成因在2个及以上,城乡接合部(约占全市水体数量的25%)黑臭水体由于环境基础设施建设滞后,加之长期的淤泥累积和垃圾堆存,水体黑臭现象突出,治理难度大。

水体消黑除臭后长效管护水平有待提高。重庆农村水体普遍偏小、流动性差、自净能力弱,且极易受季节、人口等因素影响,间歇性黑臭现象突出。部分区县治理经验不足,简单采取清淤、换水等措施,短期内消除了黑臭现象,但因截污控源不彻底,水体极易反复恶化。目前,农村黑臭水体治理主要依靠财政资金,受近年宏观经济波动影响,市、区两级财政投入压力大,污水治理设施及管网运行维护等资金得不到有效保障。农村黑臭水体清洁管护、监测评估等常态化管护机制尚不健全,从"长治久清"到"长制久清"仍有不小差距。

齐抓共管、多方参与的局面有待强化。农村黑臭水体治理涉及生态环境、水利、农业农村、住房城乡建设等部门,部门之间工作合力尚未充分发挥。农村黑臭水体治理高度依赖基层群众,水体治理完成后部分群众仍在水体散养畜禽、浣洗衣物,环保意识有待提高。

四 加快实现农村黑臭水体清零的对策建议

坚持以习近平新时代中国特色社会主义思想为指导,全面贯彻落实党的二十大和二十届三中全会精神,深入贯彻落实习近平生态文明思想,以实现农村水体"长制久清"为目标，坚持源头防治、标本兼治，全力实施农村黑臭水体清零行动，到 2025 年 6 月，全域农村黑臭水体实现动态清零，到 2025 年底，农村黑臭水体清零区县创建率达到 100%。

（一）加强组织领导，实施农村黑臭水体治理攻坚

锚定 2025 年全面实现"动态清零、全域创建"目标，紧密结合国家、市委和市政府最新要求，以城乡接合部、房前屋后群众反映强烈的黑臭水体为重点，挂图作战、打表推进，确保按时按质完成治理任务。一是进一步强化工作专班统筹调度，定期召开农村黑臭水体清零区县创建调度会或现场推进会，研究解决项目推进问题。二是加强指导帮扶。修订完善农村黑臭水体治理常用技术指南，发挥好技术帮扶专家组作用，通过现场培训、发布典型案例、驻点指导等方式，实施全覆盖技术帮扶，推动区县因地制宜、分门别类落实靶向治理。三是加强监督考核。用好生态报表、生态环保督察问题清单两项机制，开展农村黑臭水体清零区县创建和农村生活污水治理专项督察，结合中央生态环境保护督察反馈问题整改一并开展督查督办，对进展滞后的进行约谈、扣分和问责。

（二）突出路径重点，强化农村黑臭水体分类治理

遵循"源头截污控源、过程生态治理、末端综合利用"要求，因地制宜，因水施策，创新模式，系统施治。一是持续动态排查。充分发挥辖区各级河长特别是基层河长作用，综合采取现场勘察、走访巡查、卫星遥感等排查方式，对城镇建成区外河流、沟渠、坑塘、水库等农村水体开展动态排查，形成异常水体问题清单，明确治理目标和时限，制定"一水一策"方案，确保水体及时得到治理。二是坚持系统治理。以源头管控为根本，精准把脉、追根溯源，根据污染成因和水体特点，分级分类明确治理目标，因地制宜采取截污控源、内源治理、水系连通、生态修复等工程措施，严控将水体"一填了之""一冲了之"。三是突出以用促治。鼓励有条件的地区，在消除水体黑臭的基础上，结合巴渝和美乡村建设，提升水体生态价值。例

如，可以引导村集体或农村群众开展经营性活动，既可实现一定社会经济价值，也可解决水体治理长效巩固难题。

（三）健全长效机制，巩固农村黑臭水体治理成效

农村黑臭水体成因复杂，隐蔽性和反复性较强，季节性变化明显，需要做到"当下治"与"长久用"相结合，不仅要关注当前黑臭水体治理成效，更要着重关注水体成效长期维护。一是健全水体巡查、保洁制度。全面落实第6号总河长令，制定实施"重庆市开展消除城乡黑臭水体专项行动工作方案"，将村级河长的巡查对象由"巡河"扩展到巡水库、巡坑塘、巡沟渠等各类小微水体，各水体明确专人负责水体及周边保洁，发现返黑返臭的及时向属地乡镇政府及区县生态环境部门报告。二是加强处理设施运行维护。全面加强厕所粪污、畜禽粪污、生活污水等设施的日常运行维护，建立农村生活污水集中处理设施非正常运行台账清单并推进分类整改，2025年前全部纳入统一运维范畴，健全乡镇生活污水处理厂及管网运行维护监管考核制度，防止因污水溢流导致水体返黑返臭。三是开展农村黑臭水体和清零区县验收。结合国家最新文件要求，制定印发农村黑臭水体验收、清零区县创建评估验收细则，规范评估验收标准和流程，有序推进农村黑臭水体清零区县创建评估验收。四是强化治理成效跟踪评估。市级现场工作组定期对完成水体治理成效开展"回头看"，发现问题的，督促整改销号，坚持数量服从质量、进度服从实效。市级每年对创成区县开展效果复核（连续3年），对未通过效果复核，或在复核过程中存在敷衍、虚假等问题的，撤销其命名。

（四）鼓励开拓创新，打造一批高辨识度标志成果

重庆是全国首个提出农村黑臭水体清零目标的省份，要继续发挥先发优势，用行动加快补齐短板，将农村黑臭水体清零行动打造成为美丽重庆建设的一项标志性成果。一是深化农村黑臭水体治理"巴渝治水"数字场景运用。健全农村黑臭水体"多源感知—乡镇核实—环保溯源—分类治理—专班评估—村社巡查"一件事处置流程，构建"1个全市总览+2个信息展示+3个应用板块"的农

村黑臭水体"底座"专题场景，提升农村黑臭水体多源感知、系统研判、精准治理、高效处置、长效管护能力，推动黑臭水体治理由"治"到"智"。二是推动农村生活污水"零直排村"示范建设。研究制定"零直排村"技术路线，实施农村黑臭水体、农村生活污水"千村示范"工程，到2025年底，每个乡镇至少建成一个农村生活污水"零直排"示范村，打造农村生活污水多元治理的样板。三是强化示范引领。在《重庆日报》、华龙网、美丽重庆等媒体平台加强农村黑臭水体治理正面典型案例的宣传报道，对创成农村黑臭水体清零区县的争取在长江经济带高质量发展暨美丽重庆建设大会上予以表彰。

（五）强化基层治理，提升乡村生态环境自治水平

一是进一步突出基层党组织的政治引领。将农村黑臭水体治理作为基层治理体系的重要任务，充分发挥农村基层党组织的主心骨作用、村委会的自治作用、农民群众的主体作用，推动农村人居环境共治共建共享。二是突出示范带动作用。将农村黑臭水体治理作为"担当作为好支书""最美生态环保人"等基层治理、评价工作的标准之一，充分发挥党员干部、乡村能人等示范带头作用，树立激励先进、鞭策后进的鲜明导向。三是积极引导村民参与。将农村黑臭水体治理纳入"春风满巴渝"社会风气提升行动、村规民约，采取以工代赈、以奖代补等方式鼓励农民投工投劳参与其中，探索建立对农民群众的奖励和惩戒机制，通过志愿者服务、美丽庭院建设等形式，引导农民自我管理、自我教育、自我服务、自我监督，激发农民群众自觉爱护周边环境的内生动力。

参考文献

习近平：《以美丽中国建设全面推进人与自然和谐共生的现代化》，《求是》2024年第1期。

《习近平在全国生态环境保护大会上强调：全面推进美丽中国建设　加快推进人与自然和谐共生的现代化》，中国政府网，https：//www.gov.cn/yaowen/liebiao/202307/content_6892793.htm？type=8，2023年7月18日。

成渝地区双城经济圈建设篇

B.17
共同唱好新时代西部"双城记"
推动成渝地区双城经济圈建设
不断走深走实

重庆市综合经济研究院课题组*

摘　要： 2024年以来，川渝两省市聚焦"一体化"和"高质量"两个关键，着力扩大内需、优化结构、提振信心、防范化解风险，经济回升向好、稳中有进的态势持续巩固增强。1~9月，成渝地区双城经济圈实现地区生产总值61891.40亿元，同比增长5.6%，较全国高0.8个百分点。下一步，川渝两地将深入贯彻习近平总书记在新时代推动西部大开发座谈会上的重要讲话精神和在重庆考察时的重要指示精神，力争完成《成渝地区双城经济圈建设规划纲要》既定的2025年目标任务，以成渝地区一域更好地服务全国发展大局，以优异成绩迎接成渝地区双城经济圈建设5周年到来。

---

* 课题组成员：丁瑶、邓兰燕、曹亮、李林、贾静涛、汪婧、邱婧、夏梁颖，研究方向为宏观经济、区域经济、城市经济、空间经济、计量经济。

共同唱好新时代西部"双城记" 推动成渝地区双城经济圈建设不断走深走实

关键词： 成渝地区双城经济圈走深走实 西部"双城记" 双核联动联建

2024年4月，习近平总书记在重庆主持召开新时代推动西部大开发座谈会并发表重要讲话，要求坚持一盘棋思想，加大力度、纵深推进，加快打造具有全国影响力的重要经济中心、科技创新中心，共建西部金融中心和巴蜀文化旅游走廊，更好发挥全国高质量发展的重要增长极和新的动力源作用。川渝两省市全面学习领会习近平总书记重要讲话重要指示精神，重庆坚持把双城经济圈建设作为市委"一号工程"和全市工作总抓手总牵引，四川坚持把双城经济圈建设作为现代化建设总牵引，聚焦"一体化"和"高质量"两个关键，全方位深化川渝合作，着力扩大内需、优化结构、提振信心、防范化解风险，经济回升向好、稳中有进的态势持续巩固增强。1~9月，双城经济圈地区生产总值61891.40亿元，同比增长5.6%，较全国同期高0.8个百分点；占全国的6.52%，较上年同期提高0.04个百分点。

一 2024年推动成渝地区双城经济圈建设情况

（一）区域发展格局加快完善

一是规划体系不断健全。《重庆市国土空间总体规划（2021—2035年）》《四川省国土空间规划（2021—2035年）》印发实施，联合将《成渝地区双城经济圈国土空间规划（2021—2035年）》报国家审批。二是成渝双核联动联建持续深化。聚焦交通、产业、科技、金融和公共服务等重点领域，扎实开展双核联动联建工作，第二批50个合作项目累计完成22个，1~9月，重庆主城都市区、成都地区生产总值分别达1.83万亿元、1.67万亿元，同比分别增长5.9%、5.2%，占双城经济圈总量的56.67%、较上年同期提高0.5个百分点。三是川渝毗邻地区合作平台加快建设。川渝高竹新

区持续推进差异消融,将税费征管领域的118项川渝差异事项统一为67项,办税时间缩短约60%。遂潼川渝毗邻地区一体化发展先行区教育融合不断深化,职业中心的高校已从2020年的1所增至10所,在校生规模从2020年的3.9万人增加到6.7万人。泸永江融合发展示范区开行川—渝—沪外贸直航快班,为企业平均节约物流成本10%左右;重庆—泸州—宜宾"水水中转"穿梭巴士开行密度不断增加,同比增长30%以上。

(二)基础设施互联互通提质增效

一是交通运输体系持续完善。印发全国首个行业区域标准体系《推动成渝地区双城经济圈综合交通运输高质量发展标准体系》。重庆江北国际机场第四跑道圆满试飞,双流机场飞行区改造首批工程通过验收,天府机场国际口岸投入使用。成渝中线高铁首座隧道贯通,开江至梁平高速公路、高竹新区南北大道全线通车,省际全线建成通车高速公路16条。二是重大水利设施加快建设。嘉陵江利泽航运枢纽工程正式通航,岷江龙溪口至宜宾段航道整治二期工程工可报告获批。渝西水资源配置工程已累计完成投资突破120亿元,约占总投资的85%。藻渡水库大坝填筑碾压试验正式启动,引大济岷项目前期工作有序推进。三是能源保障能力不断增强。川渝1000千伏特高压交流工程重庆段完成验收,川渝天然气千亿立方米级产能基地建设稳步推进,1~9月累计产气129.6亿立方米,同比增长5.6%。

(三)现代产业协同发展蹄疾步稳

一是先进制造业联动发展。电子信息先进制造集群培育提升三年行动加快实施,打造电子信息与集成电路产业链公共服务平台,共建成硅基混合集成创新中心、国家超高清视频创新中心等国家级平台45个。1~9月,重庆、四川规模以上工业增加值同比增长8.3%、6.4%,较全国分别高2.3个、0.4个百分点,带动双城经济圈第二产业增加值同比增长6.0%,较全国同期高0.6个百分点。川渝装备制造产业高质量协同发展平台注册企业超1.2万家,重庆西南铝业成为"成都造"C919飞机机头最大铝材供应商,成都永贵等8家企业进入重庆长客零部件供应体系。二是服务业提档升级。两省市分别制定促进生产性服务业发展的政策措施，重庆市国家金融科技认证中心、成都市基于区块链技术的知识产权融资服务平台等开展跨区域服务，双城经济圈发展基金落地规模达94亿元。三是数字经济发展势头强劲。两省市累计建成国家级"千兆城市"23个。完善提升工业互联网标识解析国家顶级节点（重庆）和工业互联网标识解析国家顶级节点（成都托管与灾备节点），持续提升成渝地区"一顶一备"国家顶级节点服务能力，新培育一批"5G+工业互联网"标杆项目。

（四）科技创新中心建设步伐加快

一是重大创新平台加速聚集。印发实施《重庆市实验室建设与运行管理办法》，发布《川渝携手同心助力成渝中线科创走廊行动方案》，推动金凤实验室、明月湖实验室、兴隆湖实验室等高质量运行，3家川渝共建重点实验室入轨运行。重组全国重点实验室16家、新建3家。极深地下实验室、超瞬态实验装置、大规模分布空间深空探测雷达、高海拔宇宙线观测站等重大科技基础设施加快建设。中国—古巴、中国—匈牙利"一带一路"联合实验室成功纳入科技部第四批联合实验室评审名单。二是协同创新体系加快完善。起草新时期进一步加强成渝地区区域科技创新中心建设的实施意见，聚焦优势产业实施川渝科技合作项目58个。探索建立川渝科技资源共享服务平台线下运营中心，推进大型科研仪器资源共享共用、高层次人才互认共享，协同开展技术攻关与人才引育。生物创新券实现共享共用，累计发放4229万元，直接撬动生物科技创新技术服务合同额超2.4亿元。三是创新成果转化加快推进。川渝新征集拟转化科技成果779项，共建成国家、省级技术转移示范机构108家，四川新建省级中试研发平台2个，重庆市科技成果汇交平台上线运行。

（五）国际消费目的地加快打造

一是文旅品牌加快培育。持续打造"安逸四川、巴适重庆"文旅品牌，

深入培育红色等文旅精品线路18条，联手提升"宽洪大量""资足常乐"等品牌影响力，加快建设嘉陵江旅游风景道、成渝古道文化旅游带。协同参加中国品牌日活动，白酒、茶叶等特色消费品抱团出圈。二是消费活力持续释放。大力实施消费品以旧换新行动，挖掘特色场景优势，创新打造重庆万象城、成都SKP等消费新地标，新评选川渝两地高品质消费新场景65个，举办世界园艺博览会、全国糖酒会、第五届中国西部国际投资贸易洽谈会、中国（重庆）国际消费节、第二十六届重庆国际汽车展览会、中国泡菜节国际博览会、第二届西部517预制菜节、跨境服装产业带（重庆）生态大会等大型展会，举办"巴山蜀水迎新春"、川渝时尚鞋服消费节活动。重庆发布消费品工业"爆品"培育清单，塑造"江崖街洞天"消费新场景，策划15场消费品行业特色产业培育活动。1~9月，重庆、四川社会消费品零售总额分别为19767.6亿元、1.17万亿元，同比分别增长3.8%、4.4%。

（六）长江上游生态屏障不断夯实

一是生态环境保护和修复持续加强。探索生态环境分区协同管控，常态化开展"绿盾"行动，协同核查生态环境问题线索225个，完成30个县（市、区）生态系统保护成效评估试点，开展19个毗邻地区县（市、区）生态保护红线划定成果交流。二是污染跨界治理协同联动。开展生态环境标准统一制定、修订工作，持续打好蓝天、碧水、净土保卫战，推进"治气"攻坚战，深化琼江、铜钵河、大清河等跨界河流联防共治，实施跨界河流"一河一策"，跨界河流琼江通过联合验收。联合开展"河长+警长+检察长"巡河、协调解决问题100余个，推动毗邻地区土壤污染重点监管单位信息共享，举办川渝河长面对面访谈活动。三是绿色低碳协同转型深入推进。协同开展"一带一路"绿色低碳经贸促进工作培训交流，重庆实现碳排放权成交348万吨。

（七）改革开放纵深推进

一是开放平台能级持续提升。实施自由贸易试验区对标领航行动，深化川渝自贸试验区协同开放示范区改革创新。"关银一KEY通"川渝通办集成化改革入选全国自贸试验区第五批最佳实践案例。1~9月，重庆经西部陆海新通道3种主要运输组织方式运输货物18.3万标箱、同比增长45%，货值349亿元、同比增长80%；重庆经西部陆海新通道与中欧班列、长江黄金水道联运货物10.7万标箱、同比增长77%。中欧班列（成渝）累计开行近4520列，运输货物37.1万标箱、同比增长6%，其中重庆运输17.6万标箱、增长3%。二是区域一体化市场加快建设。深化区域市场一体化商务合作，推进"从事拍卖业务许可"等7项办理事项互办互认。重庆九龙坡2宗农村土地经营权首次在成都农交所产权交易平台实现交易。三是营商环境不断优化。重庆实施优化营商环境专项行动方案，着力破解企业准入、经营、发展、退出等环节难点、堵点问题。四川以控制成本为核心，持续提高经营主体满意度，协同推出优化政务环境、要素环境、创新环境等重点举措。重庆与泸州、南充等地实现公共资源交易数字证书互认通用。四是重点改革持续深化。深入开展双城经济圈优质科创资源共建共享改革，制定《川渝毗邻地区融合创新发展带三年行动计划》。四川扎实推进集成授权改革试点，印发2024年度集成授权改革试点重点任务清单，出台支持广安深化改革开放探索高质量发展新路子支持政策清单和项目建设清单各60项。重庆制定印发2024年"三个一批"市级重大改革项目清单（共92项），加速数字重庆建设，初步构建三级数字化城市运行和治理体系，扎实推动国有企业止损治亏、园区开发区改革、政企分离改革和国有资产盘活等取得实质性进展。

（八）城乡融合发展态势向好

一是国家城乡融合发展试验区提速建设。保障农村一二三产业融合发展重点项目用地，川渝入选国家农业现代化示范区25个，创建柠檬、花椒等国家农业优势特色产业集群18个，涪陵榨菜、奉节脐橙、巫山脆李品牌价值分列相应品类全国第一，安岳柠檬国内市场占比达80%，潼南加快构建柠檬育苗、种植、精深加工全产业链。重庆加快实施农业转移人口市民化改

革,放开到试验区城镇的落户条件,引导2.17万农业转移人口在试验区落户。成都加快完善城乡人口迁徙制度,出台户籍迁移登记管理办法,全面取消各县(市、区)落户限制,试验区城镇常住人口增加17.9万人。二是以县城为重要载体的城镇化加快推进。重庆一体推进"小县大城""强镇带村"试点和强村富民综合改革,加快畅通县域城乡要素良性循环。四川分类开展县城新型城镇化建设试点,采取以奖代补方式支持新型城镇化项目建设。三是乡村振兴合力不断增强。发展乡村特质多元业态,促进农文旅深度融合,川渝累计建成全国乡村旅游重点镇12个、全国乡村旅游重点村85个。川渝累计培育家庭农场、农民合作社、社会化服务组织的数量为27.66万个、14.4万个、4.8万家。

(九)公共服务共建共享取得新成效

一是优质教育、文化、体育协作深入推进。推动基础教育一体化发展,联合举办成渝地区双城经济圈职业教育活动周、第三届"川渝杯"职业院校技能大赛、川渝大学生人工智能大赛暨腾讯开悟人工智能全球公开赛、第十届全国陶瓷行业职业技能竞赛川渝赛区选拔赛等系列活动。共同创演印象京剧《薛涛》。二是就业服务能力不断提升。编制《成渝地区双城经济圈人才需求目录(四川域内制造业部分)》,重庆探索建立急需紧缺人才需求动态收集、市场评估、政策匹配、定期发布机制。联合开展第四届西部HR能力大赛和"春风行动""就业援助月""川渝合作·职等你来"等就业专项活动。共同实施人社领域"十大专项行动",切实推动高质量充分就业。开展和谐劳动关系高质量发展创新改革试点。深化川渝高竹新区外国人来华工作许可试点,持续完善教育、金融、社保等便利化措施。三是医疗养老资源加快共享。持续推进国家医学医疗"双中心"建设,推动川渝1861家医疗机构实现川渝电子健康卡扫码互认,检查检验结果互认提质扩面至川渝291家二级及以上公立医院112项结果。国家老年疾病临床医学研究中心(四川大学华西医院)在重庆设立分中心。四是持续提升社保服务质效。实现全国首个城镇职工医保缴费年限跨省互认,开展工伤保险跨省异地就医直接结算试点。持续推进川渝养老保险关系无障碍转移，共同推进社会保险协同认证，持续提升川渝社保标准化水平。探索"川渝合作+社银合作"新模式，联合打造全国首个覆盖全域的跨省社银合作体系。

二 存在的问题

对标对表落实习近平总书记关于推动成渝地区双城经济圈建设重大决策部署、聚焦"两中心两地"战略目标以及打造国家区域发展"第四极"美好愿景，成渝地区双城经济圈建设仍存在不少短板弱项。

综合发展能级有待提升。对比京津冀、长三角、粤港澳大湾区三大重要经济增长极，双城经济圈仍然面临发展能级不够、城镇化水平偏低、发展资源短缺、开放地理条件不优等问题，2023年重庆四川两省市地区生产总值仅为长三角的29.5%、粤港澳大湾区的66.2%、京津冀的86.5%，打造国家区域发展"第四极"还任重而道远。

产业链跨行政区成链成群成片不够。长三角已建成19个由龙头企业发起的产业联盟，京津冀围绕6条重点产业链培育先进产业集群。成渝地区产业高度相似，产业链共建水平不高、相互赋能不足。45个国家先进制造业集群中，重庆市仅有与四川联合申报的电子信息先进制造业集群。

科创中心影响力不足。相比合肥、西安等地打造综合性国家科学中心，双城经济圈科技创新综合能力偏弱，研发经费投入强度低，国家科研重器和高层次人才缺乏，在重大科技基础设施、前沿交叉创新平台、创业创新转化平台等方面存在不小差距。重庆市国家高层次人才总量较少，如院士22人、国家"杰青"获得者62人，远低于北京（分别为911人、1500人）、上海（分别为187人、753人）。

区域市场一体化改革制约较多。两省市水、电、气、讯、土地等要素价格差异大，如重庆工业电价高于四川方面0.1~0.2元/度。国资国企在机场、口岸建设等方面整合力量、共投共建不多，利益共享和成本共担机制还不健全。经济区与行政区分离改革已进入深水区，除川渝高竹新区外，其他

毗邻合作平台市场经营许可、资质互认、行政处罚裁量基准等方面政策尚未完全统一，在招商引资、产业激励、涉企优惠、税费征收标准等方面探索首创性、差异化改革力度还不够。

空间布局不够优化。《成渝地区双城经济圈建设规划纲要》明确要求国家层面编制实施双城经济圈国土空间规划，但目前仍在审批阶段、尚未出台，导致规划布局缺乏上位指导。成渝主轴缺少次级城市支撑，呈现"两头大、中间小"的"哑铃式"空间结构，且重庆市缺乏如绵阳、宜宾等重量级的省域副中心城市。成渝中部地区经济发展水平与成渝"双核"相比差距明显，虹吸效应和"中部塌陷"现象依然存在。川渝毗邻地区10个功能性平台融合发展的示范引领作用有待加强，非毗邻地区合作机制有待完善，合作领域有待拓宽。

联动发展机制还需优化加力。川渝四级工作机制中，"协调层"新设的分管省市领导专题会议，研究两省市重大合作事项不多；"执行层"的22个联合专项组，谋划合作项目存在不深不实现象。与四川方面还未实现全方位合作，军民融合作为党中央交办给川渝的重大任务，尚未组建联合专项组，缺乏常态化合作沟通机制。

争取政策赋能有待加强。积极争取国家层面系统谋划适应全国统一大市场、区域一体化改革需要的政绩考核指标体系改革还需持续加力。国家层面虽已出台多个支持双城经济圈建设的专项规划以及政策文件，但资金、用地、用能等举措偏少以及赋予双城先行先试、一体化发展的改革举措还不够多。

三 下一步工作打算

（一）全力争取国家提级赋能

抢抓战略位势提升的重大历史机遇，与四川省共同加强向上争取，努力推动形成更多国家级战略、政策、项目赋能。一是共同争取启动"十五五"

规划方案。结合《成渝地区双城经济圈建设规划纲要》实施的困难问题及新形势新要求新任务，共同争取国家结合"十五五"规划编制，尽早启动制定出台下一阶段的发展规划或行动方案。与此同时，争取国土空间规划与发展规划或行动方案同步编制同步出台。二是共同争取更大力度指导支持。共同争取国家层面常态化专题审议双城经济圈年度重点任务清单及恳请支持重大事项清单。争取中央有关部门研究出台双城经济圈产业、人才、土地、投资、财政、金融等领域配套政策和综合改革措施。争取国家设立双城经济圈建设发展专项补助，从增发国债或其他新增中央资金中切块安排专项补助。三是共同争取更大力度统筹机制。争取国家将双城经济圈建设纳入中央区域协调发展领导小组工作范畴，参照京津冀、长三角、粤港澳大湾区等，将日常统筹工作调整到国家发展改革委区域协调发展司。争取在中央有关文件中将双城经济圈的定位表述调整为"区域重大战略"。

（二）以科技创新引领现代化产业体系建设

坚持科技创新与产业创新融合发展，构建以先进制造业为骨、生产性服务业为筋的现代化产业体系，做大做强新质生产力发展动力源。一是提升现代制造业集群能级。统筹推进传统产业转型升级、战略性新兴产业壮大、未来产业培育，加快构建"产业大脑+未来工厂"。协同四川共建全国重要的先进制造业基地，实施成渝地区电子信息先进制造集群培育提升三年行动，推动汽车产业链供应链协同发展，做大做强智能网联新能源汽车产业。二是大力发展现代生产性服务业。加快发展科技服务、产业金融等新业态新模式，推进全球设计之都建设，培育千亿级检验检测产业集群。协同四川一体化推进绿色金融、科技金融、普惠金融等改革创新试点政策，争创双城经济圈文化和旅游区域协同发展国家试验区，共建高水平服务业创新集聚示范区。三是推进科技创新和产业创新深度融合。争取国家在渝布局重大科技基础设施、国家实验室、国家技术创新中心和中央企业研发总部等战略科技力量。协同四川共建西部科学城，共同实施高分卫星、载人航天、大型飞机等国家重大科技任务，形成一批重大原创性成果。

（三）全力打造内陆开放综合枢纽

发挥西部陆海新通道牵引作用，高效联动共建"一带一路"、长江经济带发展，努力在西部地区带头开放、带动开放。一是完善国际物流大通道集疏运功能。放大西部陆海新通道物流和运营组织中心、全国首个"五型"国家物流枢纽城市功能，持续拓展中新、中缅、中老通道，提高国际物流一体化运营组织效率。协同四川高质量发展中欧班列（成渝），加快建设中欧班列集结中心。二是全面提升开发开放平台能级。争取设立以人的自由便利为核心的国际特定管理区和以货物的自由便利为核心的特殊综合保税区。深入实施中新互联互通项目，提速推进中老泰"三国三园"建设。支持两江新区打造西部低空经济先行示范区。协同四川共建"一带一路"进出口商品集散中心，建设面向东盟、链接亚欧、连通全球的中西部国际交往中心。三是探索推进海陆并进的内陆制度型开放。探索创新陆路国际贸易规则，扩大多式联运"一单制"试点范围，建设RCEP高水平开放合作示范城市。协同四川强化川渝自贸试验区协同开放示范区创新集成，支持沿海港口在成渝设立无水港。

（四）大力探索首创性差异化改革

强化数字重庆建设和重点领域改革双轮驱动，加强改革系统集成、放大综合效应，加快破除制约高质量发展的体制机制弊端。一是以数字重庆建设引领全面深化改革。推动开展数字中国建设综合试点，完善"1361"整体构架，深化"三项核心绩效"，迭代一体化智能化公共数据平台。协同四川共绘数字川渝国土底图，开展国土空间规划数字化治理，打造跨区域国土空间信息平台样板。二是统筹推进重点领域改革。深化拓展"三攻坚一盘活"改革，深入推进要素市场化配置改革，深化投融资改革，打造绿色金融改革创新试验区。协同四川共同服务全国统一大市场建设，加快探索要素资源跨域配置、市场制度规则协同和市场监管协作，推动川渝区域市场一体化。三是打造国际一流营商环境。深入推进营商环境创新试点，围绕高效办成一件事优化拓展一类事一站办,持续降低制度性交易成本。打造服务民营经济平台体系,促进民营经济健康发展。协同四川共建川渝企业信用风险评价体系,健全跨区域守信联合激励和失信联合惩戒机制,深化区域数据标准应用试点,推动"政务服务码"川渝互通,推进"川渝通办"提质扩面。

(五)着力提升综合服务能力

以交通基础设施联通、公共服务优化为重点,加快建设高品质生活宜居地,不断增强人民群众的获得感、幸福感、安全感。一是推进基础设施互联互通。一体统筹推进铁路、公路、水运、航空网络建设,打造现代化高质量综合立体交通网。重点推进"米"字形高铁网、"四环二十二射六十联线"高速公路网、加快打造"2小时重庆"。协同四川共同构建一体化综合交通运输体系,打造双城经济圈4个"1小时"交通圈,加快打造成渝"氢走廊""电走廊""智行走廊"。二是深入实施惠民暖心优服行动。持续健全社会保障体系,加快补齐公共服务短板,及时解决群众急难愁盼问题,扎实推进共同富裕。协同四川共推川渝公共服务一体化,深化就业、社保、住房、教育、医疗等公共政策协同,不断提升两地群众便利度。

(六)加快承接新时代国家战略腹地建设重大任务

抢抓国家战略腹地建设机遇,争取更多国家重大生产力在渝布局。一是建设重要产业备份基地。聚焦航空航天、国防军工等领域,争取央企在渝布局总部经济、关键核心生产基地、重大研发平台,以及"独子线""孤源产品"备份产线等重大生产力。协同四川共同编制成渝地区战略腹地军民融合发展总体方案,推动组建国家技术转移中心、国家中试中心和国家检验检测成渝基地。二是打造战略资源综合保障基地。以能源、粮食、矿产、应急等战略资源为重点,加快建设"疆电入渝"工程、西南储备油气储运基地、600万吨高标准粮食储备库和重要战略性矿产资源储备基地。协同四川加快共建川渝特高压工程、川渝千亿立方米天然气产能基地,推动重启中缅原油

管道,完善战略物资综合保障体系和川渝应急联动机制。三是推动战略性基础设施布局。推动渝贵高铁尽快开工,争取将重庆新机场纳入国家"十五五"规划。加快建设新型能源算力应用中心,争取设立重庆国际通信业务出入口局。协同四川做好三峡水运保运保畅和新通道前期工作,加快推进川藏、宜宾铁路建设,开展重庆—缅甸皎漂港重载铁路前期研究,打通重庆至昆明至中南半岛运输通道,建好全国一体化算力网络国家枢纽节点成渝枢纽。

(七)优化国土空间布局和资源要素配置

加快开创大城市带大农村大山区大库区发展新局面,积极构建双城经济圈"一体两核多点"的区域联动新格局。一是提升主城都市区发展能级和综合竞争力。优化提升中心城区城市功能及空间布局,深化渝西地区高质量发展,建设现代化渝东新城。联动成都市持续聚焦"五个互联互通""五个共建",加快实施共投共建、相向协作等合作事项。二是积极推进以县城为重要载体的新型城镇化建设。统筹优化县域城镇布局,"一县一策"推动山区库区强县富民和现代化,推进强镇带村工程。深化川渝毗邻地区融合发展,以互联互通项目建设为牵引,共育特色产业,共推改革创新,共享优质服务。三是加快城乡融合发展。创新完善城乡资源要素双向流动机制,促进农业转移人口市民化,全面推进强村富民综合改革。深化国家城乡融合发展试验区重庆西部片区与四川成都西部片区联动探索实践。

(八)健全完善跨区域协作机制

推动两地合作更好与周边区域协同联动,不断提升川渝整体发展能级,努力实现更深层次、更宽领域合作。一是迭代升级四级工作机制。党政联席会议作为"决策层",持续聚焦"国之大者"策划主题和议题;副省市领导专题会议作为"协调层",合力攻克行业领域复杂问题;联合办公室及联合专项工作组作为"执行层",细化实化各项任务清单,打表推进、压茬实施。依托宣传合作机制共同策划双城经济圈战略实施5周年宣传活动。二是不断丰富合作形式。共同构建双城经济圈标志性成果体系，每年打造一批年度标志性成果，总结提炼一批典型经验案例，协同表彰双城经济圈建设先进集体和个人。研究成立双城经济圈建设战略咨询委员会，优化决策咨询机制。完善成渝地区双城经济圈建设一体化发展指数年度滚动发布机制。

参考文献

《新时代推动西部大开发座谈会》，新华社，2024年4月23日。
《习近平在重庆考察时强调：进一步全面深化改革开放 不断谱写中国式现代化重庆篇章》，新华社，2024年4月24日。
《重庆市建设成渝地区双城经济圈工作推进大会》，《重庆日报》2024年2月18日。
《重庆四川党政联席会议第九次会议举行成果发布会》，《重庆日报》2024年6月21日。

B.18 推动成渝中部地区高质量一体化发展现状、面临的问题及对策建议[*]

钱小利 谢万成 廖玉姣 彭劲松[**]

摘　要： 习近平总书记亲自谋划、亲自部署、亲自推动成渝地区双城经济圈建设，赋予了成渝地区贯彻新发展理念、融入新发展格局的重大使命。推动成渝中部地区高质量一体化发展，既是推进成渝地区双城经济圈建设的重要支撑，又是实现成渝地区区域协调发展的关键举措，还是促进西部地区高质量发展的重要动力。基于成渝中部地区高质量一体化发展现状，围绕成渝中部地区高质量一体化发展面临的机制不健全、产业结构不优、发展程度较低等主要问题，提出抢抓机遇、以科技创新推动产业创新、统筹深层次改革和高水平开放、把握新形势、满足新期待等推动成渝中部地区高质量一体化发展的对策建议。

关键词： 成渝中部地区　高质量发展　一体化发展

成渝中部地区包括重庆的江津区、合川区、永川区、大足区、璧山区、铜梁区、潼南区、荣昌区和四川的遂宁市、资阳市、内江市、自贡市、泸州市、宜宾市、广安市、达州市，共16个区（市），总面积约8.28万平方公

---

[*] 本文系2024年度重庆市哲学社会科学创新工程重大项目"成渝地区双城经济圈建设与长江经济带高质量发展的协同联动研究"（批准号2024CXZD17）阶段性成果。

[**] 钱小利，重庆社会科学院城市与区域经济研究所副研究员；谢万成，重庆社会科学院城市与区域经济研究所助理研究员；廖玉姣，重庆社会科学院城市与区域经济研究所副研究员；彭劲松，重庆社会科学院党组成员、副院长、研究员。

里。2023年，成渝中部地区实现地区生产总值24828.19亿元，同比增长7.04%，以占两省市14.6%的面积，创造了超27%的地区生产总值。成渝中部地区具有战略叠加优势、区域资源丰富、区位条件优越、产业基础扎实、发展空间广阔的多维特征，加之经过多年的发展和沉淀，已具备坚实的发展基础，是成渝地区双城经济圈互动协作的主战场。因此，推动成渝中部地区高质量一体化发展，对于推进成渝地区双城经济圈建设进一步走深走实具有重要的现实意义。

一 成渝中部地区高质量一体化发展现状

（一）产业基础不断夯实

2023年，成渝中部地区第一、第二、第三产业分别实现增加值3041.1亿元、10610.4亿元和11178.4亿元，占两省市总量的比重分别为37.4%、32.15%和22.75%，三次产业增加值分别比上年增长1.78%、3.44%和12.35%，第三产业有明显增长，产业支撑不断增强。2023年，成渝中部地区三次产业结构为12.2∶42.8∶45.0，与上年相比第一、第二产业占比分别降低0.7个、1.4个百分点，第三产业占比上升2.1个百分点，产业结构有所优化。2023年，成渝中部地区16个区（市）实现工业增加值7953.9亿元，同比增长4.6%，是两省市工业增加值总量的31.8%，工业发展势头良好。《关于支持川中丘陵地区四市打造产业发展新高地加快成渝地区中部崛起的意见》《重庆市先进制造业发展"渝西跨越计划"（2023—2027年）》等促进成渝中部地区产业协作发展的文件出台，以及成渝中部地区各区（市）在实践中既竞相发展又相互协作，促使成渝中部地区产业基础更加扎实，汽车、装备、电子、消费品等产业发展良好。

（二）功能平台逐步完善

2023年，成渝中部地区已拥有荣昌高新区等国家级高新区6个、遂宁

经开区等国家级经开区4个、江津综保区等综保区4个,并且万达开川渝统筹发展示范区、川南渝西融合发展试验区、合广长协同发展示范区等川渝10个毗邻地区合作共建功能平台,每个平台均涉及成渝中部地区,据悉各功能平台规划图均已出炉,重点项目正加快推进,川渝融合发展势头强劲。同时,成渝中部地区积极争取综合保税区、口岸等多样化开放平台的布局,并协同推进中国(重庆)自由贸易试验区联动创新区与中国(四川)自由贸易试验区协同改革先行区的建设,已逐步形成具有区域特色的开放合作新模式。

(三)基础设施不断完善

公路、铁路、航运项目建设有序推进,大(足)内(江)高速、合璧津高速等高速路段建成或即将建成通车,西(安)渝高铁、成(都)达(州)万(州)高铁等高铁线路纷纷刷新进度条,涪江将建设21个梯级,让千吨轮船能直达绵阳,形成"四横三纵"高速公路、高速铁路、城际铁路、航道等对外交通基础设施网络,交通基础设施的完善加强了成渝两核心城市之间、成渝中部地区城市之间及与外部省市之间的联系,串联起中欧班列(重庆)、长江黄金水道和西部陆海新通道,为地区经济发展提供了极大便利。成渝中部地区的城市、小城镇及乡村地区在交通、公共服务、生态环境等方面的基础设施不断完善,空间布局不断优化,逐步形成现代化城乡融合发展新范式。

(四)共享发展成效显著

近年来,川渝两地共同实施合作事项、共建重大项目数百项,明确在全方位互联互通、构建现代化产业体系、提升协同创新能力等方面同向发力,有力促进了成渝中部崛起。两地共同优化成渝中部地区交通规划布局,协同推进高速公路、高速铁路重大项目建设;共同完善成渝中部地区产业链图谱,推进重大产业项目联合招商,深化重点园区协作互动,共建世界级智能网联新能源汽车零部件产业基地和全国领先的高端电子元器件产业基地;共同推动国家重大生产力在成渝中部地区布局；共建成渝中部地区科创大走廊，联合打造高能级创新平台。从公共服务到生态环境，不断推进制度创新为成渝中部崛起注入新活力。推进公共服务共建共享，推进落实川渝两地社保关系无障碍转移、社保待遇互认互转、养老保险异地通办等川渝通办事项，如隧潼两地探索遂潼社保卡、电子社保卡"一卡通一码通"等；推进生态环保联防联控，印发《川渝大气污染防治联动工作方案（2023—2025年）》，建立跨区域突发环境事件、森林资源保护等生态保护协作机制，合川、广安、遂宁、潼南等协同开展跨省市大气污染治理、水污染防治、流域共治共保等工作。

二 成渝中部地区高质量一体化发展面临的问题

近年来，成渝中部地区发展势头良好，形成了区域间高质量一体化发展的基础条件，但是与成渝两个极核比较来看，成渝中部地区差距明显，推进地区高质量一体化发展还面临一些问题和挑战。

（一）区域合作与协同联动机制不健全

成渝中部地区在跨区域整体规划和多方协作方面的机制缺位，限制了产业政策体系的一体化建设，制约了人才、资本、信息、技术、数据等资源和要素的自由流动和配置，削弱了企业协同发展的积极性，阻碍了产业协同的深入发展。一是缺乏顶层设计与统筹规划。成渝中部地区政府之间"一盘棋"思想较为薄弱，政策规划在系统协同方面具有滞后性，存在部分行政壁垒、财政税收制度差异等体制机制障碍，政策标准存在落差、规划衔接不畅等问题，限制了成渝中部地区产业链供应链的优化升级，增加了企业跨界合作、投资的成本和风险。同时，相较于发达经济圈的中间城市，成渝中部地区在规划与布局上未能充分彰显各城市特色与优势，城市规划与产业布局之间缺乏系统协调性。二是市场一体化体制机制建设有待完善。成渝中部地区区域合作机制、区域互助机制、区际利益补偿机制构建不足，未能形成跨区域共建共享体制机制;资源配置效率不高,存在隐形门槛,对企业的引进"重量轻质",部分地方政府通过新城建设等区划调整阻碍了要素合理流动,市场监管合作和人才市场信息共享体制机制有待进一步加强。三是政策执行与市场响应不协调。成渝中部地区部分政策执行过程中,政府与市场间存在信息壁垒,导致规划不能落地落实、与市场脱节,政策实效难以彰显。

(二)现代化产业体系建设亟须加强与产业协同度有待提升

成渝中部地区现代化产业体系建设亟须加强,产业协同性不足,同质化现象较为突出,产业链供应链亟待优化升级,地区内部及跨地区间的产业联动机制建设尚待加强。一是产业结构有待进一步优化。2023年,江津、永川、宜宾等9个城市的第二产业比重明显高于第三产业,尚处于工业化中期阶段。虽然合川、广安、内江等7个城市第三产业比重高于第二产业,但仅有4个城市第三产业比重超过50%,而成都与重庆核心区域第三产业比重均已超过50%,成渝中部地区产业结构发展阶段具有明显的滞后性,特别是自贡、内江、广安、达州、资阳等城市第一产业比重仍高于15%,工业化进程不均衡性突出。二是产业布局亟待优化。成渝中部地区产业同质性较高,产业特色缺失与差异化不足,加剧了区域内同一产业在不同区县的同质化竞争,不利于区域产业协同一体化发展。如自贡产业定位滞后于市场新需求,未能积极融入"双核"合作体系,仍固守传统盐、化工产业,与优势企业产品形成直接竞争,削弱了市场竞争力;内江市与邻近的泸州、荣昌等地,在主导产业选择上高度重叠,装备制造、生物医药等产业同质化严重,在招商引资、资源分配等领域引发恶性竞争。三是产业链供应链结构亟待优化。成渝中部地区多数产业链供应链仍集中于低端环节,缺乏高中低层次的合理搭配,"延链""固链""强链"能力偏弱,产业链供应链韧性难以提升。多数城市规模偏小,承载能力有限,新能源、新材料等新兴领域发展滞后,在成渝地区双城经济圈产业协同中定位模糊,难以与周边城市形成有效的产业链协同与产业集群协同发展局面。

（三）城乡、区域一体化发展程度较低

成渝中部地区城乡、区域一体化发展显著滞后于成渝地区双城经济圈平均水平，不利于成渝中部地区高质量一体化发展。一是城镇化进程滞后。2023年，成渝中部地区城镇化率除永川区与璧山区超过70%外，其他地区城镇化率普遍偏低，整体平均城镇化率尚未突破60%的临界值，远低于成渝地区76.1%的平均城镇化率。二是区域内发展差距较大。2023年，成渝中部地区内部城市之间人均GDP差距高达2.9倍，区域之间经济发展差距明显，中部地区所有城市城乡收入比均高于成都城乡收入比（1.77），有6个城市城乡收入比超过2，城市内部城乡差距十分明显。三是城镇体系完备程度较低。成渝中部地区城市规模整体偏小、城市功能不健全，辐射带动周边区域的能级不足。2023年，仅达州常住人口超过500万，达到国务院认定的特大城市标准，但其人均GDP仅为4.9万元，远低于成渝地区平均值10.3万元的水平，而达到大城市标准的城市仅有4个，且其人均GDP均低于8.5万元，经济发展水平相对落后。整体而言，成渝中部地区城镇化发展不足。加之城市基础设施与公共服务配套方面滞后，削弱了对资源、资本及高端人才的吸引与集聚。

（四）新质生产力布局亟待优化

成渝中部地区在新质生产力方面的产业、企业和项目布局不足，难以有效支撑其高质量一体化发展。一是代表新质生产力的产业发展不足。成都已形成以电子信息和装备制造两大万亿级产业集群为主的新质生产力产业布局，重庆则拥有智能网联新能源汽车、新一代电子信息制造业和先进材料三大万亿级产业集群的新质生产力产业布局。而成渝中部地区传统产业的占比仍然过大，产业能级不强、层次较低、体系不完善，尤其是新兴产业的规模较小、支撑力不足、带动力不强。二是引领新质生产力发展的企业偏少。成渝中部地区在孕育与发展新兴生产力增长点的国家高新技术企业集群构建方面，整体呈现占比不足的现象。2023年，四川和重庆的国家高新技术企业

数量超过2.4万家，而成渝中部地区的国家高新技术企业数量总和约0.35万家，仅占川渝两地总量的14.6%。三是发展新质生产力的创新活力偏弱。教育平台方面，2023年，成渝中部地区普通高校共计38所，仅占川渝两地普通高校总和的18.1%。科技投入方面，成渝中部地区的研究与试验发展（R&D）经费投入总量约280亿元，仅占川渝两地总和的14.8%。科研平台方面，川渝两地共计拥有26个国家重点实验室，而成渝中部地区仅江津拥有1个，其余地区仍未实现零的突破。

（五）基础设施互联互通程度不够高

成渝中部地区基础设施历史欠账较多，存在互联互通水平还不够高且空间布局不优、城市之间尚未形成有效的交通枢纽集群、协同联动机制不健全等问题。一是交通基础设施互联互通"硬件"建设有待加强。成渝中部地区城市高速路网与城际铁路网建设滞后，有效的网络体系构建亟待加强，交通枢纽功能不完善，乡村与中心区的联通程度较低，交通便捷性和通达性有待提升。在推进跨区域交通网络设施建设中，与两核心城市间高速交通网络、快速轨道交通等尚未形成，城市群之间公共交通一体化体系有待构建，"水陆空铁"立体交通网络、互联互通的区域综合交通网有待完善。二是交通基础设施互联互通"软件"服务有待优化。成渝中部地区交通基础设施互联互通中存在主体协同意识冲突、协同能力冲突、行政壁垒和利益冲突等矛盾问题。缺乏交通基础设施规划编制、金融支撑、风险管控、区域执法等关键性工作的统筹规划，存在"唱独角戏""一头冷一头热"等现象，综合交通协作机制与利益共享机制有待进一步完善。三是新基建赋能传统交通基础设施活力有待释放。成渝中部地区新基建发展较为滞后，传统交通基础设施数字化、智能化、绿色化改造不足，"建管养运"全链条与"智慧交通"一体化建设有待加强；交通大数据目录及信息共享中心建设滞后，亟须强化交通大数据与政务大数据等各类数据互联互通。

三 成渝中部地区高质量一体化发展的对策建议

成渝中部地区高质量一体化发展是深化成渝地区双城经济圈建设、为川渝两地高质量发展注入新动能与拓展新空间的关键突破口，必须注重抢抓国家重大战略叠加机遇，以科技创新推动产业创新，统筹深层次改革和高水平开放，把握城乡区域协调发展新形势新要求，以满足人民群众对美好生活的新期待。

（一）抢抓国家重大战略叠加机遇

注重抢抓国家重大战略叠加机遇，更加主动协同联动国家重大战略，持续将比较优势转化为发展胜势。国家赋予成渝地区多个国家重大战略以及若干战略性综合定位、全国重大平台和改革试点任务，现在到了强化战略融合联动发力的关键阶段，要更加注重战略衔接协同和各项政策系统集成。2024年4月，习近平总书记来渝视察，赋予重庆奋力打造新时代西部大开发重要战略支点、内陆开放综合枢纽"两大定位"，要求重庆在发挥"三个作用"上展现更大作为，强调要"更加主动服务对接区域重大战略""主动融入和服务国家重大战略"。重庆要以高度的政治自觉和行动自觉，把推动双城经济圈建设与共建"一带一路"、西部陆海新通道、推动长江经济带高质量发展、新时代西部大开发、国家战略腹地建设等有机衔接，与京津冀、长三角、粤港澳大湾区等区域重大战略协同对接。成渝中部地区要深入研究在诸多国家重大战略中如何精准定位、发挥更大作用、特色化差别化探索改革创新，如何在大棋局中落子形成互联互通、协同联动格局，如何因地制宜加快发展具有成渝中部辨识度、整体竞争力的现代化产业体系等重大问题。

特别需要指出的是，成渝中部地区是"双城""双核"联动联建、提升发展能级的关键支撑，具备率先开展国家战略腹地建设的极佳要件。要以建设国家战略腹地先行区示范区为切入点，主动承接国家战略腹地建设重大任

务，积极争取国家重大生产力在成渝中部地区"增量"布局，推动国家战略科技力量在成渝中部落地，围绕战略性产业基地、战略性物资储备基地、战略性基础设施项目积极争取重大项目落地，大力加强央地协作，谋划建设一批满足产业重大创新需求的工程技术中心、科技创新中心，推动国家重要物资储备基地、重大公共卫生及应急中心等重大平台性、功能性设施在成渝中部地区布局建设，构建军民融合发展新机制，探索打造新质生产力和新质战斗力增长极的西部样板区。要创新东中西部开放平台对接机制，共建跨区域产业合作园区，有序承接长江经济带沿线和东部沿海产业转移，全面提升服务全国大局的显示度、贡献度。

（二）以科技创新推动产业创新

注重以科技创新推动产业创新，着力打造以先进制造业为支撑的现代化产业集群，因地制宜加快发展新质生产力。新质生产力代表科技革命和产业变革的新趋势，是符合新发展理念的先进生产力质态，产业是新质生产力的具体表现形式。成渝中部地区产业基础配套完善、产业成长性较好，是新质生产力茁壮成长的沃土。要牢牢把握高质量发展这个首要任务，把发展新质生产力作为推动高质量发展的重要着力点，以科技创新引领现代化产业体系建设，围绕布局自主可控的产业链供应链，共同打造世界级智能网联新能源汽车零部件软件、全国领先的高端电子元器件和国内重要的先进材料等产业基地，加快塑造新动能、培育新优势。要发挥超大市场规模和丰富应用场景优势，推动大数据、区块链、人工智能、云计算、物联网、数字孪生等关键数字技术大规模集成应用，围绕"智改、数转、网联"促进传统产业升级，引导区域内中小企业"上云""用数""加芯""换线"，加快构建"产业大脑+未来工厂"新生态，适度超前布局算力数字中心等一批新型信息基础设施，打造特色鲜明的区域数智供应链集聚区。大力培育"低空+物流""低空+文旅"等新产业新业态新模式，在农产品、能源等领域大胆创新突破，同步储备人工智能、航天科技、生物制造等未来产业技术，协同增强新质生产力的科技支撑。新质生产力是绿色生产力，要加快绿色科技创新和先进绿色技术推广应用,开展近零低碳园区、绿色园区、绿色工厂和绿色供应链试点,壮大绿色制造体系,发展现代特色高效农业,深化绿色金融改革创新试验,加快推进氢能示范应用,打造绿色低碳产业先行示范区。深化产学研金商联盟,加大科技成果在地转化力度,协同建设一批国家级高新技术产业化基地,梯度培育专精特新中小企业、高新技术企业和"小巨人"企业,统筹布局一批概念验证中心、小试中试平台,打造成渝地区中部科创大走廊,形成双城经济圈创新研发在双核+成果转化在中部的科—创—产协同创新大格局。发挥成渝高教资源丰富和成渝中部地区职业教育发达的优势,培养大量熟悉掌握运用新质生产资料的高素质应用型人才,健全契合城乡融合发展要求的就业创业政策服务体系,着力吸引大学生等青年人才返乡就业创业。

(三)统筹深层次改革和高水平开放

注重统筹深层次改革和高水平开放,进一步全面深化改革开放,充分激发内生动力活力。改革开放是当代中国大踏步赶上时代的重要法宝,是决定中国式现代化的关键一招。党的二十届三中全会重点研究进一步全面深化改革、推进中国式现代化问题,这是又一次重大契机。要谋划新一轮全面深化改革开放,强化数字化变革和深化重点领域改革"双轮驱动",推动以数字化牵引进一步全面深化改革,加快打造向西向南开放新的综合枢纽重要承载区。要打破思维定式和路径依赖,围绕培育壮大市场主体和激发创新创造活力,打造川渝统一开放大市场的合作先行区,加快高标准市场体系建设,积极培育一批资本、技术、人才、数据、土地等区域性要素市场,着力深化科技创新体制机制、促进城乡融合发展体制机制等重点改革,引导各类先进优质生产要素顺畅流动、优化配置和高效聚集。要合力畅通开放通道,以天府国际机场、规划中的重庆新机场、成渝铁路、高速公路以及长江黄金水道等为依托,积极发展规模化水公铁空多式联运体系,无缝接驳中欧班列和西部陆海新通道。要进一步完善升级成渝中部地区的口岸和保税功能,高标准建设枢纽港产业园、生命科技城和面向东盟的进出口商品集散分拨中心,推动川渝两地自由贸易试验区拓展功能、共建高能级开放平台,做大做强通道经济、枢纽产业、保税经济,壮大转口贸易、离岸贸易、跨境电商、数字贸易等新业态,持续放大"通道+物流+经贸+产业"联动效应。要积极推动"引进来、走出去"双向互动,一方面,打造市场化法治化国际化一流营商环境,在企业投资、公共服务等领域推进川渝无差别的"一网通办"改革,招引国际国内知名企业在成渝中部地区寻找合作商机;另一方面,大力支持成渝中部地区有条件的企业及名优产品联手开展"出海行动",积极拓展国际市场。要抢抓已签署的RCEP、中欧CAI生效和推动加入CPTPP、DEPA等重要契机,稳步扩大制度型开放,更加主动对接高标准国际经贸规则,创新陆上贸易规则,在投资负面清单管理、行政权力清单管理、知识产权保护、竞争中立等领域开展先行先试,在跨境电商、航空货运、高铁快运、铁海联运等领域开展首创性差异化规则创新,深化服务贸易、数字贸易、绿色贸易等新型贸易方式制度创新,打造全国海陆并进的内陆制度型开放样板。

(四)把握城乡区域协调发展新形势新要求

注重把握城乡区域协调发展新形势新要求,创新统筹推进新型城镇化和乡村全面振兴思路,积极探索促进城乡融合发展、共同繁荣新路子。区域协调发展是推动高质量发展的题中应有之义、实现共同富裕的内在要求。成渝中部地区山水相邻、人文相亲,推动区域城乡协同发展意义重大。要在成渝中部全域内优化国土空间布局和资源要素配置,统筹推进成渝中部地区区县城、小城镇、乡村建设,共同谋划建设一批毗邻地区特色小镇,配合实施"强镇带村"工程,带动周边区县城一体化发展,吸引人口和产业适度集聚,提升城镇综合承载力,加快融入和服务成都都市圈、重庆主城都市区。着力优化成渝中部地区国土空间开发保护格局,加强生态环境分区管控,因地制宜营造蓝绿交织、清新明亮、水城共融的"三生"空间,让城乡各美其美、美美与共。创新成渝中部地区大中小城市协同治理新思路,在产业、生态、社会、公共服务等领域探索规划同图共绘、建设同题共答、管理同网共治新机制,以高竹新区、遂潼新区等为重点,探索毗邻地区经济区与行政区适度分离的财税分账、产业投资、资源要素、公共服务等高效协同管理体制。

（五）满足人民群众对美好生活的新期待

注重满足人民群众对美好生活的新期待，携手创造宜居宜业高品质生活，奋力打造超大城市现代化治理新范例。中国式现代化，民生为大。要深入践行人民城市理念，在更大范围内推动毗邻地区公共设施互联互通和基本公共服务设施统筹布局，打通公共政策和体制机制卡点、堵点，推动双城经济圈"双核"优质的教育文化、医疗卫生、养老托幼等资源向成渝中部地区扩散，增强基本公共服务的均衡性可及性，让人民群众就近享受无差别品质化公共服务，打造成渝中部地区高品质生活宜居城市、幸福乡村。要运用数字化技术为成渝中部地区基层治理与美好生活赋能，建好用好"渝事好商量·有事来协商"等共商平台，进一步拓展"大场景、小切口"典型共享场景应用，梳理毗邻地区高频公共服务事项，加快在"渝快办"和"天府通"App上实现更高效率、更高质量"线上通办"。推动成渝中部地区城乡基层治理机制重塑、资源重组和功能重整，探索在基层智治体系将党的建设、民生服务、平安法治等业务板块进行跨区域、跨行业集成，打通用户体系和数据壁垒，完善闭环化、数智化、一体化工作模式，建立健全"大综合一体化"城市综合治理体制机制，提高城市基层精细化治理、精准化服务水平，为探索超大城市现代化治理新路子发挥示范作用。

参考文献

《习近平：强化协同创新和产业协作》，《中国人才》2023年第6期。

《中共中央 国务院关于建立更加有效的区域协调发展新机制的意见》，2018年11月18日。

《中共中央 国务院关于新时代推进西部大开发形成新格局的指导意见》，2020年5月17日。

高国力、贾若祥、张燕等：《长三角更高质量一体化发展的新要求及上海的抓手》，《科学发展》2019年第10期。

B.19
推动成渝地区双城经济圈产业高质量协同发展的思路和对策

重庆市综合经济研究院课题组[*]

摘　要： 产业协同是成渝地区双城经济圈打造带动全国高质量发展的重要增长极和新的动力源的核心所在。2020年以来，在党中央、国务院的坚强领导下，川渝两地同向发力、同频共振，加快构建高效分工、错位发展、有序竞争、相互融合的现代化产业体系，产业协同发展成效显著，但协同水平有待提高、协同发展机制和平台还不健全。建议川渝两地紧扣"一体化"和"高质量"两个关键，优化产业一体布局、完善产业协同机制、推动产业政策衔接、升级产业协同平台，协同壮大区域新质生产力，加快建设全国经济增长"第四极"。

关键词： 成渝地区双城经济圈　产业协同　新质生产力

产业协同是不同产业或同一产业链上各环节之间的合作与协调，以实现资源互补、优势互补，提升整体竞争力和效益的过程。区域产业协同是区域一体化的基础和关键。2024年4月，习近平总书记在重庆考察时指出，重庆、四川两地要紧密合作，将支柱产业作为发展新质生产力的主阵地。7月召开的党的二十届三中全会强调，完善实施区域协调发展战略机制，健全提升产业链供应链韧性和安全水平制度。推动成渝地区双城经济圈建设以来，

---

[*] 课题组成员：丁瑶、邓兰燕、曹亮、李林、汪婧、贾静涛、邱婧、夏梁颖，研究方向为宏观经济、区域经济、城市经济、空间经济、计量经济。

川渝两地同奏产业协同"交响曲",加快推动产业协同发展,为联合打造现代化产业体系、携手冲刺世界级产业集群奠定了坚实基础。

一 成渝地区双城经济圈产业协同成效显著

(一)以先进制造业为骨干的产业协同机制加快完善

川渝两省市强化政策协同,共建优势产业链,共计成立了5个专项组,围绕一二三产业全面合作,以制造业为先行和重点领域,签署了系列产业协作方案和协议。一是制造业领域,成立先进制造业与数字经济联合专项组,联合出台汽车、电子信息、装备制造、特色消费品、铝材料等5个行业协同方案,明确统一产业发展目标和重点任务。二是服务业领域,以现代金融、现代物流和文化旅游为协同重点,成立现代金融、口岸物流、文化旅游3个专项组,配合国家相关部门联合出台《成渝共建西部金融中心规划》《巴蜀文化旅游走廊建设规划》,联合制定《共建成渝地区双城经济圈口岸物流体系实施方案》。三是农业领域,成立现代农业专项组,联合出台《成渝现代高效特色农业带建设规划》。此外,川渝两省市还建立了协同招商机制,推动区域总体协同招商、毗邻地区联动招商、示范园区精准招商、创新宣传共建品牌招商,协同举办两届成渝地区双城经济圈全球投资推介会。

(二)以共建世界级先进制造业集群为核心的现代化产业体系加快构建

川渝两省市以共建世界级先进制造业集群为主抓手,突出链主企业带动作用,深化产业分工协作和相互配套赋能,初步形成电子信息、汽车、装备制造、特色消费品等4个万亿级产业集群,双城经济圈现代化产业体系不断完善。一是从产业竞争力看,2023年两地拥有整车企业45家,规上零部件企业超1600家,共生产汽车329.3万辆,占全国总产量的10.9%,其中,

新能源汽车产量为65.2万辆，占全国比重为6.9%，汽车制造业产值达8100亿元。川渝电子信息产值突破1.6万亿元，手机产量达2.3亿台、占全国的14.7%，实现全球2/3的iPad、1/2的笔记本电脑、1/10的智能手机、全国21%的动力电池为"川渝造"，成渝地区成为全球最大的OLED生产基地，成渝地区电子信息先进制造集群入选国家先进制造业集群。2024年1~6月，两地汽车产量达160.16万辆，同比增长7.9%，占全国比重从上年同期的11.3%提升至11.5%。其中，新能源汽车产量为43.5万辆，同比增长117.2%，占全国比重从上年同期的7.0%上升到8.9%。受国际严峻复杂环境影响，两地微型计算机产量从上年同期的6999.64万台减少到5762.82万台，占全国比重从上年同期的53.4%下降到36.6%。二是从产业协同配套看，两省市发挥长安、赛力斯、沃尔沃、宁德时代、京东方等链主企业牵引带动作用，集聚链群企业配套，推动川渝地区汽车、电子信息产业配套率分别提高至80%和50%。尤其是智能网联新能源汽车领域，重庆发挥整车制造优势，四川发挥动力电池制造优势，加快共建成渝"氢走廊""电走廊""智行走廊"等重大应用场景，双城经济圈汽车产业链供需信息对接平台汇聚川渝两地整车及零部件企业5709家，促成400余家企业相互合作，累计配套资金超400亿元。

（三）以引领型园区、产业合作示范园区共建为重点探索产业平台协同发展成效初显

川渝两地通过共建产业合作示范园区、设立跨省市毗邻地区平台等举措，深化产业协同，激发双城经济圈高质量发展强劲动能。一是引领型园区带动产业链提档升级作用不断增强。以国家级新区、高新区、经开区等为引领，协同打造产业协同发展重要承载空间。两江新区与天府新区共建汽车、电子信息、科技创新、文创会展、现代金融、数字经济、总部经济、生物医药八大产业旗舰联盟，集聚企业近400家。实施共建无水港、共建国家软件产业地标、共设新经济创新发展基金、共办重大展会等一批合作项目，与四川港航成立合资公司，联动发展长江上游港口航运物流。加强与宜宾合作，

签署新能源汽车产业协同发展合作协议,共同打造新能源汽车产业创新联合体。深化与广安合作,提升与川渝高竹新区产业链配套协同水平,推动与邻水县共建无水港。二是积极推动产业合作示范园区成为产业合作新空间。两省市积极推动区位产业相近、资源要素互补的园区制造业协同发展,推动构建产业链供应链互利共赢合作体系,已遴选两批次35个园区作为成渝地区双城经济圈产业合作示范园区。各园区以产业生态构建、产业集群发展、产业优化布局等为重点,积极探索创新交流合作新举措。高竹新区作为全国首个跨省共建省级新区在共建产业平台发展方面取得积极经验,实现两省市共同出地、共同出资、共同出人,以"领导小组+管委会+国有公司""小管委会+大公司"运行管理模式推动园区高效运行。

(四)以科技创新为引领的产业协同创新体系持续健全

围绕建设具有全国影响力的科技创新中心,川渝两地创新政策体系持续健全,创新平台建设质效不断提升,协同创新水平和科技转化能力不断增强。一是协同创新顶层设计不断完善。联合科技部、国家发展改革委等12个部门印发《关于进一步支持西部科学城加快建设的意见》,深入推进西部(成都)科学城、西部(重庆)科学城、绵阳科技城建设。联合制定出台《关于推动川渝共建重点实验室建设的实施意见》《川渝共建重点实验室建设与运行管理办法》《川渝科研机构协同创新行动方案》,加快整合川渝两地创新资源,持续推动川渝创新主体融合发展。二是重大创新平台加速集聚。西部科学城建设深入推进,成渝综合性科学中心启动建设,累计实施川渝科技创新合作计划项目161个。中新(重庆)超算中心、国家超级计算成都中心等创新数据和算力相互开放。两省市19家全国重点实验室完成优化重组,首批4家天府实验室和金凤实验室启动运行,累计建成国家级创新平台300余个。新建代谢性血管疾病、数字经济智能与安全、中药新药创制等3家川渝共建重点实验室。三是产业技术创新不断取得新突破。聚焦电子信息、装备制造、生物医药等川渝优势产业,自2020年起联合实施川渝科技创新合作计划,两省市累计支持科技合作项目161项,研制出时速400公里高速列车节能辅助驾驶系统、"永仁心"心室辅助循环技术等一批创新成果并实现应用。四是产学研协同创新持续深化。两省市科研单位新签署科技创新合作协议3个、总数达到12个,联合组建了川渝技术转移联盟、科研院所联盟、大学科技园联盟等协同创新机构,加快推进川渝高校院所、企业抱团发展,实现合作共赢。目前,两省市已经整合共用大型仪器设备约1.3万台(套),联合共享科技专家近3万名。2023年川渝技术合同登记成交额突破2800亿元,科技创新资源集聚力和转化力持续提升。

(五)以片区合作联动促进川渝产业协同发展空间格局不断优化

成渝"双核"、中部地区、南北两翼围绕各自发展目标和功能定位,因地制宜发展特色产业功能,形成了差异化、联动式的发展格局。一是成渝"双核"积极推动"研发+高端制造"集聚发展。重庆主城都市区、成都市作为成渝产业发展的主阵地,特别是中心城区作为区域总部经济、研发设计、金融等领域集中布局区域,对产业发展的支撑引领作用更加凸显。如成渝作为重要的新能源汽车产业基地,已基本形成"研发在双核,核心零部件生产在周边"布局。成渝"双核"作为加快建设国家重要先进制造业中心的核心承载区,已经成为数字经济、电子信息、智能网联新能源汽车、先进材料等行业的重要承载空间。二是成渝中部地区积极承接"双核"产业转移和配套助推产业提档升级。成渝中部地区根据自身产业发展特色和区位条件,积极承接"双核"产业转移,大力开展产业链协同分工。成渝中部地区在制造业、文旅融合、农业现代化等产业方面开展紧密合作,促进协同效应不断增强。如内江与荣昌不断深化多层次合作,联合开展荣昌猪、内江猪品种资源开发利用,发展稻渔、生猪、油茶等产业。三是南北两翼以毗邻平台协作为重点积极推动产业合作。渝东北川东北、川南渝西地区是成渝交界地带,具有产业协作的基础和传统。南北两翼围绕"完善配套,抱团发展",推动汽车零部件、电子信息、新材料、消费品制造等制造业延链补链。围绕生态旅游、山地特色农业发展,促进区域产业增量提质。

（六）产业园区之间交流融合日益频繁

基于手机信令数据①的分析整理和结构化分析发现，随着双城经济圈建设的深入，2024年1~6月，川渝两地人口流动规模更大、流动也更频繁（见图1），"双核"重点园区之间、毗邻地区园区之间人员交流互动合作愈发紧密，表明川渝两地产业协同发展、融合发展态势进一步巩固。一是从整体上看，川渝两地重点园区联系紧密度加快提升。2024年1~6月，涵盖国家级新区、国家级高新区、国家级经开区、综合保税区等在内的川渝34个国家级产业园区（重庆14个，四川20个）互访人数累计超2000万人次，月均348万人次，同比增长47.2%。大规模、高频次的人员流动，带来的是园区内重点企业的技术交流和业务合作，也为川渝共建产业链供应链提供有力保障。二是"双核"园区联系紧密度最高，国家级新区是人员流动的主要载体平台。2024年1~6月，重庆中心城区和成都市"双核"的重点园区月均互访人数达到258万人次，占川渝两地园区人员交流总数的74.1%。其中，两江新区与天府新区、两江新区与成都经开区、两江新区与成都高新区之间的互访人数位居川渝重点园区人员流动前三。这就表明，相比其他园区，作为国家级新区，两江新区和天府新区之间及与其他园区之间的人员交流规模日益扩大，川渝两地推动全方位产业协同发展的主阵地作用更为明显。三是毗邻地区园区人员往来日益频繁，协同发展潜力较大。2024年1~6月，川渝毗邻地区园区人员月均往来人数达42.5万人次，占川渝两地园区人员交流总数的12.6%。随着川渝毗邻地区产业合作的持续深入，毗邻

---

① 手机信令数据主要包括三个方面，一是跨省流动数据：①川渝人口流入数据，即外省常住联通用户在重庆/四川出现过且驻留时间超过3小时的用户总数（已剔除火车站、机场驻留用户），再根据扩样模型得到总人次。②川渝人口流出数据，即重庆/四川常住联通用户在外省出现过且驻留时长超过3小时的用户总数（已剔除火车站、机场驻留用户），再根据扩样模型得到总人次。二是川渝人口内部流动数据：重庆（四川）常住联通用户在四川（重庆）出现过且驻留时间超过1小时的用户总数（已剔除火车站、机场驻留用户），再根据扩样模型得到总人次。三是职住出行数据：重庆（四川）常住联通用户在当日19~24时和次日0~8时两个时间段的驻留点（驻留时长超5小时）为重庆（四川），当日9~18时驻留点（驻留时长超4小时）为四川（重庆）的用户总数，再根据扩样模型得到总人次。

地区园区人员往来有望实现高速增长。特别是依托川渝毗邻合作平台，毗邻地区各类园区之间的产业相互补充、相互配套、互动融合发展趋势将更为明显。

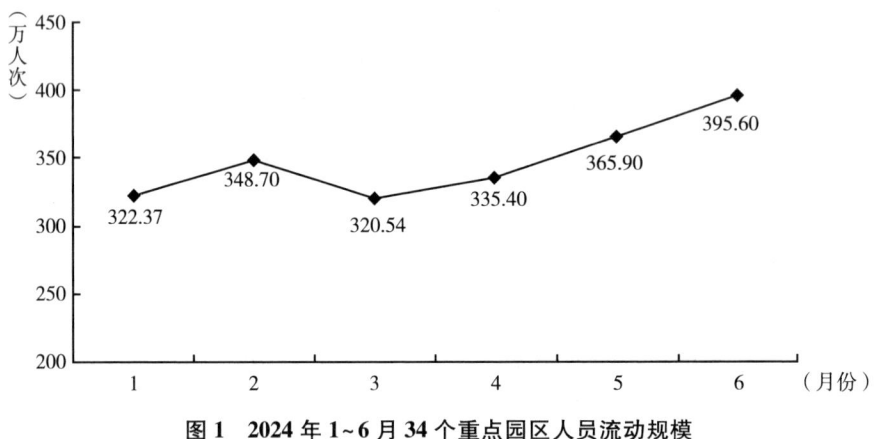

图 1　2024 年 1~6 月 34 个重点园区人员流动规模

专栏 1：重点监测的川渝 34 个园区

重庆（14 个）：重庆两江新区、重庆高新技术产业开发区、永川高新技术开发区、璧山高新技术开发区、荣昌高新技术开发区、重庆经济技术开发区、万州经济技术开发区、长寿经济技术开发区、两路果园港综合保税区、江津综合保税区、涪陵综合保税区、万州综合保税区、永川综合保税区、西永综合保税区。

四川（20 个）：四川天府新区、成都高新技术产业开发区、德阳高新技术产业开发区、自贡高新技术产业开发区、攀枝花高新技术产业开发区、绵阳高新技术产业开发区、泸州高新技术产业开发区、内江高新技术产业开发区、乐山高新技术产业开发区、成都经济技术开发区、德阳经济技术开发区、广元经济技术开发区、遂宁经济技术开发区、内江经济技术开发区、绵阳经济技术开发区、宜宾临港经济技术开发区、广安经济技术开发区、成都双流园区、成都高新综合保税区、绵阳出口加工区。

二 存在的主要问题

(一) 产业联动协同发展不足

一是产业错位联动发展不足。川渝两地资源禀赋相似、发展水平相当、产业布局门类趋同,特别是在电子信息、汽车、装备制造、生物医药等产业领域同质化明显,两地产品配套和供应链过于专注本地区域,优势互补、错位发展、配套联动的产业协同发展水平有待提升。例如,四川对重庆纺织服装、电力热力、非金属矿、石油天然气、仪器仪表等跨区域中间投入需求较大行业的配套供给不足,重庆与四川金属冶炼加工、通信设备软件信息等跨区域中间投入需求较大行业的产业关联度较低。二是产业协作的深度广度不够。川渝两地产业合作主要集中在生产配套等产业链低端环节,制定标准、联合研发、共同拓展市场、商贸平台互用、金融创新、服务机构互设互认、服务外贸等产业链高端环节合作较少,产业链与创新链、资金链、市场链、价值链等多链融合发展水平较低。

(二) 协同发展机制还需完善

一是地方利益最大化制约两地产业合作。现有省际协调联动机制还未根本打破各自为政的局面,川渝两地各级地方政府在招商引资、资源配置过程中,依然存在维护地方利益、暗自竞争的情况,制约了跨地区产业合作和要素自由流动。尤其是毗邻地区合作平台尚未建立成本分担、利益共享、GDP统计分算等长效机制,依然存在同质化无序竞争和资源错配等问题。二是产业协同机制有待强化完善。近年来,川渝两地政府通过高层互访、签订合作协议等形式建立了产业合作机制,但普遍缺少具体落地实施的"路线图",形式大于实效,需要进一步细化产业链各环节协作的布局规划并强化考核评估。此外,两地产业协作多为政府主导推动,市场机制作用发挥不充分,产业联盟、商会等产业组织的协同能动性还未充分释放。

（三）政策体系一体化程度不高

一是产业政策差异较大。两地涉企优惠政策、税费征收、市场经营许可、资质互认、行政处罚裁量基准等标准尚未统一，毗邻地区合作园区内企业因为注册地不同而在企业奖补、产业扶持方面享受不同的优惠政策。对绿色企业和产业项目的认定，重庆市绿色项目入库要求项目主体近三年内未发生重大环境污染及生产安全事故，四川省则为两年。二是要素市场一体化的政策体系有待健全。人力、资本、技术、土地等要素市场一体化政策体系尚未有效建立，要素跨区域自由流动受限。劳动力要素还未实现管理联动、政策统筹、人才认定结果互认等，就业创业扶持政策也存在差异。土地要素市场面临城乡二元土地分割、农村土地市场发育不足、用地指标无法跨省市交易和转移等制约。此外，川渝两地水、电、气、讯、土地等要素价格差异大，影响两地资源要素市场化配置水平，重庆工业电价高于四川方面0.1~0.2元/度，毗邻地区最低工资标准也普遍高于四川。

（四）产业发展平台协同不够

一是高能级平台谋划和建设竞争激烈。川渝两地在申请各类国家试点示范区、开发区，建设各类产业园区，建设地方创新基础平台等方面竞争明显，平台错位、协同发展不足。二是现有平台整合利用不充分。目前，川渝两地均已搭建一批产业开发开放发展平台，但平台目前主要辐射本行政区域。重庆中新项目对四川以及周边其他省市的辐射带动作用发挥不够，两地自贸试验区改革探索缺乏互动性和互补性。两地共同运营的中欧班列（成渝）品牌以及西部陆海新通道没有实现真正的共建共享，在实际运营中，两地依然通过补贴和优惠政策来抢夺货源和市场。重庆为成都产品出海中转、成都为重庆产品北上中转的合作较少。

三 对策建议

（一）推动区域产业一体化布局

以区域优势制造业集群、未来产业等新质生产力和国家战略腹地与关键产业备份为重点，协同优化区域重大生产力布局，提升产业链分工协作水平。一是优化世界级制造业集群区域布局。围绕汽车、电子信息、装备制造、特色消费品等共建世界级制造业集群，构建研发在"双核"、配套在周边、链式配套、梯度布局的生产力格局。"双核"重点布局科技研发、工业设计、检验检测、总集成总承包等高价值高成长型生产力，重点引进培育税收千万级项目和企业。成渝中部、川东北渝东北地区承接一般性制造业以及原材料供应、零部件配套、加工组装等生产环节梯度转移。在渝西地区和渝东新城加大力度布局供应链管理、现代物流、低碳环保、产业电商、商务会展等生产性服务业。支持重庆库区山区因地制宜发展绿色消费品、绿色能源等产业。二是加快未来产业布局。抢抓未来产业新风口，前瞻布局元宇宙、可控核聚变、量子科技、航空航天、能源算力等未来产业和高成长性行业。川渝两地协同争取区域生物医药、智能装备纳入国家先进制造业集群和国家战略性新兴产业集群予以支持。联合申报低空运行试点，加强在"空域开放"和"场景打造"等领域合作，率先打造一批典型应用场景。提质发展大学科技园和环大学创新生态圈，建设大规模专业型市场化科技企业孵化器。三是深化建设国家战略腹地和关键产业备份。聚焦战略领域和关键环节，争取央企集团优先在成渝布局研发生产增量，争取布局央企总部或区域总部。构筑国家产业转移"拦水坝""蓄水池"，高水平承接京津冀、长三角、粤港澳等东部地区产业链整体转移、供应链协同转移。支持川南渝西地区打造承接产业转移示范区，优先承接生产力转移布局。

（二）完善产业协同发展机制

建立健全共同争取国家支持、强化产业一体顶层设计、加强产业合作利益分享等机制，助推两地优势产业加快整合。一是健全协同争取国家支持工作机制。川渝两地应加快建立联络机制和工作协调机制，共同争取国家出台双城经济圈建设"十五五"规划或实施方案，在制定东部产业转移有关政策文件时，明确川渝两省市为重点承载区。共同争取国家在产业重大项目及资源布局方面向成渝地区倾斜，争取国家关键零部件、关键材料、关键软件技术在川渝布局。争取国家加大对成渝地区财税、金融、用地等政策支持力度，如争取国家增加川渝天然气供应指标量和新增天然气产量切块留地方自主支配，进一步降低工业用气价格。二是健全区域产业合作协调机制。共同成立成渝地区双城经济圈产业协同发展推进小组，定期召开联席会议，共同研究产业规划布局、重大产业项目推进、产业配套服务一体化建设等事项。推动区县、开发区、行业协会及市场主体等建立多层次专项合作机制，建立沟通协调机制，共同谋划和推进重大产业合作项目和事项。三是共同探索产业合作利益分享机制。探索建立成渝地区内部产业转移项目输出地与承接地的 GDP 分计、税收分成机制，产业合作项目带来的新增增值税、所得税等地方留成部分按比例在合作城市之间分成共享。建立健全跨区域总部经济财税利益分配机制，合理均衡企业总部与分支机构所在地的财税利益分配关系。依托川渝毗邻地区共建川渝合作示范区，推动两地在企业迁移、飞地经济、园区共建等方面进一步探索共建共享机制。联合国家有关部门共同成立产业协同发展基金，用于发展具有全国影响力的共建互惠产业项目，根据项目的使用、受惠情况，协商确定各方出资比例和权益分配。

（三）构建区域一体产业政策

按照一体化、均等化理念，加大区域要素市场、商事制度、市场准入、信用体系等政策协同力度。一是推进要素市场一体化。推动经济区和行政区适度分离，建立统一开放的人力资源、资本、技术、土地、产权交易等各类要素市场，实现生产要素跨区域合理流动和优化配置。完善区域性股权市场，推动两地联合产权交易所、农村土地交易所等既有交易场所跨区域合作互联，共同打造统一的大宗商品、国有产权和公共资源、农村土地产权、技术和知识产权等要素交易市场。支持区域内行业企业以合资兴办实体、联合投资等形式筹集资金。二是统一商事制度。深入推进"放管服"改革，推动区域内政务服务一体化和均等化。共同深化商事制度改革，统一企业登记标准，实行统一身份的认证互认、统一名称自主申报的行业字词库、统一企业的经营范围库，协同开发川渝两地登记档案的智慧查询系统。推动两地市场主体的数据共享，共同编制发布成渝地区双城经济圈数据分析报告。三是统一市场准入制度。建立区域内统一的市场主体准入条件、标准、程序和体系，营造各类企业平等竞争的市场环境。严格落实国家统一市场准入负面清单制度，统一环保准入负面清单政策，推动两地工业产品及服务相互纳入政府采购目录，积极引导和鼓励区域内重点项目优先采购川渝生产的重大技术装备产品。四是统一信用体系。探索成渝两地联合授信，支持两地银行机构将双城经济圈范围内企业的授信、贷款视为同城授信、贷款。强化两地金融机构在项目规划、项目评审评级、授信额度核定、信贷管理及风险化解等方面合作。加强区内企业诚信管理，实现区域市场主体公共信用联合奖惩。

（四）提升壮大产业协同平台

以产业开放和产业创新为重点，协同提升产业发展平台能级，壮大区域产业协同的平台承载力和牵引力。一是共同提升产业开放平台能级。推动两江新区、天府新区协同开放，加强自贸试验区制度创新联动，建设川渝自贸试验区协同开放示范区。大力推进西部陆海新通道建设，全面提升中新互联互通水平，加快融入南向国际经济走廊，统筹推进国际开放大通道共建共享，协同优化中欧班列（成渝）组织运营机制。推进国际科技创新合作平台建设，建立国际科技合作基地，推动国（境）外人才和智力资源共享，积极筹备与四川共同举办"一带一路"科技交流大会。共建公共海外仓和国际营销平台，提升区域外经贸综合服务平台服务能力，推动两地保税（港）区联动高水平发展。二是共建产业共性技术创新平台。推动四川6个重大科技专项与重庆"5+8"技术创新体系对接，提升成渝综合性科学中心、西部科学城等载体能级，持续争取央企、国家科研院所、高水平大学等

国家战略科技力量布局川渝。加快建设天府实验室、重庆实验室以及中国地震科学实验场、超瞬态实验装置等大科学装置，加强国省（市）实验室功能集成。共建成渝中部科创走廊，加大力度布局概念验证中心、中试基地等平台，支持毗邻地区共建产业园区建设"技术研发中心—中试基地—产业化"联盟，协同建立针对基础研究的接续支持机制，促进"二次开发""沿途下蛋"，推动创新成果更好地从实验室走上生产线。

参考文献

《合作机制不断优化　产业协作持续深入　双城经济圈建设形成一批具有辨识度的标志性成果》，《重庆日报》2024年1月3日。

《唱好"双城记"打造增长极　推动双城经济圈建设取得重大标志性成果》，《重庆日报》2024年2月19日。

《重庆四川党政联席第九次会议举行成果发布会》，《重庆日报》2024年6月21日。

《川渝政协聚焦重大生产力布局　联合协商优化助推"双圈"建设》，《重庆日报》2024年9月6日。

姚树洁、房景：《发展新质生产力推进成渝地区双城经济圈国家战略腹地建设》，《重庆大学学报》（社会科学版）2024年第4期。

B.20 成渝地区双城经济圈"六江"生态廊道建设形势分析与预测

李萍 蔡建军 黄雪飘[*]

摘　要： 长江、嘉陵江、乌江、岷江、涪江、沱江等"六江"生态廊道是连接成渝地区双城经济圈的天然纽带，对于保障成渝地区双城经济圈经济社会可持续发展具有关键作用。当前，"六江"生态廊道面临生态系统敏感、生态廊道断裂、地质环境脆弱、林地质量欠佳、生态功能退化等生态问题。在跨区域治理方面，成渝地区存在协同治理机制不完善、管控标准不统一、治理能力待提升等问题。为科学统筹"六江"生态廊道整体保护、系统修复、综合治理，重庆市、四川省人民政府联合印发《成渝地区双城经济圈"六江"生态廊道建设规划（2022—2035年）》，作为川渝两地推进"六江"生态廊道建设，开展生态共保、生态共建、生态共享的重要依据和空间指引，旨在提升川渝两地跨区域、跨流域协同治理能力，共筑长江上游重要生态屏障，助推成渝地区双城经济圈建设，实现长江经济带绿色发展。

关键词： 成渝地区双城经济圈　生态廊道建设　长江上游生态屏障　生态保护修复

以习近平同志为核心的党中央高度重视成渝地区双城经济圈发展。2021

---

[*] 李萍，重庆市规划和自然资源局国土空间生态修复处处长，长期从事国土空间生态修复工作；蔡建军，重庆市规划和自然资源局国土空间生态修复处副处长，长期从事国土空间生态保护修复工作；黄雪飘，重庆华地资环科技有限公司纪委委员、生态修复所党政负责人，主要研究方向为生态修复规划与设计。

年10月，中共中央、国务院印发《成渝地区双城经济圈建设规划纲要》，明确要求"构建以长江、嘉陵江、乌江、岷江、沱江、涪江为主体，其他支流、湖泊、水库、渠系为支撑的绿色生态廊道"。自然资源部深入指导，推动成渝地区双城经济圈国土空间保护利用格局不断优化，确保党中央、国务院决策部署落到实处。重庆、四川两省市党委、政府深学笃用习近平生态文明思想，从生态共保、共建、共享3个方面，科学开展"六江"生态廊道整体保护、系统修复和综合治理，联合印发了《成渝地区双城经济圈"六江"生态廊道建设规划（2022—2035年）》（以下简称《规划》），致力于以更高站位、更宽视野、更大力度进行区域绿色发展协作，以高品质自然资源和生态环境支撑美丽中国先行区建设。

一 "六江"生态廊道建设概况

长江、嘉陵江、乌江、岷江、涪江、沱江等"六江"生态廊道是连接成渝地区双城经济圈的天然纽带，具有多种重要生态系统服务功能，如水土保持、净化空气、调节气候、保持生物多样性、提升碳汇能力等。该区域串联成渝双核及46个重要节点城市，总面积约3.51万平方公里，不仅是保障成渝地区双城经济圈经济社会可持续发展的重要支撑，更是区域构建绿色生态屏障、推动生态文明建设、实现生态平衡与绿色高质量发展的核心区域。

"六江"生态廊道地处我国地势二、三级阶梯过渡带，地形起伏较大，地貌类型复杂多样，兼有高山、高原、中山、低山、丘陵和平原。区域河流水系发达，水资源总量丰富，但在时间分布上，水资源年际变化大、年内分布不均，每年5~9月降雨量占全年降雨量的70%以上。林地资源丰富，以乔木林地为主，占林地总面积的74.20%，灌木林地次之。生物多样性丰富，珍稀物种众多，是重要的生物栖息地。该区域拥有水杉、银杉、珙桐、红豆杉等国家一级重点保护野生植物，以及荷叶铁线蕨、丰都车前、疏花水柏枝等长江上游特有植物；拥有大熊猫、金丝猴、扭角羚、灰金丝猴、白唇鹿等国家一级保护动物，以及圆筒吻鮈、张氏𩷶、岩原鲤等38种长江上游特有鱼类。自然保护区、森林公园、湿地公园、地质公园等各类自然保护地分布广泛，各类自然保护地面积共2724.34平方公里，包括国家公园1处、自然保护区12处、自然公园85处。生态景观资源众多，以自然景观为主，有少量古文化遗址类和历史纪念地等人文景观。

该区域人口分布密集，社会经济活跃，资源环境承载压力较大。涉及四川省成都市、德阳市、广安市、乐山市、泸州市等13个市（州）53个县（市、区）333个乡（镇），重庆市潼南区、合川区、永川区、江津区、铜梁区等26个区县250个乡镇（街道）。区域内2020年常住人口2804.11万人，占成渝地区双城经济圈总人口的29.21%，人口密集区域主要分布在成都平原经济区和重庆中心城区。2020年规划区内涉及县（市、区）的地区生产总值为39451.88亿元，约占成渝地区双城经济圈地区生产总值的62.6%。

二 "六江"生态廊道建设面临的主要问题

"十三五"期间，川渝两地全面贯彻落实习近平生态文明思想，全面加强生态环境保护。开展大规模国土绿化，推进水环境整治，实施水土流失综合治理，城乡人居环境品质日益提升，生态系统质量持续向好，长江上游重要生态屏障构筑取得明显成效。但在长江大保护新形势、新要求下，"六江"生态廊道建设面临诸多挑战。

一是生态系统总体较脆弱。建设区内地形陡峭、土层浅薄、坡耕地分布广泛，碳酸盐岩地质特征显著，分布普遍且发育成熟，易形成水土流失和石漠化。其中，中度以上水土流失侵蚀面积和石漠化面积分别为2659.92平方公里和147.8平方公里。地质环境脆弱，消落区水位周期性变化加剧了岸坡地质灾害发生风险。其中，地质灾害高易发区4395平方公里。水资源丰富，但存在季节性缺水现象，局部存在工程性缺水等问题。主汛期（6~8月）降水偏多，受地形影响汇流急速，且部分区域防洪减灾体系不完善，导致暴雨洪涝风险较高。林地质量整体不高，存在退化趋势，树种单一，次生或人工针叶林约占森林面积的45%，抗风险和抗病虫害能力不足。

二是区域生态系统质量受人类活动干扰。城乡生态系统韧性不足，部分城镇河岸硬化，生态系统服务功能发挥不佳。乡村生态环境中农业面源污染问题有待改善，局地因坡耕地占比高，面临土层浅薄化、养分贫瘠化等退化风险。生物多样性受城镇开发影响面临挑战，森林、湿地等生态空间被挤占，生物栖息地被破坏，生态廊道阻断，生境呈现一定程度破碎化。此外，流域内分布大量水利枢纽工程，部分水利工程缺少过鱼设施，水生生物洄游通道被阻隔，洄游性鱼类和喜流水生活的鱼类资源下降明显。次级河流水质亟待提升，部分支流枯水期生态流量较小，存在水质达标不稳定或污染的情况。

三是跨区域治理能力不足。川渝两地跨区域管控规则标准不统一，包括生态环境准入要求、生态环境治理标准、生态修复标准等方面。跨区域协同治理机制不完善，跨界水污染治理协作的基本原则、纠纷协调处理机制、行政执法体系等仍不健全，跨区域常态化生态补偿机制尚不完善。跨区域治理能力有待提升，跨区域生态环境监测信息数据共享机制还不健全，沿江重大水环境污染、地质灾害、矿山环境破坏等突发事件的预测预警能力不足。

三 "六江"生态廊道建设原则和策略

（一）"六江"生态廊道建设原则

面对新时期生态文明建设的新要求，"六江"生态廊道建设应贯彻新发展理念，积极服务和融入新发展格局。坚持问题导向，解决"六江"突出生态问题，着力改善生态系统质量和稳定性，保障流域生态安全。坚持整体保护，协同治理。严守生态保护红线，保护重要生态空间和重要生态系统，严格执行耕地数量、质量、生态"三位一体"整体保护，优化土地利用结构，协同流域污染防治，推动跨界水体环境治理，深化跨区域生态环境同防共治。坚持生态优先，优化国土空间格局，促进由粗放发展向节约集约转变，助推成渝地区双城经济圈绿色发展。

（二）规划策略

《规划》全面落实《中华人民共和国长江保护法》和《成渝地区双城经济圈建设规划纲要》，以保障长江流域水环境质量、筑牢长江上游重要生态屏障、助力成渝地区双城经济圈建设为总体目标。规划策略主要体现在三个方面。

1. 强化生态共保，守住廊道生态安全底线

一是强化重要生态空间保护。规划区内生态保护红线面积3657.51平方公里，严守生态保护红线，按自然保护地核心保护区和其他区域进行分区管控。建立生态保护红线监管平台，强化生态状况监测和生态风险预警，加强生态保护红线保护成效考核评价。同时，加大对生态保护红线外的生态功能极重要、生态环境极脆弱区域以及位于生态保护红线邻近区域的重要生态空间的保护力度，保护重要生态系统。

二是强化重要资源保护。建立涵盖大中型水库、河流湿地、峡谷、江心绿岛、珍稀动植物等五大类共180处重要生态资源保护名录。将32座大中型水库纳入川渝两地河（湖）长制管理范畴，健全常态化管护机制。严格保护21个国家级、省级湿地公园，加强对河流湿地生物多样性的管理及生态安全体系建设。保护26处重要峡谷资源，禁止在峡谷保护地带内从事破坏资源、影响景观、污染环境等活动。严格保护33处江心岛生境、人文遗迹等重要资源，统筹保护保育、休闲游憩、科普教育等综合功能，探索生态产品价值实现。加强流域特有珍稀濒危植物就地保护、珍稀特有水生动物迁地保护，着力提升珍稀动植物生境保护和监管能力。

三是强化生态共管。制定统一的分区管控措施，划定生态保护区、生态修复区和生态合理利用区。其中，生态保护区面积10711.18平方公里、占比30.5%，生态修复区面积5357.63平方公里、占比15.3%，生态合理利用区面积19050.18平方公里、占比54.2%。加强毗邻地区生态环境共保共治，建立健全生态环境保护修复川渝协商合作机制，统一"六江"流域生态环境管控要求，以及生态环境质量、污染物排放等地方生态环境标准和风险管

控措施。

四是建立生态保护补偿机制。推动跨界流域各级政府协作配合,建立由政府牵头引导的流域生态补偿机制,持续完善规章制度体系,推动各级政府签订生态保护补偿协议。探索多元化生态保护补偿途径,建立和完善多层次、多渠道、多元化的横向生态保护补偿制度。

2. 推进生态共建,筑牢长江上游生态屏障

推进生态共建,突出"六江"生态廊道"带状"空间分布特性,分流域明确长江、嘉陵江、乌江、岷江、沱江、涪江6条生态廊道建设目标及任务,显著改善流域人水关系,全面提升人与自然和谐共生的生态环境质量。其中,长江、嘉陵江、乌江、岷江、涪江和沱江生态廊道建设总面积分别为13144平方公里、4115平方公里、3493平方公里、5225平方公里、3837平方公里和5305平方公里。针对两岸森林质量不高、地质环境脆弱、局部水土流失和石漠化、江心岛与自然岸线受损等主要生态问题,实施森林抚育、退化林修复,协同推进消落区和岸线整治、土地综合整治、地质灾害治理、次级支流治理以及水土流失和石漠化综合治理等措施,整体提升区域生态系统质量,保护和恢复重要物种栖息地,加大珍稀濒危鱼类保护力度,保护自然岸线和江心绿岛,完善城市绿色基础设施建设,积极探索"两化"生态产业体系。

3. 促进生态共享,增进人民群众生态福祉

探索推动生态环境导向开发(EOD)模式下的生态廊道建设,通过生态系统修复、环境治理、生态网络构建,为经济可持续发展创造良好的生态基底,带动土地增值。以丰富生态产品、培育生态产业、探索实施路径为抓手,实现"绿水青山"向"金山银山"转化,逐步建立自然生态、产业生态、文化生态、生活生态、公共生态、运营生态协调统一的廊道生态体系,增强人民群众的获得感和幸福感。

一是丰富生态产品。一方面,加大生态产品供给。通过"六江"生态廊道建设,增强生态系统服务功能,保障生态产业发展所需的生态空间,立足本地生态特色资源,加大生态产品供给,推动特色生态产品规模化、标准化、产业化。另一方面，强化生态产品文化服务功能。推动产出大熊猫国家公园、自然保护区、风景名胜区与历史文化、民族文化、红色文化有效融合的生态文化产品。建设生态科普教育基地、生态文化创意园等，提升生态产品文化服务功能。

二是培养生态产业。实施产业结构绿色转型升级和能源结构绿色优化调整"双轮驱动"，调整产业结构、优化产业布局，培育绿色低碳产业，提升节能环保产业能级。丰富生态文化旅游产业，推动生态型景区和生态型旅游新业态新产品开发建设，打造乌江百里画廊等一批文旅精品路线，促进生态、文化、旅游融合发展。

三是探索实现路径。探索三峡绿色发展新模式，形成长江经济带绿色发展示范。探索建立自然资源资产与生态保护修复产品的交易渠道，规范开展市场化交易。鼓励企业和社会参与，以环境服务许可方式购买生态产品。制定生态系统碳汇项目参与全国碳排放权交易有关规则，逐步提高生态系统碳汇交易量。

四 "六江"生态廊道建设工程部署

贯彻"山水林田湖草沙是一个生命共同体"的生态文明思想，坚持节约优先、保护优先、自然恢复为主的方针，以"六江"干流、重要山体、水陆交界带为核心，以流域生态安全屏障区、生态敏感脆弱区、生态问题集中分布区为重点，统筹部署和实施川渝毗邻地区山水林田湖草沙一体化保护和修复、城镇生态品质提升、乡村生态治理、河湖综合治理、自然灾害防治、生物多样性保护、森林质量提升、支撑体系建设等八大生态保护修复行动计划和21项重点工程。其中，为强化川渝毗邻地区跨区域生态保护修复，谋划了"川渝毗邻地区山水林田湖草沙一体化保护和修复行动计划"，包括长江干流、嘉陵江干流、涪江干流3项川渝毗邻地区生态保护修复重点工程，力争打造全国跨区域生态廊道共建示范样板。

五 "六江"生态廊道建设成效预测

川渝两地贯彻落实习近平生态文明思想,牢固树立"绿水青山就是金山银山"理念,坚持"共抓大保护、不搞大开发"方针。通过流域整体保护、系统修复、综合治理,预期将"六江"生态廊道打造成为长江上游重要生态屏障重点保护区、长江上游生态优先绿色发展示范区、巴山蜀水生态人文魅力展示区。

预计到 2030 年,生态标准统一与区域协作方面,成渝两地生态环境管控及生态修复标准初步统一,推动区域环保一体化进程;区域协作机制进一步完善,提升区域环保的整体效能,通过精细化管理提高治理能力。水质改善与生态安全方面,重点河湖的基本生态流量至少 90% 达标,保障水生态系统的稳定与健康;国控断面水质达到或优于Ⅲ类标准的比例目标达到 96%,跨界河流国控断面水质达标率呈现稳定且持续改善的趋势,重要湖库和支流水生态明显改善。生态保护与修复成效方面,森林质量提升工程预计完成 1609 平方公里,新增水土流失和石漠化土地的综合治理面积达 2007 平方公里,水土保持率提高 1 个百分点,土地综合整治 1197 平方公里,完成国家下达的耕地保有量任务;维持生态保护红线面积不减少,保护生物栖息地的面积将达到 2722 平方公里,实现长江鱼类生物完整性指数至少 5% 的提升,"六江"生态廊道建设预期将取得积极成效,区域内生态连通性增强。

到 2035 年,区域生态文明制度体系将更加完善,跨区域、跨流域的协同治理能力将显著增强。长江生态安全屏障体系将得到全面优化,确保长江流域的生态安全与健康。同时,"六江"干流及主要支流水质将稳定达标,为保障水生态系统的平衡与稳定提供坚实基础。在生物多样性保护方面,濒危野生动植物及其栖息地将基本得到全面保护,以促进生物多样性的保护与恢复。绿色生产生活方式将广泛形成,推动社会可持续消费和生产的模式转变。优质生态产品供给能力将基本满足人民群众需求,体现生态文明建设对人民生活质量的提升作用。

基于此，生态"共保、共建、共享"格局将全面形成，构建全社会共同参与的生态保护与建设模式，助力长江经济带可持续发展，推动成渝地区双城经济圈向更高质量的发展阶段迈进，确保经济发展与生态保护修复形成良性循环，实现和谐共赢。

六 "六江"生态廊道建设建议

（一）打破区域界限，加强两地统筹落实

为打破区域界限，川渝两地加强统筹落实，推动两地在生态保护修复项目、资金和政策等方面形成合力。一是加强组织领导。依托"推动成渝地区双城经济圈建设联合办公室国土空间专项工作组"，打破区域、流域、行业领域分割限制。二是强化制度建设。以《中华人民共和国长江保护法》等法律法规为依据，健全流域生态廊道法律法规体系。建立沿江生态环境执法联动制度，加强全流域环境违法违规信息共享共管。三是强化资金筹措。加大川渝两地预算内投资，特别是针对两地毗邻区域，共同谋划实施一体化保护修复项目，联合争取国家补助资金。共同探索完善跨区域生态补偿机制，联合金融机构通过发行绿色债券等形式建立合作关系，形成多元化、多主体、多渠道的投融资机制。四是严格监管评估。依托现有政务信息资源共享平台"川渝政务数据共享专区"，统筹川渝地区相关大数据，建立数字化监测预警和联防联控机制。

（二）明确责任主体，细化各级任务分工

以《规划》为引领，依据《规划》的目标和任务，明确牵头部门，细化任务分工。各行业主管部门因职能职责不同，对生态修复的关注点和管理目标不同，应该统筹考虑避免出现修复区域时序安排不够协同、资金投入不够聚焦等问题，以及项目分布重叠、要素分割、修复碎片化等问题。在各责任单位协商一致的基础上，形成并印发"六江"生态廊道建设任务分工方案，保障各部门形成合力共同推进"六江"生态廊道建设。

（三）明确保护修复方案编制要求，完善审批与验收机制

涉及"六江"生态廊道建设工程及毗邻地区生态保护修复工作，成渝地区统一并明确不同类型项目实施、设计等方案的编制要求，形成主管部门或多部门联合审批和验收机制，严格审查与论证实施方案的科学性、合理性、有效性、生态影响等，保障实施效果，减少施工扰动对生态的二次影响。同时，为保证项目质量，把牢验收关，遵循"谁审批谁验收"的原则，有关行业主管部门根据各自职责，负责项目的验收或专项验收工作。

（四）定期开展规划实施评估

牵头部门按照任务分工方案确定的具体目标，定期收集推进落实情况，定期做好《规划》实施情况评估，确保规划强制性内容得到落实。根据规划实施评估结果，结合成渝地区双城经济圈建设情况及规划，对"六江"生态廊道建设规划方案进行动态调整和完善，确保实施情况能够得到及时反馈、修正。

（五）加大科研机构协作力度与科研投入

在推动成渝地区乃至更广泛流域的可持续发展进程中，我们必须深刻认识到流域生态系统作为一个复杂而完整的自然单元，其整体性保护至关重要。因此，应加强川渝两地科研机构协作和加大"六江"生态廊道建设相关科研投入，对区域性、流域性、持久性生态问题的监测、诊断、修复、政策、机制等全方位开展研究，建立生态保护修复技术应用示范基地，形成跨区域生态保护修复调查、监测、技术、设计、实施、验收、评估、管护等相关系列标准，完善流域常态化横向生态保护补偿机制，探索绿色发展新模式，为其他跨区域协作与发展提供借鉴。

（六）探索社会资本参与生态保护修复新机制

鼓励社会资本积极参与"六江"生态廊道建设，充分发挥市场在资源配置中的决定性作用。围绕生态廊道建设开展生态产品开发、产业发展、科技创新等活动。对区域生态保护修复进行全生命周期运营管护，为经济可持续发展创造良好生态基底，带动区域土地增值，推动生态产品价值实现，助力成渝地区双城经济圈绿色高质量发展。

参考文献

陈宗映、韩伟亚、彭丽娟：《生态共建环境共保视角下制造业有序转移的博弈分析——以成渝地区双城经济圈为例》，《现代工业经济和信息化》2023年第9期。

崔龙国、朱洪艳、王乾蓉等：《成渝地区双城经济圈生态环境标准协同发展研究》，《中国标准化》2022年第18期。

高彪、黄立军、罗丽等：《成渝地区双城经济圈生态文明建设水平空间度量及溢出效应研究》，《时代经贸》2024年第4期。

黄庆华、彭国川、陈蛇等：《推动成渝地区双城经济圈高质量发展研究》，《长江流域经济研究》2022年第1期。

林文豪、温兆飞、吴胜军等：《成渝地区双城经济圈生态安全格局识别及改善对策》，《生态学报》2023年第3期。

宋丹妮、宇德良、孙芬：《成渝地区双城经济圈建设中的土地配套政策思考》，《中国土地》2023年第2期。

熊万明、谢兆倩、李杰等：《成渝地区双城经济圈流域横向生态补偿机制的思考》，《能源研究与管理》2021年第3期。

么雪静、黄巍瑶、陈镜宇等：《成渝双城经济圈生态文明建设研究》，《合作经济与科技》2023年第4期。

张兵兵、王圆、申广军：《流域横向生态保护补偿与共同富裕》，《世界经济》2024年第4期。

赵伟、邹欣怡、蒲海霞：《成渝地区双城经济圈生态安全格局构建》，《中国环境科学》2021年第5期。

赵晓彪、施小梅：《推动省际跨区域生态环境保护共筑长江上游重要生态安全屏障》，《社会主义论坛》2021年第9期。

B.21 推动渝西地区高质量发展的成效、问题及建议

程 凯*

摘 要： 渝西地区是推动重庆高质量发展的主战场，是实施成渝地区双城经济圈建设"一号工程"的先行区，是提升全市经济能级的新引擎，在现代化新重庆建设中地位重要、责任重大，具有很强的发展优势。深化渝西地区高质量发展，有利于推动成渝地区双城经济圈建设走深走实，拓展现代化新重庆建设的战略空间，助推西部陆海新通道建设。本报告以渝西地区为研究对象，分析推动渝西地区高质量发展的成效、面临的主要问题，在此基础上提出相应的对策建议。研究发现，缺乏强有力的统筹协调机制、产业发展能级整体偏低、综合性交通物流枢纽功能不强、战略性科技创新能力有待提升等问题仍制约着渝西地区高质量发展。为此建议，加强渝西地区系统规划，完善高位统筹协调顶层设计；创新"链式"产业布局，推动协同产业体系现代化；构建"内联外畅"物流网络，打造高能级综合交通物流枢纽；打造"渝西地区科创共同体"，形成区域内开放创新无界网络。

关键词： 渝西地区 高质量发展 产业布局 产业体系

近年来，随着璧山、永川、荣昌等国家级高新区和江津综保区等开放平台的设立，重庆高新区升级扩容，汽车、电子信息等优势产业改造提升，机器人及智能装备、高端交通设备等战略性新兴产业大力发展，渝西地区正在

---

* 程凯，重庆社会科学院副研究员，主要研究方向为产业经济与国际贸易。

成为全市工业化城镇化最活跃的区域之一。2023年上半年，渝西地区主要经济指标实现较快增长，完成地区生产总值3642.04亿元，占全市比重为25.4%，除潼南、荣昌外，GDP同比增长均达到或超过全市平均水平。市委、市政府把渝西地区高质量发展作为支撑成渝地区双城经济圈建设走深走实的战略抓手，作为现代化新重庆建设的战略空间，加快推动渝西地区高质量发展，使得渝西崛起面临千载难逢的战略机遇。鉴于此，本报告通过国内外文献梳理、国家政策文本整理、统计数据比较分析等手段，深入评估推动渝西地区高质量发展的成效、面临的主要问题，并提出相应的对策建议，助力打造成渝地区双城经济圈建设先行区。

一 渝西地区基本情况

（一）区位优势明显

渝西与川南毗邻，是除重庆、成都双核外，川渝两地优势最明显、承载能力最强、产业基础最好的区域。相较而言，重庆中心城区发展较为成熟，增长空间有限，而渝西地区则恰好相反，凭借紧邻中心城区和四川的区位，以及在土地、城市、人口、资源、产业等各方面的后发优势（见表1），可谓是"左右逢源"。此外，渝西地区位于成渝北线、中线和南线综合运输通道之上，地形条件好，交通四通八达，是重庆西进的重要门户，是西部陆海新通道和长江黄金水道的交汇点，也是成渝地区除重庆中心城区和成都外交通区位优势最明显的地区。

表1 渝西地区概况

范围	江津、合川、永川、大足、璧山、铜梁、潼南、荣昌
历史沿革	渝西地区历史渊源深厚，曾同属江津专区，1981年改为永川地区，1983年并入重庆市
面积与人口	面积1.35万平方公里，人口739万，工业用地约125平方公里，城镇建设适宜区面积约5592平方公里
经济	2023年上半年，完成地区生产总值3642.04亿元

续表

功能平台	拥有西部(重庆)科学城江津片区、璧山片区,永川、璧山、荣昌3个国家级高新区,合川、大足、铜梁、潼南4个市级高新区,江津市级特色工业园区,江津、永川2个综保区;拥有重庆文理学院、重庆中医药学院等27所高校
农业基础条件	坪坝和低山丘陵的地形地貌占比超过75%,高质量耕地连片分布,耕地面积约5016平方公里

(二)产业基础扎实

渝西地区产业基础扎实,产业门类丰富,汽车、电子信息等优势产业改造提升,机器人及智能装备、高端交通设备、生物医药等战略性新兴产业快速发展。以智能网联新能源汽车零部件产业为例,预计到2027年,渝西地区智能网联新能源汽车零部件产业规模将实现倍增,汽车零部件企业数量超过1000家,产值超过4000亿元。2023年,渝西地区永川(9.6%)、大足(8.2%)、潼南(7.9%)、璧山(7.7%)、江津(7.6%)、荣昌(7.5%)等6个区县第二产业增加值增速超过全市平均水平(6.5%),占比高达75%。

二 推动渝西地区高质量发展取得的成效

(一)政策规划愈加完善

2023年以来,市级有关部门先后出台《重庆市先进制造业发展"渝西跨越计划"(2023—2027年)》《渝西地区智能网联新能源汽车零部件产业发展倍增行动计划(2023—2027年)》等政策文件,明确渝西各区优先发展、特色发展的"2个主导产业+4个特色产业"。《渝西地区国土空间规划》已通过市规划委员会审议,从成渝地区双城经济圈建设、现代化城市群协同发展、现代化新重庆建设、西部陆海新通道、高效生态农业发展等5个方面提出一体化规划定位。同时,规划放大各区资源优势,彰显特色城市功能,塑造差异化城市名片，如荣昌突出畜牧产业和科技创新中心优势，规划建设中国畜牧科技城。

（二）互联互通稳步推进

渝西地区已建成 3 条高速铁路、4 条普速铁路，运营里程 637 公里，建成 15 条高速公路，省际高速出口通道 15 个，与中心城区实现 1 小时通达，毗邻区之间基本实现 30 分钟通达。深入开展渝西地区综合交通体系规划研究，打造一体化客运交通，规划 6 条放射状高速铁路、4 条市郊铁路射线，并连入中心城区轨道网，实现客运交通 4 个"1 小时"（成渝双核超大特大城市之间 1 小时通达、成渝双核至周边主要城市 1 小时通达、成渝地区相邻城市 1 小时通达、重庆都市圈 1 小时通勤）。推动构建一体化货运交通体系，规划"二横四纵"货运普速铁路网、"三横三纵"城际铁路网、"一干三支"高等级航道以及"四横三纵一联"非收费物流通道网，争取实现货运对外"123 物流圈"和内部"30 分钟物流圈"（国内 1 天送达、周边国家 2 天送达、全球主要城市 3 天送达，渝西地区产业园区 30 分钟到达物流枢纽）。

（三）项目资金投资持续扩大

持续强化对渝西地区重点产业、重大项目支持，将渝西地区 188 个具有较强引领、示范、带动作用的项目纳入 2023 年市级重点项目名单，高位统筹推动。出台"推动铁路高质量发展""普通公路建设投资补助标准"等系列政策，重点支持渝西地区交通基础设施领域建设。2023 年共下达主城新区各类转移支付 548 亿元，新增主城新区政府专项债券 277 亿元，其中荣昌新增政府专项债券 25 亿元，为重大项目及重点民生工程提供有效的资金保障。

（四）要素保障能力逐渐增强

持续深化"亩均效益"改革，有序推动全域土地综合整治，优先保障

基础设施、产业发展及重大项目用地需求。做好与国家部门汇报衔接，积极申报渝西地区全域土地综合整治改革试点，争取统筹调剂渝西地区占补平衡指标。成立市级降物流成本工作专班，建立重点园区、企业需求台账和36个物流问题清单并实现动态管理，研究出台相关物流支持政策，持续与铁路部门对接争取运费优惠。已完成大足、荣昌等3个区农业水价综合改革先行试点区项目验收，正在推进永川、铜梁等4个区农业水价综合改革项目，有效降低农业用水成本。

三 推动渝西地区高质量发展面临的主要问题

（一）渝西地区缺乏强有力的统筹协调机制

渝西地区内部统筹协调难度较大。渝西地区涉及8个区政府、众多部门和企事业单位，不同主体间关注点、期望值不完全一致，甚至存在相当大差异，易造成8区各自为政、"单打独斗"，更多地关注自己的"一亩三分地"，抱团发展意识不强，进而形成协同掣肘。比如，渝西地区项目建设前期手续不统一，各区之间投资分摊标准存在差异，可能导致统筹协调跨区域合作共建项目难度较大，"谁也不想吃亏"；又如，永川、江津都在大力推动长江港口高质量发展，但两地从自身利益出发，均期望规划布局回报率高、投入小的板块，可能导致港口功能定位同质、货物吞吐能力过剩等投资低效问题。

渝西地区协调四川毗邻地区能力较弱。渝西地区的8个区虽行政级别均属正厅级，但与之毗邻的泸州、内江、遂宁等均为地级市，无论经济总量还是人口规模，均超过渝西地区的单个区。以广安与合川比较为例，2023年，广安辖区面积6339平方公里，是合川的2.7倍；户籍人口约447.1万人，是合川的3.6倍；一般公共预算收入105.7亿元，是合川的1.9倍。调研发现，由于四川地级市经济体量远大于渝西地区的单个区，因此四川更倾向于其辖区、县与重庆市辖区合作，导致合作主体间管理层级和权限不对等。又如，荣昌高新区、隆昌经开区作为首批成渝地区双城经济圈产业合作示范园区，在合作事项中，荣昌高新区管委会参与度和话语权明显低于隆昌经开区。

（二）渝西地区产业发展能级整体偏低

重点产业空间集聚度不高。当前，渝西地区主导产业尚未形成集聚效应，13个产业园区中，仅永川工业园区、璧山工业园区、江津工业园区产值上千亿元，大部分园区亩均产值在200万元以下、亩均税收在5万元以下。2022年，渝西地区的材料产业、汽摩产业、装备制造业、消费品工业、电子信息产业和医疗健康产业均未达到产业集聚基本标准（区位基尼系数①等于0.55），难以形成规模经济，不能有效降低成本。

产业同质化现象较为突出。渝西地区制造业结构同质化现象明显，相似指数均值达0.8，其中永川—合川、永川—铜梁、铜梁—大足、铜梁—璧山的同质化程度最高。例如，永川（雅迪）、铜梁（爱玛）、大足（台铃）均引进了电动摩托车企业。江津（潍柴产能12万辆）、永川（长城产能16万辆）、合川（瑞翔产能5万辆、比速产能25万辆）、璧山（众泰产能10万辆、中车恒通产能4000辆）均有整车企业，但合计产能仅为68.4万辆，只占全市的17.1%，产能利用率低于70%，直接导致资源分散，难以有效集聚，引发招商引资的恶性竞争，出现资源"内耗"。

产业高端化亟须"补强"。渝西地区中，500亿产业集群仅有永川、璧山的汽摩产业，以及江津、荣昌的消费品产业共4个。2022年，渝西8区战略性新兴产业产值占GDP比重偏低，仅永川和潼南占比高于重庆平均水平，合川（12.3%）、大足（16%）、江津（25.1%）、荣昌（20%）、铜梁（13.3%）和全市36.2%的整体水平尚有差距。此外，渝西地区境内上市公司仅有12家，占全市（79家）的15.2%，呈现数量少且质不强的短板。

---

① 产业区位基尼系数用来衡量地区间产业分配均衡程度，其值越大，说明各地区产业分布越不均衡，即产业集聚程度越高。

（三）渝西地区综合性交通物流枢纽功能不强

对外通道运输效能不够。南向，受限于川黔铁路技术标准低、运能低，加之渝贵铁路客运需求旺盛难以兼顾货运，渝西经贵阳、南宁至北部湾通道（西部陆海新通道运输距离最短、运价最低的主通道）效能优势未能有效发挥。东向，渝利铁路客运需求旺盛难以兼顾货运，物流运输途经襄渝、渝怀铁路，均需绕行上百公里。西南向，重庆至云南缺乏便捷直达的货运铁路，物流运输依托川黔、成渝 2 条单线铁路，时速整体偏低。

内部物流体系建设不完备。璧山、铜梁 2 个区无货运铁路覆盖，其他区域虽有货运铁路，但建成年代早，到发线长度不足、装卸能力低、货场面积小，亟须改造扩建。此外，部分大型工业园区缺乏低成本快速物流通道联通，大量货物集结依赖高速公路运输，导致运输成本高企。

物流节点整体能级偏低。永川、大足等物流节点虽具备班列整列到发条件，但不享受国铁集团运价下浮政策，大量货物仍通过道路运输短驳至团结村集装箱中心站编组始发。此外，渝西地区 8 个区各自为政发展货运物流节点，功能定位高度重合，同质化竞争严重，难以形成规模效应。

（四）渝西地区战略性科技创新能力有待提升

变革性、引领性创新不多。渝西地区企业技术创新主要是对现有设备、产品进行信息化、智能化改造，针对市场需求开展的变革性、引领性创新不多，形成新的产业需求增长点不够。截至 2023 年，全市国家专精特新"小巨人"企业 288 家，渝西地区约 90 家、仅占 31.3%，与全市 35%左右的规上工业产值占比不相匹配。

高水平创新平台偏少。渝西地区国家级重点实验室、国家级技术创新中心、大科学装置、众创空间等平台载体不够多，对产业发展支持能力不足。同时，现有创新平台主要服务于所依托单位，科技仪器设备、数据库等资源对外共享性较低，协同创新能级不高。

高层次人才培育和吸引较弱。目前，渝西地区仅有 1 家公办高校（重庆文理学院）、1家省部级高校分校区（西南大学荣昌分校）、1家公办高校分校区（重庆交通大学科学城校区）、1家市级科研院所（重庆市畜牧科学院），与中心城区差距较大，科技人才引进培育能力不能满足科技创新需求。除璧山、江津以外，其他6区距离中心城区较远，人才吸引力不足，如潼南市级博士后工作站往返主城需4小时，通勤时间较长；又如荣昌距重庆江北国际机场通勤距离长，导致部分对外商务政务活动更愿意就近取道四川泸州机场进出。环境政策、平台载体、薪资待遇、生活配套等对高层次人才难以产生吸引力。

四 推动渝西地区高质量发展的对策建议

（一）加强渝西地区系统规划，完善高位统筹协调顶层设计

强化统筹协调的工作机制。在全市层面建立渝西地区高质量发展的高位统筹机制，由一位市级领导人作为该机制的第一负责人，并在相关部门设立专门办事机构。加快组建工作专班，按照一项任务一个工作方案、一套专项政策、一个工作专班的模式，做到特事特办、急事急办，做好"补课"、"补火"和"补位"工作，防止各区县各自为政、四面出击、同质竞争。

建立市级统筹的发展规划体系。由市级统筹，推动渝西地区现有综合交通规划、国土空间规划、国民经济和社会发展规划等有效对接，解决各区以及各类规划之间"各自为政"的问题，以有效提高资源配置效率。研究制定渝西地区高质量发展新规划，以协同高效的发展规划引领渝西地区高质量协调发展。

优化重大功能布局的市级统筹机制。统筹渝西地区与中心城区功能布局，结合中心城区城市功能疏解、延伸和升级，提前将部分城市功能外移至渝西地区。推动中心城区教育、卫生等优质资源向渝西地区倾斜，通过集团化办学、医共体建设等途径增强渝西地区公共服务能力。支持在渝西地区新增新建国家级或市级博物馆、文化馆、体育馆和会议展览馆等公共服务设施。

（二）创新"链式"产业布局，推动协同产业体系现代化

引导产业空间"多点集聚，分层布局"。坚持市场机制主导和产业政策引导相结合，引导渝西地区企业以市场化方式主动嵌入全市重点产业链，积极融入智能网联新能源汽车、生物医药、新材料等产业协作配套体系，强化产业协同、错位发展，打造全市先进制造业重要一极。按照"一带双翼三点"布局（"一带"为江津、璧山；"两翼"，上翼为大足、铜梁、合川，下翼为荣昌、永川；"三点"为潼南、江津、永川），有序推进不同类型产业优化布局，以永川高新区、璧山高新区等先进制造产业集聚区和重点基础产业园区为支撑，推动产业空间布局由"圈层—轴带式"向"多核多组团"网状发展转变。

优化产业链分工结构。围绕培育新质生产力的要求和全市"33168"现代制造业集群体系建设方向，编制并动态更新渝西地区产业发展图谱，明确重点产业链分工的空间路径，共建成渝中部先进制造业与现代服务业融合发展经济走廊。支持产业链"链主"企业与行业领军企业开展合作，提高企业知名度和影响力；支持产业链上下游企业间产业协作、产品配套、资源共享，提升区域内市场占有率和竞争力。深化完善产业链供应链跨区域协调机制，探索建立"跨区产业链+价值链"的分工合作模式，开展跨行政区合作，在共建产业园区、实现税收分成、土地和能耗指标共担等方面先行探索。大力发展新技术新业态新模式，谋划部署一批未来产业链，推动先进制造业集群化发展。

创新产业链组织方式。建立互动共生、利益共享的产业链一体化组织新模式，加快提升汽摩、装备制造、电子信息、消费品工业等产业链重组效率、价值链高端国产化率，改善垂直专业化分工。发展深度融合的产业组织载体，以具有优势的先进制造业企业、开发区为基础，加强产业间联系，打造一批先进制造业和现代服务业深度融合的产业链条、新型产业集群、产业生态圈。强化邻近空间内"链主"企业和配套群体之间资源要素集成，加快对处于分散状态的产业链中上游原材料、关键零部件企业进行重新整合与匹配，优化巩固产业链上下游之间协同关系，形成相对完整的研发创新—高端制造—增值服务链条。

（三）构建"内联外畅"物流网络，打造高能级综合交通物流枢纽

完善对外物流通道布局。聚焦提升西部陆海新通道中、东、西方向运输效能，加快推进渝贵高铁前期工作；加快推进黔江至吉首高铁前期工作，深化重庆经宜宾至昆明（大理）铁路研究，力争纳入国家规划后适时启动建设。积极推进渝自雅城际铁路、南充至潼南至大足至荣昌至泸州铁路、铁路西环线等项目规划论证和前期工作。持续加密公路通道网络，加快推动安岳至荣昌至合江、永川至荣昌至自贡等高速公路前期工作，尽早开工成渝高速公路扩容项目，适时新开通川渝两省市间公交线路，推动渝西地区与川南川东毗邻城市1小时畅达。

补齐内部物流通道网络。推动干线铁路、城际铁路、市域（郊）铁路和城市轨道交通"四网"融合发展，启动铁路西环线建设，重启渝合线建设，填补璧山、铜梁货运铁路空白，完善渝西货运铁路网络。推进一批高标准非收费物流通道建设，降低道路集疏运成本；同一通道上同时规划新建高速公路和非收费物流通道的，优先建设物流通道。

优化区域物流枢纽布局。支持永川、合川打造区域性交通物流枢纽，强化两区交通物流基础设施建设。将永川打造为辐射渝西片区南部和川南地区的区域性交通物流枢纽，整合永川铁路货运场站布局，选址建设铁路物流基地，在朱沱港建设现代化货运码头，并引入铁路构建多式联运体系。将合川打造为辐射渝西片区北部和川东地区的区域性交通物流枢纽，依托兰渝铁路、遂渝铁路、市郊铁路渝合线、嘉陵江航道等在合川渭沱交汇优势，以渭沱铁路货场和渭沱港为核心打造现代化铁公水多式联运节点。

（四）打造"渝西地区科创共同体"，形成区域内开放创新无界网络

牵头组织关键核心技术攻关。加强渝西地区企业主导的产学研深度融合，分行业、分类、分重点支持渝西地区构建龙头企业牵头、高校院所支

撑、上下游企业参与的创新联合体。瞄准战略性新兴产业和未来产业，联合渝西地区实施重大重点科技专项，着力突破产业发展关键核心技术，力争率先实现引领性自主创新成果和产品。加大科技创新、战略性新兴产业等领域创新创业扶持力度，对拥有关键核心技术的优秀创业项目，强化项目资助、企业引才、场地、金融等支持。

引导技术创新资源向渝西集聚。多元激励加大研发投入力度，对产业园实施"双亩均"考核，招商引资合同中纳入研发投入指标。推动科技创新平台向渝西地区集聚，大力发展企业技术创新中心，促进各类企业创新平台融通发展，提升企业创新平台牵引力、辐射力。支持知名高校、一流科研院所、重点企业落地建设高端研发机构，培育一批特色化、专业化新型科研机构。加快建设国家重点实验室、国家工程研究中心等国家级科研平台，配套重大奖励激励政策，增强原始创新能力和共性技术研发能力，建成与国家战略需求相匹配的创新承载区。

加大科技人才引育力度。实施多元化人才政策和服务，支持渝西企业引育高层次科技人才，指导渝西地区创新人才服务模式，推进人才"候鸟""夜宿"模式。探索灵活的校企人才流动机制，引导在渝高校等联合渝西地区企业设立产业研究院，联合培养本科、工程硕士，积极打造应用场景，探索"旋转门""双聘门"等机制，鼓励科技人才在高校与企业之间灵活流动。加大对渝西地区高校建设支持力度，深耕重点学科，争取布局博士、硕士授权点。加快高等教育与职业教育改革，健全多层次的人力资源培养体系。

参考文献

吴永辉、姜振学、吴建发等：《渝西地区高含水页岩气藏特征、形成机理及地质意义》，《天然气工业》2024年第8期。

胡小渝：《成渝中部地区高质量一体化发展的建议》，《重庆行政》2024年第2期。

董雪兵：《加快川渝毗邻地区一体化高质量发展的建议》，《经济研究参考》2023年第11期。

李悦鹏：《渝西地区"文农旅"乡村民居装配式设计研究》，《绿色建筑》2024 年第 4 期。

张发明：《融合创新：川南渝西地区非物质文化遗产保护与传承的路径选择》，《重庆行政》2024 年第 1 期。

唐振华、于欢、熊梓璇等：《渝西地区近 30 年道路信息提取及变化特征分析》，《湖南城市学院学报》（自然科学版）2023 年第 6 期。

刘翰书：《渝西地区协同发展智能网联新能源汽车零部件产业》，《重庆日报》2023 年 5 月 31 日，第 003 版。

焦剑：《基于 SWOT 分析下的农业产业集群发展保障措施研究——以重庆渝西地区为例》，《经贸实践》2017 年第 14 期。

谭紫微：《渝西地区城乡人口流动的动力机制研究》，重庆大学硕士学位论文，2017。

杨锐：《加快川渝毗邻地区功能平台建设促进成渝地区双城经济圈高质量发展》，《商业经济》2024 年第 8 期。

韩鑫：《推动成渝交通一体化更进一步》，《人民日报》2024 年 5 月 20 日，第 02 版。

B.22 成渝地区双城经济圈绿色发展转型形势分析与预测

刘新智　林芳芳*

摘　要： 成渝地区双城经济圈，作为西部地区的重要增长引擎与生态安全屏障，将绿色发展视为实现经济可持续发展的关键路径。自2020年起，成渝两地便致力于探索符合本地特色的绿色发展模式，通过多项举措，推动绿色生产稳步推进、绿色生活蔚然成风、绿色生态持续改善、绿色治理全面展开，为区域的可持续发展奠定了坚实的基础。然而，在绿色发展转型持续深化的过程中，也面临着一些长期存在的问题，如产业结构优化压力、绿色发展技术瓶颈、生态环境保护重担、区域协调发展挑战等。建议从强化政策导向与扶持、驱动产业绿色转型、加强生态保护与环境治理、促进区域协调发展及深化科技创新与人才培养等方面着力，全面提升成渝地区双城经济圈的绿色发展效能。

关键词： 成渝地区双城经济圈　绿色发展　产业转型　生态治理

2023年12月，中共中央、国务院发布《关于全面推进美丽中国建设的意见》（以下简称《意见》），强调需聚焦区域协调发展战略和区域重大战略，强化绿色发展领域的合作，以构筑绿色发展新高地。成渝地区双城经济圈作为带动西部地区高质量发展的重要增长极与长江上游生态屏障，其生态地位举足轻重，生态优势得天独厚。为积极响应并深入实施《意见》，成渝地

---

* 刘新智，经济学博士，西南大学经济管理学院教授，博士生导师，主要研究方向为城乡融合与共同富裕、区域创新与数字经济发展、城市化与高质量发展、区域政策与战略等；林芳芳，国民经济学博士研究生，西南大学经济管理学院讲师，主要研究方向为国民经济与数字经济等。

区围绕推动成渝地区双城经济圈高质量发展的目标,探索并实践符合自身特色的绿色发展道路,共同绘就西部"双城记"的"美丽"建设新篇章。

一 成渝地区双城经济圈绿色发展总体态势

成渝地区始终深入践行"绿水青山就是金山银山"的发展理念,秉持共筑生态保护、避免过度开发的原则,致力于优化国土空间格局,推动发展模式由粗放型向集约高效型转变,以驱动成渝地区双城经济圈走更高质量、更高效率、更加可持续、更为安全的绿色发展之路。

(一)成渝地区双城经济圈绿色发展情况

2020年1月3日,成渝地区双城经济圈建设正式拉开历史序幕,以2010年为起点,结合城市层面数据的可获得性,参照刘新智和孔芳霞的研究[①],选取绿色生产、绿色生活、绿色生态等3个维度19个指标,构建城市绿色发展指标体系(见表1)。

表1 城市绿色发展指标体系

一级指标	二级指标
绿色生产	全要素生产率
	地区生产总值增长率(%)
	第三产业增加值占GDP比重(%)
	万元GDP能源消费量(吨标准煤)
	万元工业增加值废水排放量(吨)
	万元工业增加值二氧化硫排放量(吨)
	工业固体废弃物综合利用率(%)
绿色生活	人均教育支出(元)
	城镇居民人均可支配收入(元)
	每百人公共图书(册)
	全年每万人公共汽(电)车客运量(人次)
	燃气普及率(%)
	人均全年供水总量(吨)
	人均全年用电量(千瓦时)

---

① 刘新智、孔芳霞:《长江经济带数字经济发展对城市绿色转型的影响研究——基于"三生"空间的视角》,《当代经济管理》2021年第9期。

续表

一级指标	二级指标
绿色生态	污水处理厂集中处理率(%)
	生活垃圾无公害化处理率(%)
	建成区绿化覆盖率(%)
	人均公园绿地面积(平方米)
	PM2.5浓度(微克/米^3)

在选取2020~2023年成渝地区双城经济圈16个城市的指标数据基础上，通过熵值法测算各指标权重，采用线性加权求和法测得成渝地区双城经济圈各城市2020~2023年绿色发展指数及其分指数，受制于文章篇幅，仅展示2020年和2023年数据（见表2）。

表2 成渝地区双城经济圈各城市2020年和2023年绿色发展指数及分指数

城市	2020年				2023年			
	绿色生产	绿色生活	绿色生态	绿色发展	绿色生产	绿色生活	绿色生态	绿色发展
整体均值	3.0916	2.0387	0.5254	5.6557	3.4227	1.9797	0.4887	5.8911
重庆市	3.6829	2.2094	0.6314	6.5237	3.8629	2.1232	0.5838	6.5698
成都市	3.4665	2.2688	0.5308	6.2662	3.5032	2.1322	0.4097	6.0451
自贡市	3.4631	2.5912	0.4222	6.4765	3.4405	2.5619	0.3996	6.4019
泸州市	3.1494	2.2629	0.4937	5.9059	3.3286	2.1585	0.2659	5.7530
德阳市	3.2282	1.5744	0.5245	5.3271	3.3892	1.7501	0.4281	5.5674
绵阳市	3.1423	2.2188	0.5818	5.9429	3.5339	2.1082	0.4697	6.1118
遂宁市	3.3232	2.3125	0.5127	6.1484	3.3947	2.0383	0.6203	6.0533
内江市	3.1764	2.2454	0.4063	5.8281	3.5097	2.3589	0.5070	6.3756
乐山市	3.1362	0.7875	0.4887	4.4123	3.2887	0.2505	0.6286	4.1678
南充市	2.7914	2.4840	0.6088	5.8842	3.3653	2.5798	0.6680	6.6132
眉山市	0.2232	1.5323	0.5568	2.3123	3.3752	1.6402	0.4838	5.4992
宜宾市	3.4006	2.4335	0.4078	6.2418	3.3436	2.0603	0.3153	5.7191
广安市	3.4024	2.2320	0.6682	6.3025	3.1100	2.5051	0.5041	6.1192
达州市	3.3542	2.2143	0.3347	5.9032	3.4788	1.9689	0.4884	5.9361
雅安市	3.0235	0.7687	0.7638	4.5559	3.3746	0.6502	0.5654	4.5901
资阳市	3.5021	2.4842	0.4745	6.4608	3.4650	2.7896	0.4808	6.7354

1. 总体特征

从测算数据可以看出，成渝地区双城经济圈绿色发展整体低速稳步推进，绿色发展水平由2020年的5.6557上升至2023年的5.8911，年均增长率为1.37%；绿色生产水平由2020年的3.0916上升至2023年的3.4227，年均增长率为3.45%；绿色生活水平由2020年的2.0387下降至2023年的1.9797，年均下降1%；绿色生态水平由2020年的0.5254下降至2023年的0.4887，年均下降2.4%。整体来看，成渝地区双城经济圈绿色发展水平平稳低速增长，其中，绿色生产水平年均增长率保持在3%以上，绿色生活和绿色生态水平均有所下降。

2. 时空演变特征

基于ArcGIS软件的可视化功能，分析2020~2023年成渝地区双城经济圈各城市绿色发展水平的空间演变特征，整体上成渝地区双城经济圈绿色发展水平有所提升，其中眉山市、南充市、内江市、德阳市、绵阳市、资阳市等6市绿色发展水平明显提升；重庆市、雅安市、达州市、自贡市、泸州市、遂宁市、广安市等7市绿色发展水平有升有降，变化幅度不大；成都市、宜宾市、乐山市等3市绿色发展水平在四年间略有波动下降。

（二）2024年成渝地区双城经济圈绿色发展情况

2024年，成渝两地以建设成渝地区双城经济圈"一号工程"为总抓手，推动构建完善的绿色发展、生态共建合作机制，实现绿色生产稳步推进、绿色生活蔚然成风、绿色生态持续改善、绿色治理全面展开，为区域可持续发展奠定了坚实基础。

1. 绿色生产稳步推进

成渝地区双城经济圈正着力推进绿色发展进程，重点聚焦打造包括电子信息、装备制造、汽车、特色消费品等在内的世界级产业集群，同时关注机器人、智能网联汽车等前沿战略性新兴产业的培育与发展，着力推进节能低碳化改造、清洁化改造、资源循环再生利用、碳市场等项目建设，不仅推动产业结构优化升级，也为绿色低碳发展提供了有力支撑。

经济平稳增长，项目高效推进。1~6月，成渝地区双城经济圈实现地区生产总值40365.7亿元，同比增长5.8%，增速均高于全国、西部地区0.8个百分点，第一、第二、第三产业增加值分别同比增长3%、6.3%、5.9%，其中服务业对经济增长的贡献率高达58.2%。目前，300个成渝地区双城经济圈重大项目已完成投资2453.4亿元，完成年度任务的56.2%，其中，101个现代基础设施项目完成投资1416.4亿元，成达万高铁、渝昆高铁渝宜段、成渝中线高铁、西渝高铁、跨市域轨道交通成资线、川渝省际高速公路、嘉陵江利泽航运枢纽工程等相关工程有序进行；145个科技创新与现代产业项目完成投资896.4亿元，川渝合作生物医药产业园、宜宾光伏产业项目、德阳经开区航空航天燃机装备高端零部件智能制造基地、涪陵瑞浦兰钧电芯及PACK生产基地等项目稳步推进；54个文旅、开放、生态、公共服务项目完成投资140.6亿元。成都市获批节能环保省级战略性新兴产业集群，引进太阳能光伏产业等项目33个，新培育生态环保、新能源链主企业6家，完成首批近零碳排放区试点验收19个。2024年川渝地区千亿方天然气产能基地已累计生产天然气362.7亿立方米，川渝1000千伏特高压交流工程重庆段已实现全线贯通。

碳市场建设井然有序。重庆碳市场于2014年6月正式启动交易，截至2024年6月底，累计成交碳排放指标5109万吨、12亿元，推动实施碳减排项目80余个，减碳近2100万吨。修订《重庆市碳排放权交易管理办法（试行）》，健全地方核证自愿减排机制，已通过"碳惠通"平台签发核证自愿减排量约84.10万吨，累计交易量482.53万吨，交易额1.31亿元。强化财政金融互动，对碳减排贷款给予2‰贴息，28个区县形成4.4亿元财政贴息或风险补偿资金池。搭建绿色金融企业"碳账户"，与"长江绿融通"系统互联互通，助力4家金融机构开展转型减碳贷，支持首批7个转型项目融资4.2亿元，预计带动减碳超80万吨。

2. 绿色生活蔚然成风

2024年，成渝地区将打造"无废城市"作为重要目标，积极开展省、市两级"无废城市细胞"建设，旨在减少固体废物源头产生量，提高资源化利用水平，进而推动整个社会向绿色低碳生活方式转型。重庆市作为"无废城市"建设的先锋，发布了评估指南与"无废指数"，建成1600+"无废城市细胞"，率先打造全国首批燃煤电厂协同处置危险废物试点，建成全国首个电力行业固废循环利用中心。

优化公共服务，保障绿色生活。成渝地区建成西南区域应急救援中心，实施建设遂潼区域职业教育中心等一批公共服务项目，提升公共服务基础设施水平。川渝两地共同推行311项"川渝通办"服务，实现就业、社保、医疗、公积金等民生事务"一站式"办理，有效降低民众时间与交通成本。成渝两地不断提升公交、地铁等公共交通工具的便捷性和舒适度，鼓励市民选择乘坐公交、地铁或骑行等低碳出行方式，同时，通过建设充电设施、提供购车补贴等措施，积极推动新能源汽车的普及和应用，以减少汽车尾气排放，改善空气质量。

加强绿色宣传，打造绿色典范。成渝两地通过学校教育、社区宣传等多种渠道普及环保知识，倡导群众将绿色生活理念深植于心，培养公民的环保责任感，提高公众的环保意识和参与度。结合生态文明示范创建、绿色生活创建行动，持续打造一批绿色生活宣传基地，创建一批节约型机关、绿色社区等示范单位，开展一批绿色生活宣传活动，如2024年上半年，成渝两地共同举办川渝节能环保人才大赛和建筑行业绿色建造技能大赛，联合开展川渝生态文化作品征集活动，激发更多组织和群众投身绿色生活的积极性。

3. 绿色生态持续改善

2024年成渝地区依托《成渝地区双城经济圈"六江"生态廊道建设规划（2022—2035年）》，协同开展生态环境保护与治理行动并取得显著成效。

生态环境整体良好。1~6月，重庆市空气质量优良天数163天，PM2.5平均浓度36.6微克/米^3，长江干流重庆段74个国控断面水质保持为Ⅱ类，城市集中式饮用水水源地水质达标率100%，修复污染土壤33.6万立方米，提供净地695亩，重点建设用地安全利用率100%；成都市空气质量优良天数142天，PM2.5平均浓度25微克/米^3，114个地表水断面水质保持为Ⅰ~

Ⅲ类，城市集中式饮用水水源地水质达标率100%，预计2024年全市受污染耕地安全利用率达到94%以上。

生态建设成效明显。2024年上半年，成都市锦江区东湖通过源头控污、生态修复，水生植物覆盖率达到77.4%；九龙坡区修复矿山52个2460亩，恢复耕地526亩、林地及园地1874亩，新增生态绿化面积约10万亩，新培育林木8.4万方，建成主题矿山公园8座；梁平区复垦土地5.4万平方米，绿化率达90%以上，木本植物覆盖率65%，河流水质从劣Ⅴ类变为Ⅱ类。与此同时，重庆市新增市级生态文明建设示范区县4个、"绿水青山就是金山银山"实践创新基地5个，生态产品价值实现机制试点区县5个。2023年实施的三峡库区腹心地带山水林田湖草沙一体化保护修复工程134个子项目，已开工133个，核心绩效指标完成83%，完成营造林500万亩、水土流失治理2133平方公里、石漠化治理266.7平方公里、"坡坎崖"绿化美化220万平方米，新增城市绿地1500余万平方米。

4. 绿色治理全面展开

2024年，成渝两地全面落实《成渝地区双城经济圈生态环境保护规划》，协同编制生态共建环境共保年度工作要点，深化跨界污染协同治理机制改革，开展生态环境联建联治行动，提升区域绿色发展营商环境效能。

健全生态共建环境共保机制。川渝两地协同修订川渝生态环境专项工作组工作机制，遵循"统一指挥调度、统一检查流程、统一执法标准、统一裁量基准"的原则，正式启动川渝生态环境联合执法行动，并充分利用数字化手段、高科技装备，着力提升执法精准度和时效性；建立污染土壤跨省转移试行机制，推进涪江、南溪河（兴隆河）等跨界流域水污染防治和水生态环境修复机制，拓展危险废物跨省市转移"白名单"制度，强化联动协作有毒有害化学物质管控，共建新污染物治理领域地方标准。

多举措增强监测能力。2024年，重庆市编制新污染物试点监测方案，发布生态环境监测工作要点，优化调整监测网络，完成新建水站站房验收55个，申报国家生态质量综合监测站3个，同时安装高精度监测设备，实现5个点位的大气负氧离子监测数据实时发布；四川省累计建成各类监测点位2.6万余个,其中环境质量监测点位2万余个、生态质量监测点位800余个、污染源监测点位近5000个,基本建立了要素齐全、布局合理的监测网络体系,实现县级及以上城市、重点流域、重点区域、重点乡镇全覆盖。

优化绿色发展营商环境。2024年重庆市将3027家企业纳入正面清单,帮助239家企业重塑环境信用,并督促整改隐患332个,指导长寿化工园区、涪陵白涛园区扎实推进"一园一策一图"试点,建成小微企业危废综合收集转运设施34个,服务小微企业9000余家;推行环评、水土保持、入河排口设置论证"三评合一",提升单个项目审批效率50%以上,减少费用50%以上,精简材料60%以上,每年可为辖区建设单位节约近千万元。

二 成渝地区双城经济圈绿色发展转型面临的问题

成渝地区双城经济圈建设进入第5个年头,绿色发展转型不断推进的同时,也面临着诸多长期存在的问题。

(一)产业结构优化压力

尽管成渝地区已将电子信息、汽车制造、装备制造及消费品产业确定为双城经济圈四大重点发展的万亿级产业,然而,产业结构转型升级依旧面临严峻挑战,持续推动绿色发展的能力需进一步增强。自2020年成渝地区双城经济圈建设启动以来,生产总值从2020年的68229.80亿元提升至2023年的84196.43亿元,同比增长23.4%,但三次产业结构由2020年的9.3∶37.5∶53.2微调至2023年的8.3∶36.7∶55.1,并未实现根本性的转变。究其原因,重庆市产业结构相对单一,以汽车、电子、钢铁等重工业为主,高新技术产业、现代服务业虽然展现出强劲的发展势头,但整体规模有限,尚未充分替代传统产业成为经济增长的主要驱动力。此外,部分传统产业内部存在严重的产能过剩问题,导致市场供需失衡,资源利用效率低下,经济效益不佳。同时,技术创新能力不足,关键技术受制于人,产品附加值低,也成为制约产业升级的主要障碍。

（二）绿色发展技术瓶颈

尽管绿色发展理念已在成渝地区深入人心，但在绿色技术的研发与应用方面，仍面临着不小的挑战与瓶颈。一方面，成渝地区在绿色技术研发上的资金支持、人才储备以及政策引导等方面尚有不足，导致难以在关键技术领域取得突破性进展。另一方面，由于成渝地区缺乏有效的成果转化平台和推广机制，许多绿色技术成果难以走出实验室，转化为实际的生产力，不仅造成了科研资源的浪费，也阻碍了绿色技术在成渝地区的广泛应用和普及。

（三）生态环境保护重担

成渝地区作为长江上游的重要生态屏障区，随着近年来区域经济的迅猛发展，生态环境保护面临着前所未有的压力。一些企业为了追求经济效益，忽视环保法规，导致环境污染问题日益突出，同时城镇化进程的加快使得生活污水、生活垃圾等污染物的产生量急剧增加，工业固废、农业面源污染、汽车尾气和建筑扬尘、生活垃圾等的不当处理，防治措施不到位、监管不力等问题凸显，给成渝地区生态环境带来了巨大压力。2024年上半年，重庆市开展"利剑执法"蓝天保卫战交叉执法行动，累计受理生态环境领域投诉举报326件；成都市查处涉气环境违法行为案件399件。

（四）区域协调发展挑战

成渝地区双城经济圈建设作为西部地区经济发展的重要战略，涉及多个城市和地区，区域协调发展面临诸多挑战。一方面，成都和重庆作为双城核心，经济发展水平相对较高，而周边县市在自然资源、人力资源等方面存在显著差异，资源的利用和分配不均，造成发展相对滞后。同时，成渝地区双城经济圈内的城市间产业同质化竞争严重，优势产业大类重叠度高，产业分工协调度不高。另一方面，成渝地区双城经济圈建设中的区域间合作机制尚不健全，导致区域间信息流通不畅、资源共享困难，合力推动区域协调发展的难度较大。

三 成渝地区双城经济圈绿色发展转型的前景展望

成渝地区双城经济圈作为我国西部地区的重要增长极,其绿色发展转型的前景广阔且充满潜力。

(一)政策环境不断优化

成渝地区双城经济圈建设已上升为国家战略,国家层面对其绿色发展的支持力度将持续加大。近年来,中央多次强调生态文明建设的重要性并发布《关于全面推进美丽中国建设的意见》等纲领性文件,为成渝地区双城经济圈绿色发展转型提供了坚实的政策保障。同时,《共建成渝地区双城经济圈2024年重大项目清单》的正式发布,将进一步促进川渝两地深化合作,加强生态环境共建共保,加速推动区域绿色发展进程。

(二)技术进步持续推动

成渝地区双城经济圈将依托西部科学城等重大创新平台,加快绿色技术创新和成果转化,尤其在清洁能源、节能环保、资源循环利用等领域,将涌现出一批具有自主知识产权的核心技术,为绿色发展转型提供技术支撑。同时,数字化和智能化技术的应用将进一步提升绿色发展效率,如通过大数据、云计算、人工智能等技术手段,对生态环境进行精准监测和智能管理,提高环境治理的精准性和有效性。

(三)市场需求日益增长

随着消费者环保意识的增强,绿色消费逐渐成为主流趋势。成渝两地将积极培育绿色消费市场,推广绿色产品和服务,满足消费者日益增长的绿色消费需求,同时加强与国际市场的绿色贸易合作,推动绿色低碳产品出口,拓展国际市场空间。

（四）竞争格局日益激烈

在成渝地区双城经济圈绿色发展转型的过程中，成渝两地面临来自其他地区竞争压力的同时，也能通过区域协同和资源共享，与其他地区形成优势互补、合作共赢的竞争格局。而企业作为绿色发展转型的主体，将通过技术创新、管理创新等手段，降低生产成本、提高产品质量、增强市场竞争力和绿色发展竞争力，实现经济效益和生态效益的双赢。

四 深入推动成渝地区双城经济圈绿色发展转型的政策建议

成渝地区双城经济圈围绕"一极一源、两中心两地"的战略目标，紧密把握"区域一体化"与"高质量发展"的核心要求，充分利用改革这一关键驱动力，深入实践"相互赋能、相向发展"的发展理念，推进成渝地区双城经济圈绿色发展迈向更深层次、更高水平。

（一）强化政策导向与扶持

以《成渝地区双城经济圈"六江"生态廊道建设规划（2022—2035年）》《关于川渝高竹新区行政管理有关事项的决定》《成渝地区双城经济圈生态环境保护规划》《共建成渝地区双城经济圈 2024 年重大项目清单》为基础，制定和完善成渝地区双城经济圈绿色发展规划和相关政策体系，明确绿色发展目标和重点任务；制定绿色发展相关法规和标准体系，为绿色发展提供有力依据；通过财政补贴、税收优惠、绿色金融等手段，建立绿色发展激励机制，鼓励企业和个体积极参与绿色发展实践；建立健全绿色发展监督考核与评估机制，定期评估和总结成渝地区双城经济圈绿色发展成效，及时整改存在的问题。

（二）驱动产业绿色转型

成渝地区双城经济圈亟须加速传统产业的绿色化、低碳化转型，重点建设工业园区清洁生产示范项目，推广企业内部循环生产模式、实现产业间循环链接与组合及对工业园区实施循环化改造升级；因地制宜发展绿色低碳产业，培育壮大节能环保、清洁生产、清洁能源产业，壮大重庆市中心城区、万州、潼南以及四川省成都、自贡、德阳、内江等节能环保产业集群，推动"绿电"入渝，建成成渝"氢走廊""电走廊""智行走廊"，打造国家绿色产业示范基地；加大产业链协同合作和资源整合力度，发挥重点地区"链长"承载聚链、龙头企业"链主"带动强链、上下游左右端企业协同配套延链作用，推动构建绿色产业"生态圈"；发展生态农业和乡村旅游，推广生态立体种植、稻鱼虾综合种养等生态低碳农业模式，依托国家优质商品猪战略保障基地、特色稻渔产业基地等重大产业项目，促进生态、文化、旅游融合发展。

（三）加强生态保护与环境治理

成渝地区双城经济圈要以"无废城市"建设为着力点，建设跨省市信息交换平台，共治跨界污染，加快构建固体废物分类投放、收集、运输、利用、处置体系，深化大气污染联防联控，加强土壤污染及固废危废协同治理；积极推进长江上游生态屏障山水林田湖草生态保护修复工程，提质共建"两岸青山•千里林带"，加强公园城市与绿色小镇基础设施建设，提升生态宜居水平，促进生态修复向生态福祉积累升级；推动区域间生态环境联防联控和协同治理机制建设，以川渝高竹新区为试点，共同建立成渝地区双城经济圈生态环境分区管控制度，探索实施生态环境治理综合激励奖补机制，推动国家低碳城市、气候适应型城市及省级近零碳排放园区试点建设；共同编制相关生态环境标准，实施更加严格的环保政策，加大生态环境监管和执法力度，同时强化生态环境教育和宣传力度，提高公众环保意识。

（四）促进区域协调发展

以成都与重庆双核为中心，成渝地区双城经济圈共同构建绿色发展的区域合作机制，加强圈内城市间及周边地区在人才、技术、制度、资本等方面的合作交流，加速构建明月山绿色发展示范带、万达开川渝统筹发展示范区及泸永江融合发展示范区等相邻区域合作平台，充分利用各地的土地、劳动

力、资本及科技资源的相对优势，推动区域绿色发展的深度融合与一体化进程；在推进基础设施互联互通、绿色产业协同并进、产业合作平台升级、空间开发与生态保护并重、环境共治与联防联控以及资源高效节约与集约利用等方面，共同谋划并实施一系列重大项目、政策与改革举措，打造跨区域的绿色发展新平台，促进区域内公共服务资源的有效整合与共享共用；共同推进高竹新区固体废物转移简化审批，开展川渝两省市危险废物跨省转移"点对点"豁免利用和川渝两地新污染物联合调查工作，深化危险废物跨省转移"白名单"制度，提高跨区域社会治理效能。

（五）深化科技创新和人才培养

科技创新和人才培养是成渝地区双城经济圈绿色发展的核心动力。加大对科技创新的投入力度，加强产学研合作和科技成果转化机制建设，支持绿色技术研发、成果转化和推广应用，使成都与资阳等技术领先地区继续发挥技术溢出效应，使宜宾、泸州、绵阳、雅安等地通过技术帮扶与技能培训提高发展效率；加大人才培养和引进力度，建立人才"识、育、引、留、用"机制，同时加强国际人才交流与合作，提高区域创新能力和核心竞争力，推动区域科技创新水平不断提升。

参考文献

《成渝地区双城经济圈建设规划纲要》，2020年10月16日。
《成渝地区双城经济圈生态环境保护规划》（环综合〔2022〕12号），2022年2月14日。
《重庆市推动成渝地区双城经济圈建设行动方案（2023—2027年）》（渝府发〔2023〕8号），2023年3月23日。
《成渝地区双城经济圈"六江"生态廊道建设规划（2022—2035年）》（渝府办发〔2023〕85号），2023年11月4日。
《关于川渝高竹新区行政管理有关事项的决定》，2024年7月29日。
《共建成渝地区双城经济圈2024年重大项目清单》，2024年1月26日。

B.23
推动巴蜀文化旅游走廊建设的现状与建议

黄意武 唐海桐[*]

摘 要： 建设巴蜀文化旅游走廊是引领区域文化和旅游高质量发展的重大举措，其目的是建设具有国际范、中国味、巴蜀韵的世界级文旅走廊。川渝两地文化同源共通、城市空间融通、交通互联互通，为高质量推进巴蜀文化旅游走廊建设奠定基础。当前，巴蜀文化旅游走廊建设已进入全面提速、积厚成势的新阶段，重庆在融入巴蜀文化保护传承利用体系、建设世界级休闲旅游胜地、打造富有巴蜀特色的文化和旅游消费目的地、健全合作机制等方面取得明显成效，同时也面临着区域之间发展不均衡、文化资源挖掘不充分、文化产业规模小、合作交流不深入等困境。下一步应重点围绕区域协调发展、挖掘巴蜀文化、做大文旅产业、加强协同合作等方面积极作为。

关键词： 巴蜀文化旅游走廊 川渝 区域协调发展

建设巴蜀文化旅游走廊是贯彻落实成渝地区双城经济圈建设规划的具体行动，是引领区域文化和旅游高质量发展的重大举措。近些年来，川渝两地以服务国家战略为核心，紧紧围绕《巴蜀文化旅游走廊建设规划》，致力于打造具有国际范、中国味、巴蜀韵的世界级休闲旅游胜地，推动巴蜀文化旅游走廊取得阶段性成效。当前，共建巴蜀文化旅游走廊已进入全面提速、积

---

[*] 黄意武，重庆社会科学院哲学与政治学研究所副所长、研究员，主要研究方向为马克思主义、文化理论；唐海桐，重庆师范大学马克思主义学院硕士研究生。

厚成势的新阶段，巴蜀文化旅游走廊也被纳入成渝地区双城经济圈建设"三中心一走廊"①的重点任务，成为推动成渝地区双城经济圈协同发展的重要支撑。下一步还需川渝两地同题共答、同频共振，整合运用巴蜀文化特色资源和比较优势、后发优势，积极探索区域文化和旅游协同发展的体制机制，加快打造一批巴蜀文化旅游走廊建设标志性成果，为川渝地区高质量发展贡献文旅力量。

一 推动巴蜀文化旅游走廊建设的基础条件

文化旅游走廊是以旅游景点为点，以多形式交通为线，经点线互动、串联形成文化旅游带，是一种典型的立体式、多维互动的旅游体验。文化旅游走廊不同于其他文旅产品，更加体现旅游品牌的标识性、旅游产品的丰富性、旅游线路的串联性、旅游方式的多样性，对区域之间文化旅游整合要求更高、更全面。川渝地区建设文化旅游走廊具有先天的优势，能有效发挥各地区的比较优势，联合打造具有巴蜀文化地域特色的国际精品旅游线路、旅游产品和全域旅游目的地。

文化同源共通。巴蜀文化由巴文化和蜀文化组成，巴蜀文化的形成与发展是巴文化和蜀文化两者之间长期交往、交流与交融的过程。巴蜀地区的吊脚楼文化、古驿道文化、盐业文化、石窟文化等，以及具有巴蜀地方特色的民俗民风，见证了巴文化与蜀文化的同根同源、同质同体。川渝两地历史文化悠久，自然景观独特，文物古迹众多，人文气息浓厚，是我国文化旅游资源最丰富的区域之一。现拥有8项世界遗产、3个世界地质公园、9个国家历史文化名城、100多处全国重点文物保护单位，以及一系列国家地质公园、国家级自然保护区、国家森林公园、国家级风景名胜区等，这些文化资源不仅彰显了巴蜀文化的独特魅力，也为推进巴蜀文化旅游走廊建设提供了

---

① 建设具有全国影响力的重要经济中心、科技创新中心，共建西部金融中心和巴蜀文化旅游走廊。

最深厚的要素支撑。

城市空间融通。文化旅游走廊建设需要构建起轴线、节点和域面的城市结构空间，轴线是旅游走廊的基本骨架，节点是旅游资源聚集的区域，域面是旅游走廊辐射与影响周边城市和乡镇的范围。川渝两地相向发展，成都向东、重庆向西，构建起以重庆、成都两个大城市为核心的中轴线，两地拥有两个国家级新区、两个自贸区，都是"国家中心城市""国家新一线城市"，城市能级不断提升，区域带动力和国际竞争力明显增强。川渝两地形成了万州、涪陵、綦江、大足、绵阳、自贡、泸州、乐山等节点城市，以及以一系列以全国知名景区为代表的旅游休闲空间，并且在两地毗邻地区建立了一大批跨区域合作城市和合作机制。这种城市空间的布局能有效推动重庆主城都市区和成都两地之间的融合发展，促进成渝古道文化旅游带、长江上游生态文化旅游带和成绵乐世界遗产精品旅游带串联成片，也能有效推动生态文化、红色文化、山水休闲、乡村旅游、民俗文化等方面的协同发展，打造文化和旅游融合发展集群，全面带动周边地区的发展。

交通互联互通。两地交通体系健全，综合承载力强。重庆江北国际机场2023年完成旅客吞吐量4465.7万人次，排名全国机场第六位，铁路旅客吞吐量达到9538万人次，排名全国第六，与国内主要城市交通互联便利，与成都实现高铁一小时互通，与四川已经建成19条高速公路。成都作为中西部地区拥有国际（地区）航线最多的城市，目前已开通国际、地区航线121条，与106个国家、地区城市实现通航。交通优势是建设世界级文化旅游走廊的先决条件，有助于提高旅游的便捷性和安全性，也是重要的旅游吸引物。川渝两地逐渐完善的世界级客运网络，给予游客选择不同交通方式出行的机会。两地互联互通的交通网络已经初具规模，使原来"养在深闺人未识"的自然景观、人文景观被旅游业开发利用，使原来孤立的旅游景点串珠成线。

二 巴蜀文化旅游走廊建设的推进情况

2023年9月，成渝两地签订《重庆成都双核联动联建高质量推动巴

文化旅游走廊建设实施方案》。根据方案，重庆、成都将共促中华优秀传统文化传承弘扬，强化双核驱动提升都市旅游能级，协力发展巴蜀特色文旅消费，合力推进文旅服务共建共享。为了推出更有辨识度和影响力的巴蜀文化旅游走廊建设标志性成果，重庆会同四川一道积极深化合作、携手并进，共同开展了一系列重大行动来构建巴蜀文化旅游走廊协同建设新赛道、新路径。

一是融入巴蜀文化保护传承利用体系。重庆是中国著名的历史文化名城，具有3000多年的悠久历史，主要有巴渝文化、三峡文化、抗战文化、革命文化、移民文化、统战文化等。这些文化在重庆的历史长河中交相辉映，构成了重庆独特的文化景观，也是建设巴蜀文化旅游走廊的重要支撑。将这些文化资源融入巴蜀文化保护传承利用体系，对于深入挖掘文化内涵、弘扬时代价值、推动活化利用等具有重要意义。目前，重庆市不断健全并发布各级各类文物名录，强化重要文物系统性保护，加强区域文物资源整合，提高预防性保护能力，推进博物馆特色化发展，培育线上数字化体验产品，不断推动文化事业与数字技术加速融合发展，拓展沉浸式体验、虚拟展厅等服务功能。重庆市国家文化公园（重庆段）建设稳步推进，三峡博物馆"壮丽三峡"厅和三峡出土文物保护利用展完成改陈布展，皇华城考古遗址公园、红岩文化公园首期工程建成开放。此外，重庆还与四川携手并进，《川剧保护传承条例》通过川渝两省市人大一审。联合编制《川陕革命文物保护利用片区专项规划》，成为全国革命文物保护利用片区连片保护展示示范。合力开展"考古中国"重大项目——川渝地区巴蜀文明进程研究、蜀道考古研究，推进川渝石窟寺国家遗址公园、巴蜀非遗文化产业园、石刻文创园区等重大项目，推动川渝宋元山城防御体系、川渝盐业遗产、蜀道联合申遗，一体实施国家文物局重点项目川陕片区红三十三军旧址保护修缮。

二是推进世界级休闲旅游胜地建设。川渝地区是中国西南部重要的世界级旅游城市群和经济区域，担负着开放"窗口"、经济引擎、辐射带动和改革示范等重要使命。重庆借力"一带一路"、西部陆海新通道等重大战略，对旅游资源进行有机整合，打造巴蜀文化旅游走廊精品旅游线路、山水都市旅游精品旅游线路、长江三峡旅游精品旅游线路、世界遗产地旅游精品旅游线路等。重庆积极打造"红色三岩"品牌，建设全国红色旅游融合发展示范区；持续升级改造"两江四岸"，实施文旅产业赋能城市更新行动，支持利用老旧厂房等存量房产改造，建设文商旅融合消费的文创园区、休闲街区和城市综合体；做实"世界温泉之都"，做大游轮游船旅游，推动"演艺+旅游"持续繁荣，推动"非遗+旅游"深度融合，推动"美食+旅游"提速发展，丰富发展"+旅游"新型业态。此外，重庆与四川一起协同提振文旅消费，联动开展"川渝一家亲——景区惠民游""巴山蜀水迎新春""旅游中国看巴蜀"等活动，实施"百万门票互送""门票买一送一"等惠民措施。

三是积极打造富有巴蜀特色的文化和旅游消费目的地。巴蜀文化旅游走廊沿线生态禀赋优良、文化和旅游资源富集，是打造富有巴蜀特色文化和旅游消费目的地的最优选择。重庆立足服务国家重大战略和促进当地经济发展的现实需要，不断擦亮打响巴蜀文化旅游走廊的独特品牌。2023年重庆印发《关于加快建设世界知名旅游目的地的意见》，进一步明确了"打造国际范、中国味、巴蜀韵的世界级休闲旅游胜地"目标。一方面，聚焦"核心景区+精品线路"，通过统筹优质文旅资源，实施串珠成链计划，精心培育了一系列具有巴蜀特色的精品旅游线路。这些线路覆盖了山水都市、壮美三峡、遗产探秘、自然体验、古镇古街、美丽乡村等多个领域。通过推进长江、嘉陵江、大巴山等风景道建设，以及资阳—大足川渝石窟寺、川陕渝片区革命文物主题游径等项目建设，进一步丰富了文旅融合发展的内涵和外延。另一方面，注重文旅产业的创新升级和高质量发展。重庆在做好历史文化保护、改善人居环境的基础上，通过实施文化挖掘、产业发展、业态培育、设施建设、生态保护等项目，因地制宜培育文化体验、购物消费、演艺娱乐等业态，推动打造一批具有巴蜀文化特色的旅游休闲街区，提升满足当地居民和游客游览、休闲等需求的能力，展现独特的城市气质风貌。

四是健全川渝合作机制。自提出成渝地区双城经济圈建设以来，两地

"跳出四川看四川，跳出重庆看重庆"，深刻把握推动巴蜀文化发展的时代意义，以区域协调发展的视角来共建巴蜀文化旅游走廊。2022年5月，文化和旅游部、国家发展改革委会同川渝两省市政府联合印发《巴蜀文化旅游走廊建设规划》。两地也先后分别印发巴蜀文化旅游走廊建设规划实施方案，召开多次巴蜀文化旅游走廊建设联席会议，建立成渝双核联动联建工作机制，协同推动文旅合作事项落地，通过成渝两地的合作与交流，一定程度上打破了行政壁垒，促进旅游资源、技术、人才等要素的自由流动和高效配置。两地之间市场主体也积极响应，共同发起成立川渝文旅企业联盟、巴蜀文化旅游推广联盟、巴蜀世界遗产联盟、川渝非遗保护联盟等区域化、专业化文旅合作联盟。这些合作机制的建立，给成渝两地的发展带来了实打实的红利，并且通过加强顶层设计，统筹调配好现有文旅资源，变竞争为合作，使本就同根同源的巴蜀文化得到有效弘扬。

2024年以来，川渝两地文旅市场呈现快速增长态势，文旅产业正成为两地经济增长的重要引擎。2024年上半年，重庆市实现旅游及相关产业增加值586.63亿元，同比增长8%；1～8月，四川省旅游消费总额5010.01亿元，接待游客4.89亿人次，同比增长2.66%；两地均展现出持续增长的潜力，文化产业的蓬勃发展为高质量建设巴蜀文化旅游走廊提供发展动能。

三 推动巴蜀文化旅游走廊建设的现实困境

巴蜀文化旅游走廊前期建设虽有较好的工作基础，也取得了一些成效。但与高标准推进巴蜀文化旅游走廊建设、打造富有巴蜀特色的国际消费目的地的要求尚有一定差距。

一是区域之间发展不均衡。巴蜀文化旅游走廊已经具有一定的影响力，但就当前来看，呈现明显的分化趋势，渝东南、渝东北片区与重庆主城都市区相比差距较大。2023年重庆主城都市区接待游客8325.84万人次，远远高于渝东北片区的1125.55万人次和渝东南片区的738.65万人次；旅游产业增加值主城都市区为859.54亿元,远高于渝东北片区的216.18亿元和渝东南片区的99.81亿元。2023年四川省接待游客6.8亿人次,旅游收入7443.46亿元,其中成都市接待游客2.8亿人次,实现旅游总收入3700亿元,占比接近四川全省旅游收入的一半,反映了周边地区竞争力不强的现状。有些地区即使有好的文化内涵、有好的旅游资源,但是缺乏资金、人才、宣传、管理等,绝大多数地区让游客成为去往成渝两地的匆匆过客。

二是文化资源挖掘不充分。巴蜀文化资源是建设巴蜀文化旅游走廊的基石。巴文化、蜀文化源远流长,已有5000余年发展历史,在中国上古文明体系中占有重要地位,是人类文明的发祥地之一。但巴蜀文化资源多而不精,大而不强。文化层面的缺失,导致旅游层面的牵强附会,缺乏人文内涵,因而游客觉得没有新鲜感与体验感。其一,文化呈现太过直接,未实现与当地特色相结合。如巫山的巫峡神女景区和大宁河小三峡景区,对文化的融合仅仅停留在用各种动物形象来比喻山形水态,而对巫山特有的古人类文化、巫文化、盐文化、栈道文化、神女文化、名人文化等,景区却少有符号化呈现。其二,文化挖掘太过零散,缺乏系统化的整合提炼。如大禹治水等许多神话故事与重庆有关,如李白、杜甫等无数文人墨客在重庆留下墨宝,如上帝折鞭处合川钓鱼城等无数历史故事在重庆发生。可惜的是,绝大多数只是停留在文字叙述,没有深刻提炼其文化内涵,也没有具象的旅游景点,更没有相关旅游产品开发。其三,文化要素太过雷同,缺乏特色植入。一些古镇景区,展现出过度的商业化,呈现出来的模式千篇一律,毫无特色,无法吸引游客眼球。

三是文化产业规模不大、影响力不强。从产业规模上看,重庆市文化、旅游产业增加值占GDP比重分别只有4%左右,离支柱产业还有差距。落后于全国4.5%的平均水平(北京、上海、广东、浙江等省市已超过5%)。重庆市文化企业体量不大,缺少在全国有影响力的骨干型、领军型企业,尚未出现百亿级文化企业、"全国30强"文化企业,没有一家上市文化企业、旅游企业。其原因是重庆市文化产业长期处于跟跑状态,缺乏创新引领。川渝是内陆地区,开放程度与东部沿海城市有一定差距,导致川渝地区的文化发展长期滞后于经济发展。不仅缺乏具有重大影响力的国际组织、国际赛事、国际会展等，在国际知名度、对外吸引力以及百姓消费观念上与长三角、大湾区等相比仍有较大差距。从产品业态上看，文化资源挖掘利用不足，旅游深度体验项目不多，艺术原创能力不强，9个市属院团年接待观众不足100万人次。从市场主体上看，缺乏文旅领军企业、龙头企业，国有文旅企业综合实力不强、盈利能力较弱。传统业态全而不优，数字文化新型业态发展滞后，在全市文化产业中占比仅35%。文旅消费市场不活，游客多，但拉动消费少，"打卡不刷卡"现象突出，提起重庆的文化形象，最想先到的依然只有夜景、火锅、美食等具象化的元素，不利于进行文化再创新。另外，具有辐射性和外溢性的产品研发不够丰富，能够对全国和国外产生较大影响的产品偏少。

四是跨区域合作交流不深入。川渝两地间的文化产业合作初具规模，但各地文化整体呈分散化、同质化和小规模的竞争发展态势。其一是合作广度不够。两地合作交流大多在政府层面，市场主体活跃度不足，合作的积极性、主动性不强，全社会广泛参与的热情不高。其二是共建深度不足。区域合作共建深度不够，区域间文旅项目合作大多仍停留在旅游宣传营销、活动举办等浅表层面，缺乏在文艺精品创作、文创产品研发、文旅资源协同打造等方面的深层次合作。其三是重点项目支撑不够。两地共同实施的、在全国有影响力的重大项目较少，且没有形成地域特色鲜明的知名品牌，现有项目带动力不强，对世界的吸引力需提升。此外，两省市在景区打造、线路策划、游客互推等方面的合作还有待加强。

四　高质量建设巴蜀文化旅游走廊的几点建议

巴蜀文化旅游走廊建设的宏观前景广阔而美好。在国家战略的支持下，川渝两地将不断深化合作、优化资源配置、提升公共服务水平、推动产业协同发展、加强品牌建设与推广以及推动科技创新与数字化转型，共同推动巴蜀文化旅游走廊建设迈向更高水平，协同提升川渝文旅在全国的辨识度和影响力。

一是坚持协同发展，把"网红"变"长红"。川渝各地区经济发展情况不同、旅游资源不同、接待能力不同，应当为本地区的潜在游客群体精准画像、合理定位，进而针对性地形成自己的特色。同时，紧扣规划定位，积极主动地与周边地区协同发展，让整个川渝地区形成一盘棋。其一是锚定自身定位。以重庆主城和成都双核为驱动，做强"世界级休闲旅游胜地"招牌，吸引游客来到巴蜀。以成渝古道、长江上游、成绵乐三条旅游带为串联，注重轴线的主干牵引作用，重点打造成渝古道文化旅游带，丰富旅游产品体系，推动打造多条旅游线路。以"五横五纵"多条旅游支线为骨架，对文旅走廊发展轴线进行合理分级，以成渝多条高速公路为支撑，重点发展内河游轮、山地度假、都市休闲、生态康养、乡村旅游等，依托长江干流，辐射带动乌江、嘉陵江等沿线城镇群。让孤立的景点串联成景点群，让除成渝之外的地区也有获客、待客、留客的能力，吸引游客游在巴蜀。其二是开拓旅游模式。大力提升入境游，充分利用144小时过境免签政策，发扬"山水旅游""不夜重庆""美食之都"等渝派金字招牌。在夜间经济方面，加强规划布局，依托"两江四岸"的资源优势，突出"山、水、城、桥"四大元素，丰富"夜味""夜赏""夜玩""夜购"等夜间生活业态，为境外游客提供独特的夜间体验。持续做强国内游，实施客源互送计划，联动构建"渝进蓉出""蓉进渝出"机制，与四川积极展开合作，围绕游客"吃住行游购娱"全方位需求，两地可联合景区景点、重点商圈、餐饮酒店等推出川渝组合优惠套餐，让更多游客在川渝两地玩开心、享实惠。深度扩展周边游，充分挖掘家门口的景点，打造"她旅游""家庭游""亲子游"等不同需求的旅游路线，持续推进"百万职工游巴蜀"，让巴蜀文化旅游走廊上的美景成为川渝人民的后花园。从成渝到周边地区进而到整个川渝地区层层递进，各地都有不同的潜在游客画像，力争做到"入境游""国内游""周边游"三种旅游模式协调发展，增强巴蜀文化旅游走廊的影响力。力争在2027年全市外国人入境游接待100万人次，全市国内旅游接待人数超5.5亿人次，其中渝东北片区与渝东南片区游客数量显著增加。

二是挖掘文化资源，让"古文"为"今用"。文化为魂、旅游为载。重庆3000年巴渝文化璀璨夺目，留下了2.5万余处宝贵历史文化遗迹，用好这些"人文"宝贝，既是传承弘扬优秀文化之需，也是提升旅游"文化含量"之需。其一是处理好"古"与"今"的关系。充分开发利用各类文化文物遗产资源，加强文化旅游产品、衍生品的开发，强化文化与旅游的产业融合。挖掘文旅产品，促进地方特色产品的产业化发展。大力发展抗战文化、红岩文化等红色旅游，三峡文化、巴渝文化、苗族土家族文化等特色文化旅游。通过运用前沿技术、创新性理念以及跨领域融合与多元化交互模式，构建文物与文化遗址、文化生活及信息技术之间的紧密联系，让历史生动起来、让文物鲜活起来。其二是处理好"品"与"质"的关系。如今无论是对文化的消费，还是对旅游的消费，市场主动权都已转向消费者，从"你供给什么，我就消费什么"转向"我需要什么，你生产什么"。巴蜀地区虽然文化资源丰富，但不可仅停留在简单堆砌文化的层面，要深刻了解消费者的内在需求，深入研究游客的决策动因，是"只为你而来"，还是"顺便来看看"。

三是做大文旅产业，既"打卡"又"刷卡"。千百年来，文化与经济如鸟之两翼、车之双轮，互为条件、彼此支撑。经济是城市的体格，文化是城市的灵魂。其一是让川渝文旅积极融入市场，强化品牌营销，整体提升巴蜀文旅知名度，创新培育具有巴蜀文化、资源和产业特色的川渝文旅IP，加快主题化、体系化的品牌产品开发。着重发展"文化产业+八大主题旅游"的深度融合产业体系，以文化提升旅游的内涵品质，以旅游促进文化的传播消费，积极推动文化产业与旅游产业双向融合，相互促进。将川渝城市形象宣传与旅游目的地推广相结合，以媒体、活动、联盟、全民、创新为营销切入点，构建起政府、企业、居民、游客"四位一体"的全方位立体化营销体系，叫响"安逸四川·大美重庆"旅游品牌。以互联网手段推进文旅产业发展方向，助力文旅产业发展提质增效，推动实现巴蜀文化和旅游产品推广、品牌热度、文旅形象的全面提升。其二是推动数字赋能，激活文旅产业融合发展新模式推动文旅产业数字化融合发展，将数字化作为推动文旅产业融合发展的重要抓手，加快文化的动漫化、游戏化、影视化拓展，促进文旅产品线上化。全面推进"数字+文旅"，促成文旅产业数字化新发展。利用数字技术赋能景区、景点等，探索"云观展""云旅游""云观影""云演唱会"等模式，培育数字景区、线上阅读、智慧旅游、数字文化馆、数字美术馆、数字博物馆等"线上文体游娱"新业态，不断升级文旅资源、文旅服务和文旅活动的数字化，增强大众的参与感、体验感与分享欲，拓宽数字旅游服务的广度。让巴蜀文化旅游走廊不仅仅是用道路把景点相连，更是用数字把文化相连。

四是加强协同合作，既"共建"又"共享"。进一步联动四川强化战略协作、政策协同、平台对接、利益共享。其一，共推一批改革事项。联合创建文化和旅游区域协同发展改革创新试验区，协同探索文化和旅游资源集聚区与行政区适度分离模式，避免行政资源浪费。推动金融、土地、人才等要素保障制度创新，鼓励文化企业、文艺院团积极融入市场，通过改革来激发活力，提高竞争力。其二，共建一批重点项目。完善川渝文旅协同机制，共同推动一系列关键项目、政策、改革及平台的落地实施。充分发挥各类主体的积极作用，依托巴蜀文化旅游走廊现有的合作网络、协议及平台，促进招商引资、产业协同及资源要素的自由流动。携手策划一系列主题宣传活动，提升走廊共建的知名度与影响力，共同推动巴蜀文化旅游走廊的繁荣发展。其三，共谋一批旅游线路。积极整合两地特色文化和旅游资源，共同开发并推出有特色、有市场竞争力的川渝两地"一程多站"旅游线路。推动本地人"川渝互游"、外地人"川渝同游"。创新开发三峡、三国、三星堆等标识性文创产品，丰富消费业态场景，共塑巴蜀文化旅游走廊品牌形象。另外，还可以推动文化、旅游等数据开放共享，加大共同研究文化旅游发展的力度，不断提升川渝两地文化旅游融合发展水平。

西部陆海新通道建设篇

B.24
重庆推动西部陆海新通道高质量发展：进展、问题与建议

李 颜*

摘 要： 2024年以来，重庆市委、市政府认真贯彻落实习近平总书记关于西部陆海新通道建设的重要指示批示精神，把加快建设西部陆海通道作为重大战略任务抓紧抓实，奋力打造内陆开放综合枢纽，推动通道各项工作取得重要进展。但也存在基础设施建设有待加强、数字赋能不充分、通道与经贸产业融合不深等问题。重庆推动西部陆海新通道高质量发展，应从加快数字通道建设、完善基础设施网络、发展壮大通道经济、提高通道综合服务水平、深化国际交流合作等方面持续用力，助推通道建设取得更大标志性成果。

关键词： 西部陆海新通道 高质量发展 通道经济 重庆

---

* 李颜，重庆市政府口岸物流办党组成员、副主任。本文数据来源于重庆市政府口岸物流办、重庆市商务委和中国人民银行重庆市分行的相关统计。

2024年是新中国成立75周年，是国家发布实施西部陆海新通道总体规划第5年。2024年以来，重庆市委、市政府高度重视西部陆海新通道建设，全面贯彻党的二十大、二十届三中全会和习近平总书记关于西部陆海新通道建设的重要指示批示精神，奋力打造内陆开放综合枢纽，推动通道建设取得重要阶段性成效。

一 重庆推进西部陆海新通道高质量发展的进展情况

重庆市委、市政府召开西部陆海新通道领导小组会和全市通道建设工作推进大会，实施通道建设"领头雁"行动，迭代升级目标体系、工作体系、政策体系和评价体系"四个体系"，形成全方位、全市域、各领域融入通道建设新格局。

（一）加强统筹协调，形成合作共建新格局

一是充分协调国家部门平台。协调西部陆海新通道建设省部际联席会议办公室，积极发挥推进国际陆海贸易新通道建设合作工作机制秘书处作用，牵头对接国家发展改革委、商务部、海关总署、国铁集团等部门和央企，争取推动西部陆海新通道建设跨区域、跨行业、跨领域的重大事项。积极与铁路部门对接争取，从2024年开始钦州至小南垭站、鱼嘴站运价下浮比例，由大箱14%、小箱25%，统一调整至28%。协调中远海运集团、招商局集团、中国物流集团等央企积极参与通道建设，中国物流集团与重庆签署战略合作协议，在重庆合资组建控股有限公司。二是加强省际协商合作。牵头西部地区12省（区、市）、海南省和广东湛江市、湖南怀化市共同建立的"13+2"西部陆海新通道省际协商合作联席会议机制高效运转，首次在广西召开省际协商合作联席会议办公室会议。协调推进陕西省、青海省加入跨区域综合运营平台，新设立2家区域运营平台公司，推动跨区域运营平台实现"13+2"省（区、市）全覆盖。目前，陆海新通道运营公司已完成第二次增资扩股，注册资本金由1.6亿元增至4亿元，实现11省（区、市）13股东共建。三是

健全市内工作机制。全面强化重庆市西部陆海新通道建设领导小组，实行由重庆市委书记、市政府市长担任双组长，重庆市委、市政府有关领导担任副组长的工作机制，将35个市级相关部门、38个区县和3个开发区主要负责同志充实到领导小组，下设9个专项工作组共同推进通道各项工作。建立健全区县差异化评价机制，印发实施《西部陆海新通道高质量发展评价办法（试行）》，对西部陆海新通道建设取得明显成效的区县、开发区等给予激励。

（二）拓宽通道网络，运输组织效能明显提升

一是加快骨干基础设施建设。加快建设现代化集疏运体系，打造陆海并济的综合物流枢纽。渝昆高铁渝宜段于2024年9月底通车，渝湘高铁重庆至黔江段建设进展顺利，黔江至吉首高铁已纳入国铁集团2024年开工项目清单，渝贵高铁正式启动勘察设计招标。渝湘复线、渝武复线、渝赤叙高速公路形象进度达92%、98%、17.2%。重庆新机场场址已获批，江北国际机场T3B航站楼及第四跑道全面贯通。二是提高通道运行质效。开行中老泰马跨境铁路双向班列，新增1班钦州港至新加坡港"天天班"航线，每周航线往返运力增加100标箱。中越、中老和中老泰国际铁路联运班列稳定运行，通道对外通达全球125个国家和地区的538个港口。2024年1~8月，重庆经西部陆海新通道运输货物16.59万标箱、增长53%，货值312.85亿元、增长85%。其中，铁海联运班列运输货物14.84万标箱、增长54%，货值223.47亿元、增长90%；重庆经西部陆海新通道与中欧班列、长江黄金水道联运货物9.72万标箱、同比增长87%。三是完善物流枢纽功能。重庆港口型、陆港型、空港型、生产服务型、商贸服务型"五型"国家物流枢纽建设有序推进。果园港、新田港、龙头港、珞璜港等主要枢纽港全部实现铁路接入，涪陵龙头港铁路集疏运中心完成综合货场建设，并开行西部陆海新通道铁海联运班列。加强海外仓和物流集散分拨中心网络布局，组织成立西部首个海外仓服务联盟，助力企业在东盟新设海外仓3个。推动重庆RCEP投资贸易服务中心顺利运营，成立海外分中心17家，海外供应链辐射集聚能力不断增强。

（三）发展通道经济，通道与产业融合发展

一是大力培育市场主体。2024 年，加大 A 级物流企业培育力度，新增重报电商、交运物流、大攀物流、德邦物流等全国 4A 级物流企业 4 家，新增马立达、和平物流、民生集装箱运输、和平医药物流等全国 3A 级物流企业 4 家，全市 A 级以上的物流企业 98 家、5A 级物流企业 10 家。新增 7 家国际货运代理备案企业，全市总数达到 676 家。持续推动降低企业物流成本，为长安、赛力斯等定制个性化物流方案。二是推动跨区域产业联动发展。高起点建设重庆枢纽港产业园，按照"抓经贸、带产业、促通道"思路，打造国家战略产业备份承载体、重大技术装备集成创新新高地、西部陆海新通道（重庆）主枢纽。2024 年 9 月，重庆枢纽港产业园集中签约开工重点项目 41 个，项目总投资 215.24 亿元，其中 21 个投资项目实现"签约即开工"。目前，重庆枢纽港产业园先行区已入驻企业 632 家，其中"世界 500 强"企业 2 家。全力推进中老泰"三国三园"合作，探索与老挝塔纳楞陆港、泰国罗勇工业园共建"三国三园"国际产能合作的模式，以产业互动为支撑、以西部陆海新通道为纽带、以园区建设运营单位为基础，打造"一带一路"国际产能合作"样板间"。与浙江华立集团、上海格林福德公司共同成立"三国三园"供应链运营主体，立足"渝车出海""产业跟随""原料进口""跨境电商""离岸贸易"开展业务。三是深化金融赋能。成立西部陆海新通道金融服务联合体，完善组织运行机制，搭建起覆盖通道全域的金融服务网络。目前，金融服务联合体成员共 57 家，组织投放银团贷款超 60 亿元；深化铁路运输单证金融服务试点，促进贸易物流发展，筛选出潜在客户名单 1700 家，组织试点银行保险机构开展"走万企、提信心、促贸易"活动，银行业投放铁路运输单证进出口贸易融资资金 1.55 亿元、同比增长 21%，保险业签单货运保险和出口信用保险保额 575.58 亿元、同比增长 102%。

（四）深化国际交流，经贸合作取得实效

一是做大通道贸易规模。制定"渝车出海"综合物流解决方案，2024

年1~8月全市累计出口汽车30.7万辆、同比增长32%，出口额277.2亿元、同比增长36.7%。果园港综保区通过海铁联运实现平行进口汽车业务"零的突破"。用好西洽会等线上线下展会平台，推动柠檬、橙子、橘子、葡萄等优质特色农产品通过西部陆海新通道出口马来西亚、泰国、越南等东盟市场。2024年1~8月，重庆出口农产品10.2亿元、同比增长46.5%，助力特色农产品品牌布局海外市场。二是发展贸易新业态。加强跨境电商综合试验区建设，开展跨境物流运输、数据共享、结算清算等电子商务服务。谷歌跨境电商中心、阿里巴巴速卖通等项目加快建设，通道跨境电商货物承运量显著提升，2024年1~8月跨境电商进出口总额87.16亿元。打造"陆海优品"等电商服务平台，累计入驻线上平台商家62家，建成乌拉圭、智利、西班牙、白俄罗斯4个线上国家馆。引进"国机中联西南科创总部项目""易易互联全球总部项目"等43个总部类项目，签约总金额达586.4亿元；引进研发、设计、咨询、会计、法律等专业服务业项目64个，签约总金额274.3亿元。三是加强国际合作。在新加坡举行中国·重庆生命科技城和枢纽港产业园推介会，集中签约12个项目，签约总金额超10亿元。组织开展中国（重庆）—印度尼西亚（雅加达）、中国（重庆）—越南（胡志明市）国际陆海贸易新通道合作交流会，与印度尼西亚和越南有关企业签约22个项目，签约总金额超86亿元。深化陆海新通道国际交流合作中心建设，制定《2024年陆海新通道国际交流合作事项清单》《陆海新通道国际交流合作中心工作机制方案》。推动陆海新通道职业教育国际合作联盟成员单位扩容，覆盖新加坡、泰国、印度尼西亚等15个国家。圆满举办2024重庆国际友好城市合作大会，邀请越南胡志明市、老挝占巴塞省等15个国家40多位城市领导人和各界代表来渝实地参观考察通道建设最新成果。

（五）强化改革创新，综合服务不断优化

一是加快推进通关便利化改革。重庆海关探索实施"海铁联运集装箱铬矿检验监管优化模式"试点，通过"一站式"进口铬矿从南非到重庆办理清关手续，较传统运输方式节约运输时间24天，减少边境口岸每标箱开

箱查验费用1700元；积极推广"西部陆海新通道海铁多式联运境内铁路运费扣减"政策，累计为企业扣减境内段铁路运费2235.42万元，惠及企业108家。重庆海事局与广西钦州海事局探索建立西部陆海新通道铁海联运海事监管一体化模式，破解新能源汽车集装箱铁路和海运标准不一致难题，单箱节省货物拆装箱费用1000元。二是创新商事法律服务。建立服务通道建设司法协作机制，在渝举办首届服务西部陆海新通道建设司法协作"13+2"论坛。推进共建中国（重庆）—东盟国际法律服务区，设立重庆国际商事仲裁中心、重庆国际（东盟）商事法律服务中心、重庆国际贸易摩擦法律救济服务站。设立重庆涉外法律服务发展基金100万元，推动出台对外经外贸企业贸易摩擦诉讼律师费给予不超过其实际支出50%的资金补助政策。充分发挥陆海新通道法律服务联盟作用，为经营主体提供国际商事法律咨询服务支持。三是推进数字通道建设。加快构建智慧铁海联运综合场景，数字陆海新通道基本形成"铁海联运一码通"重点能力，打造数字化营商环境，可提供线上订舱、供应链金融、商事法律等"一站式"综合服务，实现压减34%流程、压减56%单证、场景贯通率达95%。

二 重庆推动西部陆海新通道高质量发展面临的问题

随着西部陆海新通道建设深入推进，制约通道发展的问题和因素也逐步显现。

一是基础设施水平有待提高。铁路干线方面，西部陆海新通道铁路干线等级比较低、运输能力不足，"断头路""中梗阻"现象仍存在。中通道川黔铁路为单线铁路，运能接近饱和；东通道部分线路运能紧张，焦柳铁路怀化至柳州段运能利用率约98%。枢纽功能方面，重庆交通物流设施资源过度集中在中心城区，渝西地区缺乏高等级物流枢纽，规划建设起步较晚，口岸功能较弱。广西北部湾港缺乏大吨级泊位、深水航道，港口航线尤其是远洋航线偏少，沿途挂港较多，直航航线很少。

二是通道与经贸产业融合不深。目前，市域和沿线没有形成科学的产业空间分工体系和上下游协同机制,缺少沿线产业摸底,对市域范围内、通道沿线之间、沿线与东盟之间的产业上下游物流需求不掌握、底数不清。尚未建立产业导入基金,缺乏推动市域和沿线产业链紧密合作的市场化手段,与通道发展相匹配、高效衔接的规模化产业集群尚未形成。

三是数字赋能不够充分。西部陆海新通道公共信息平台处在搭建阶段,沿线省(区、市)在铁路、海运、港口等方面物流数据存在明显的条块分割、共享壁垒,造成货源组织困难、物流成本偏高。存在"数据孤岛"现象,数据标准不统一、数据接口不开放、数据共享机制不健全,难以实现数据的高效流通和共享,数据要素价值未充分释放。中新国际数据通道探索数据跨境流动政策试点推进缓慢,中新数据跨境流动不畅。

四是制度集成创新不足。铁海衔接方面,铁路与海运货物品名、分类标准、安全规范等存在较大差异。如椰壳纤维、葵花粕等商品在海运中被视为普通货物,但铁路系统将其作为易燃物不予运输。制度型开放方面,与自贸试验区、服务业扩大开放、内外贸一体化等改革试点联动不足,通关便利化水平难以满足高水平经贸合作和人文交流需要。

三 重庆推动西部陆海新通道高质量发展的建议

新征程上,建议重点在完善基础设施网络、加快推进数字通道建设、深化国际交流合作等六方面下功夫,推动西部陆海新通道高质量发展之路越走越宽广。

(一)完善基础设施网络

一是提升综合立体交通内畅外联水平。促进重庆与西部互联互通、与东盟快速直通,加快重庆—北部湾、重庆—滇中、重庆—成都—拉萨、空中走廊等"七大交通走廊"建设,持续拓展通道网络。推动北部湾港、湛江港等港口提升海运服务能力,高标准建设重庆"五型"国家物流枢纽,布局一批海外仓和海外分拨中心。完善路网主骨架、畅通网络微循环,打通

"断头路""瓶颈路",提升通道贯通能力。二是增强物流口岸集散能力。围绕加快构建现代化多式联运集疏运体系,高标准建设"五型"国家物流枢纽,支持企业布局建设一批海外仓和分拨中心,加快建设多层次物流枢纽节点体系。提升果园港、团结村、南彭公路保税物流中心、江北机场等口岸综合服务功能,加快智慧口岸建设,统筹推动航空、水运、铁路口岸以及公路物流基地一体化,加强与通道沿线重点口岸开放合作。三是提高通道多式联运能力。加快建设多式联运骨干通道,促进多通道协同联通,实施班列班车倍增计划,打造一体化集疏运体系,建设一批铁公水多式联运示范工程,大力推动铁铁联运、铁水联运、水水中转。

(二)健全通道规则制度标准

一是推动陆上贸易规则创新。围绕陆上贸易相关环节进行全方位探索,持续推动铁路运单物权化试点,有效对接贸易、金融等创新规则,强化铁路提单及其融资产品市场化运用。推动国际贸易"单一窗口"西部陆海新通道平台在"13+2"省(区、市)应用。二是完善通道规则标准体系。推动国际铁海联运规则体系创新,探索建立国际多式联运、陆海贸易规则等标准体系,促进通道跨境运输标准互认,推动铁路与海运运输标准规则衔接。三是促进投资贸易自由化便利化。对标高标准国际经贸规则,借鉴学习北京服务业扩大开放等改革创新举措,加快形成一批具有全国影响力、重庆辨识度的制度创新成果。以世界银行营商环境创新试点城市评估为契机,构建形成更加细化量化的指标体系,迭代完善外商投资准入负面清单,成为市场化、法治化、国际化营商环境的城市样板。四是深化通关便利化改革。深化推广铁路"快速通关模式",扩大"船边直提""抵港直装"实施范围,尽量减少货物滞留时间。持续推进"两步申报""两段准入""两类通关"等改革创新,巩固提升"7×24"小时口岸预约通关保障水平,压缩整体通关时间。

(三)发展壮大通道经济

一是大力培育市场主体。大力引进培育5A级物流企业和全国"100

强"物流企业等一批专业物流标杆企业,培育壮大一批特色突出、外向度高、具有国际竞争力的优强外贸企业。二是提升通道产业能级。加强与沿线国家和省(区、市)的产业合作,做强做优汽摩、电子信息产业等优势产业集群,加快形成面向东盟的智能网联新能源汽车、智能终端、农机通机、绿色食品等标志性合作产业链。促进现代物流业与制造、商贸、金融、农业等产业融合,构建协调合作的跨国生产网络、贸易网络和产业分工体系。三是推进外贸转型发展。深入推进服务业扩大开放综合试点、全面深化服务贸易创新发展试点,做强一般贸易、做优加工贸易,积极发展新型离岸贸易、转口贸易、新型易货贸易,加快建设跨境电子商务综合试验区。

(四)加快推进数字通道建设

一是推动通道运营管理服务数字化。加快推进数字提单、数字舱单、数字交易等创新应用,打造产业链供应链数字生态圈。构建一体化数字协同监管体系,推进业务协同、数据互通、信息共享。二是提高通道设施数字化水平。统筹推进交通干线、物流枢纽、口岸设施等数字化改造,打造"一带一路"数字化建设示范工程。深化"智慧海关、智能边境、智享联通"建设,增强数字感知能力,实现全流程、多方式、多领域实时可视可控可溯。三是大力推动跨境数据互联互通。推动建立健全西部陆海新通道合规的信息互联互通、共享共用机制,联动沿线国家和省(区、市)共建数字通道,依托中新国际数据通道先行先试,探索可复制、可推广的数据跨境流动安全管理经验。

(五)提高通道综合服务能力

一是进一步发挥通道物流和运营组织中心作用。积极推动通道沿线地区和市场主体参与共建陆海新通道运营有限公司,支持设立区域运营公司和专业机构,推动综合运营平台做大做强做优,打造具有国际影响力的运营品牌,增强对沿线地区开发开放的支撑力。二是提高平台与通道之间的协同水平。发挥重庆自贸试验区、中新互联互通项目等战略平台叠加效应,推动国家级新区、经开区、高新区、综合保税区、海关特殊监管区等开放平台提档升级、协同发力。三是引进一批国际化专业化服务机构。大力引进培育国际化研发、设计、会计、法律、咨询等专业机构，打造全景式服务、全渠道融合的国际商贸服务平台。加大金融服务供给，创新供应链金融跨境、离岸和在岸服务模式，增强资本市场、结算中心、创投融资等核心功能。

（六）深化国际交流合作

一是完善交流合作机制。推动将通道建设重要事项纳入中国—东盟、澜湄合作等多双边区域合作机制，深入对接中国—中南半岛、孟中印缅、新亚欧大陆桥等国际经济走廊，形成战略联动优势。吸引更多国家、地区和国际组织来渝设立领事、商务和办事机构，打造国际交流合作旗舰品牌。二是提升经贸合作平台能级。高标准办好西洽会、陆海新通道经济发展论坛等活动，高起点打造重庆RCEP投资贸易服务中心，做亮国际经贸品牌，推动通道经贸合作走深走实。三是加强人文交流合作。加强与通道沿线国家文化和旅游交流合作，培育人文交流国际品牌，推动巴渝优秀文化"走出去"，助力重庆打造世界旅游目的地。高水平建设中外人文交流教育试验区，打造职业教育国际合作联盟。

参考文献

《习近平谈"一带一路"（2023年版）》，中央文献出版社，2023。

袁家军：《在重庆市建设西部陆海新通道工作推进大会上的讲话》，2024年3月19日。

《重庆市人民政府工作报告——2024年1月21日在重庆市第六届人民代表大会第二次会议上》，《重庆日报》2024年1月29日。

《重庆市加快建设西部陆海新通道五年行动方案（2023—2027年）》，2023年3月26日。

B.25
重庆推进西部陆海新通道制度型开放的实践探索、现实挑战及对策措施

刘嗣方 邓 靖*

摘　要： 制度型开放是扩大高水平开放的重要标志，推进西部陆海新通道制度型开放是重庆加快建设内陆开放综合枢纽的关键举措。党的二十大以来，重庆以西部陆海新通道为牵引，协同联动共建"一带一路"、成渝地区双城经济圈建设、长江经济带高质量发展、新时代西部大开发形成新格局、中新（重庆）战略性互联互通示范项目等国家重大战略，探索首创性、差异化、集成化改革，形成了一批具有重庆辨识度、全国可复制的标志性制度创新成果。新征程上推进陆海新通道制度型开放还面临一些突出问题和现实挑战。要以进一步全面深化改革为动力，以建设创新引领的制度型开放枢纽为目标，聚焦体制机制，坚持问题导向，注重系统集成，突出场景牵引，以关键领域和重要环节为突破口，加强国家重大战略制度型开放协同联动，以高水平开放联动深层次改革，大力提升西部陆海新通道制度型开放水平。

关键词： 西部陆海新通道　制度型开放　国际贸易

　　开放是中国式现代化的鲜明标识。党的二十届三中全会明确提出"完善高水平对外开放体制机制"。习近平总书记视察重庆时要求重庆全面深化改革扩大高水平对外开放，主动对接高标准国际经贸规则，加快打造内陆开

---

* 刘嗣方，重庆社会科学院党组书记、院长；邓靖，重庆社会科学院城市与区域经济研究所副所长、研究员。

放综合枢纽。制度型开放是扩大高水平开放的重要标志，推进西部陆海新通道制度型开放是重庆加快建设内陆开放综合枢纽的关键举措。推动西部陆海新通道制度型开放，是推进高水平对外开放的题中应有之义，是高标准建设出海出境大通道的内在要求，是更好服务和融入新发展格局的有力保障，是统筹发展和安全的有效措施，有助于推动高质量发展、创造高品质生活、实现高效能治理，对于沿线国家和地区参与全球经济治理体系变革重塑具有重要战略意义。

一 推进西部陆海新通道制度型开放的实践探索

西部陆海新通道的前身是渝黔桂新"南向通道"，2017年8月，重庆、广西、贵州、甘肃四省区市签署"南向通道"框架协议，标志着该通道建设正式启动。2018年11月，中新两国正式签署《关于中新（重庆）战略性互联互通示范项目"国际陆海贸易新通道"建设合作的谅解备忘录》，将"南向通道"正式更名为"陆海新通道"。2019年8月，国家发改委印发《西部陆海新通道总体规划》，标志着西部陆海新通道正式上升为国家战略。五年来，通道机制、通道设施、通道物流、通道经贸、通道产业、通道规则等取得重要阶段性成果，成为沿线国家互联互通、共建共享、合作共赢、交流互鉴的创新实践，是为既造福中国又惠及世界的中国式现代化作出的生动注解。

我国以西部陆海新通道建设带动西部和内陆地区高水平开放给沿线国家发展带来重大机遇和强劲动力。党的二十大以来，重庆深入贯彻习近平总书记重要指示批示精神，坚定落实党中央决策部署，以西部陆海新通道为牵引，协同联动共建"一带一路"、成渝地区双城经济圈建设、长江经济带高质量发展、新时代西部大开发形成新格局、中新（重庆）战略性互联互通示范项目等国家重大战略，一体打造大通道、大物流、大平台、大口岸、大枢纽、大产业，探索首创性、差异化、集成化改革，形成了一批有重庆辨识度、全国可复制的标志性制度创新成果。重庆已经成为辐射西部、服务全

国、链接东盟、融入全球的战略枢纽,从开放"末梢"逐渐走向"前沿",为服务全国开放发展大局作出了新贡献。

(一)探索陆上国际贸易新规则

率先构建国际多式联运集疏运体系,推动国际铁路提单创新试点,创新"一单制"数字提单,打造"一站式"国际多式联运定舱平台,开行中老泰双向测试班列,助力全社会物流降本增效。开立全球首份"铁路提单国际信用证"并实现批量化运用,弥补了全球贸易规则主要针对海运而陆上贸易缺乏统一规范的空白。试点航运贸易数字化改革,支持"智慧长江物流"等重大应用建设,实现物流资源线上线下协同联动。

(二)创新贸易投资便利化制度

实施自由贸易试验区提升战略,探索"即报即放""一箱直通"等新模式,深化"四自一简""一保多用""三个一"监管模式改革,通关便利度提升51%;推广国际贸易"单一窗口"迭代升级,通关全流程电子化水平全国领先,自贸试验区累计培育重点制度创新成果148项,AEO高级认证企业突破100家,制度创新指数省级排名第5、居全国第一梯队。重庆自贸试验区服务成渝地区双城经济圈建设的关银"一KEY通"川渝通办集成化改革,入选全国自贸试验区第五批"最佳实践案例"。以大足刀具为试点探索打造市场采购贸易"重庆模式",助力"小商品"便捷出海。服务业扩大开放稳步推进,24个创新举措入选国家最佳实践案例,服务业开放发展指数比试点前提升16.4个百分点,其中,渝中区依托解放碑核心商圈国际消费吸附力,创新发展"保税+实体零售"新业态,探索"保税+暂时进出境"业务模式,结合技术创新、流程创新,以优化货物先销后税、集检分出贸易便利化流程评为标杆项目。

(三)降低物流制度性交易成本

推动形成西部陆海新通道"13+N"联席机制,通道物流从"一条线"

变成"一张网",通达全球126个国家和地区的548个港口,货运量、货运值分别增长41%、73%,铁海联运班列货物运输品种增至1157种,货物从重庆到东盟国家由平均32天缩短到平均18天,综合物流成本下降约50%。高标准建设枢纽港产业园,构建中老泰"三国三园"通道产能合作框架,重庆枢纽港产业园集中签约项目163个、总投资1423亿元,国际国内循环互补枢纽作用进一步放大。推动铁路国际联运单证物权化,降低集货和通关成本近20%,提升物流枢纽综合服务能力近15%,处于全国领先水平。在全国率先试点海铁联运集装箱铬矿检验监管优化模式,单箱成本节约1700余元。依托中新互联互通项目深化实施、枢纽港产业园提速建设、"舟山—重庆"江海联运测试运行、疆电入渝和渝哈算力通道工程稳步推进等,推动"铁公水空管邮数"现代化多式联运集疏运体系和综合服务体系建设取得实质性进展。

(四)探索数字贸易、绿色贸易和金融服务通道新机制

推动服务业扩大开放综合试点,积极参与数字贸易国际规则制定,加快打造"通道大脑",探索跨境数据、数字身份、数据监管等领域先行先试,完善数据交易、监管和安全联动联防机制,提升海外仓数字化、智能化水平,推动数字赋能实施巴渝文化"出海计划",打造重庆数字文化贸易新IP。加强绿色标准国际合作,出台全国首个绿色商务发展规划,建设"重庆造"制造业全球碳足迹追踪数据库,打造"碳惠通"生态产品价值实现平台,携手打造西部陆海新通道"氢走廊",探索碳达峰、碳中和绿色国际合作机制。推动赛力斯问界、长安阿维塔等智能网联新能源汽车数字软件、北斗导航、绿电系统等标准体系走向全球并主导市场,以智能网联新能源汽车为代表的绿色贸易产品享誉全球。实施"智融惠畅"工程,深化通道金融支撑体系改革,拓展QDLP、QFLP双向投融资通道,推动中新互联互通母基金等10项重点项目取得突破,围绕"渝车出海"推出"出口数据贷"等系列跨境金融产品。上线跨境金融区块链融资结算应用场景,贸易金融服务效能提升41%。牵头建立"13+2"省区市人民银行联动服务机制,境内

外63家机构共同发起设立陆海新通道金融服务联合体,与通道沿线国家开展跨境人民币收付量居中西部前列,与东盟的收付量增长近70%。

(五)营造市场化法治化国际化一流营商环境

抓住全国首批营商环境创新试点城市契机,率先开展市场主体"证照联办"新模式,实行"一口受理、并联审批",申请资料压缩70%,办理环节压减50%。设立企业服务中心,破解外向型企业服务资源分散、惠企政策和工具"不了解、不会用"、企业"多头跑"等难题。加强涉外法律服务,建立知识产权纠纷"行政调解"与"司法确认"无缝衔接机制,成功办理首例商标纠纷行政调解协议司法确认案件。2024年上半年,重庆对东盟、俄罗斯出口分别增长31.4%、63.5%,实际使用外资增长108.7%,经西部陆海新通道货运量、货运值分别增长54%、89%。

二 推进西部陆海新通道制度型开放面临的挑战

(一)国际经贸规则加速重构新动向导致扩大制度型开放难以实质性突破

随着全球经济治理格局加速转型,治理主体多元化的特征日益明显,美国在维护本国贸易利益和为全球贸易体系提供公共产品之间难以平衡,在推动WTO改革的同时,RCEP、CPTPP、DEPA、中欧CAI等双边与区域经贸协定迅速兴起,这些规则基于WTO规则制定了更高的市场、关税、知识产权等标准,呈现更加严格的"三零"(零关税、零补贴、零非关税壁垒)导向,具有既关注"市场自由公平",又高度保护"本国利益"特征,要求和导向并不完全符合当前发展阶段,对制度型开放提出了更高的要求。

(二)以海运为主的国际流通体系面临不确定性冲击进一步凸显其脆弱性

近年来,受地缘政治、气候变化等因素叠加影响,以海运为主的国际物流运输体系遭遇严峻挑战。巴以冲突外溢，红海局势紧张，通过苏伊士运河面临风险，货船"绕行"绕道非洲好望角增加物流成本25%。受持续干旱影响，巴拿马运河拥堵现象剧烈，每天平均拥堵船只数量超140艘，增加运费16%，2024年3月，巴拿马政府批准"干运河"计划，计划通过陆路运输分担巴拿马运河货运压力。作为全球第二大集装箱港口，新加坡近年来出现了特别严重的拥堵，新加坡海事和港口管理局（MPA）在6月底表示，集装箱船停泊的平均等待时间延长一周，成本增加25%，需要重新评估并考虑替代方案。美国海事数据公司Linerlytica分析表示，当前全球港口拥堵程度已达到18个月来的最高水平，60%的船舶停泊在亚洲，截至7月中旬，总容量超过240万个20英尺标准箱（TEU）的船舶在锚地等待。这都反映出先行国际海运流通体系需要升级和重建，当前中国正在加速修建平陆运河，承建柬埔寨德崇扶南大运河，这为依托西部陆海新通道打造陆海联动流通体系提供了坚实支撑，为沿线地区推动国际流通体系迭代升级提供了契机。

（三）产业链供应链"本地化"趋势可能导致优势产能对接国际规则排挤受限

在全球经济缓慢复苏背景下，各国更加注重产业链供应链韧性和安全，纷纷推崇"近岸化""友岸化"，大肆建立"小圈子"，2023年5月，美国与欧盟在美欧贸易和技术理事会（TTC）框架下，建立了针对半导体供应链中断的预警系统，又于同年11月，借助印度—太平洋经济繁荣框架（IPEF）与亚太地区13国达成了供应链合作协议。这些操作的本质意图在于控制关键产业链供应链规则体系，让通道沿线区域优势产能标准"走出去"增加了不确定性因素。

（四）数字经济、绿色低碳等新兴领域"抢滩"国际经贸规则主导权白热化导致对接国际规则带来"隐忧"

数字经济、绿色低碳转型已经成为全球经济新的增长"引擎"，各国积极布局抢占"新赛道""新模式"。绿色经济领域，2022年9月，美国仅通

过《通胀削减法案》，就向气候与清洁能源领域注资近4000亿美元，并正在研究制定系列配套政府补贴与税收优惠措施；欧盟随后推出了"绿色协议产业计划"，更是明确目标为"构建标准版绿色管理体系、强化绿色技术创新能力全球管控"。数字经济领域，美国《国家先进制造业战略》将推动制造业数字化、智能化作为国家重大战略，并明确要求探索新建"符合美国产业利益的数字化制造业标准""吸引全球优质数字经济技术伙伴"；欧盟《2030年数字十年政策方案》提出，要依托数字技术优势和应用场景来加速布局全球数字经济生态。这些做法的本质目的在于培育壮大数字经济、绿色低碳转型的市场主体，以"润物细无声"的方式来推动数字、绿色等领域规则的主导制定，应引起高度警惕。

（五）金融领域制度型开放相对滞后对扩大通道制度型开放形成制约

当前，俄罗斯、伊朗、沙特等国已在尝试抛开美元新建国际结算体系，我国也在努力推动人民币国际化，推动金融制度型开放正面临绝佳机遇"窗口期"，但由于存在较大综合性风险，金融开放先行先试政策还不够多、力度还不够大。比如，通道金融、中新金融、自贸金融等虽然有上位政策，但实际运用不充分。科技金融、科技信贷、科技保险等交叉性新兴领域的配套政策、评价机制面临较多影响因素，"一揽子"改革措施需要优化迭代。国际性股权融资尚未形成制度性的操作程序，导致"投早投小"不够，耐心资本不足。"渝企出海"配套金融政策体系不健全，目前主要集中在"投资"前端，"退出"后端政策支持体系不明朗，影响了通道制度型开放效果。

（六）商事环境改革难以匹配国际治理降低制度型开放活力

相比国际高标准经贸规则的要求，我国市场准入、公平竞争等"边境后"制度迭代较慢，难以完全适应和引领国际经贸规则的发展变化，同时在国际治理领域的经验和能力相对有限，这在一定程度上限制了制度型开放的深度和广度，等等。对于这些问题和挑战，需要沿线国家以更开阔的视野、更大的魄力采取改革创新的措施予以切实解决。

（七）国际合作"集团化""政治化"冲击全球治理体系有效性

在俄乌冲突、中东困局等地缘政治复杂加剧背景下，和平赤字、安全赤字、信任赤字、治理赤字等全球性问题更加严峻，美欧以北约峰会、美日印澳"四方安全对话"（QUAD）等为平台，推动欧盟、日本、韩国以及东南亚国家对我国"脱钩断链"，构筑"小院高墙"，意图将我国排挤在全球新治理体系格局之外。G20峰会的重心过度向地缘政治和安全问题倾斜，脱离了G20原有的全球宏观协调和经济治理功能。美国等联合声明将部分俄罗斯银行排除在环球银行间金融通信协会（SWIFT）支付系统之外，等等，进一步破坏全球治理体系供需平衡，亟须各国各党派发挥更大作用，在国际舞台上发出"声音"，彰显国际责任，更好地维护全球公共治理体系。

三 推进西部陆海新通道制度型开放的对策措施

习近平总书记关于建设西部陆海新通道重要指示要求为加快建设西部陆海新通道赋予了新使命，沿线国家（地区）和省区市协同联动为共建西部陆海新通道汇集了新能量，现代化新重庆建设纵深推进为加快建设西部陆海新通道打开了新空间。党的二十届三中全会突出强调了稳步扩大制度型开放。重庆将抢抓新一轮科技革命和产业变革、全球治理体系重塑等机遇，对标落实党的二十届三中全会目标任务，以服务打造"两大定位"、更好发挥"三个作用"和建设内陆国际开放合作引领区为主线，以推动西部陆海新通道高质量为主题，以进一步全面深化改革为动力，以建设创新引领的制度型开放枢纽为目标，聚焦体制机制，坚持问题导向，注重系统集成，突出场景牵引，以关键领域和重要环节为突破口，加强国家重大战略制度型开放协同联动，以高水平开放联动深层次改革，大力提升西部陆海新通道制度型开放水平。

（一）着力抢抓国际协定签署和推进契机谋划推动通道制度型开放

用好已签署的RCEP和推进加入CPTPP、DEPA等契机，在产权保护、产业补贴、环境标准、政府采购、电子商务、金融领域等推动规则、规制、管理、标准相通相融，打造稳定透明可预期的制度环境。发挥重庆中欧班列、长江黄金水道等通道优势，完善多式联营集疏运体系，拓展"五网"运输体系、"五型"枢纽功能，构建支持铁海联运流畅衔接的一体化机制和规则体系，提升西部和内陆地区物流综合效益，提高国际物流和贸易大通道互联互通水平。深化内外贸一体化、外商投资和对外投资管理体制改革，协同推进服务贸易与货物贸易、先进制造业深度融合，落实全面取消制造业领域外资准入限制措施，迭代升级多式联运"一单制""一箱制""'陆海链'金融服务"标准规则和法律制度。参照世界海关组织发布的 AEO 认证标准，围绕内部控制、财务状况以及贸易安全等完善 AEO 制度体系。加快完善通道跨境争端解决机制，创新"柔性磋商+刚性专家组解决+协同执行"模式，围绕柔性磋商、专家判断、争端解决等环节建立标准化处置程序，推动国际商事纠纷化解能力建设。

（二）着力破解流通领域堵点、卡点推动通道制度型开放

建设高能聚合的通道服务经济新平台，畅通智能网联新能源汽车、冷链、大宗商品等国际物流，优化人员、资金、物流等国际要素双向自由流动体系，放大中新项目与西部陆海新通道"叠加效应"。推动将中老泰"三国三园"纳入澜湄合作机制，加快建设枢纽港产业园，打造重庆与东盟国家产业链供应链合作标杆。依托"一带一路"科技交流大会，探索通道科技研发国际合作新机制，打造全球创新网络的关键节点。携手沿线省区市共建风险防范应对机制，更好地保护海外企业合规利益。

（三）着力推动数字贸易、绿色贸易、金融服务和产业链供应链等重点领域规则建构推动通道制度型开放

积极顺应贸易数字化、绿色化趋势，一方面，推动数字贸易创新发展，推进数字领域内外贸一体化。扩大数字艺术、数字动漫、网络游戏、数字出

版、工业设计等领域出口，发展云外包、平台分包等服务外包业务，加快物联网、人工智能、区块链等领域对外开放，推进跨境综合试验区建设。另一方面，推动环境标准与国际高标准经贸规则相通相融，构建绿色能源算力标准体系，推动在绿色产品和区域碳市场交易制度、产品碳标识认证、碳足迹管理、气候规则等领域引领重塑国际经贸规则。推动服务贸易制度型开放，建立健全跨境服务贸易负面清单管理制度，探索建立与负面清单管理相适应的通道跨境服务贸易信息平台，创设服务贸易创新发展示范区，支持咨询、设计、认证认可、法律、调节、仲裁、会计、语言、标准化等专业服务贸易发展，创新文化贸易形式、文物及文化艺术品保税监管模式，开展服务贸易标准国际化工作，鼓励在具备条件的领域采用国际通用标准，建立对服务贸易领域重大开放举措的风险评估、预警和预防机制。强化通道金融服务联合体境外机构引入，争取设立陆海新通道国际商业银行，培育通道基金、通道信托、通道债券等业态，推动有条件的企业开展跨境绿色投融资。加快布局建设金融业高水平开放数字底座，大力探索数字人民币国际化试点政策，推动人民币在重点企业、领域和行业跨境使用。探索建立金融支持生产性服务业"募投管退"全生命周期支持机制，打造金融开放生态圈。推动建立以智能网联新能源汽车为重点的"33618"现代制造业集群体系产业链供应链标准化方案，加强工业设计、软件系统等标准规则衔接，建立补贴政策闭环评估监管机制，以优势产能标准引领对接国际经贸规则拓展海外市场、向全球延链强链。

（四）着力构建国家重大战略协同联动机制推动通道制度型开放

联动国家战略对接国际经贸规则，有利于放大政策叠加效应，更好地释放制度红利，是以高水平开放支撑构建国内国际两个循环动态平衡的基础。要探索构建"一带一路"、长江经济带、成渝地区双城经济圈、西部陆海新通道、中新互联互通项目等国家战略对接国际高标准经贸规则的协同联动机制，围绕涉外法治、金融开放、数字贸易等推动跨部门、跨区域战略协同、产业协同，共同推动全球国际经贸规则迭代升级。

（五）着力发挥应用场景牵引作用推动通道制度型开放

积极布局跨境电商、海外仓等应用场景，打造辐射欧亚、联动陆海的产供销一体化网络，增强大范围、跨区域要素配置能力。发挥枢纽港产业园、海外承包项目等产能外溢优势，强化对东盟市场的产业链场景布局。对照"绿箱"、"黄箱"和"发展箱"等补贴框架，构建符合国际惯例的补贴应用场景。引进培育金融大模型，形成数据决策、防伪安全、风险提前识别等应用场景。打造通道线上医疗、网络培训、数字文旅等应用场景，实现对接国际经贸规则可感可及。围绕基础设施、绿色能源、卫生健康、人文交流等携手欧盟重点企业在非洲探索第三方市场合作机制创新，更好地助力实现"六个现代化"。创新与挪威、西班牙等欧盟国家在语言教育、青年、文化、旅游等领域合作模式。依托西部陆海新通道全球供应链优势，构建人工智能、数字经济、新能源、空天信息等高技术领域的全球新兴产业国际合作方案。

（六）着力以推动通道制度型开放联动深层次改革

抢抓打造全面深化改革先行区机遇，更加注重"边境后"改革，加强与国际规则深度对接的高标准市场体系基础制度建设，破除导致统一大市场隐性分割和阻碍国内国际市场联通的制度性壁垒；完善内外贸一体化调控体系，强化外贸与财税、产业、金融政策协同，推动内外贸法律法规、资质、标准、规则、信用体系等相衔接。建立自由贸易试验区对接高标准国际经贸规则创新试点机制，完善贸易、投资、资金流动、交通运输、人员往来自由便利和数据安全有序流动等制度建设，加快建设川渝自贸试验区协同开放示范区，深化市场准入、公平竞争、社会信用等关键领域改革。推动制度型开放压力测试，结合贸易结构、产业禀赋、口岸服务等设计重庆制度型开放压力评估指标体系和压力响应模型，多情景多领域评估开放压力阈值，助力优化修订开放制度体系，打造"西部领先、全国进位和重庆辨识度"的标志性改革成果，更好地支撑陆海并进的内陆制度型开放。

（七）着力推动以通道制度型开放为重点参与全球经济治理体系改革和建设

携手打造国际产业链、供应链合作示范区，推动将陆上贸易、数字经济、绿色低碳等纳入国际经贸规则重构议题，积极参与和引领通道沿线国家在人工智能、电子商务、绿色贸易等新兴领域经济治理规则制定。以智能网联新能源汽车、高端装备等为载体，推动与巴西、俄罗斯、墨西哥、南非等新兴经济体达成新的区域经济合作协议。探索应对经济数字化国际税收规则制定，加强与东盟国家、中亚国家等数字贸易合作，鼓励数据安全、数据资产、数字信用等第三方服务机构国际化发展，共同营造开放、公平、公正、非歧视的数字发展环境。发挥绿色能源标准领先优势，积极参与国际可再生能源机构、世界绿色组织等国际机构活动，推动将绿色能源算力标准有机融入全球绿色发展方案。深化与通道沿线国家警务交流和执法合作，建立通道网络安全防护体系。加强沿线国家智库机构深度合作，组建西部陆海新通道发展智库，构建跨区域大成集智机制。创新与通道沿线国家在医疗、减贫、能源、教育等领域合作机制，深化人文领域交流，在扩大国际合作中持续提升开放能力。

参考文献

习近平：《关于〈中共中央关于进一步全面深化改革、推进中国式现代化的决定〉的说明》，《求是》2024年第16期。

习近平：《开创我国高质量发展新局面》，《求是》2024年第12期。

王文涛：《完善高水平对外开放体制机制》，《求是》2024年第16期。

B.26
加快建设交通强市
奋力打造内陆开放综合枢纽

重庆市交通运输委员会

摘　要： 习近平总书记在党的十九大报告中提出建设交通强国，党的二十大再次强调加快建设交通强国；赋予交通作为中国式现代化开路先锋的新使命新定位，指出交通是经济的脉络和文明的纽带。2024年4月，习近平总书记来渝视察，赋予重庆奋力打造新时代西部大开发重要战略支点、内陆开放综合枢纽"两大定位"，部署提出四项任务，就推动新时代西部大开发形成新格局明确六个坚持重要要求，为重庆立足西部、服务大局提供了根本指引。党中央、国务院定位成渝地区双城经济圈为全国交通四极之一，要求加快形成"一带一路"、长江经济带、西部陆海新通道联动发展的战略性枢纽，建设面向世界的国际性综合交通枢纽集群。定位重庆为国际性综合交通枢纽城市，国家规划的"6轴7廊8通道"交通主骨架中有"3轴2廊1通道"经过重庆。

关键词： 交通强市　内陆开放综合枢纽　西部大开发

一　重庆打造内陆开放综合枢纽的现实基础

（一）区位

重庆位于我国地理版图"几何中心"，是中西部地区唯一的直辖市，是我国东西互济、牵引南北、海陆统筹的重要战略腹地，处在"一带一路"、长江经济带和西部陆海新通道的联结点上，是水、陆、空、生产服务、商贸服务五大类型国家物流枢纽城市，是西部内陆开放的前沿阵地。

（二）国际连通度

重庆规划构建连通国际的"4+1"五大对外运输通道，南向西部陆海新通道，西向丝绸之路经济带通道，东向长江经济带通道，北向中蒙俄通道和空中通道。

1. 优势

西部陆海新通道量质齐升：牵头建立"13+2"省际协商合作机制，运输网络覆盖全球123个国家和地区的514个港口，累计开行班列1万列、运输货物超50万标箱，居沿线首位。创新开展"舟山至重庆"江海直达运输，首开黔江集装箱班列、涪陵铁海联运班列、梁平中老班列。

丝绸之路经济带通道稳居前列：重庆成为全国首个国际铁路邮件进口第一口岸，2023年全年，中欧班列（成渝）开行超5300列，运输箱量超43万标箱，两项数据均位居全国第一。

长江黄金水道焕发新活力：上游五省市航运高质量发展论坛成功举办，长江朝涪段、涪丰段以及乌江白马至彭水等干支航道整治有序实施。协调三峡通航管理局做好重庆重点物资优先过闸近1000艘次，全力保障重庆市煤炭、粮食等大宗物资优先过闸。全市港口货物吞吐能力、吞吐量双双突破2亿吨大关，均居西部第一。

中蒙俄通道对外开放水平显著提高：渝满俄班列年开行超2200列、增速超100%，有力支撑中蒙俄通道经济发展。

空中大通道企稳回升：江北国际机场完成旅客吞吐量4466万人次，同比增长106%，挤进全球前50名，位居西部第二、全国第六。其中，江北机场国际（地区）旅客吞吐量80.4万人次、增长898%。

2. 短板

西部陆海新通道铁路通道运能受限：东线通道渝怀铁路尚未实现客货分离，通道货运能力富余较多。中线通道川黔铁路运能饱和，能力利用率超过

97%；渝贵铁路目前只承担客运功能，货运潜能有待挖掘。西线通道未完全贯通，黄百铁路尚未建成，重庆至毕节、重庆至宜宾铁路尚未纳入规划。

三峡船闸通过能力不足：2023年三峡枢纽货物通过量约1.7亿吨，超过设计能力的70%，长江三峡船舶平均待闸时间长达12天，较2016年（44小时）增加5.5倍，常态化拥堵日益加剧，造成周转效率下降、运营成本攀升、能源浪费和碳排放增加。

民航空域资源紧张：国际航线仅116条，低于上海的142条、北京的134条、成都的131条，与法兰克福、迪拜等均超400条国际航线的世界主要机场相比差距明显（见图1）。

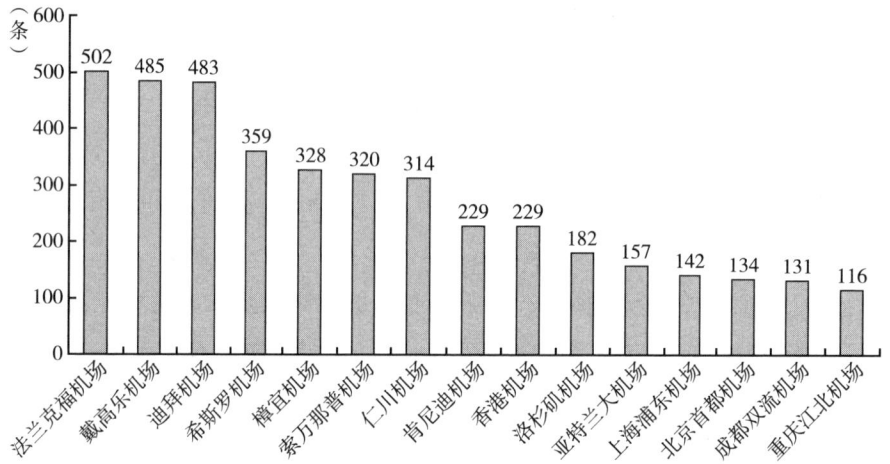

图1　重庆与全球主要机场国际航线条数对比

（三）区域辐射力

1. 优势

依托港口形成了长江上游大宗物资和集装箱转运中心：千吨级航道达到1100公里，港口吞吐能力达到2.2亿吨，开通了与武汉、泸州、宜宾、南京之间的支线运输，重庆港已成为长江上游地区最大的货物集散中心和铁水联运基地。重庆港口外运的货物中，周边省份中转量占重庆港吞吐量比例达

45%。依托铁路，搭建了云贵等地区的铁水联运通道，2023年，重庆铁水联运量累计完成2613万吨、同比增长8%，腹地覆盖四川、云贵等区域，长江上游航运中心作用凸显。

依托铁路枢纽形成了辐射我国西南地区的客货集散基地：全市铁路营业总里程2794公里，其中高铁1023公里，面积密度西部第一。"米"字形高铁网全面铺开，在建规模近1000公里，为历史最高。根据测算，重庆位居重点城市通达度第二梯队，可以通达31个重点城市，略低于北京、郑州、上海、武汉等城市，是西部地区主要的高铁枢纽城市。其中，重庆2小时通达度居西部第一。

依托公路网络通达四方：建成"三环十四射多联线"高速公路网，全市高速公路通车里程达到4224公里，全面实现"县县通高速"，省际出口通道31个，密度5.12公里/百公里^2、里程面积密度居西部第一。普通国省道1.5万公里，国道二级及以上、省道三级及以上占比分别为90.5%、73.6%。农村公路16.7万公里，密度202.7公里/百公里^2、居西部第一。

依托航空枢纽通达全国：重庆江北国际机场第四跑道通过竣工验收，重庆璧山机场完成项目建议书初稿编制，"双枢纽"格局加快构建。江北国际机场成为中西部首个拥有三条跑道、三座航站楼同时运行的机场，开通国内航线290条，构建起以航空快线为核心的国内航线网络，覆盖国内主要城市。

2. 短板

联通四极的高铁通道有待加强：重庆与长三角、粤港澳大湾区等世界级城市群尚无250公里以上时速高铁直连，尚未形成立体化、大容量、快速化的国家交通主轴。

航运中心规模条件差距显著：相比武汉、南京、上海，重庆地处长江上游，航道水深、建港条件、船舶吨位等"硬实力"指标处于明显劣势地位，是航运中心建设的天然短板。

区域互联互通水平有待提升：成渝地区双城经济圈和渝西地区4个"1小时交通圈"尚未完全形成。中心城区城市内外交通衔接有待加强，部分进出城快速通道与高速公路建设不同步、转换不便。缺乏高等级非收费快速物流通道，一级公路里程占公路总里程比例仅0.7%，低于全国平均水平（2.4%），与江苏（10.1%）、浙江（6.5%）等相差较大，不利于物流降本增效。

川渝两地航线网络竞争性较大：对比重庆、成都对中国其他城市联系程度，航空联系网络具有较强的相似性，两者的竞争性较大，互补性较低。两者与北京、上海、广州、深圳等地机场的对外联系度占到各自总航班的20%，是主要的航空联系城市。

（四）融合发展水平

临空经济：2016年10月，重庆临空经济示范区（以下简称示范区）成为全国首批两个国家临空经济示范区之一，2017年5月，重庆市人民政府印发《重庆临空经济示范区建设总体方案》，明确了"一核五区"功能分区。2023年，示范区实现地区生产总值937亿元，同比增长7.1%，规上工业总产值达到2235亿元，成为区域经济发展强引擎。根据中国临空经济发展指数，示范区发展总指数在17个国家级临空经济区中位居中上游。

临站经济：一是依托丝绸之路经济带通道，中欧班列（重庆）的稳定高效开行，吸引了全球数百家电子信息上下游企业落户，助推重庆实现IT产品产量全球"八连冠"、形成品牌+代工+配套企业的产业集群，成为全球重要的电子信息产业基地之一。2017年以来，重庆中欧班列已累计运输IT产品货值近1200亿元，运输进出口整车货值近150亿元，重庆整车产业链、供应链、价值链深度融合，内陆整车口岸标杆地位得以不断夯实。在中欧班列（重庆）的加持下，已累计推动引进外商投资超千亿美元，吸引落户世界500强企业近300家，拉动外贸进出口总货值超4000亿元。在中欧班列带动下，重庆获批设立国际邮件处理中心、首次进口药品和生物制品口岸等，并推动博世、保时捷、LG等国际知名企业在渝建立百亿元级的保税分拨中心，累计带动对外贸易额超8000亿元，外向型产业实现年均13.9%左右增长。二是依托西部陆海通道，以重庆国际物流枢纽园区等产业园为主要载体的开放型经济快速发展，规模效应持续放大，以交通枢纽为支撑的主要物流园区实现年上缴利税超过50亿元，运输货物种类、货值分别从2019年的355种、100亿元，增加到2023年的1100多种、279.2亿元。

临港经济：重庆市临港产业加快集聚发展，全市80%以上的冶金、装备制造、电力、汽车、摩托车等产业园区均临江布局，沿线区县GDP之和占全市总量的比重超过65%。对20个枢纽城市的港区枢纽进行周边各圈层各类生活性、商务性、服务性POI兴趣点要素的集聚程度分析。重庆寸滩港各类要素聚集程度均位于枢纽城市中前列；果园港区整体要素聚集程度较低，但产业园区快速发展，数量位于中游水平。从集聚要素数量看，重庆寸滩港5公里内的餐饮、购物等城市生活属性在20个国际性枢纽城市主要港区枢纽中均位于前五，整体情况仅弱于广州黄埔港、海口秀英港和厦门海天港；果园港5公里内住宿服务、餐饮服务、公司企业、购物服务、金融保险服务、生活服务等聚集程度相对较低，均处于枢纽城市末位。

（五）资源配置力

重庆基地航空公司：2023年，江北机场基地航空公司8家，分别是四川航空、中国国际航空、西部航空、重庆航空、山东航空、华夏航空、厦门航空、海南航空。中国十大航司中有5家航司在重庆设置基地，数量仅次于北京和上海。

跨境班列运营平台：渝新欧（重庆）物流有限公司。渝新欧公司作为"一带一路"的先行者，公司积极创新拓展渝新欧国际铁路联运大通道的运营模式，在公共班列开行、铁路货源组织、"1+N"的"渝新欧"分拨体系建设、汽车整车进口、国际邮运开通、班列提速降费方面均有重大突破。运营的"重庆—河内"国际铁路联运班列为目前货量最多、频率最密的中越班列，无缝衔接起陆海新通道与中欧班列，搭建起以重庆为中心连接欧洲和东南亚的国际铁铁联运通道。陆海新通道运营重庆有限公司。2021年，西部陆海新通道首次开行中越、中老国际班列，货物直达老挝万象等中南半岛多个国家的重要城市，进一步拉近了中国与东南亚国家之间的距离。西部陆

海新通道不断强化运营组织保障，目的地已从71个国家和地区的166个港口，拓展到124个国家和地区的523个港口；班列开行总量超3万列，货物品类从80余种增加至1150余种。

物流口岸开放：重庆成为全国唯一齐聚陆港型、港口型、空港型、生产服务型、商贸服务型的"五型"国家物流枢纽承载城市，物流运营面积达26平方公里，年货物吞吐量约9000万吨。全市正式开放口岸数量达到3个，居西部内陆地区第1位；拥有10类特殊商品口岸功能，形成内陆数量最多、种类最全的口岸功能平台。

物流龙头企业：2023年6月，经重庆市政府批准同意，原重庆交运集团、港务物流集团、重庆国际物流集团合并组建重庆物流集团，成为全市首家500亿元级资产规模的物流龙头企业。2023年新增渝新欧、川庆钻探、重庆港3家5A级物流企业，全市A级物流企业达到91家，5A级物流企业达到10家。但物流经营主体能级偏低，全市世界50强物流企业仅4家分公司或运营部落户重庆，5A级、A级物流企业数量均低于陕西、四川、广西、云南等通道沿线省份，对陕甘宁等周边地区的货源组织辐射不足。缺乏深耕国际市场的专业化贸易商和龙头货代企业，国际贸易、供应链金融、法律咨询、会计服务等高附加值的生产性服务业企业偏少，无法实现通道沿线和东盟市场的境内外供应链双向匹配。

信息平台：重庆尚未建立与其他国家、其他省份区域间国际物流信息互换机制，也没有相互衔接的信息平台。各行业独立开发的信息系统缺乏信息整合和数据交换的统一标准和支持系统，行业间能够实现实时交换的数据相对有限。各企业内部运作管理的信息化系统标准不一，如港务集团下各港口作业管理系统不统一，未能实现数据实时交换、报送、监测。平台功能亟待优化，目前重庆虽然已有单一窗口、智慧物流平台、航运交易平台等一批政府型物流公共信息服务平台投入运行，但总体运行效果欠佳，缺乏与市场需求和行业痛点结合紧密的平台。大多数企业、园区的物流信息平台已实现服务自身的市场交易、信息发布、数据交换等物流基础功能，但缺乏多式联运路径分析与规划服务、仓单抵押、运单抵押、保赔险服务等面向更多市场主体的增值服务功能，对平台的应用对象、应用领域特别是公益性服务功能开发较少。

（六）运行服务质量

机场空铁联运接驳效率不高。受限于周边地形因素，途经重庆的铁路干线直接引入机场的难度相对较大。重庆"米"字形高铁骨架网上的渝西、兰渝、渝郑、渝贵、渝湘等主干铁路线均未在机场规划建设站点，重庆江北机场空铁联运出行需要长期受限。除此之外，民航与铁路之间仍然存在数据"壁垒"、空铁联运无专门的信息发布和服务系统，当前空铁联运票销售量仍然不容乐观。

货运物流成本偏高。全市铁路水运货运量占全社会货运量比例仅为17.4%，低于全国24.6%的平均水平，全社会综合物流成本偏高。铁路、水路、公路运输企业营收核算占GDP核算绝对值比例分别为0.2%、0.2%、1.9%，随着运输结构调整工作持续推进，公转铁、公转水效果初显，公路运输量下降对全市GDP影响较大。

城市路网通达性不高。重庆市中心城区道路里程达到6602.5公里，道路网密度为7.6公里/公里^2，在全国主要城市中排名第7，但是与8公里/公里^{2}的国家目标要求仍有一定差距。

轨道交通骨干作用显著。截至2023年底，中心城区轨道线路共11条（不含璧山云巴），运营里程494.6公里，运营车站共253座，其中换乘站40座，连接机场、火车站等综合交通枢纽及主要商业中心。2023年全年客运量达到13.26亿人次（日均363.6万人次），同比增长45.4%。

常规公交网络全面覆盖。截至2023年底，重庆市中心城区共有公交线路957条，公交车辆9672辆，建成区公交站点500米覆盖率实现100%，全面覆盖中心城区机场、火车站、船舶码头等综合交通枢纽和居住小区。根据高德地图等发布的《2023年度中国主要城市交通分析报告》，在"城市公共交通运行分析"中，重庆市"公共交通出行幸福指数"在超大城市中排名前三。

综合分析,从发展基础看,重庆交通战略地位重要、对外开放水平持续提升、枢纽集散能力不断增强、综合立体交通网络方式齐全,可以称得上内陆开放综合枢纽城市。从国际连通度看,综合性、多通道、立体化、大容量、快速化的四向对外大通道基本成型,但国际航线设置以及服务上仍需进一步提升,铁路通道运能有待进一步改善,长江航运"肠梗阻"问题有待进一步解决。从区域辐射力来看,快捷、通畅、高效的水陆空立体大交通网渐次成型,但航运中心规模条件与世界级港口相比差距明显,联通四极的高铁通道有待加强,区域互联互通水平有待提升。从融合发展水平来看,通道带物流、物流带经贸、经贸带产业的发展格局正在加快形成,临空经济、临港经济竞争力仍需提升。从资源配置力来看,物流龙头企业有待进一步培育和引进,信息交互平台有待进一步建立和完善。从运行服务质量来看,运行组织效率、运输服务保障仍需强化。根据以上分析,对五大特征进行量化合成得到重庆整体排名,重庆在综合交通枢纽城市中综合排名第8,上海、北京、广州、深圳分别位居前四,重庆排名低于周边的昆明、成都。

二 重庆建设内陆开放综合枢纽城市总体思路

重庆建设内陆开放综合枢纽城市,要紧扣国家综合立体交通网主骨架建设,加快构建"4向3轴6廊"综合立体交通网对外运输大通道,全力打造高能级综合交通枢纽体系,增强重庆面向全球的国际交往能力、物流中转能力和资源配置能力,把重庆打造成为内陆开放新前沿、国际交往新中心、区域发展新极核、数字交通新样板。

内陆开放新前沿。充分把握重庆联结"一带一路"、长江经济带、西部陆海新通道的重大机遇,发挥中欧班列集结中心的资源优势,深入推进开放通道建设、提升开放平台能级,全力打造内陆国际物流枢纽和口岸高地,助力重庆建设长江上游航运中心和国际航空门户枢纽,让内陆腹地转变为开放前沿。

国际交往新中心。充分发挥重庆在国家区域发展和对外开放格局中独特而重要的作用，聚焦高质量共建"一带一路"、加快建设西部陆海新通道等，下大力气抓好基础工作和支撑性工作，提升共商共建共享水平。逐步推动形成全方位、宽领域、多层次的对外开放新格局，显著提高重庆对外交往活跃度、城市知名度和经济外向度。

区域发展新极核。依托成渝地区双城经济圈、新一轮西部大开发、川南和渝西地区融合发展等国家战略，充分发挥综合交通枢纽和立体开放通道的作用，加速培育竞争优势突出的世界级现代化产业集群，强化交通与产业深度融合发展，构建完备的产业链，打造高效的产业生态，提高重庆参与全球资源要素配置能力，支撑成渝地区双城经济圈打造带动全国高质量发展的重要增长极和新的动力源。

数字交通新样板。以数字重庆建设为统领，加强顶层设计，着力构建一体化交通数字大脑，大力发展数字枢纽、数字网络、数字服务，形成跨区域、跨方式、跨行业的多跨协同数字大平台，积极探索超大城市治理新路子，推动交通现代治理体系重构、流程再造、能力重塑，助力建设智慧城市。

三　重庆建设内陆开放综合枢纽城市的发展方向

（一）突出设施联通，引领提升成渝地区双城经济圈全国交通"极聚力"

坚持以成渝地区双城经济圈建设"一号工程"为总抓手，围绕"一体化""高质量"两个关键词，加快推动交通互联互通，提升重庆在西部地区的引领带动力，积极为唱好新时代西部"双城记"发挥服务保障作用。要打造面向世界的国际性综合交通枢纽集群。巩固提升国家综合货运枢纽补链强链，推动成渝地区双城经济圈交通极建设，形成与其他三极比肩发展的"钻石形"全国交通发展大格局。特别是要打造渝西地区西部陆海新通道南综合枢纽。把渝西地区交通一体化高质量发展作为成渝地区双城经济圈建设的主战场、发力点，开工建设都市圈铁路环线，谋划布局以永川站—朱沱港、重庆新机场、小南垭站—珞璜港为核心的高能级综合交通枢纽网络，高

标准建设重庆枢纽港产业园，统筹做好中心城区枢纽功能向渝西疏解，有效提升渝西枢纽能级。要贯通四极间交通主轴。加快推进渝西、渝湘高铁建设，开工渝宜、黔江至吉首、渝贵等高铁，以及沿江高速南线、北线等高速公路，强化与京津冀、长三角、粤港澳大湾区等国家综合立体交通网其他"极"之间的联系，形成综合性、多通道、立体化、大容量、快速化交通主轴，实现重庆至北上广6小时通达、周边省会3小时畅达。要加快形成4个1小时交通圈。突出双城引领、强化双圈互动，高标准建成成渝中线高铁，形成双核间高铁三通道，实现双核间1小时畅达。积极推进重庆至绵阳、重庆至自贡至雅安等城际铁路项目前期工作，推动实现环渝临近地级市铁路全覆盖，加强重庆与南遂广、川南城镇密集区的联系，实现双核与周边城市1小时通达。建成渝赤叙等高速公路，开工永川至自贡等高速公路，实现川渝毗邻地区1小时互通。加快补齐"四环"，提速推进合川至北碚至长寿、江津至綦江至万盛等都市圈环线高速公路建设。积极推进渝宜、渝泸、绕城等高速公路改扩建项目，实现重要环线、射线高速扩能全启动，推动形成1小时通勤圈。

（二）突出内陆开放，全力提升国际性战略通道能力

以西部陆海新通道建设为牵引，加快东西南北四向通道建设，全力推动西部陆海新通道与"一带一路"、长江经济带高效联动发展，形成贯通东中西、覆盖海陆空、连接海内外的对外交通格局，支撑带动西部地区更好跨越山海、走向世界，助力西部和内陆地区高水平对外开放。

要增线扩能西部陆海新通道。加快推进涪柳铁路前期工作，强化西部地区经重庆、怀化、柳州至北部湾出海口东通路，打造西部陆海新通道直连直通标志性工程。研究论证川黔铁路扩能改造，释放渝贵铁路货运功能，提升西部陆海新通道中通道能力。加快完善多路径、多方式的铁海联运、铁路国际联运、公路跨境班车运输网络，实施班列班车倍增计划，加密开行重庆至北部湾港、湛江港等铁海联运班列和中老、中越等国际联运班列，推动中缅铁公联运常态化开行。要打造长江经济带综合立体交通走廊。争取国家尽早

启动三峡水运新通道建设，实施长江九龙坡至珞璜（兰家沱）段航道整治工程等项目，统筹推进支流航道成网，积极推进乌江彭水船闸改扩建、嘉陵江井口枢纽等重大项目前期工作，有力促进长江干支航道高效衔接，推动"支流转干流、小港转大港、大港通海港"。加快构建"三枢纽五重点八支点"现代化港口集群，形成布局完善、分工协同、能力充分的港口发展格局。谋划在四川省、贵州省毗邻地区布局"无水港"和集散中心，推动长江上游港口联盟走深走实。要开辟拓展渝滇缅—印度洋陆海通道。谋划布局重庆至昆明（重庆—泸州—宜宾—西昌—昆明）铁路，衔接隆黄、黄百铁路，形成西部地区联通东盟的国际陆上大通道和铁海联运大通道，对接泛亚铁路到达缅甸皎漂港、仰光港等，绕开马六甲海峡瓶颈，保障极端条件下战略物资运输、投送能力和效率，维护国家能源和贸易安全。要巩固提质丝绸之路经济带通道。加快推动兰渝高铁前期工作，积极推进通道客货分离，做强做优中欧班列，强化组织运营和货源集结，高质量建设中欧班列集结中心。要打造世界级机场集群。建成投用江北国际机场T3B航站楼及第四跑道，持续加密国际航线。力争开工建设重庆新机场，推动形成"市内双枢纽协同、成渝四大机场联动"发展格局。有序规划建设支线机场、通用机场，不断提升中小机场保障能力。

（三）突出城乡融合，加快建成2小时重庆

紧紧围绕新型城镇化、乡村振兴战略，加快完善城乡交通网络，以2小时重庆建设为重点，全面提升城乡运输服务均等化水平，不断提高人民群众的获得感、满意度。

要提速高铁网络。加快建成成渝中线、渝昆等高铁，新开工渝宜等高铁，积极推进兰渝、万黔等高铁项目前期工作。力争到2027年，"米"字形高铁网基本成型，形成10条高铁对外大通道，形成都市圈至渝东北高铁三通道、至渝东南高铁零的突破的交通格局，除秀山外，基本实现2小时重庆全覆盖。要织密高速公路网络。建成渝武高速复线等高速公路，新开工成渝高速加宽、渝邻高速改扩建等高速公路，积极推进合川至广安至长寿、城

口至宣汉等项目前期工作。力争到2027年，加快形成"4环22射60联线"高速公路网，通车里程突破5000公里，省际出口通道达到36个。要提档城乡交通网络。实施普通干线公路改造3000公里，大力实施新一轮农村公路提升行动，新改建农村公路1万公里，有力支撑乡村振兴。要提速轨道交通网络。持续实施"1000+"城市轨道交通成网计划，推动形成"环射+纵横"轨道交通网络，加快建成璧铜线、永川线等市域铁路，基本形成主城都市区"1小时通勤圈"，力争到2027年，城市轨道交通运营里程达到800公里左右，实现轨道交通里程规模、线网客流双提升。

（四）突出降本增效，引领实现"人享其行、物畅其流"

聚焦"人享其行、物畅其流"，加快提升客货运输效能，不断满足人民对美好生活的向往。

要提升客运出行品质。稳固开行铁路公交化列车，持续推进公交、轨道一体化接驳停靠站提升改造，力争轨道交通占公共交通出行分担率达到70%。强化综合客运枢纽无缝衔接，推进干线、城际、市域（郊）铁路和城市轨道交通"四网融合"，推动客运出行向高品质、多样化联程运输升级。要提升多式联运效能。发展铁海、铁水、空铁等多式联运，重庆经西部陆海新通道与中欧班列、长江黄金水道的联运箱量实现倍增，实现西部陆海新通道重庆枢纽货物中转率达到50%，全市港口货物铁水联运量占比达到15%。全面推广应用多式联运"一单制"，提升整体运输效率。要促进物流降本增效。加快推动铁路枢纽东环线黄茅坪支线等项目建设，实施永川至荣昌、永川至泸州等快速物流通道建设，推动高能级产业沿铁路、物流通道集聚，有力降低物流成本。聚焦交通物流降本提质增效的关键问题、薄弱环节，谋划物流降本增效综合解决方案。

（五）突出多元融合，加快培育万亿级现代化交通产业集群

围绕"33618"现代制造业集群体系，以推动产业延链、补链、强链为重点，加快交通产业多元融合发展，培育世界级多元化交通产业集群。

重点强化交通物流产业链。优化交通与物流节点空间布局，统筹建设现代物流服务网络，大力发展港航物流、高铁快运、航空物流，打造多元化、国际化物流产业体系。强化交通服务产业链。大力拓展交通运输新业态、新模式，推进出行服务快速化、便捷化、均等化，满足多层次、多样化、个性化出行需求。强化交通旅游产业链。拓展综合客运枢纽、高速公路服务区等旅游服务功能，创新旅游交通供给模式，打造个性化、定制化交旅融合线路产品，提升旅游交通服务品质。强化交通建筑产业链。推进交通建筑科技化、工业化、智能化、绿色化、品质化发展，培育具备国际竞争力的本土领军企业。强化交通装备制造产业链。大力发展轨道交通装备、航运装备、航空器等产业集群，强化交通与现代装备制造业相互支撑。强化数字交通产业链。着力推进交通数字化转型、推进交通新型基础设施建设和推广数字交通应用场景，实现交通发展由单点信息化向场景智能化、全面智慧化转变。培育壮大交通经济新业态。依托机场、港口、铁路枢纽，培育临空、临港、临站经济新业态，促进港产城融合发展。以交通干线为依托，大力发展路衍经济。

（六）突出创新驱动，全力推进数字交通建设

紧紧围绕"探索超大城市现代化治理新路子"这一方向，坚持创新驱动发展战略，主动拥抱数字变革，大力实施数字交通建设，加快工作体系重构、业务流程再造、体制机制重塑，努力实现效率变革、动力变革、质量变革。

要持续推动夯基筑台。迭代完善《重庆数字交通建设方案》，完成数字交通体系构架优化升级。加强部市贯通、政企协同，统筹推进"铁公水空邮"等全行业数据归集。完善数字交通大脑，实现基础设施、运输服务、综合智治等领域驾驶舱信息一屏展示、流程一贯到底。要加快实现点上突破。推动轨道突发智处、危货运输监管、货车治超等"一件事"上线运行，力争打造数字重庆建设优秀"一件事"。加快航道运行应急响应、高速公路地灾处置等多跨事件贯通三级城市治理中心，催生实战实效。要拓展强化面

上推进。细化核心业务梳理，全面推进交通数智打非治违、渝舟智行、高速畅行等集成化应用谋划开发。加强推广宣传，提炼一批具有全国影响力、重庆辨识度的典型成果。

（七）突出绿色低碳，扎实抓好美丽重庆交通篇

毫不动摇坚持共抓大保护、不搞大开发，坚持将生态优先、绿色发展理念贯穿交通发展全过程，努力保护好"一江碧水、两岸青山"，进一步助推长江经济带高质量发展。

要扎实推动交通领域"双新"专项行动。制定《重庆市交通领域推动大规模设备更新和消费品以旧换新专项行动方案》，重点实施车辆设备更新、运输船舶更新、交通配套设施提档升级三大行动，做好交通领域项目储备和申报，积极争取国家补助资金，助力交通领域大规模设备更新和消费品以旧换新政策措施落地见效。要持续推进船舶港口减污减排。完善污染接收设施与城市公共转运处置设施有效衔接，做好船舶污染物接收、转运、处置。加快船舶港口标准化岸电建设，提升标准化港口岸电配套水平。加大老旧船舶淘汰力度，大力发展三峡船型，支持船舶LNG等改造，打造绿色先进的船舶运力体系。要加快推进运输结构调整。抓紧谋划出台一批支持航运建设和水运物流发展的重大政策，发挥好长江黄金水道比较优势，着力推动运输结构优化调整，加快"公转铁""公转水"，大力发展大宗货物铁水联运、干支直达运输和江海直达运输。要持续强化岸线资源保护利用。加强港口码头监督管理，着重优化整合利用率低下的岸线，着力腾退不满足生态环保要求的岸线，做优港口岸线增量，支持鼓励老旧码头、闲置码头等资源整合升级利用，助力建设山清水秀美丽之地。同时，要持续抓好中央环保督察发现问题整改。

B.27
重庆提升西部陆海新通道国际传播效能：2024年盘点与2025年展望

王立坦 刘晓敬*

摘　要： 西部陆海新通道是传播重庆内陆开放高地建设、新时代西部大开发实践以及中国高水平对外开放举措的重要载体。2024年，重庆以传播西部陆海新通道开放的重庆实践为重要着力点，多举措释放西部陆海新通道国际声量，努力打造新重庆陆海之城开放形象，带头做好国际传播。2025年，重庆将更加突出通道国际传播能力建设，不断壮大睦邻友好合作共赢思想舆论，不断丰富完善城市国际传播体系，不断支持扩展国际传播主体，不断深耕内容生产与数字化制作，进一步提升通道国际传播效能，持续打造通道的辨识度、知名度、影响力，为新重庆建设和中国式现代化强国建设添功赋能。

关键词： 西部陆海新通道　国际传播　城市国际传播体系　重庆

党的十八大以来，以习近平同志为核心的党中央高度重视国际传播工作。党的二十届三中全会通过的《中共中央关于进一步全面深化改革　推进中国式现代化的决定》单条开列"构建更有效力的国际传播体系"，强调加快构建中国话语和中国叙事体系，全面提升国际传播效能。贯彻落实习近平总书记指示精神和党中央决策部署，重庆高度重视城市的国际化水平提升和城市形

---

* 王立坦，助理研究员，重庆社会科学院对外学术交流中心；刘晓敬，研究员，重庆社会科学院对外学术交流中心主任。

象的国际传播。近年来,重庆聚焦城市叙事陆海叙事,逐步构建城市国际传播体系,努力向世界讲好中国故事新重庆故事,为国际传播带来了新的机遇和实践空间。其中,陆海内外联动、东西双向互济,跨越山海的国际物流大通道、联结世界的经济大走廊——西部陆海新通道,成为传播重庆内陆开放高地建设、新时代西部大开发实践以及中国高水平对外开放举措的重要载体。2024年,重庆在牵头推进西部陆海新通道建设发展的过程中,既当通道建设"统筹人",又当通道运行"模范生",同时争当通道传播"急先锋",带头做好通道国际传播,不断激发通道国际传播新效能,有效提升了通道的国际知名度、影响力,充分彰显出新重庆陆海之城开放形象。

一 踔绝之能,高唱入云:2024年重庆多举措释放西部陆海新通道国际声量

2024年是国家发布实施西部陆海新通道总体规划第5年。重庆作为西部陆海新通道建设的主要发起者、推动者和重要建设者,牢记习近平总书记嘱托和党中央信任,勇挑重担,展现作为,牵头把这一标志性项目建设好、运营好、宣传好,助力西部陆海新通道跑出新时代建设的新速度,奏响西部陆海新通道在繁荣蓝图里的时代强音。

(一)担纲担责牵头使命推动国际经济走廊声誉日隆

2024年,通过组织召开西部陆海新通道建设省部际联席会议第五次会议、西部陆海新通道省际协商合作联席会议办公室第三次和第四次会议、"13+2"省区市税务合作签字仪式、海关支持西部陆海新通道建设联席会议、国家发改委支持推进西部陆海新通道建设现场会,以及重庆市西部陆海新通道建设领导小组会议、重庆市建设西部陆海新通道工作推进大会等事关通道发展的重要会议,重庆更深层次谋划、更大力度推进,不断提升通道的通达联运水平、区域影响力和国际知名度。

一是深入推进互联互通,不断扩大新晋目的地。2024年以来,通道新

增图定班列线路5条，成功开行"东盟快班"、中老泰马跨境铁路双向班列，探索开行中缅铁公联运班列，成立中国—东盟跨境公路班车物流联盟。截至2024年9月，通道海铁联运班列对内已辐射我国18个省区市73个城市的156个站点，集装箱航线70条覆盖全国沿海港口和东盟国家主要港口，所运输的货物通达全球125个国家和地区的542个港口。二是持续完善基础设施，大力提升运行质量效益。通道常态化稳定开行的铁海联运班列、跨境公路班车、国际铁路联运班列三种主要物流组织形式，均呈现量质齐升的良好势头。2024年前7个月，铁海联运班列开行6529列，同比增长23.5%；跨境公路运输170.96万辆次，同比增长25.45%；国际铁路班列开行5979列，同比增长39.86%。三是扩展货物运输品类，做大跨境贸易市场。2024年，新增尼日利亚的锂矿石等几十种货物，运输货物品类增至1160余种，涵盖电子产品、整车及零部件、机械、小家电、食品等数十个大类，充分带动西部地区高水平对外开放。四是改革创新迈向深入，制度创新层出不穷。"数字陆海新通道""智慧长江物流"重大应用纳入数字重庆"一本账"管理，重大应用开发全面提速。开展航运贸易数字化试点，数字提单被第三届"一带一路"国际合作高峰论坛推广。推动57家通道沿线金融机构组建金融服务联合体，基本形成覆盖通道全域的跨境金融服务网络，上线"跨境易融"数字金融服务平台。开展全国首笔"一单制"数字提单动产质押，为缓解中小微企业融资困难提供新路径。建设"陆海链"数字提单平台。五是产业协同不断加强，经贸合作再添亮点。启动建设重庆枢纽港产业园，探索构建中老泰"三国三园"合作模式。推动"泰国国家石油公司运贸一体化项目"落地，开行中老泰联运班列泰石油塑料粒子专列。扩大"渝车出海"，为长安、赛力斯等车企量身定制"一对一"综合物流解决方案。推动惠普等笔电产品在通道运输上量。建成"陆海优品"泰国水果基地，首开东盟榴莲冷链专列，助推重庆打造西部地区进口水果集散分拨中心。

（二）主动建构传播体系推动通道国际传播锐意正酣

构建更有效力的国际传播体系，重庆行动迅速，执行有力。在全国首创

性提出城市国际传播理念后,重庆又紧扣数字重庆发展大局,成立完善城市国际传播工作体系改革工作专班,制定实施方案路线图,已初步形成建设城市国际传播的基本理念、目标效能、职责任务、品牌项目、专门人才、工作平台和传播能力等七大体系。以平台体系建设推进国际传播能力现代化,全市新闻传播工作围绕中心更紧密、服务大局更有为,国际传播效能显著提升。

聚焦陆海叙事,努力打造新重庆的陆海之城开放形象是重庆城市国际传播体系建设的重要内容。2024年,服务西部陆海新通道建设,重庆进一步以通道为"媒",依托外宣旗舰阵地西部国际传播中心,对通道进行国际传播大力宣传锐意正酣,沿线省区市的合作频率变得更高、合作氛围变得更融洽,国际"朋友圈"也越来越大。西部国际传播中心"一网一端一平台"持续完善,iChongqing文旅网、Bridging News陆海财经客户端、重庆国际新闻中心全球媒体服务平台不断壮大,源源不断地向全球提供通道建设中的重要新闻,"中央厨房"的内容供给能力不断增强,海外影响力位居全国省级国际传播媒体前列。2024年5月11日,中心开设的《Let's Meet》(渝见)国际传播节目,在重庆卫视及全球海外社交平台同步上线。通过专职外籍主播的"外眼"视角,在中国式现代化宏大场景下,面向海内外观众讲述国际视野下的中国故事、现代化新重庆故事,成了重庆国际传播工作的新亮点、名栏目。其中的《陆海财经》《对话世界》,大力宣传通道制度型开放和深层次改革实践,为全球观众勾勒出一个拥抱世界、创新开放的新重庆形象。2024年5月,中心联合发起的"陆海财经产业出海服务平台"成功上线,将更好聚合国际传播资源,为重庆经济搭建出海推广平台。2024年,西部国际传播中心打造的全国首个区域性国际传播园区——西部国际传播中心园区挂牌成立,已有文化、传媒、智库、社会组织等领域23家机构入驻,"传媒+"综合实力不断提升。

(三)媒体联动央媒助力全面传播通道动态风头正劲

近年来,重庆不断推进媒体改革,加强全媒体传播体系建设,塑造主流舆论新格局,一批倾力打造的融合传播媒体焕彩上线,全媒体矩阵影响力显著增强,为开展宣传工作提供了全新动能,也为通道国际传播提供了极佳平台。

重庆提升西部陆海新通道国际传播效能：2024年盘点与2025年展望

2024年，重庆日报客户端、第1眼新闻客户端、新重庆客户端、上游新闻客户端等市属新媒体平台及其全媒体矩阵账号，围绕通道建设发展，大力加强策划、挖掘和呈现，广泛运用图文稿件、视频、长图等形式制作报道，全方位勾勒出这条开放通道的壮丽画卷，广泛展示了重庆人通"陆"联"海"的昂扬干劲。《重庆日报》联合"13+2"省区市的党媒党端，推出"陆路通 山海连 龙腾新通道——西部陆海新通道大型融媒体联动报道"，展现多方共同推动通道发展的做法、经验、成效，引起广泛关注；《重庆日报》全媒体平台刊发"陆海新通道的世界版图"专栏，相继推出"亚洲篇""欧洲篇""美洲篇""非洲篇""重庆篇"，讲述一个个通道推动重庆联通世界的生动故事。重庆广电第1眼新闻结合通道总体规划实施5周年，联合多家媒体共同策划推出"五载同行 通向未来"联动报道。重庆本土媒体进一步加强与通道沿线地区媒体合作，统筹国内国际、网上网下，综合运用微视频、H5等可视化、互动化传播手段，从不同角度深入挖掘通道的新格局、新成就、新价值，提高国际关注度，让"大通道"释放"大活力"。

与此同时，中央主流媒体不约而同地关注通道建设，开展了一系列有深度有影响的报道，并利用其海外宣传平台资源和优势，有力提升了重庆开放活力的海外"曝光度"。中央电视台多频道多节目多语种报道通道建设，《人民日报》推出《西部陆海新通道加快建设——跨越山海展新途》《中欧班列（成渝）携手西部陆海新通道 让货物跨越山海 用服务联通世界》，新华社推出《西部陆海新通道5年跑出"加速度"》《五周年，西部陆海新通道的重庆担当》，《中国之声》刊发《跨越山海，联结世界，西部陆海新通道建设加速推进》，《光明日报》刊发《铁海联运班列织线成网》，《经济日报》刊发《依托西部陆海新通道建设 重庆提升对外开放能级》，中国日报网刊发《陆海新通道铸就西部发展的新动力》等。央地媒体联动，同频共振，共奏陆海之歌，彰显了重庆在大开放新格局中的国际枢纽地位。

（四）多元主体多方参与形成通道传播合力成效卓著

2024年2月，重庆市西部陆海新通道建设领导小组召开会议，首次提

出"全方位、全市域、各领域融入"。全市上下、各个部门和广大开放领域市场主体齐心协力参与通道国际传播，各司其职、各负其责，形成了"一盘棋"宣传工作合力，不断增强通道的"重庆腔"、"西"引力。

重庆市委宣传部联合中华全国新闻工作者协会，主办"2024年'一带一路'记者组织论坛及主题采风"活动，同时联合其他省区宣传部、新闻媒体主办"2024中外媒体看西部陆海新通道"采访活动；西部国际传播中心、中信出版集团、中国日报中国观察智库联合主办"机遇中国·品牌重庆"全球宣传推广行动启动活动暨2024陆海财经论坛，并在罗马举办首场海外推介；重庆市委网信办、重庆市政府口岸物流办联合通道沿线省区市党委网信办，主办"西部陆海新通道加速跑"跨区域联动大型网络传播活动，相关话题全网流量超1.2亿次，活动将持续到2024年底；重庆市广电局等五省区市广电部门举办"新气象·新作为——2024西部陆海新通道视听公益广告大赛"，通过五地广电及新媒体平台，并通过北京国际公益广告大会、第六届中国—东盟视听周等渠道，对优秀作品进行展播推介；重庆市发改委、市政府外办、市商务委、两江新区管委会等积极举办"打造内陆新枢纽'渝'见西部新机遇"跨国企业高层圆桌会，宣传重庆投资兴业机遇；重庆市政府口岸物流办、中国贸促会重庆市委员会主办2024陆海新通道国际物流博览会；重庆科技融媒体中心联动法国欧坦市政府驻中国办事处组织"2024陆海小使者法国行"国际人文交流活动；重庆江津区小南垭站、马来西亚雪兰莪州双溪威站双现场同时举办中老泰马跨境铁路班列双向首发仪式，被央视《新闻联播》和马来西亚媒体报道，江津区一系列全力建强西部陆海新通道重庆主枢纽的举措还被凤眼观缅、《星暹日报》、《联合日报》、《亚洲时报》等东盟国家主流媒体关注；威马农机等渝企积极邀请中外媒体记者来企参观考察，并通过视频连线、图文展示等形式向海外客户宣传通道对于促进双方合作的便利；2024年上半年，第一部全景式讲述西部陆海新通道发展历程的文学作品《大道》出版。一系列"陆海之约"经贸人文项目和媒体交流活动，亮点频出，报道精彩纷呈，营造出通道建设蓬勃盎然浓郁氛围，让正道传得开、大道传得响。

（五）交流合作频繁互动谋划通道广阔前景成绩斐然

行以致远，国际化大通道离不开地区间国家间的交流合作。2024年，重庆不断推动高水平"引进来、走出去"，加强国际友城合作和通道沿线国家间交流，人文交流、民间往来、商贸合作纵深发展、结出硕果，有效发挥出政商对话"扩音器"的作用，产生了积极深刻的影响。

2024年重庆国际友好城市合作大会，参与国别多、规格层次高、涉及领域广，为密切重庆与世界的交流合作提供了重要平台。2024年，重庆市党政领导进一步密切同通道沿线地区和国家的交流互动。市委主要领导同来访的尼泊尔代表团谋划依托通道参与推进跨喜马拉雅立体互联互通网络建设，同来渝出席中新（重庆）战略性互联互通示范项目联合实施委员会第九次会议的新加坡代表团座谈，会见缅甸领导人敏昂莱、越南总理范明政，出席2024陆海新通道经济发展论坛，并带队赴新疆维吾尔自治区参加两地发展合作交流座谈会，出席通道联运班列发车活动。2023年底至2024年，重庆市率团参加推动成渝地区双城经济圈建设重庆四川党政联席会议第八次会议，还先后和贵州党政代表团、广西党政代表团洽谈高水平共建通道工作，并签署多份地区间深化战略合作框架协议。同时，重庆还加强同中国民航局、国家铁路局、中国贸促会、普洛斯中国控股有限公司、知名浙商等单位、企业的合作。此外，在重庆举办的第六届中国西部国际投资贸易洽谈会、第二届"一带一路"国际技能大赛、"一带一路"侨商合作发展大会、陆海新通道国际工商会"重庆行"活动、中越企业经贸物流合作会对话会、中国（重庆）—东盟物流行业合作会议，在万象举办的中国（重庆）—老挝国际陆海贸易新通道区域合作交流会、在雅加达举办的中国（重庆）—印度尼西亚（雅加达）国际陆海贸易新通道合作交流会等经贸交流活动，进一步彰显了重庆携手各方谋划通道网络建设的诚意，有力提升了重庆在通道战略中的首位度和显示度，产生了积极热烈的舆论反响和国际影响。

二 声气不统,花开未盛:当前西部陆海新通道国际传播存在的困境

西部陆海新通道是一项系统工程,涉及国家和地区众多,链条和环节复杂。因此,西部陆海新通道国际传播也受到多种因素影响,面临着一定挑战。

一是国际传播工作平台建设不均衡。缺少国家配套政策和国家级品牌项目落地,城市国际传播平台综合实力不强,国际化程度不高。楼兰国际2024年"中国海外社交媒体账号影响力指数"的榜单显示,"iChongqing"在Facebook平台中的账号传播力、粉丝活跃度两项指标上位居榜首,但在Instagram、X、YouTube、TikTok等其他平台表现欠佳。同时,全市除西部国际传播中心这家专业机构外,其他市属媒体、相关区县融媒体尚未建立起专业国际传播人才队伍。通道沿线省区市专业国际传播平台数量不多,专业化、矩阵式开展通道国际传播力量薄弱。

二是国际传播叙事性能力不够强。工作成果报道多,内容较为严肃,信息同质化严重,宣传色彩较浓,且受众叙事和个体叙事不足,推进国际传播的全球化表达、区域化表达、分众化表达,实现传播内容"软着陆"还需强化。全市外事、外贸、科技、教育、文化、金融、医疗健康、法治等领域资源较为分散,国际传播资源聚合、转化能力还有待提升。

三是国际传播数字化水平不够高。新媒体对传统媒体的赋能作用有待进一步提升,不少新媒体平台流量小、覆盖窄、互动性弱。跨境传播的技术性障碍仍然突出存在,视听资源聚合度低,新闻传播、文化传播、经济传播、公益传播以及城市传播的集成度低。仍缺少大量的专家型、全能型国际传播人才,理论研究、人才队伍和数字化生产管理薄弱。

四是国际传播合作机制有待探索。通道沿线省区市工作协同还不够,跨区域综合运营平台仍未实现沿线省区市全覆盖。国际传播力度不足,通道在国际上的影响力仍然较弱,缺少以通道为主题的国际合作机制,通道的制度集成创新、要素归集整合存在不足。同时,海外国际传播主要依赖社交媒体平台，海外主流媒体合作不足，线下传播渠道式微，海外传播缺乏强有力的阵地支撑。

三 一域之光，添彩全局：2025年重庆持续提升西部陆海新通道国际传播效能举措建议

2024年9月，重庆市委六届六次全会再次对"构建国际传播体系"进行布置。重庆作为西部陆海新通道的核心枢纽起点，带头加强通道国际传播，既是契合通道国际化属性的题中应有之义，也是贯彻落实党中央关于加强和改进国际传播工作以及市委全会精神的应尽之责。2025年，重庆将不断丰富完善城市国际传播体系，更加突出通道国际传播，进一步提升通道国际传播效能，汇聚起更多高水平对外开放的"好声音""大合唱"，不断提升通道的辨识度、知名度、影响力，为建设全面深化改革先行区、奋力谱写中国式现代化重庆篇章提供更大助力。进一步加强西部陆海新通道国际传播工作，可以从以下方面着力。

（一）多渠道壮大睦邻友好合作共赢思想舆论，增进通道沿线国家战略互信和合作共识

东南亚是陆海新通道的途经之地和地理终点，参与通道建设国家众多。近年来，中国—东南亚合作持续推进，为双方奠定了良好的互信基础。但是，面对波诡云谲的国际局势、不断产生的地区争端，以及各个国家不同的政治体制、外交政策、地缘政治和利益诉求，进一步深化中国同通道沿线国家的经济、文化、科技交流合作也存在诸多不确定因素。巩固东南亚国家同中国良好的战略互信，对于维持通道稳定运行、拓宽通道网络起着"稳定器"作用。开展陆海新通道国际传播，要多渠道宣传中国积极践行亲诚惠容理念，全面推进高水平对外开放，努力构建人类命运共同体、实现世界现代化，同周边国家睦邻友好、合作共赢的一贯原则，优化与沿线国家不同城市的结好布局，凝聚沿线国家和民众的信任和支持，营造通道建设的协作信

任、同声相应氛围,夯实拓宽通道传播半径、设立海外传播机构、做强海外媒体矩阵稳的基础。

(二)多方面改革完善城市国际传播工作体系,加强通道国际传播的统筹和设计

对照《完善城市国际传播工作体系改革项目实施方案》,按照"时间线""施工图",打表推进,逐项完善。要围绕"三位一体"城市国际传播理念,着力提高国际传播能力与地方外宣工作职责、重庆城市功能定位的适配性,提高城市国际传播工作体系与内陆开放高地建设的适应性,提高城市营销和国际影响力与国际化大都市建设的适时性,将重庆城市国际传播工作体系建设得更加系统集成、更加突出重点、更加注重实效,力争形成一批对外宣传与对外开放、国际传播与城市发展相融合的制度性成果,为西部陆海新通道国际传播提供鲜明指导与强力支撑。在体系打造中,要突出西部陆海新通道国际传播,体现出契合通道特点、彰显通道特色的国际传播工作设计,体现出发挥重庆牵头协调作用凝聚起各方协同配合的工作规划,从目标效能、职责任务、能力平台、品牌项目、专门人才等方面进行明确和规范。

(三)多举措支持扩展国际传播主体,铸造对外传播合力

多举措支持现有平台不断迭代升级,协调通道沿线省区市,大力推进国际传播平台建设和多主体参与。一是发展完善本地传播主体更好"发声"。加快西部国际传播中心、西部国际传播有限责任公司建设,优化完善体制机制激发发展动力,进一步建好陆海财经客户端、陆海财经产业出海服务平台、iChongqing文旅传播平台以及《Let's Meet》等名栏目,不断巩固中心在通道国际传播工作中的优势和主导地位。整合重庆日报报业集团、重庆广播电视集团(总台)、重庆出版集团、重庆新华书店集团、华龙网集团等全市主流媒体资源推进国际传播,聚合市对外文化交流协会、陆海基金会、相关高校、智库、有关部门、部分城区、开放平台、社会组织、市场主体等资源参与国际传播。二是借力中央媒体各方资源高频"出镜"。争取新华社、中央广播电视台、CGTN 等重点外宣央媒，以及知名商业网站、国内外科研机构、学术机构助力国际传播，加强国际传播海外合作，完善多层次、多形态、立体化的国际传播格局。三是推动通道沿线国际传播"专业队"集群协作"响应"。密切同全国知名省区市国际传播中心的联系，落实"ShanghaiEye+国际传播全媒协作体"职责和《马栏山倡议》精神。联合通道沿线省区市国际传播中心，积极抱团联盟发展，围绕渠道建设、内容生产、资源整合、产业拓展等合作共享，合力构建通道国际传播协同体制，打造成重点面向东盟、具有区域国际影响力的对外传播和文化交流载体集群。

（四）多主题深耕通道国际传播内容生产与数字化制作，提高质量和吸引力

增强国际话语权，挖掘故事是基础，讲好故事是关键。要不断提升内容生产力，潜心通道国际传播内容打造与制作，让传播内容更好看、更耐看。第一，找准话题，是跨越文化鸿沟的有效手段。努力发掘有特色、有亮点、易传播的工作内容，生动传达通道共商共建共享原则，开发更多具有重庆特色和国际视角的传播故事，赢得理解和共鸣。要聚焦通道本身，主动设置通道发展壮大有力提升中国西部地区与东南亚互联互通水平方面的话题；要聚焦城市本身，主动设置通道沿线城市历史文化、产业发展、城市风貌等方面的话题；要聚焦合作共赢，主动设置关涉通道带给沿线国家和地区人民发展机遇和福祉方面的话题；要聚焦共情叙事，主动设置通道沿线人民富有坚韧不拔创新精神的真实生活话题；要聚焦文化包容，主动设置通道滋养不同文化和谐共生共同繁荣的故事等话题。第二，数字形式，是保障传播效果的现实选择。要积极顺应移动化、社交化、可视化、智能化的趋势，不断加强数字化制作和赋能。要把握网络热点、运用网络语言、加强网络互动，通过视频、音频、游戏等多种立体化、多样化方式，呈现适应互联网传播规律的国际传播内容，增强国际传播影响力、亲和力。积极利用数字化技术，以 AI、VR、AR、4K 等技术为国际传播内容赋能，增强传播内容的吸引力与传播效果。

参考文献

《习近平引领国际传播能力建设》，央视网，2022年6月1日。

袁家军：《深入学习贯彻习近平总书记视察重庆重要讲话重要指示精神 奋力谱写中国式现代化重庆篇章》，《学习时报》2024年6月12日。

姜辉：《奏响巴山渝水文化新乐章》，《求是》2024年第10期。

《建设西部陆海新通道　促进海铁联运快增长》，新华社，2024年10月22日。

《西部陆海新通道（北部湾港）铁海联运同比增长23.5%》，金融界，2024年8月12日。

何盈、张卉：《2024年西部陆海新通道铁海联运班列运输货物突破60万标箱》，央视新闻，2024年9月14日。

《重庆市人民政府口岸和物流办公室关于市政协六届二次会议第0997号提案答复的函》，重庆市人民政府口岸和物流办公室网站，2024年6月19日。

严薇：《西部陆海新通道"加速跑"！1.2亿流量彰显重庆在大开放新格局中的国际枢纽地位》，上游新闻，2024年8月28日。

《"现象级"刷屏！10余家中外主流媒体报道江津建强西部陆海新通道重庆主枢纽》，重庆枢纽港产业园网站，2024年9月18日。

刘嗣方：《以西部陆海新通道建设带动西部和内陆地区高水平对外开放》，《重庆日报》2024年5月6日。

《让"陆海之约"为通道发展注入新动能》，上游新闻，2024年11月11日。

崔乃文：《以数字化赋能国际传播》，《光明日报》2023年3月30日。

B.28 重庆建设多式联运集疏运体系的现状、问题及建议

邓 靖*

摘　要： 建设多式联运集疏运体系是重庆发挥比较优势、后发优势，对标落实党的二十届三中全会部署的重要载体。重庆积极推动形成立体交通网络，做大枢纽口岸功能，增强服务效能，具备建设多式联运集疏运体系的良好基础，但仍面临系列堵点卡点，亟须围绕"干线扩能""循环畅联"推进集疏运基础设施设备建设，靶向"最初一公里"服务企业，"最后一公里"枢纽布局及功能模块，突出降低综合物流成本推动多式联运集疏运体系首创性、集成化制度创新，推动"33618"、长江经济带、西部陆海新通道等多跨融合提升集货能力。

关键词： 多式联运　集疏运体系　西部陆海新通道

物流是实体经济的"筋络"。重庆位于"一带一路"和长江经济带联结点，具备发展物流的比较优势，2016年习近平总书记强调重庆要"建设内陆国际物流枢纽和口岸高地"，2019年要求"推动全方位开放""构建内陆国际物流枢纽支撑"，2024年4月指出"推动西部大开放、促进西部大开发，物流很重要"。市委六届五次全会将"陆海并济的综合物流枢纽"作为打造内陆开放综合枢纽的重要内容。这些定位要求均强调重庆要聚焦物流和口岸打造具备国际影响力的"内联外畅"物流枢纽功能。多式联运集疏运

---

* 邓靖，重庆社会科学院城市与区域经济研究所副所长、研究员。

体系是连接多种运输方式的平台和纽带,通过集中和疏散物流运输资源,实现物流运输的高效、便捷和可持续,是打造全球性物流枢纽的内在要求。党的二十届三中全会提出,建设大宗商品交易中心,建设全球集散分拨中心,支持各类主体有序布局海外流通设施,支持有条件的地区建设国际物流枢纽中心和大宗商品资源配置枢纽。建设现代化新重庆要求重庆紧扣做实"两大定位",更好发挥"三个作用",更好从全局谋划一域、以一域服务全局,进一步全面深化改革,强化机制创新,打造多式联运集疏运体系,更好形成服务支撑西部现代化合力。

一 重庆建设多式联运集疏运体系的现状

党的二十大以来,重庆始终坚持以习近平新时代中国特色社会主义思想为指导,深入贯彻落实党中央的决策部署,放大共建"一带一路"、西部陆海新通道、中新(重庆)战略性互联互通示范项目等国家重大战略"叠加效应",积极探索形成辐射西部、服务全国、链接东盟、融入全球的多式联运集疏运体系,为现代化新重庆建设提供了有力支撑,为推动区域互联互通、支撑全国发展大局作出了新贡献。

(一)立体交通网络加速形成

拥有"铁公水空"四式联动的综合立体网络,初步形成"一环线九干线两联线"货运铁路格局,总里程2236公里(含时速200公里线路)。"三环十四射"互联互通高速公路骨架路网成型,通车里程达到4179公里。"一干两支"国家高等级航道网络能力持续提升,三级及以上航道占比78.5%,船舶运力占长江上游地区总运力比重超过85%。一是强化西部陆海新通道战略牵引。牵头召开西部陆海新通道省际协商合作联席会议第三次会议,审议通过《高水平共建西部陆海新通道"13+N"省际协同推动实施方案》。推动重庆、广西、四川、怀化等11省(区、市)代表企业签订陆海新通道运营有限公司增资扩股合作协议,跨区域综合运营平台由6省区市拓展为11省区市。推动笔电产品上量西部陆海新通道，协调惠普等笔电产品由西部陆海新通道经钦州海运出口并实现常态化运输，年货量拟超1000标箱，单箱货值超500万元。2023年，西部陆海新通道通达全球120个国家和地区的490个港口，三种运输方式货物量17.8万标箱、增长21%，货值279.2亿元、增长11%。经西部陆海新通道运输17.8万标箱、货值279亿元，同比分别增长21%、11%，占通道沿线地区总量的28%。二是中欧班列持续高质量发展。开通重庆—蒂尔堡中欧班列线路，新增俄罗斯布洛奇纳亚、哈巴罗夫斯克等5个集散分拨点。2023年，中欧班列（成渝）运营线路49条，覆盖欧亚110个城市节点，开行5303列、箱量43.5万标箱、同比基本持平，占全国开行总量的23%，居全国首位。加强对长安、赛力斯、中车恒通、长城等企业的服务，重庆中欧班列全年运输进口整车6754台、增长89.8%，运输出口整车超11万台、增长27倍。三是长江黄金水道运量大幅提升。推行"小改大"、"散改集"、铁水联运、水水中转，推动三峡船闸通过货物量达到1.69亿吨、增长8.02%。全市港口货物吞吐量2.23亿吨、增长8.2%；集装箱吞吐量131.8万标箱、增长2.0%。开行沪渝直达快线1302艘次、增长8.9%。智慧长江物流工程已进入集装箱预约过闸测试阶段，预计全部建成上线后，每年节约水运物流费用50亿元，挖潜三峡船闸能力2000万吨。四是国际航空有序恢复。2023年，恢复国际（地区）客运航线11条，达到20条，江北机场完成旅客吞吐量4465.7万人次（全国枢纽机场排名第6）、增长106%，其中国际（地区）旅客吞吐量80.4万人次、增长898%。新开1条货运航线，国际货运航线达到12条，每周达到31班。全年共完成货邮吞吐量38.78万吨、下降6.5%（全国枢纽机场排名第8），其中国际（地区）货邮吞吐量14.2万吨、下降34.1%。五是跨境公路物流体系不断完善。新增云南金水河、弄岛、天保和孟连4个出入境口岸。全年共发车4162车次、增长23%，总货值约28.04亿元、增长27%。此外，重庆处于中缅、中哈、海气登陆3条油气输送通道交汇节点，具备东西衔接、南北互济的能源输送条件。

（二）枢纽口岸能力扩面提能

重庆成为全国首个兼有港口型、陆港型、空港型、生产服务型、商贸服务型"五型"国家物流枢纽的城市，"五型"国家物流枢纽物流运营面积达26平方公里，年货物吞吐量超过9000万吨。一是成功创建商贸服务型国家物流枢纽。2023年7月，重庆商贸服务型国家物流枢纽入选国家发展改革委2023年度建设名单，自2019年起连续五年入选国家物流枢纽建设名单，重庆已成为全国唯一"五型"国家物流枢纽承载城市。二是完善国家物流枢纽建设。2023年，港口型国家物流枢纽完成货物吞吐量2694.9万吨、增长4.4%。陆港型国家物流枢纽全年完成铁路货物吞吐量3848.8万吨、增长16.6%；开行国际班列4950列、增长5.8%。生产服务型国家物流枢纽全年完成货物吞吐量836.2万吨、增长1%；多式联运货运量109.6万吨、增长34.4%。三是丰富拓展口岸功能。推动重庆港水运口岸扩大开放万州新田港区、涪陵龙头港区、江津珞璜港区，目前已进入国家审理程序。加快推动航空口岸提能扩级。重庆第二个正式开放航空口岸——万州机场查验基础设施建设稳步推进。建成投用果园港口岸进境肉类、粮食、水果综合性指定监管场地，江北机场航空口岸进境肉类、冰鲜水产品指定监管场地，铁路口岸进境肉类指定监管场地，形成内陆地区数量最多、种类最全的口岸功能平台，拥有10类特殊商品口岸功能。

（三）综合服务效能显著提升

加大产业发展和物流活动增值服务供给和业务创新力度，以国际化、高质量的专业服务为支撑，服务企业深度参与全球产业分工合作新需求，努力提升通道对金融、数据、人才等要素的聚集效应，打造各类要素融合共生的良性生态圈，更好地服务各类主体参与通道高水平共建和高质量发展。一是推动多式联运发展。加快培育多式联运经营人，持续开展多式联运"一单制"应用推广和金融服务试点，推动多式联运示范工程建设。提高江铁海多式联运能力和自动化水平，大力发展"水水中转""铁水联运"等模式，扭转铁水联运集装箱规模下降趋势，提升西部陆海新通道与中欧班列、长江航运的协调组织和衔接水平。探索"高铁快运+"模式，以高附加值货物运输为重点稳妥推进高铁货运开行。二是提升通道金融服务能力。发展基于企业信用担保的物流融资服务，为产业链供应链龙头企业快捷配置信贷资源、增加资金供给，为龙头企业及上下游企业提供系统性金融解决方案。推动中国人民银行出台支持通道发展政策措施，上线"长江渝融通"大数据平台，争取开展中新理财通、中新基金互认等通道市场互联互通试点。推动建立重庆与香港联动支持西部陆海新通道的常态化金融合作机制。开展数字物流交易中心、陆海新通道新型商业银行等可行性研究。三是强化特色制度创新。深入谋划航运贸易数字化试点工作方案，扩大铁路提单和多式联运"一单制"提单应用规模，提高数字提单和"一单制"提单融资结算量。扩大铁海联运进口铬矿检验监管优化模式应用范围，推动锂矿、锰矿等更多矿产品进口试点。推动进口货物国内段铁路运费从完税价格中扣除模式，由铁海联运复制推广至国际班列。全国率先实施铁路运输单证金融服务试点，上线"跨境易融"陆路贸易金融服务平台，铁路运输单证融资超2亿元。2023年，签发铁海联运提单2503票，同比增长116%。在越南、老挝通过"陆海链"签发数字提单，截至2023年底，共计签发流转928单，货值1.23亿美元。连续4年出台促进跨境贸易便利化改革方案，推出18项改革措施，其中6项改革举措获国家口岸办全国推广应用。贯彻落实海关总署优化营商环境16条，出台支持帮扶外贸市场主体发展20条细化举措。全年新增海关高级认证企业14家，重庆关区AEO高级认证企业突破100家，"两步申报"比例达到30%，提前申报比例超60%。持续扩大中老、中越班列"铁路快通"模式应用，全年监管快通舱单3380票。完成陆海新通道重庆无水港实现内陆首次无纸化放货，果园港口岸设备交接单、提单、装箱单实现无纸化作业。

二　重庆建设多式联运集疏运体系的问题

（一）交通设施"连而不畅""邻而不接"

相比周边省份，重庆多式联运集疏运基础设施建设难度较大、成本偏高,断点和堵点较多。一是铁路承载能力低。截至 2023 年底,重庆高铁密度仅为 131.1 公里/万公里^2,排名全国第 12,分别为上海、天津、浙江的 3/8、5/8、3/4;襄渝、渝黔桂等铁路客货共线,线路利用率已近 100%;渝怀铁路、川黔铁路牵引质量仅为 2200 吨,分别低于与其衔接的焦柳铁路、黔桂铁路 1200 吨、1800 吨。二是长江航运保障弱。受三峡船闸拥堵影响,上下游待闸船舶超过 1400 艘,平均待闸时间 10 天以上;嘉陵江、乌江、涪江等支流航道货运量占全市水路货运量不足 10%;现有重庆籍船舶都是江船,只能在长江内河航行,不能停靠洋山港、宁波港等海港,必须通过太仓港中转,增加运输成本约 800 元/标箱、时间约 3 天。三是"微循环"淤塞。全市 21 个港区仅 5 个港区建成铁路专线,珞璜港区进港铁路改造工程还未完工,万州新田港、涪陵龙头港等进港铁路尚未开工建设;果园港缺乏国际物流分拨中心,港区要承担部分分拨功能,影响港区装卸作业效率;江北国际机场航空货运区、保税港区、快件集散中心的主要对外道路都是 G319 和空港东路(部分与 G319 重线),且需承担大量空港工业园交通量和两路至周边乡镇的过境交通,空港东路与铜鼓山大道交叉口拥堵现象十分明显;工业园区与物流园区、港口之间缺乏铁路连接,物资转运需依托内环高速、城市主干道,而主城区内专用货车白天禁止行驶,很难满足货物快捷转运、配送需求,需额外支付公路转驳费用。

(二)口岸功能面临"中梗阻""隐形墙"

重庆多式联运集疏运口岸建设虽在内陆地区处于领先水平,但与管理一体化、通关便利化、服务智能化、布局均衡化"四化"要求相比,还有不少短板。一是口岸结构不优。果园港缺乏大宗商品交易平台,无法满足不断攀升的煤炭、有色金属、铁矿石等大宗货物吞吐需求,重大件码头工程尚未建成,不能实现重大件水铁联运;江津综保区范围不包含珞璜港,万州港区和江津蓝家沱港区没有实现口岸全开放,导致联运货物转运受阻;重庆港水果口岸、江北机场金佰利口岸近三年进货量比重均低约 1 个百分点,但市场需求较大的果园港粮食、肉类口岸在检验检疫、监管流程等方面缺乏明确制度安排，导致"陆海新通道"骨牛肉、虾肉冷链专列不能及时清关运往双福国际农贸城；两路寸滩保税港区、西永综合保税区等都高度依赖电子信息产品装配加工，产品单一、结构趋同，同质竞争激烈。二是作业效率偏低。成本较高，重庆段港口装卸费为 644 元/20GP 和 1065 元/40GP，均为国内所有港口中的最高水平；理货费为 50 元/20GP 和 100 元/40GP，均是内陆港口中的最高标准。时间较长，重庆口岸进口、出口平均作业时间分别为 91 小时、1.5 小时，进口时间显著高于成都（进口 33.5 小时、出口 1.35 小时）、西安（进口 36 小时、出口 1.55 小时）。三是数字服务滞后。相比西安、昆明等国内同类机场，江北机场口岸货邮场站智能化水平较低，货运作业主要靠人工记录、人工查找，理货时间长，同等吞吐量下耗费更多人力和场站资源，3 万平方米国际货站维持 10 万吨吞吐量已现疲态。果园港、团结村等重要港口，并未实现全自动流水线，难以满足长安、赛力斯等重点企业的物流需求。

（三）制度创新难以"书同文""量同衡"

多式联运集疏运规则以陆权为基础，制度化、规范化建设面临"掣肘"。一是运输规则不统一。铁运和海运在操作模式、手续办理、货物分类等方面认定不同，掏箱重装、铁路拒运等情况经常发生。例如，铁水联运对集装箱货物安全装载和货物拴固标准不同，货物转运不得不"翻箱倒柜"重新装载；水运以船舶水尺为结算依据，而铁路以轨道衡为结算依据。二是单证标准不统一。各种运输方式在运价计费、品名代码、危货界定、保险理赔等方面不一致，"一单制""一口价"难以落地。例如，硫黄属于江海联运普通货物，但属于铁路化危品范畴；铁运和江运"拒接"锂电池，被迫选择公海联运模式出口；铁路货运仅 26 个品类，难以匹配海运 300 多个品类，编制陆基多式联运品名标准难度较大。三是通关程序不统一。铁路、海关、海运、货代、港口等主体均采用独立信息系统，且未与国际贸易"单一窗口"和通道沿途国家系统联通，难以实现信息和数据高效共享，转口贸易、过境运输重复申报、多次查验现象普遍；尚无水运转关协调机制，大量适水货物被迫从沿海弃水登陆，平均增加约 10%的物流成本；重庆集装箱船公司与海船公司缺乏通关合作协议，只属于海船公司的中级客户，订舱较难，2023年订舱平均等待时间长约10天，订舱落配率高达20%。

（四）市场"各自为政""条块分割"

对照构建全国统一大市场要求，重庆多式联运集疏运市场整体呈现"散、乱、弱"特征，集货面临较大困难。一是市场规则缺失。当前多式联运市场尚未建立合规政策体系，各地均利用补贴政策牵引市场发育，2023年重庆货物单位运输费1.05元/（吨·公里），虽低于周边省份平均水平，但受各类补贴政策影响，并无报价优势。例如，武汉对引进的国内外知名大型物流、货运代理和供应链头部企业给予200万~4000万元奖励补贴；四川延续实施国际标准集装箱运输车辆通行费30%的优惠政策，对进出泸州和宜宾铁路港、中欧班列图定站点货运集散地的集装箱运输车辆通行费给予60%的最高额度优惠，重庆补贴铁水联运集装箱方案还在研究细化阶段。二是线路分流突出。周边省份交通设施开通运营，明显削弱了重庆多式联运集疏运集货能力，据测算，成都、武汉、西安开行的中欧班列，分流了重庆约20%的西向货物；四川泸州港、武汉港等升级运营，东向水运货物减少约16%；后期随着成都通过中老铁路联通东盟，贵州黄桶到广西百色铁路建成投用，预计川、黔、滇经重庆中转运输南向货物将会分流27%。三是主体能力不足。目前重庆无缝衔接铁、公、水、空多式联运的市场主体竞争力偏弱，服务水平偏低，截至2023年底，重庆具备多式联运能力的A级及以上物流企业91家，分别比湖北、四川少875家、214家，主营业务收入能达到千万元的企业仅约1/10。

三 重庆建设多式联运集疏运体系的建议

（一）围绕"干线扩能""循环畅联"推进集疏运基础设施设备建设

一是加密铁路网络。积极推进成渝中线等高铁建设；启动渝宜高铁、重庆都市圈铁路扩容建设；谋划重庆至遂宁城际铁路等项目。二是推动长江航运提能。全面开展三峡水运新通道前期论证规划工作；实施长江朝涪丰段（朝天门—涪陵—丰都）、宜渝段（宜宾—重庆）航道整治，分别提升至一级、二级航道标准；加快推进嘉陵江利泽、乌江白马、涪江双江等航电枢纽建设，启动嘉陵江井口枢纽、乌江彭水二线船闸，改善长江支流通航能力；定向支持重庆籍公司采购、使用130米长的三峡标准船型，预计三峡闸道面积利用率可提升超90%，能提升三峡船闸年通过能力达1.8亿~2.0亿吨。三是畅通联运节点。打造以果园港、团结村、江北机场、南彭公路物流基地等为骨干的多层次、立体化、广覆盖的物流枢纽设施体系；加快重庆东站及配套站点、线路以及涪陵龙头港进港铁路等建设，完善大型工业园区、交通枢纽和重点物流园末端集疏运网络；建设黄茅坪机场支线，推进果园港、珞璜港等主要港口后方的疏港支线、联络线建设及港口铁路站场优化升级，提高铁路疏港效率。

（二）靶向"最初一公里"服务企业，"最后一公里"枢纽布局及功能模块

一是升级口岸功能。重点完善果园港、江津综保区、珞璜港、万州港区、蓝家沱港区等口岸开放功能，申请新增进口木材、植物种苗、废金属（再生铝）以及煤炭、有色金属、铁矿石等大宗货物指定口岸功能，实现货物运抵就地清关；优化通关程序，用好金伯利、水果、进口肉类以及粮食等已有指定口岸；完善果园港中欧班列始发站功能，实现一体化运作，进一步增强铁水、公水等多式联运能力；建立口岸调整退出机制，对利用率低、功能作用发挥不充分的口岸，经评估后实施调整或退出。二是优化港区作业。采用服务外包方式，将场内中转、短驳等业务剥离，通过公开招投标，把专业水平高、工作品质好、诚信信誉佳的供应商选进来，并严格考核制度，推动降成本、提品质；在参考国内外港口运营经验的基础上，制定符合重庆实际的标准化港区作业环节以及相应的收费参考标准；修订《重庆市免除查验没有问题外贸企业吊装、移位、仓储费用试点工作实施方案》，争取对经重庆进出港口的所有集装箱进行查验费用返回补贴。三是建设智慧口岸。基于区块链技术，建设口岸物流信息电子化平台，支撑"铁水转关""铁铁转

关"无纸化、自动化"码上办""无感式"服务；推进锚地供应业务全流程信息化，推行"先期机检""抵港直装""船边直提"等自动化作业模式通关；依托"一单制"数字提单，推动订单、提单、仓单串联应用，拓展出口退税、供应链金融、跨境融资等服务。

（三）突出降低综合物流成本推动多式联运集疏运体系首创性、集成化制度创新

一是统筹制定运输规则。依托西部陆海新通道"重庆—钦州港"铁海联运模式，在货物交接、合同运单等方面建立规范文本格式；发展标准化多式联运装备，统一铁路箱与海运箱标准，推广标准化载货工具和快速转运换装设备，制定"门到门"一体化多式联运服务规则。二是加强联运单证探索。在核算各种运输方式用能、用人等综合成本基础上，探索制定多式联运运价参考标准；市商务委牵头，结合RCEP规则条款，试点归并海运品类，推动陆海商品代码共用；运用"海运危险货物集装箱远程智慧管理系统"，指导企业在铁路始发站按照海运绑扎标准装箱锂电池等，提前落实好安全监管要求。同时，抢抓建设战略腹地机遇，积极向国家海关、中国铁总等争取，试点将锂电池、硫黄等物资列为多式联运普通货物，依托重庆物流集团提供"不换箱""不开箱""一箱到底"服务。三是建立数字通关体系。加快构建集物流信息服务、交易服务、结算服务、供应链金融服务、信用服务等于一体的公共信息平台，实现多种运输方式代码共享；推动"单一窗口"与"智慧物流平台"和"航运交易网"等资源共享；优先打通果园港、重庆国际物流枢纽园区、航空物流园等"信息孤岛"，促进运输、场站、仓储、代理等企业业务协同；开发多式联运AI模型，智能预测市场客户、路径优化、车辆调度等，开展知识产权、应收账款、出口退税等金融服务，增强增值服务能力。

（四）推动"33618"、长江经济带、西部陆海新通道等多跨融合提升集货能力

一是强化政策支撑。针对智能网联新能源汽车、电子信息等重点企业的

多式联运环节，实施差异化补贴政策，助力企业降低成本；由市商务委、市口岸物流办牵头，给予西部陆海新通道、中欧班列等重要线路以及东盟、中亚、西亚等重点区域开展多式联运定向政策支持，确保货物高效接转；依托供应链信息平台，跟踪掌握周边省份补贴情况，适时优化对多式联运企业的政策供给。二是深化经贸联动。发挥西部陆海新通道、长江经济带、中欧班列辐射市场优势，推广应用经认证的经营者（AEO）互认制度，为相关企业进出口和供应链支撑提供更加便捷的服务；推动与UPS、FedEx、Maersk、Express等国际多式联运头部企业合作，打造内陆区域供应链总部，并主导建设展销中心、分拨中心、批发市场等，大力发展总部贸易、转口贸易、跨境电商等新业态。三是推动产业融合。围绕汽摩、通机、轨道等"33618"现代制造业集群体系研究规划在老挝、泰国、乌兹别克斯坦等重点国家布局境外售后服务中心、海外仓、产能园区；鼓励物流企业为制造企业提供"汽车支架""笼车"等特色服务；依托江津双福国际农贸城，建设重点面向东盟的冷链物流基地，推动冷链物流与现代农业、农产品加工融合发展。

参考文献

王文涛：《完善高水平对外开放体制机制》，《人民日报》2024年8月6日。

李露露、黄浩、姚海元：《北部湾港集疏运体系现状分析及发展思路研究》，《珠江水运》2024年第13期。

尹纯建：《着力加快货运枢纽机场融入我国货物多式联运发展大局》，《中国物流与采购》2023年第17期。

王宗文：《城市发展视角下国外港口集装箱集疏运发展经验与启示》，《集装箱化》2023年第8期。

李宏霞：《长江港口多式联运集疏运体系建设有效路径研究》，《中国航务周刊》2023年第22期。

B.29 加强西部陆海新通道法治保障研究*

全威巍　刁雪云**

摘　要： 加强西部陆海新通道法治保障不仅是推进全面依法治国、融入新发展格局的现实需要，更是服务西部大开发战略、打造内陆开放综合枢纽的重要环节。当前，西部陆海新通道法治保障推进过程中，仍面临域外法律查明受限、专业机构建设滞后、涉外法律人才供给不足、司法协同联动不强等现实问题，亟须从完善机制、机构建设、人才培养、司法合作四方面发力推动西部陆海新通道法治保障走深走实。

关键词： 涉外法治　法治保障　涉外人才　涉外法律服务

党的二十届三中全会强调"加强涉外法治建设。建立一体推进涉外立法、执法、司法、守法和法律服务、法治人才培养的工作机制。完善涉外法律法规体系和法治实施体系，深化执法司法国际合作。完善涉外民事法律关系中当事人依法约定管辖、选择适用域外法等司法审判制度。健全国际商事仲裁和调解制度，培育国际一流仲裁机构、律师事务所。积极参与国际规则制定"。① 2024年4月，习近平总书记在新时代推动西部大开发座谈会上强

---

* 本文系重庆市社会科学规划项目"重庆互联网金融犯罪的治理困境及其对策研究"（项目编号：2023BS068）、重庆市社科规划项目"数字社会经济犯罪的行刑协同共治研究"（项目编号：2022BS113）的阶段性成果。

** 全威巍，重庆社会科学院助理研究员，主要研究方向为涉外法治、数字法治；刁雪云，重庆财经学院讲师，主要研究方向为涉外法治、数字法治。

① 《中共中央关于进一步全面深化改革　推进中国式现代化的决定》，https://www.gov.cn/zhengce/202407/content_6963770.htm?sid_for_share=80113_2。

调:"大力推进西部陆海新通道建设,推动沿线地区开发开放,深度融入共建'一带一路'。"① 当前,西部陆海新通道建设如火如荼,法治保障短板逐渐显现,亟须发挥法治固根本、稳预期、利长远的保障作用,以统筹推进国内法治和涉外法治为引领,不断形成与西部陆海新通道建设相匹配的坚强法治保障体系。基于此,探讨如何创新发挥西部陆海新通道法治保障作用,夯实西部陆海新通道建设中的法治支撑,在法治轨道上助推西部陆海新通道高质量发展具有重要意义。

一 加强西部陆海新通道法治保障的目标定位

建设经济、高效、便捷、绿色、安全的西部陆海新通道,需要改革创新与法治保障两轮驱动,统筹国内外区域的协调联动,做到重大改革于法有据,决策监管依法而行,商业运营有法保障,为通道提供国内和国际的法治保障。②

(一)保障西部陆海新通道建设作为国际贸易新通道的战略规划实施

事实上,应当确立和发挥重庆在国家区域发展和对外开放格局中独特而重要的作用,打造国际贸易新通道,是推动西部地区新一轮开发开放,推动西部地区与新加坡等东盟国家加强产业合作的重要抓手。建设西部陆海新通道不仅有利于优化区域开放布局,加大西部开放力度,以物流畅通吸引产业集聚、驱动经济发展,而且有利于加强中国—中南半岛、孟中印缅、新亚欧大陆桥、中国—中亚—西亚等国际经济走廊的联系互动,使西部陆海新通道成为促进陆海内外联动、东西双向互济的桥梁和纽带,上述战略规划的实施不仅需要在法治轨道上进行,而且需要法治手段予以保障。

---

① 《习近平主持召开新时代推动西部大开发座谈会强调:进一步形成大保护大开放高质量发展新格局 奋力谱写西部大开发新篇章》,https://www.gov.cn/yaowen/liebiao/202404/content_6947130.htm。
② 马奇柯:《西部陆海新通道建设的法治保障》,《重庆法治报》2023年10月14日。

（二）保障西部陆海新通道运营监管体制和协同机制的确立和运行

西部陆海新通道涉及主体多元化，利益诉求不同。法治的建设有利于协调西部陆海新通道不同主体之间的利益，规范不同主体行为，确立相关的物流运营服务制度，以法治保障运营监管体制和协同机制的建立，搭建跨区域跨境合作新平台，建立通道内合作的长效机制，提供保障性和可预见性。

（三）保障西部陆海新通道物流规则和标准的协调和完善

西部陆海新通道沿线国家规则和标准存在差异性，多边、区域和双边规则可能发生冲突或不适应通道建设需要，这势必增加物流通道的法律成本。通过构建和协调物流及通关规则、标准和多元化争端解决机制的法治体系，推动建立健全相关法律合作机制，提升司法保障各主体权益的能力，营造公平高效的一流营商环境，确保西部陆海新通道的畅通与繁荣。

（四）保障西部陆海新通道制度创新改革成果的推出和实施

物联网、智慧口岸、物流口岸的功能挖掘，国际贸易单一窗口、创新物流驱动产业发展模式、跨境物流园区建设等创新内容，以及物流金融等现代物流业态的发展，与国内现行法律制度有冲突或于法无据，需要通过国内修法和立法来推进和保障，方能满足通道建设的发展需求，在西部陆海新通道建设中，亟须推出更多涉外法治领域改革成果以保障新通道高质量发展。

二 创新发挥西部陆海新通道法治保障作用的问题梳理

（一）域外法律查明受限

其一，查明数量整体较少，从依职权查明数量看，截至2022年6月，深圳前海人民法院依职权查明域外法案件38件；而截至2023年12月，重庆两江新区人民法院依职权查明域外法案件仅1件。从委托查明数量看，截至 2022 年 6 月，深圳前海人民法院委托专家、专业机构查明域外法案件共 47 件；而截至 2023 年 12 月，重庆两江新区人民法院委托专家、专业机构查明域外法案件仅 2 件，二者差距较大。其二，查明平台资源单一。重庆仅拥有西南政法大学中国—东盟法律研究中心 1 家查明域外法的实务机构，域外法查明专业化平台较为单一，域外法查明法律资源较少，缺乏具有国际知名度的权威平台。其三，查明费用负担不低。据调研，域外法查明费用昂贵，一起案件的费用通常高达数万元或数十万元。在需要当事人提供域外法时，当事人可能因无法承担相关费用而丧失选择适用域外法的权利；当法院依职权查明域外法时，法院内部缺乏类似鉴定费性质的标准设置，不利于委托查明工作的开展。在案件审理过程中，基于冲突法的指引必须适用域外法时，人民法院也必须承担域外法查明的义务，而当事人无力承担或者不愿意承担查明费用时，域外法查明工作将陷入僵局。

（二）专业机构建设滞后

其一，重庆国际商事一站式多元解纷中心建设有待深化。从仲裁、调解机构数量看，深圳市涉外涉港澳台商事一站式多元解纷中心共有 27 家仲裁、调解机构入驻，而重庆国际商事一站式多元解纷中心仅有 10 余家调解、仲裁机构入驻，数量差距较大；从仲裁、调解机构国际化程度看，深圳市涉外涉港澳台商事一站式多元解纷中心不仅有港澳知名法律机构入驻，而且有国际知名法律机构入驻，而重庆国际商事一站式解纷中心多为重庆本土机构，国际性仲裁、调解机构较少，国际化程度较低。其二，重庆两江新区人民法院交通运输审判庭作用有待彰显。原铁路运输法院管辖案件类型单一，专业职能发挥力度不足，专业化审判机制覆盖不够，难以适应以铁路运输为主的多式联运和现代物流发展需要。2023 年 5 月，撤销整合至重庆两江新区人民法院后，新成立的交通运输审判庭在机构整合、人员契合、业务融合方面尚处于探索阶段，1+1>2 的整合效果尚未完全彰显。其三，陆海新通道法律服务联盟效果有待考证。2023 年 11 月，陆海新通道法律服务联盟成立，目前仍处于初创阶段，相关顶层设计、建设目标、体制机制、细化举措等尚不成熟。据调研,联盟成员多以紫金矿业、长安汽车等大中企业为主,小微企业尚未进入陆海新通道法律服务联盟,联盟成员覆盖面较小,服务广度有待拓宽,是否实体化运行、实际效果如何有待进一步评估。

(三)涉外法治人才不足

其一,高层次涉外审判人才较少。从数量上看,四川天府新区人民法院负责涉外审判的第二审判庭有19人;而重庆两江新区人民法院涉外审判庭仅有10人,除审理涉外案件外,还需处理其他传统案件。从学历上看,重庆两江新区人民法院涉外审判庭尚无具有博士学位的审判员,仍存在本科学历担任审判员情况。从专业背景看,重庆两江新区人民法院涉外审判庭具有国际法专业背景的人才不多,熟悉国内与国际商事法律的专家型、复合型涉外审判人才更少。其二,国际性调解、仲裁人才较少。在调解员方面,深圳市涉外涉港澳台商事一站式多元解纷中心现有在册调解员250余人,其中国际及港澳调解员40余人;而重庆两江新区人民法院现有在册特约调解员92人,尚无外籍及港澳台知名专家担任调解员。在仲裁员方面,深圳仲裁委有仲裁员1738人,其中港澳台和国外仲裁员637人,占比36.7%;而重庆仲裁委有仲裁员685人,其中港澳台和国外仲裁员27人,占比4%,差距巨大。其三,精英化涉外律师人才较少。从学历看,全市律师中,本科10478人、占65.2%;博士575人、占3.6%;硕士4440人、占27.6%;全市本科学历律师比重偏多,研究生学历律师明显偏少。从司法部涉外律师领军人才看,重庆仅有16人,而北京有170人、上海有98人、广东有97人,差距明显。

(四)司法协同联动不强

国际司法合作难度较大。目前,我国仅与老挝、越南、新加坡、泰国四个东盟成员国缔结双边司法协助协议,仍未与马来西亚、菲律宾、印度尼西亚、文莱、柬埔寨、缅甸等沿线国家间达成司法合作协议,部分国家合作意愿较低，国际司法合作难度较大。在省际司法协作上，建立了服务西部陆海新通道建设的司法协作机制，制定了服务西部陆海新通道建设司法协作2024年行动计划，但协作机制和行动计划具体实效如何，仍有待观察。

三　创新发挥西部陆海新通道法治保障作用的完善建议

（一）完善域外法查明机制

其一，加大查明力度。建议制定规范性文件明确域外法查明启动程序的具体规则，降低查明成本，丰富查明途径，提高查明效率。在市高院指导下，加强域外法查明与适用培训工作，依托市高院内陆开放法律研究中心强化对域外法查明与适用的研究，提升法官查明和适用域外法的能力，增强域外法查明与适用的主动性。其二，丰富查明资源。加强两江新区人民法院与深圳蓝海法律查明和商事调解中心、西南政法大学中国—东盟法律研究中心、中国政法大学外国法查明研究中心、华东政法大学外国法查明研究中心、武汉大学外国法查明中心合作，将西南政法大学中国—东盟法律研究中心打造成为国际知名域外法查明平台，持续丰富西部陆海新通道沿线国家法律库、案例库和专家库，进一步填补西部陆海新通道沿线国家法律查明空白。其三，明确负担机制。对于确需查明域外法而无人愿意承担费用的案件，明确由人民法院来承担查明费用。建议市高院出台相关规范性文件，明确查明费用垫付的原则和依据，规范域外法查明收费标准，针对性地解决因查明费用影响查明进程问题。

（二）加强专业机构建设

其一，做强重庆国际商事一站式多元解纷中心。建议依托重庆国际商事一站式多元解纷中心，强化与国际商事纠纷解决机构合作，定期更新和发布特邀调解组织名录，方便当事人查阅和选择，提高解纷中心运行透明度，积极引入国际知名商事仲裁与调解机构，支持国际知名商事调解组织在渝发展。要推动打造"13+2"国际商事一站式多元解纷中心，积极争取中国国际贸易促进委员会、中国国际经济贸易仲裁委员会等机构支持，推动在现有国际商事一站式多元解纷中心基础上，畅通"13+2"省区市人民法院、仲裁机构、调解机构对接渠道。联合搭建涉外商事诉讼、仲裁与调解"一站式"纠纷解决平台，实现诉讼、仲裁、调解程序有序衔接，并为国内外当事人提供高效便捷、灵活多样、自主选择的"一站式"诉讼服务。其二，做优重庆两江新区人民法院交通运输审判庭。建议重庆两江新区人民法院尽快出台加强交通运输专业审判意见，交通运输审判庭进一步融合涉铁职能，整合现有资源，对全市或通道沿线涉及铁路、公路、航空、轨道交通以及铁公空水多式联运和重点物流枢纽园的交通运输等纠纷实行集中管辖。妥善审理仓储物流、货运代理等国内交通运输纠纷案件，推动打造内外通达、高效统一的重庆特色交通运输司法品牌，保障国际货物多式联运和现代物流新业态发展。其三，做实陆海新通道法律服务联盟。建议依托中国—东盟法律研究中心和陆海新通道运营有限公司推动陆海新通道法律服务联盟实体化，明确联盟目标，服务陆海新通道沿线各国及沿线省区市，促进沿线国家和地区法治、经济和社会深度融合发展。完善联盟机制，确立联席会议和协调会议制度，建立联盟秘书处，构建实体化工作体系。扩大联盟成员，将有条件的中小企业纳入联盟成员范围，整合重庆市与沿线国家律师、公证、司法鉴定、仲裁和调解等法律服务资源，逐步扩大法律服务市场，打造专业化、品牌化的法律服务联盟平台。

（三）加强专业人才培养

其一，强化涉外审判人才培养。建议重庆两江新区人民法院高标准搭建涉外审判团队，选任具有普通法学习背景、熟悉国际法和国际经贸规则、审判经验深厚、外语水平突出的法官专门审理涉外案件，提升案件审理专业化水平。多类型开展涉外审判培训，锚定涉外审判对域外法、外语等方面技能的要求，开展普通法培训、外语培训、审判业务交流研讨等活动，综合提升审判人员涉外审判能力。加强与西南政法大学、重庆大学、西南大学等法学院校合作,建设涉外审判人才协同培养创新基地,强化涉外审判人才储备。拓宽涉外审判人才交流渠道,以西部陆海新通道建设为契机,构建沿线省区市审判人才常态化异地挂职锻炼机制。其二,优化涉外调解、仲裁人才结构。建议市司法局出台涉外调解、仲裁人才培养方案,着力培养一批高端涉外调解、仲裁人才。在培养方式上,采取集中课堂研修、国内外实地考察、案例研究、交流展示等方式进行英语教学。在课程设置上,注重理论与实践相结合,理论课由西南政法大学国际法学院、重庆大学、西南大学等国际法学科资深教师及外籍专家授课;实务课由具有实务经验的资深调解人员、仲裁人员等授课,定期开展集中培训、跟踪测评和宣传总结。广泛吸纳具有信息安全、知识产权、财政金融、跨境投资、能源基础设施等专业背景的调解员,充分调动掌握英语、老挝语、缅甸语等的调解员积极性,选聘西部陆海新通道沿线国家知名法律人才担任特邀调解员,推动国际商事纠纷调解工作多元化发展。其三,深化涉外律师法律服务。支持中豪、段和段、静晟等律所在新加坡、马来西亚、泰国等西部陆海贸易新通道沿线国家设立分支机构,借鉴粤港澳大湾区经验,依托中新互联互通项目,在全国率先探索中新双方律所联营新模式。聚焦企业西部陆海新通道沿线投资及经贸合作法律服务需求,加快引进持有境外律师执业证的高端涉外人才,鼓励参与国际经贸规则及商贸法律的研究、宣传,开展陆上贸易规则、数据跨境双向流动合规性等相关法律问题研究和咨询服务。积极推动律师事务所深度参与西部陆海新通道法律服务,集聚服务西部陆海新通道的涉外法律人才和专业力量,深化通道领域法律交流合作,评选打造一批西部陆海新通道法律服务示范所。

(四)加强区域司法合作

立足现有合作基础,探索建立个案协查与个案协商机制,明确个案协查与个案协商基本框架、基本原则和具体举措。适时启动涉西部陆海新通道司法协助的法律解释或授权立法。深化与西部陆海新通道沿线国家调查取证、查询通报、法律互助、司法互认等方面协作,加强重庆市司法人员与西部陆海新通道沿线国家司法人员互派交流、学习培训、业务探讨、个案磋商、法

律及文献共享。立足司法服务西部陆海新通道建设，发挥区域联合优势，加大联合培训力度，由"13+2"省区市法院互派法官和法官助理同堂业务培训，促进区域间相互学习，互通有无，增进理论与实务良性互动。加大调研力度，加强省区市高级法院各条线、中级人民法院之间的交流协作，共同促进司法协议深化落实。

四　结语

数字化是未来的方向。打造整体智治、协同有力、高效运行的数字陆海新通道，以数字化撬动通道建设全方位、系统性、重塑性变革，展现通道发展新形象。西部陆海新通道虽以物流为主要特点，但其涉及的活动极其广泛，通道建设是一项极为负责的系统性工程。在政府治理方面，可以推动数字化协同监管能力与运营服务。例如，《重庆市加快建设西部陆海新通道五年行动方案（2023—2027年）》就明确指出，促进铁路与海运货物类别、安全标准、货品代码、数据标准等协同互认，通道综合物流成本下降20%，全程物流运行时间压缩30%。陆海新通道多式联运区块链平台"陆海链"是我国拥有自主知识产权的区块链平台，依托其技术创新手段可实现陆海新通道跨境贸易全过程高效、便捷、可信协同流转。同时，凭借其数据节点扩展能力的特点，"陆海链"可快速在其他省份及海外建立数据节点实现链接全球。要构建服务西部陆海新通道建设司法协作"数字版"，建立内网平台，推动建立"服务西部陆海新通道建设数字司法协作工作平台"，创办数字化刊物，定期刊发"13+2"省区市法院服务西部陆海新通道建设的工作成效和工作动态等。

参考文献

胡国盛：《"一带一路"背景下跨境物流法制发展的策略研究》，《中国商论》2021

年第 16 期。

王景敏、许茂增、隋博文：《港口—腹地供应链：西部陆海新通道建设的题中应有之义》，《供应链管理》2021 年第 2 期。

段艳平、江奔腾：《广西产业高质量发展导向的西部陆海新通道建设——基于交易费用理论视角》，《改革与战略》2020 年第 8 期。

胡超、傅远佳、郭霞：《全面开放新格局下西部陆海新通道建设："软联通"的视角》，《中国—东盟研究》2019 年第 3 期。

袁伟彦：《西部陆海新通道建设效应：内涵、方法与研究框架》，《广西师范大学学报》（哲学社会科学版）2019 年第 6 期。

章恒筑：《"一带一路"倡议推进背景下国际海事司法中心建设与海事破产法制的完善》，《法律适用》2018 年第 23 期。

任建芝：《"一带一路"背景下加强国有企业法制建设的重要性——国有企业海外投资的法律保障》，《中国律师》2017 年第 3 期。

长江经济带高质量发展篇

B.30
加快推进美丽中国先行区建设
努力交出长江经济带高质量发展高分报表

杨 洋[*]

摘 要: 推动长江经济带发展是以习近平同志为核心的党中央作出的重大决策,是关系国家发展全局的重大战略。重庆是长江上游生态屏障的最后一道关口和"共抓大保护、不搞大开发"的首倡地,生态优势突出、生态地位重要,肩负"在推进长江经济带绿色发展中发挥示范作用"的重要使命,近年来一体谋划实施环境污染治理、生态保护修复、创新引领发展、绿色低碳转型、战略贯通联动、城乡融合发展、文化保护传承、安全保障提升等系列重点工作,推动全市长江经济带高质量发展水平跃升新层次。从长远来看,以高品质生态环境支撑高质量发展仍具有长期性、复杂性、艰巨性等特征,当前应在点上发力、精准施策基础上,一张蓝图干到底、一茬接着一茬干,进一步迭代升级目标体系、工作体系、政策体系、评价体系,加快推进

---

[*] 杨洋,博士,重庆市发展和改革委员会区域协调发展处干部,从事长江经济带高质量发展、西部大开发、区域协调发展等研究工作。

加快推进美丽中国先行区建设　努力交出长江经济带高质量发展高分报表

美丽中国先行区建设，努力交出长江经济带高质量发展高分报表。

关键词： 长江经济带高质量发展　美丽重庆建设　生态保护　绿色低碳发展

全市上下深学笃行习近平生态文明思想，坚持"共抓大保护、不搞大开发""生态优先、绿色发展"，谋划"绿水青山就是金山银山"行动路径，抢抓成渝地区双城经济圈、西部陆海新通道、长江经济带高质量发展、国家战略腹地建设等国家战略交汇叠加的机遇，协同推进高质量发展、高水平保护、高品质生活、高效能治理，一体推动长江经济带高质量发展和美丽重庆建设，努力打造生态优先绿色发展先行样板、国内国际双循环战略枢纽、长江中上游重要产业备份基地，在长江经济带绿色发展中的示范作用持续彰显，人与自然和谐共生现代化市域范例逐步呈现。2023年，全市GDP迈上3万亿元新台阶、达到30145.79亿元，成为特大城市中第4个GDP超3万亿元的城市。GDP同比增速达到6.1%，高出长江经济带平均增速0.6个百分点，位居沿江11省区市第1位。长江干流重庆段水质连续7年稳定保持Ⅱ类，74个国控断面水质优良比例达到100%、位列全国第1。

一　推动长江经济带高质量发展的主要做法及成效

（一）环境污染防治攻坚成效显著

纵深推进美丽幸福河湖建设。深化落实"河湖长制"，建立完善三级"双总河长"制度和四级河长体系，分级分段设立河长1.83万名，实现"一河一长""一库一长"全覆盖，连续4年入选水利部全面推行河长制湖长制典型案例，河湖治理保护经验数量居全国第一。扎实推进"污水零直排区"建设、主城排水系统溢流控制及能力提升专项行动，长江、嘉陵江、乌江干流入河排污口整治完成率达93%，中心城区基本实现"旱季不溢流、

雨季有缓解"阶段性目标。持续巩固城市黑臭水体、"三磷"专项整治成效，在全国率先研究制定河流生态流量监督管理办法。发布首批58条市级幸福河湖建设名单，开州汉丰湖成功入选全国美丽河湖优秀案例，永川临江河成功建成首批全国幸福河湖，长寿桃花溪全国幸福河湖基本建成，渝北御临河、彭水郁江、巫山大宁河、酉阳酉水河、铜梁淮远河等14条（座）河流水库打造成为市级幸福河湖样板。2023年长江干流重庆段水质连续7年保持Ⅱ类，74个国控断面水质优良比例达到100%，列全国第一，创"十四五"以来最佳水平。

着力加强大气环境保护治理。实施夏秋季臭氧污染防治、冬春季细颗粒物污染防治"治气"攻坚等行动，加强氮氧化物、挥发性有机物等多污染物协同控制，全市空气质量持续向好。全面推广执行"治气攻坚"8项惠企政策，鼓励企业开展深度治理，完成挥发性有机物（VOCs）企业治理、重点企业深度治理、锅炉清洁能源改造或低氮燃烧改造130余家，以重点行业绩效分级分类管控为抓手，评定A级企业1家、B级企业29家。健全"3+5+7"督导帮扶工作机制，累计指导企业2900余家次、帮扶解决问题8000余个、移交典型问题2100余个、曝光污染源177个。推动公共领域用车纯电动化，新增新能源车18.2万辆，淘汰治理老旧车辆11.2万余辆。强化污染天气应急应对，发布市级空气质量污染应对预警14次和主城都市区重污染天气区域黄色预警1次。2023年空气质量优良天数连续4年保持325天以上，臭氧超标8天、为近10年最佳水平，连续6年无重污染天气。

全力筑就净土家园。实施土壤污染源头防控行动，在全国率先推行建设用地土壤污染程度分级和用途分类管理、率先推进农用地土壤重金属污染排查整治全覆盖，全市土壤环境质量总体保持稳定。建立完善土壤环境质量监测体系，高标准实施耕地分类管理，探索制定严格管控区适宜种植农作物的"黑白名单"，受污染耕地安全利用率连续4年稳定在95%以上。推进建设用地土壤污染防治"放管服"管理，2023年完成497块建设用地地块土壤污染状况调查，修复污染土壤65万立方米，重点建设用地安全利用率连续3年保持100%。积极探索"环境修复（风险管控）+开发建设"，渝北区泰山电缆有限公司原址场地"环境修复+风险管控+开发建设"模式试点项目成功入选美丽重庆建设典型案例。深化地下水污染防治，划定12个区县地下水污染防治重点区，建立地下水污染防治重点排污单位名录，纳入考核的22个地下水环境质量国控考核区域点位优于国家考核目标。

提质建设全域"无废城市"。统筹推进垃圾分类治理工作，新建成生活垃圾处理项目4个，新增处理能力1450吨/日，城市生活垃圾回收利用率达到40.2%，全市城市生活垃圾分类体系实现全覆盖，垃圾分类工作连续5年位居西部城市前列。实施建筑垃圾专项整治行动，累计查处渣车违规违法案件659件，持续推进建筑垃圾资源化利用设施建设。建立完善危险废物收运体系，建成投用危险废物综合收集试点设施31个，深化拓展危险废物跨省转移"白名单"制度，覆盖范围从川渝两省市增加到滇黔川渝湘豫等6省市。强化医疗废物处置，实现市域医疗废物处置设施全覆盖，医疗废物及时有效收集率和处理处置率达到100%。开展"白色污染"减量行动，建立健全塑料制品长效管理机制，一次性塑料制品使用量减少50%，农膜回收率达到94.1%。积极打造"无废单元"，累计建成24类1500个"无废城市细胞"，5项经验做法入选全国典型模式。

（二）生态系统保护修复全面强化

有效管护重要生态空间。优化国土空间布局，着力构建"三带四屏多廊多点"生态空间格局，更加彰显"山水之城、美丽之地"的社会主义现代化国际大都市独特魅力，《重庆市国土空间总体规划（2021—2035年）》获国务院批复。优化调整生态保护红线，划定生态保护红线1.92万平方公里、占全市总面积的23.3%，推进生态保护红线勘界定标，严格落实生态保护红线监管制度。分类有序整合优化现有自然保护地，设有各类自然保护地172个，其中自然保护区58个，常态化持续开展"绿盾"自然保护地强化监督行动，累计整治自然保护地环境问题2118个、问题整改完成率达到99%，缙云山生态环境综合整治取得成效，典型物种实现恢复性增长，争创多个自然保护地"金字招牌"。定期开展全市生态质量监测评估，2023年全

市生态质量指数达到66.85，稳定处于二类，高于全国平均水平。

持续提升生态系统质量和稳定性。深入落实林长制，持续开展国土绿化提升行动，2023年新建"两岸青山·千里林带"50.5万亩、累计达到132.5万亩，森林覆盖率提升至55.06%、跻身全国前十。出台《重庆市湿地保护条例》，实施"小微湿地+"建设行动计划，梁平区成功创建"国际湿地城市"，是我国西南地区目前唯一获此殊荣的城市，黔江区阿蓬江、巫山县大昌湖成功入选国家重要湿地名录。加强水土流失、石漠化、历史遗留和关闭矿山等治理恢复，2023年治理水土流失2133平方公里、治理石漠化266.7平方公里、修复矿山740公顷，水土保持率提高至71.02%。推进生态文明示范建设，累计创建国家生态文明建设示范区6个、"绿水青山就是金山银山"实践创新基地6个，完成国家山水林田湖草生态保护修复工程试点，铜锣山等生态修复项目入选国家首批"山水工程"优秀典型案例和"联合国生态恢复十年"行动计划优秀案例。

大力加强生物多样性保护。持续开展生物多样性观测网络建设，完成14个区县生物多样性调查评估，授牌巫溪阴条岭、黔江武陵山、南川金佛山、渝北华蓥山4个生物多样性综合观测站，布设36个固定观测点，逐步构建"观测站+观测点"相结合的观测网络，基本覆盖全市典型生态系统，发现云阳掌突蟾、金佛山尖尾天牛、巫山黄芩等多个全球新物种。强化濒危物种拯救保护，升级建成崖柏科研繁育基地，累计野外回归崖柏3200亩、52万株，启动雪宝山山白冠长尾雉野化放归试验，专项调查显示黑叶猴增至263只，林麝分布区县增至19个，中华秋沙鸭连续多年在江津綦河流域稳定越冬种群，珍稀濒危物种数量稳中有升。全面落实长江十年禁渔重要决策，加强鱼类人工保种繁育和重要栖息地修复，建成保护鱼类收容救护中心4个，长江干流监测鱼类达到93种、较禁捕前增加47种，长江鲟从禁捕前监测到的7尾增加到249尾，胭脂鱼从1尾增加到105尾，岩原鲤从3尾增加到353尾，珍稀特有鱼类出现频率增加，水生生物完整性指数提升2个等级。

着力打造长江最美岸线。全面加强长江岸线保护利用，严格河道水域岸线空间管控，定期开展全市河道"四乱"问题常态化排查整治。稳步推进"两江四岸"109公里岸线治理提升，累计启动治理提升项目23个，14个公共滨水空间建成开放，11个滨江贯通工程、延伸工程有序推进。累计治理提升滨江岸线57公里，向市民开放滨水公共空间14个，建成"清水绿岸"河段约400公里，绿化缓冲带的绿化覆盖率达97.3%。持续推进沿江化工企业搬迁和产业转型升级，强力推进尾矿库污染治理，在"锰三角"地区率先实现锰行业落后产能淘汰退出，全市30个锰渣场完成整治24个、剩余6个正加快推进，56个锰矿山中有53个完成生态修复。

（三）创新引领发展优势加快塑造

聚力打造标志性高能级科创平台。高规格高水平举办首届"一带一路"科技交流大会，获批全国首个"一带一路"科技创新合作区，深入实施科技创新和人才强市首位战略，着力构建"416"科技创新布局。加快建设具有重庆特色的实验室体系，编制四大重庆实验室建设方案，加快推进成渝综合性科学中心（金凤）建设，"一室一策"完成10个全国重点实验室重组。提速建设科创核心承载区，西部（重庆）科学城加快建设金凤实验室，建成国家级孵化平台13个，累计引育市级以上创新平台330个；两江协同创新区加快筹建明月湖实验室，开工建设"中国复眼"二期，累计引进新型研发机构50家。国家生猪技术创新中心建成国内首个地方猪遗传资源活体库及冷冻保存库，国家硅基混合集成创新中心、国家生猪技术创新中心建设成果逐渐显现，国家健康战略资源中心、北京大学重庆碳基集成电路研究院正式揭牌。加快突破关键核心技术，实施人工智能等5个重大专项和新材料等8个重点专项，布局解决关键技术问题311项、"卡脖子"技术问题60项，全社会研发经费支出占GDP比重预计提升至2.45%。

加快建设国家重要先进制造业中心。出台《深入推进新时代新征程新重庆制造业高质量发展行动方案（2023—2027年）》，持续壮大"33618"现代制造业集群，2023年规上工业增加值增长6.6%。加快建设智能网联新能源汽车产业集群，长安渝北新工厂、赛力斯超级工厂等重大整车项目建成投产，问界、深蓝、阿维塔等新品牌及新车型快速投放，智能网联新能源汽车零部件三大系统、十二大总成、56个部件已实现全覆盖和集群式发展。2023年汽车产量232万辆、排名全国第2，其中新能源汽车产量突破50万辆，对全市汽车整车产值增长贡献率达90%。打造新一代电子信息制造业产业集群，2023年笔记本电脑产量7063.1万台，连续10年蝉联全球第一，占比进一步提高至43.5%。智能手机产量占全国6.7%、升至第4位。功率半导体年产量超200万片、跻身全国前三。建设先进材料产业集群，己二酸、氨纶产能分别位居全球第1、第2，航空风挡玻璃、微晶纳米电子玻璃填补国内空白、技术全球领先。深入推动战略性新兴产业融合集群发展，2023年规模以上战略性新兴产业、高技术制造业增加值占规上工业增加值比重分别达到32.2%和18.3%。大力推进质量强市建设，印发实施《质量强市建设实施方案》，重庆质量总体水平等指标持续保持西部第1。

提速构筑数字经济发展新高地。以数字重庆引领撬动全面深化改革，成功举办2023年智博会，集中签约重点项目84个、合同投资金额2138.6亿元。加快推进数字产业化，纵深推进软件和信息服务业"满天星"行动计划，启动"启明星""北斗星"企业培育计划，补链成群推动"芯屏端核网"数字经济核心产业集群发展。软件和信息服务业从业人员超过34万人、主营业务收入增长近20%。深入推进产业数字化，制定实施制造业数字化转型八大行动。2023年新建智能工厂17家、数字化车间224个，新培育国家级工业互联网"双跨"平台1个、累计3个，新部署"一链一网一平台"试点4个、累计7个。强化数字基础设施建设，建成投用重庆人工智能创新中心等项目，全市算力规模超过1000P。率先组建西部数据交易中心，着力培育规范的数据交易市场运营体系，2023年底数据交易金额突破5亿元。工业互联网标识解析国家顶级节点（重庆）累计标识注册量超过287亿，接入企业超过2万家。

（四）绿色低碳发展动能更加强劲

加快构建绿色低碳制造体系。积极稳妥推进碳达峰、碳中和，全市

"1+2+6+N""双碳"政策体系基本成型。2023年全市单位GDP能耗为0.32吨标准煤/万元，同比下降3%，"十四五"前三年累计下降8.9%，以年均2.4%的能源消费增速支撑了年均5.7%的经济增长，绿色经济动能强劲。积极构建绿色制造服务体系，建设以绿色工厂、绿色园区为主要内容的绿色制造示范单位，率先推行绿色制造全覆盖。2023年新创建国家绿色工厂54家、累计达到133家，新创建国家绿色园区4个、累计达到12个，新创建绿色供应链管理企业10家、累计达到17家。建成绿色设计产品58种，规模以上工业单位增加值能耗降至0.756吨标准煤/万元、低于全国10%左右。绿色园区产值占全市工业总产值的比重从2020年的22.5%提升至2023年的73.1%。率先打造一批市级绿色制造第三方服务机构，开发提供咨询、融资、托管等"一站式"绿色制造综合服务。加快推进园区循环化改造试点示范，潼南、涪陵高新区、九龙坡西彭园区入选全国首批减污降碳协同创新试点城市和园区。

持续发展绿色生态优势产业。着力培育农业优势特色产业，实施千亿级生态特色产业培育行动，打造火锅食材、生态畜牧、粮油等具有全国影响力、重庆辨识度的"3+6+X"农业产业集群，2023年综合产值增长5.2%。新增3个国家农业绿色发展先行区，累计达到8个。大力发展现代服务业，加快推进服务业扩大开放试点任务，24项改革举措入选国家最佳实践案例，成功创建中国第5、西部第1个全球"设计之都"。强化生态产品推介交易，依托东西部协作、鲁渝协作等契机，参加全国农商互联大会、鲁渝产销对接大会、"川渝好物进双城"等展示展销活动，联合电商平台开展资源对接、促销、渝货网上行等活动，促进生态产品供需精准对接。

稳步拓宽生态产品价值实现路径。强化试点带动作用，发布《重庆市生态产品价值实现机制试点实施办法》，择优选取北碚区、合川区、梁平区、武隆区、酉阳县为首批试点区县，因地分类明确2个政府治理和3个市场经营方向开展实践探索，逐步构建起试点地区"各展优势、共建机制、带动全域"的生态产品价值实现工作格局。加快建立核算体系，制定印发《重庆市生态系统生产总值（GEP）核算技术指南（试行）》《重庆市林业

生态产品总值核算导则（试行）》，初步构建起 GEP 核算技术规范体系。创新资源交易模式，首创森林横向生态补偿机制和生态地票制度，累计成交森林面积指标 39.62 万亩、交易金额 9.9 亿元，累计交易生态地票 7135 亩、交易金额 13.8 亿元，两项改革探索均纳入自然资源部第一批生态产品价值实现典型案例。率先建成上线全国首个集"碳履约、碳中和、碳普惠"功能于一体的"碳惠通"生态产品价值实现平台，累计登记 149 家企业，进行"碳惠通"核证自愿减排量（CQCER）登记约 200 万吨，累计交易量约 460 万吨，交易金额超过 1.2 亿元。

加快形成绿色低碳生活方式。持续增强绿色低碳示范能力，国家低碳城市试点评估居中西部首位。实施节能、节水、节地、节材、节矿"五项工程"，累计创建节约型机关 3009 家、绿色商场 44 家、绿色饭店 45 家，南山植物园等获批国家生态环境科普基地。建立居民分时电价机制，引导全社会节约用电、错峰用电，低谷时段电价比平段电价降低 0.18 元/千瓦时，累计为工商企业节约用电成本 9.1 亿元。城镇新建建筑全面执行绿色建筑标准，竣工阶段城镇新建绿色建筑占新建建筑的比例达到 93.22%，"十四五"以来，累计实施可再生能源建筑应用面积近 1800 万平方米。成功创建绿色社区 1605 个，中心城区公交和巡游出租车纯电动化占比达到 33%，绿色环保成为社会新风尚。

（五）重大战略叠加效应稳步释放

推动成渝地区双城经济圈建设走深走实。联合印发成渝共建"一带一路"科技创新合作区、双城经济圈市场一体化、电子信息先进制造集群培育提升等方案，双城经济圈规划政策体系基本形成。共建优势产业链、共建跨省公平竞争审查协作机制、统一运营中欧班列（成渝）品牌等 18 条跨区域协作经验做法在全国推广。有序推进 300 个共建成渝地区双城经济圈重大项目、100 个合作事项。重大平台实现突破，西部科学城成渝综合性科学中心启动建设，35 个双城经济圈产业合作示范园区加快建设，全国一体化算力网络（成渝）国家枢纽节点建设扎实推进。重大改革蹄疾步稳，出台经济区与行政区适度分离改革推进方案，发布首批川渝"一件事一次办"和"免证办"事项清单，311个"川渝通办"事项全面落地。着力提升生态环境共保联治能级，120余项合作协议有效落实，"六江"生态廊道建设规划印发，共建危险废物跨省转移"白名单"等3项经验做法向全国推广，积极推动毗邻地区共建明月山绿色发展示范带，在西部地区生态保护中持续发挥示范作用。

加快建设西部陆海新通道。持续发挥西部陆海新通道、中欧班列（成渝）、长江黄金水道、空中航空网络等对外通道叠加交汇效应，成为全国首个"五型"国家物流枢纽城市，铁公水空"四位一体"、内畅外联的现代交通体系全面呈现。西部陆海新通道覆盖全球120个国家和地区的490个港口，2023年，重庆经西部陆海新通道运输17.8万标箱，班列开行数量、货值均为沿线首位。中欧班列（成渝）累计开行总量占全国比重为23%。成渝中线、渝西、渝湘、渝昆等6条高铁加快建设，省际对外通道达到30个。长江上游航运中心加快建设，长江黄金水道活力逐步释放，三级及以上高等级航道里程突破1100公里，港口货物吞吐量达到2.2亿吨，水运货运量达到2.1亿吨。重庆江北机场枢纽功能持续增强，累计开通国际航线111条，国际货邮吞吐量达到21.6万吨，领跑长江中上游主要枢纽机场。

着力构筑高水平对外开放高地。构建形成1个国家级新区、2个国家级开放战略平台、7个国家级开发区以及多个功能平台、会展平台的"1+2+7+N"国家开放平台体系。开放平台能级居中西部前列，开放型经济中西部领先，2023年外贸进出口总额达7137.4亿元、居西部第2。中国（重庆）自由贸易试验区总体方案151项改革任务全面落地，自贸试验区在全国率先实施铁路运输单证金融服务试点。中新互联互通示范项目投资母基金签约首期50亿元，总规模达200亿元，着力推进枢纽港产业园、生命科技城2个实体化项目。成渝RCEP跨境贸易中心正式成立，成功举办2023"一带一路"陆海联动发展论坛等重要国际会议，揭牌成立西部国际传播中心。

（六）城乡整体大美风貌不断改善

持续增强城乡协调发展能力。大城市带动大农村大山区大库区格局基本形成，主城都市区极核引领功能加快提升，涪陵、永川、璧山、长寿常住人口城镇化率超过70%，"一县一策"支持山区库区高质量发展"1+18+N"政策体系迭代完善，区县对口协作持续深化。县域富民产业持续壮大，2023年全市食品及农产品加工业总产值达2581亿元，培育发展"强村公司"4300余家、市级以上农业龙头企业1106家。农业转移人口市民化质量稳步提升，2021年以来，全市农业转移人口进城落户60余万人。城乡公共资源配置更加均衡，全市农村公路密度达到203公里/百公里^2，位居西部第1、全国前列，全面实现"县县通高速"，农村自来水普及率为90.5%，农村电网供电可靠率为99.83%。城乡民生福祉加快提升，城乡居民收入比缩小至2.28∶1，比全国平均水平低0.11，脱贫人口人均纯收入同比增长14.1%。

稳步提升城市生态品质。积极探索超大城市现代化治理新路子，建立1个市级治理中心、41个区县治理中心和1031个镇街治理中心并实体化运行，在全国率先实现省域基层治理体系整体重构。稳步推进城市更新提升行动，实施226个城市更新试点示范项目，7项经验做法获国家推广、居全国首位，入选国家2024年城市更新试点。大力推进山城、绿城、花城建设，建成口袋公园117个、山城步道107公里，完成"坡坎崖"绿化美化项目220万平方米，2023年新增城市绿地面积2077公顷，海绵城市建设达标面积732.8平方公里、占城市建成区的40%，沙磁步道等6个项目获中国人居环境奖。突出治理"城市病"，完成餐饮油烟深度治理685家、抽测抽查5700余家，新建城市道路声屏障3200米，累计建成市级安静居住小区580个，全市功能区声环境质量昼夜点次达标率为97.8%。

有力推进巴渝和美乡村建设。深入学习"千万工程"经验，全力推进农村厕所、垃圾、污水"三大革命"，2023年农村卫生厕所普及率达到85.9%，农村生活垃圾收运处置体系实现行政村全覆盖、分类体系覆盖4797个行政村，农村生活污水治理率提升至61.8%、排名全国第6位。强化秸秆等农业废弃物的综合利用,持续推进化肥农药减量增效,全市化肥农药使用量持续下降。持续开展畜禽粪污资源化利用跟踪监测,完成10770万吨水产养殖尾水治理,全市畜禽粪污综合利用率稳定在80%以上。2023年,全市畜禽粪污综合利用率达到81.7%,规模化水产养殖尾水综合治理达标率达到33.2%。加快实施农村黑臭水体清零行动,治理完成农村黑臭水体387个,消除黑臭面积82.3万平方米,受益群众35万余人。有序推进村庄清洁、"五清理一活动"、农村人居环境整治成片推进等重要行动,在全国率先出台和美乡村示范创建标准,2023年成功创建107个和美乡村,完成671个行政村社农村环境整治,农村人居环境持续改善。

(七)市域长江文化特色不断彰显

丰富完善长江文化内涵和时代价值。全面构建重庆长江文化体系,以巴渝文化、三峡文化、抗战文化、革命文化、统战文化和移民文化为重点,提炼文化主题28个,遴选文化标识69个。系统推进考古发掘,围绕长江流域人类起源等重点方向,实施考古发掘项目603项,出土文物18万件,展现了长江上游地区迄今最为完整、时间延续最长的史前文化序列。高质量推进考古中国巴蜀文明进程研究,围绕长江文化先后出版文物考古类图书160余部,开展课题研究近300项,发表各类文章2500余篇,大幅延伸了重庆历史轴线。丰富长江文化时代价值,推出音诗画《长江组曲》、歌剧《一江清水向东流》、实景演艺《归来三峡》等一批长江主题文艺精品。打造长江文化高端学术平台,高水平办好长江文明论坛,建设长江文明书馆,联动沿江省市共同讲好"长江故事"。加强长江文化传承弘扬,开发建设"文化·长江文明传承"应用,举办中国长江三峡国际旅游节、世界大河歌会、白帝城诗歌节等系列品牌节会,全面提升重庆长江文化知名度、美誉度和影响力。

持续提升长江文化遗产保护利用水平。加快建设长江国家文化公园(重庆段),实施文物保护项目629个,白鹤梁题刻原址水下保护工程、石宝寨保护工程、张桓侯庙搬迁保护工程成为全国文物保护工程典范。实施三峡文物保护利用工程，推动出台《三峡文物保护利用专项规划》，登录三峡库区不可移动文物15155处、可移动文物509082件/套，完成三峡出土文物修复2000余件，建成开放国内规模最大的三峡文物科技保护基地。推进古建筑遗址保护修缮，实施朝天门、太平门、人和门等古城墙考古发掘，推进老鼓楼衙署遗址公园建设，完成奉节白帝城等30个三峡库区古建筑修缮。打造长江文化保护传承窗口，建成三峡文物修复中心等一批重要文化设施，开放长江三峡首个考古遗址公园，基本建成全国一流的三峡文物博物馆公共服务体系，成功上线云上博物馆13家。首创"文化遗产宣传月"活动，建成重庆考古"三馆一院"考古研学项目，推动文物保护成果与教育、科技、旅游多元融合。强化工业遗产保护利用，打造重庆抗战兵器工业遗址公园等一批新型工业旅游目的地，816工程旅游景区、重庆工业文化博览园入选国家工业旅游示范基地，鹅岭贰厂文创街区获评国家级旅游休闲街区。

推进长江文化旅游发展深度融合。打造文旅融合发展市域范例，一体推进新时代文化强市和世界知名旅游目的地建设，2023年文化产业增加值、旅游业增加值均突破1200亿元，同比分别增长7.5%、13.5%。提质建设巴蜀文化旅游走廊，联动四川推广十大主题旅游线路，开行主题列车150余趟，实施"百万职工游巴蜀"活动，累计带动出游130万人次，着力打造具有重庆特色、巴渝韵味的"长江+"文旅产品体系。丰富旅游产品供给，初步培育形成以A级旅游景区、长江游轮、都市景观等为引领的现代旅游产品体系，全市A级景区达到299家，精品景区占比位列全国第1，现有长江游轮32艘、长江主题国家级旅游线路9条。繁荣发展文化事业和文化产业，建成新型公共文化空间318个，每万人拥有公共文化设施面积增至760平方米，《重庆·1949》成功入选全国20个"沉浸式文旅新业态示范案例"。

（八）安全发展保障能力扎实提升

全面守牢粮食安全底线。累计建成高标准农田超1700万亩，粮食产量连续9年稳定在1050万吨以上。农业机械化水平明显提升，2023年农作物耕种收综合机械化率达 56.7%，稳居西南地区前列。粮油仓储能力不断提高，中储粮、中粮集团在渝 160 万吨仓容、80 万吨粮食智能化加工基地项目加快建设，涪陵入选国家粮食物流核心枢纽承载城市。粮油应急保障能力持续提升，确定国家级粮食应急保障企业 2 家，市级粮食应急保障企业 36 家，引进中粮集团、金沙河 180 万吨粮食加工项目。健全粮食市场监测预警体系，全市共建立国家级、市级价格监测点 81 个，定期报送价格监测数据。

稳步增强绿色多元能源供给能力。积极推进能源绿色低碳转型，市内水、风、光伏、生物质等资源潜力不断显现。2023 年新增清洁能源装机 244.4 万千瓦，累计达到 1257 万千瓦，占全市发电总装机的 39.6%。积极推动"绿电"入渝，川渝 1000 千伏特高压交流工程加快建设，哈密—重庆特高压直流输电通道开工建设。建成陕煤入渝江津珞璜、涪陵等多个煤炭常态储备基地。建成投产川气东送一线、永川—江津互联互通等天然气管道，川渝环线达到 5 条，长度达到 1652 公里，建成全国日采气量最大的地下储气库——相国寺储气库，单期调峰能力超 23 亿立方米。建成川渝成品油管道和兰渝成品油管道，里程达 486 公里，年供应量达 883 万吨。

持续巩固生态环境安全屏障。着力解决生态环境突出问题，前两轮中央生态环保督察反馈的 214 个问题全部整改完成，六轮次长江经济带生态环境警示片披露的 55 个问题已整改完成 46 个，其余 9 个有序推进整改。强化生物安全管理，完成林草生态系统外来入侵物种普查和草原有害生物普查，基本摸清外来入侵物种分布。分级分类开展三峡库区危岩地灾治理，431 处库区危岩全面落实综合治理措施。加强自然灾害监测预警，建成"空天地""三位一体"的综合气象观测系统，长江、乌江、大宁河水域实现气象实时监测预警。强化"隐患排查、预案管理、实战演练、应对处突、事后复盘、损害赔偿"闭环管控，375 条重点河流实现"一河一策一图"全覆盖。进一步优化辐射安全审批，统筹抓好核与辐射安全监管。全市连续 17 年未发生重特大突发环境事件，连续 20 年未发生重特大辐射事故。

二 存在的困难和问题

（一）生态环境坚韧性稳定性有待提升

生态环境治理点多面广、特点新旧交织，生态环境质量改善效果有待进一步提高。空气质量仍未摆脱"气象影响型"，挥发性有机物还需持续加大治理力度，空气质量改善不均衡、渝西地区空气质量排名整体靠后。长江干流水质保持在Ⅱ类且总体稳定，但部分支流水质仍有波动，城镇生活污水处理设施改造升级任务艰巨，农村黑臭水体点多面广。噪声、废气、餐饮油烟污染等城市环境问题易发，部分区县存在建筑垃圾底数不清、监管机制不健全、处置不及时等问题，源头减量效果亟须提升。岸线、湿地保护和治理还需加强，水土流失、石漠化、三峡库区地质灾害等生态环境脆弱问题根治还缺乏有效技术支撑，沿江环境风险防范化解任务较重。

（二）绿色低碳高质量发展动能有待增强

产业结构"偏重"、运输结构"偏公"、能源结构"偏煤"等问题仍较突出。从产业结构看，火电、钢铁、化工、建材、有色五大行业大气污染物（主要是颗粒物、氮氧化物）排放量占全市工业排放的主导。从运输结构看，长江黄金水道功能效益还有待充分发挥，以公路货运为主的运输结构仍需要进一步改善，优化长途货运结构、治理重型货车污染任务较重。从能源结构看，重庆市能源特别是电力需求保持刚性增长，但市域可再生能源资源相对匮乏，能源对外依存度较高，中长期保障的基础仍需夯实，有待通过"内增外引"进一步拓展能源渠道。

（三）生态优先绿色发展保障机制有待完善

生态环境治理多跨协同机制有待健全，公众参与、舆论监督、科技监管等手段仍需加强集成。生态环保市场化投入机制还不够完善，目前生态环保项目资金仍然主要来源于财政，央企、金融机构、社会资本参与投资融资还不够多。生态产品价值实现机制探索仍需深化，市场机制不够成熟，排污权、碳排放权、用水权等生态权市场发育还不充分，支持生态产品价值实现的绿色金融产品偏少。科技支撑能力亟待增强，长江上游航道整治与开发、消落带治理、尾矿库资源化利用等关键核心技术攻关能力有待进一步提升。

三 对策建议

以习近平总书记视察重庆重要讲话重要指示精神为总纲领总遵循，认真落实市委六届历次全会部署，立足长江经济带高质量发展的新使命新要求，锚定长江经济带发展战略实施十周年的关键节点，统筹实施筑牢长江上游重要生态屏障等系列行动，加强政策集成和跟踪问效，系统构建长江经济带高质量发展"四梁八柱"，形成更多标志性示范成果，全面提升重庆在长江经济带中的辐射带动力。

一是进一步强化污染治理和生态保护。接续实施《美丽重庆建设行动计划》，提速推进"九治"工程整体跃升，统筹实施城镇污水垃圾、化工、农业面源、船舶、尾矿库等重点领域污染治理工程，扎实推进农村黑臭水体治理。强化生态环境系统保护修复，提质建设"两岸青山·千里林带"，打造长江最美岸线，加强生物多样性保护，持续巩固"十年禁渔"成果。着力消除环境安全隐患，写好锰污染治理"后半篇文章"，全面完成三峡库区431处重点危岩分类治理。

二是进一步推动科技创新和产业创新深度融合。因地制宜培育发展新质生产力，着力提升"33618"现代制造业集群能级，大力发展战略性新兴产业和未来产业。加快构建"416"科技创新布局，培育建设一批主攻绿色低碳科技的高能级重点实验室和技术创新中心。加快建设数字经济发展新高地，做强做优数字经济核心产业，构建"产业大脑+未来工厂"新生态。

三是进一步提升绿色低碳发展水平。打造绿色低碳产业先行示范区，健全绿色制造体系，积极发展现代特色高效生态农业和生态服务业。推进实施重点领域碳达峰行动计划，开展一批近零碳园区、绿色园区、绿色工厂试点。深入开展市级生态产品价值实现机制试点，拓展"碳惠通"交易平台功能，深化市内流域横向生态保护补偿机制，加快建设绿色金融改革创新试验区。

四是进一步服务和融入重大战略。强化"战略联结"，推动长江经济带发展与新时代西部大开发、国家战略腹地建设等有机衔接，把成渝地区双城经济圈打造成为长江经济带区域协调发展的标志性成果。强化"通道联结"，提升长江黄金水道功能，紧密衔接西部陆海新通道、中欧班列等出海出境大通道。强化"产业联结"，深化与长三角等区域产业创新合作，积极谋划推动重大生产力布局，打造长江中上游产业备份基地。

五是进一步塑造长江文化巴渝标识度。加强长江文化保护传承弘扬，高水平举办长江文明论坛。实施长江文物和文化遗产资源保护工程，建好长江国家文化公园（重庆段），推进长江三峡国家考古遗址公园建设。培育"长江+"文旅融合产品体系，升级打造世界内河游轮集群等旅游精品。共同讲好"长江故事"，加强与长江沿线地区交流互动。

六是进一步守牢安全发展底线。坚决扛起粮食安全责任，实施"千年良田""稳粮扩油"工程，打造长江沿岸绿色生态高标准农田示范带。提升能源保障能力，大力推动"疆电入渝""北煤入渝"，打造国家重要能源储备基地。助力建设安澜长江，加快构建水土流失综合防治体系，扎实做好江河堤防等工程除险固安工作。

七是进一步健全体制机制保障。建立健全"大综合一体化"城市综合治理体制机制，深化国家县城新型城镇化建设示范。推动完善长江上游省际协商合作机制，强化环境污染联防联控联治，提升交通一体化水平，共建长江国际黄金旅游带。创新探索投融资模式，统筹利用国债资金、中央预算内投资、绿色金融信贷等，积极引导社会资本参与。用好用活"生态报表""生态环保督察问题清单"，形成全流程、闭环式、智能化的问题发现处置体系。

B.31 重庆市深入打好污染防治攻坚战形势分析与展望

重庆市生态环境科学研究院课题组*

摘　要： 良好生态环境是最普惠的民生福祉，是美丽中国建设的基础。2023年以来，重庆聚焦建设美丽中国先行区，将生态环保工作纳入党建统领"885"工作体系，贯穿经济社会发展各方面全过程，迭代升级生态环境保护工作体系，生态环境保护工作形成新格局、取得新成效。但同时面临着结构性污染矛盾突出、环境质量持续改善基础还不牢固、治理体系和治理能力现代化水平仍待提升等问题，建议紧盯长江经济带战略实施10周年关键节点，以环境质量改善提升为核心，以中央生态环境保护督察整改为契机，一体推进"九治"攻坚，推动全社会绿色低碳发展转型，进一步深化生态文明体制机制创新，加快打造"西部领先、全国进位和重庆辨识度"的美丽中国先行区，奋力在推进长江经济带绿色发展中发挥示范作用。

关键词： 污染防治攻坚战　美丽重庆　长江上游重要生态屏障

重庆是长江上游生态屏障的最后一道关口。作为长江上游最大的临江城市，重庆有责任有义务强化"上游意识"，扛起"上游责任"，展现"上游担当"，做先行者、当排头兵。2024年4月，习近平总书记时隔五年再次视察重庆，要求大力推进绿色发展，建设美丽重庆，筑牢长江上游重

---

* 课题组成员：邓伟、丁佳佳、罗旭、杨振峰、杨春、袁秋平、周渝。主要执笔人：邓伟，正高级工程师，主要研究方向为环境政策与规划；丁佳佳，高级工程师，主要研究方向为环境政策与规划。

要生态屏障。市委六届五次全会把打造美丽中国建设先行区作为6个全局性、标志性、引领性目标之一，连续两年召开美丽重庆建设大会，市委、市政府联合印发《美丽重庆建设行动计划》，锚定2027年美丽重庆建设取得显著成效、2035年高水平美丽重庆基本建成、本世纪中叶高水平美丽重庆全面建成目标，细化量化主要指标56项，明确"四个重大"清单52项、重点措施35项。市委六届六次全会对进一步全面深化改革作出系统部署，要求聚力打造筑牢长江上游重要生态屏障标志性成果，构建美丽中国建设先行区。

一 2024年深入打好污染防治攻坚战进展成效

2024年，全市坚持以习近平新时代中国特色社会主义思想特别是习近平生态文明思想为指导，认真贯彻习近平总书记视察重庆重要讲话重要指示精神，深入落实市委六届五次、六次和长江经济带高质量发展暨美丽重庆建设大会重要精神，坚决扛起在推进长江经济带绿色发展中发挥示范作用的重大使命，持续深入打好污染防治攻坚战，一体推进治水、治气、治土、治废、治塑、治山、治岸、治城、治乡（以下简称"九治"），生态环境质量持续改善，全力推动美丽重庆建设取得新进展。

（一）全面加强治水治气治土

扎实推动"双总河长制"，加快推进全面消除黑臭水体，实施美丽幸福河湖建设、入河排污口排查整治、"一河一策"保护等重大工程，全力守护一江碧水。2023年74个国控断面水质优良比例达100%、并列全国第一，2024年1~8月，国控断面水质优良比例为98.6%，长江干流重庆段水质连续7年保持Ⅱ类。开展清新空气行动，加强氮氧化物、挥发性有机物等多污染物协同控制，打好重污染天气消除、臭氧污染防治、柴油货车污染治理等标志性战役，空气质量优良天数连续4年保持325天以上，连续6年无重污染天气，2024年1~8月，全市空气质量优良天数220天、同比增加4天，

PM2.5平均浓度31.8微克/米³、同比下降9.9%。开展土壤污染源头防控行动，重点建设用地安全利用率连续3年保持100%，土壤环境质量保持稳定。

（二）协同推进治废治塑

提速建设"无废城市"，印发"无废城市"建设成效评估指南，制定"无废指数"指标体系，累计建成"无废城市细胞"2500余个。加强垃圾分类治理，城市生活垃圾分类体系实现全覆盖，回收利用率达到41%，垃圾分类工作排名西部前列。开展全国首批燃煤电厂协同处置危险废物试点，建成全国首个电力行业固体废物循环利用中心，中心城区原生生活垃圾实现全焚烧、零填埋，危险废物利用处置能力满足实际处置需求。开展"白色污染"减量行动，协同推进塑料污染全链条治理，电商快件不再二次包装比例达95.24%，一次性塑料制品使用量减少50%，废弃农膜、肥料包装物回收利用率为99.5%。加强新污染物治理，建立重点管控新污染物等清单，将40余家企业纳入重点监管单位。

（三）系统实施治山治岸

优化国土空间布局，严守1.92万平方公里生态保护红线。推进三峡库区腹心地带山水林田湖草沙一体化保护和修复工程，广阳岛、铜锣山等生态修复项目入选国家首批"山水工程"优秀典型案例和"联合国生态恢复十年"行动计划优秀案例。深入落实林长制，大力开展国土绿化行动，森林覆盖率稳定在55%以上。加强生物多样性保护，联合48个国际友好城市发布《生物多样性保护国际友城合作倡议》，全面落实"长江十年禁渔"，初步构建水生生态监测网络，有效保护长江鲟、崖柏等珍稀濒危野生动植物，长江干流监测鱼类达到93种、较禁捕之初增加一倍以上，全市生态质量指数66.81、比全国平均水平高7.2左右。加强长江岸线保护利用，稳步推进"两江四岸"109公里岸线治理提升工程，加强消落区、石漠化等治理，累计新增治理水土流失面积9291平方公里，水土保持率提高到71.02%。

（四）统筹推进治城治乡

积极探索超大城市治理，实施城市品质提升工程，建设山地特色生态之城，城市建成区绿化覆盖率达45.23%，人均公园绿地面积达17.35平方米，海绵城市建设达标面积732.8平方公里、占城市建成区的40%。深化城市油烟异味、建筑施工噪声综合整治，油烟、夜间建筑施工噪声投诉同比分别下降36.4%、47.5%。加快推进巴渝和美乡村建设，实施巴渝和美乡村示范创建行动和农村黑臭水体清零行动，农村卫生厕所普及率、生活垃圾分类覆盖率分别达85.9%、60.4%，截至2024年9月，累计完成农村黑臭水体治理929个，消除黑臭面积约220万平方米，农村生活污水治理（管控）率提高到61.8%。传承弘扬巴山渝水生态文化，高质量建设长江国家文化公园（重庆段），164个传统村落入选中国传统村落名录。

（五）加快推动绿色低碳发展

坚持降碳、减污、扩绿、增长协同推进，厚植生态优先、绿色低碳发展新优势，深入实施绿色转型创新发展行动，全面提升绿色发展体系和能力。严守生态环境准入关口，坚决遏制"两高一低"项目盲目发展。着力打造绿色低碳发展高地，提速建设以智能网联新能源汽车、新一代电子信息制造业、先进材料三大万亿级产业为引领的现代制造业集群体系，加快构建"416"科技创新布局，战略性新兴产业、高新技术制造业增加值占规上工业增加值比重分别达到32.2%、18.3%，制造业质量竞争力指数升至90.6。有序推进"双碳"工作，"1+2+6+N"政策体系基本成型，单位GDP能耗累计下降8.9%。绿色发展试点示范深入实施，绿色贷款余额超7300亿元，累计创建国家级循环经济示范基地（园区）7个、国家绿色工厂133家、国家绿色园区12个、绿色供应链管理企业17家。生态产品价值实现路径稳步拓展，首创区域森林横向生态补偿机制以及生态地票、土石方和渣土交易等制度，率先建成"碳惠通"生态产品价值实现平台，碳市场累计交易5109万吨。

（六）切实维护长江上游生态安全

着力解决生态环境突出问题，前两轮中央生态环保督察反馈的214个问题全部整改完成。强化生物安全管理，完成林草生态系统外来入侵物种普查和草原有害生物普查，基本摸清外来入侵物种分布。分级分类开展三峡库区危岩地灾治理，431处库区危岩全面落实综合治理措施。加强自然灾害监测预警，建成中心城区易涝点预警联动项目33个，建成"空天地""三位一体"的综合气象观测系统，长江、乌江、大宁河水域实现气象实时监测预警。强化"隐患排查、预案管理、实战演练、应对处突、事后复盘、损害赔偿"闭环管控，排查风险企业1万余家次、整治隐患问题600余个，375条重点河流实现"一河一策一图"全覆盖，完成39个区县执法机构规范化建设和涪陵白涛园区有毒有害气体预警体系建设。进一步优化辐射安全审批，统筹抓好核与辐射安全监管。全市连续17年未发生重特大突发环境事件，连续20年未发生重特大辐射事故。

（七）区域生态环境共保联治不断加强

成渝地区双城经济圈120余项生态环境保护合作协议有效落实，设立全国首个跨省市联合河长制办公室，率先开展跨省市"无废城市"建设，共建危险废物跨省市转移"白名单"机制等3项跨区域协作经验在全国推广，长江干流川渝段水质为优，23个川渝跨界国控断面水质达标率为100%，共同营造"两岸青山·千里林带"超300万亩。与长江经济带沿线省份交流合作日益紧密，联合四川、云南、贵州建立长江上游地区"1+3"省际协商合作机制，建立渝川鄂湘黔5省市跨省流域上下游突发水污染事件联防联治机制，川渝长江流域"1+1"和渝湘西水流域跨省补偿机制持续巩固，"成本共担、效益共享、合作共治"的流域保护格局逐步形成。

（八）生态文明体制机制改革不断完善

不断健全生态文明制度体系，"1+N+X"地方环保法规制度体系不断健全，修订出台《重庆市噪声污染防治办法》，推进土壤、固体废物污染防治地方性法规起草。在全国率先成立公安环境安全保卫总队，创新建立"长江生态检察官制度"，行政执法与刑事司法衔接成效走在全国前列。生态环境损害赔偿"1+13+2"制度体系初步建立，赔偿案例入选全国"人民法院保障生态环境损害赔偿制度改革五大典型案例"并被联合国环境规划署推广。全面加强自然资源资产管理，建立"统一行使、分类实施、分级代理、权责对等"的所有权委托代理机制，率先建设自然资源资产智管系统，实现全民所有自然资源资产清查成果"一张图"、自然资源清单"上图入库"等功能，"核心清单+拓展清单"管理模式被自然资源部推广。加快建设"数字生态环保"体系，"巴渝治水""巴渝治气""巴渝治废"等初见成效。

二 深入打好污染防治攻坚战面临的挑战

（一）生态环境保护结构性矛盾仍较明显

全市"重化型"产业结构、"煤炭型"能源结构、"偏公型"运输结构等问题仍较突出。传统产业结构调整力度不足，火电、钢铁、化工、建材、有色等五大行业碳排放量超过全市工业排放的90%。全市能源特别是电力需求保持刚性增长，可再生能源资源相对匮乏。长江黄金水道效益未能完全发挥，公路货运量占货运总量比例达80%以上，高排放车辆和非道路移动机械占比较高，优化长途货运结构、治理重型货车污染任务较重。

（二）生态环境质量坚韧性稳定性有待提升

生态环境治理点多面广、矛盾新旧交织，生态环境质量改善成效尚不稳固。空气质量仍未摆脱"气象影响型"，汽车保有量仍呈快速增长趋势，餐饮油烟、露天焚烧、扬尘等面源管控难度大，持续改善空气质量任务重。部分支流水质波动较明显，生态流量不足的情况偶有发生，农村黑臭水体点多面广、"长治久清"压力较大。全市仍有107处危岩地灾隐患点需除险清患、2.39万平方公里水土流失面积修复治理，沿江环境风险防范压力大。

（三）生态环境治理体系和治理能力现代化水平仍需提升

生态环境基础设施建设仍然存在短板，生活污水溢流直排问题比较突出，部分城市污水主干管溢流排口存在雨季溢流现象。建筑垃圾处置能力不足，建筑垃圾违规处理问题突出，赤泥、磷石膏等大宗工业固废综合利用率不高，部分农村生活污水处理设施运行效果不好。生态环保市场化投入机制仍需完善，生态产品价值实现机制探索仍需深化，排污权、碳排放权、用水权等生态权交易市场发育还不充分。

三 2025年持续深入打好污染防治攻坚战的对策建议

2025年是"十四五"收官之年，也是深入打好污染防治攻坚战交账之年。面向2027年打好"九治"整体攻坚战、美丽重庆建设取得显著成效目标，重庆将深入贯彻落实党中央关于生态文明建设和生态环境保护决策部署，认真落实美丽重庆建设要求，以中央生态环境保护督察整改为契机，协同推进高质量发展、高水平保护、高品质生活、高效能治理，更好扛起"全面筑牢长江上游重要生态屏障"的光荣使命。

（一）打好蓝天碧水净土保卫战，推动环境质量持续改善

坚持精准治污、科学治污、依法治污，推动生态环境治理质效迈上新台阶。以降低细颗粒物（PM2.5）浓度为主线，深化重点区域、重点领域大气污染防治，加强区域大气污染联防联控，确保空气质量优良天数稳定在320天以上。着力建设美丽河湖，加快补齐污水处理设施短板，集中力量实施劣Ⅴ类黑臭水体剿灭行动，推进"污水零直排区"建设，推动水环境治理向水生态保护修复转变，确保长江干流重庆段水质稳定保持Ⅱ类，74个国控断面水质优良比例不低于98.6%。依法落实农用地分类管理制度，完

善建设用地土壤污染程度分级和用途分类管控制度，建立地下水污染防治分区管控制度，推进重点污染源地下水环境状况调查评估和修复试点。提质建设全域"无废城市"，深化固体废物污染防治，加强垃圾分类治理，开展"白色污染"减量行动，推动全域"无废城市"全国领先。

（二）加强生态系统保护修复，提升多样性稳定性持续性

严格管控重要生态空间，持续实施国土空间分区分类用途管制，强化落实"三线一单"生态环境分区管控要求，严格落实生态保护红线管控要求，确保生态保护红线性质不转换、功能不降低、面积不减少。加快推动自然保护地整合优化成果落地，积极推进国家公园建设。全面加强生态系统修复，持续推进三峡库区腹心地带山水林田湖草沙一体化保护和修复工程。深入推进国土绿化行动，提质建设"两岸青山·千里林带"，实现森林质量和数量双提升。全面加强生物多样性保护，持续开展生物多样性调查、观测与评估，抓实长江"十年禁渔"，加大长江上游珍稀特有鱼类保护力度。严格河道水域岸线空间管控，持续推进"两江四岸"治理提升，统筹开展水土流失、石漠化土地综合防治，稳步推进历史遗留和关闭矿山生态修复，全力打好三峡库区危岩治理攻坚战，有效处置危岩地灾事故。

（三）积极稳妥推进碳达峰和碳中和，加快绿色低碳转型发展

推动能源结构持续优化，严格合理控制煤炭消费总量，加强重点领域与重点用能单位节能管理，控制非电行业燃煤消费增速。推动产业结构绿色转型，坚决遏制高耗能、高排放、低水平项目盲目发展，提质建设"33618"现代制造业集群体系，加快培育国家先进制造业集群、战略性新兴产业集群，大力发展新能源及新型储能等新兴产业，打造长江上游制造业绿色低碳发展样板。推动传统产业绿色低碳改造升级，大力建设绿色工厂、绿色园区，打造全生命周期绿色供应链。推动运输结构绿色转型，大力发展水水中转、铁水联运等多式联运，推进铁路场站、民用机场、港口码头、物流园区等绿色化改造和铁路电气化改造，全面完成运输船舶受电设施改造。有序推

进碳达峰行动，实施减污降碳协同增效行动，推动重点领域、重点行业减污降碳协同增效。倡导绿色低碳生活方式，深化开展"美丽中国，我是行动者"系列活动，引导居民自觉减少能源和资源浪费。

（四）补齐环境基础设施短板，打造全市域整体大美风貌

加快补齐城市环境基础设施短板，持续推进管网全属性精细化深度排查，有计划、分片区、分主次实施老旧病害管网更新改造及错接混接改造。优化生活垃圾焚烧处理和固体废物（含危险废物）集中处置设施规划布局，严厉打击建筑垃圾非法倾倒、堆放、运输过程中的违法行为。深入实施城市有机更新和中心城区"四山"保护提升行动，开展重点区域老旧小区油烟连片整治，巩固和深化"宁静小区"创建行动，完善城市绿地与开敞空间，优化城区绿色空间布局，因地制宜"增绿添园"，构建城市绿道系统，推进城市"坡坎崖"绿化美化。深化巴渝和美乡村建设，持续实施农村人居环境整治提升行动、"千村宜居"计划，健全农村生活垃圾治理长效机制，全面推进农村生活垃圾分类收运处置体系建设，推动农村污水治理强基增效，积极推动农村生活污水资源化利用，深入实施化肥、化学农药减量增效行动，加强畜禽养殖污染防治，推动资源化利用或达标排放。

（五）严密构筑风险防控体系，筑牢长江上游生态安全

强化全链条闭环式环境风险管控，健全环境应急责任体系和上下游、跨区域的应急联动机制，加强化工园区（企业）、危险废物、饮用水水源地、页岩气开采、重金属、渣场和尾矿库等重点领域，以及跨省界地区环境隐患排查和风险防控。落实长江干流岸线1公里范围内禁建化工项目要求，有序推动潼南区工业园北区按时搬迁整改到位，稳步推进沿江化工企业搬迁。开展尾矿库环境隐患排查整治，持续推进秀山县、酉阳县、城口县锰污染整治。健全环境健康监测、调查和风险评估制度。持续推进新污染物治理行动，完成重点行业重要化学物质环境信息调查，落实重点管控新污染物环境风险管控措施。有效应对气候变化不利影响和风险，完善气候变化监测预测

预警体系，强化气候变化影响和风险评估，加强水资源、森林、湿地等自然生态系统适应气候变化能力建设。

（六）深化生态文明体制机制创新，加快生态环境治理体系现代化

强化生态环境领域司法保护，严格落实生态环境损害赔偿制度，健全以排污许可制为核心的固定污染源环境管理制度，加快构建环保信用监管体系。加强绿色低碳发展政策供给，完善排污权、碳排放权、生态地票等交易机制，建立健全森林、湿地、水流等领域生态保护补偿制度。深入推动全域绿色金融改革创新试验区建设，稳步推进气候投融资试点，大力发展绿色保险、绿色债券、绿色贷款。健全生态环境科技体制机制，推动污染防治、生态保护修复、减污降碳等领域关键技术攻关，布局建设一批科技创新平台，加大高效绿色环保技术装备产品供给力度。提升生态环境智治水平，加强数据资源集成共享和综合开发利用，推进水、大气、声环境质量智能化自动监测网络建设，以数字化手段推动生态环境治理系统重塑。

参考文献

习近平：《以美丽中国建设全面推进人与自然和谐共生的现代化》，《求是》2024年第1期。

《习近平在重庆考察时强调：进一步全面深化改革开放 不断谱写中国式现代化重庆篇章》，中国政府网，https：//www.gov.cn/yaowen/liebiao/202307/content_6892793.htm?type=8，2024年4月24日。

孙金龙：《肩负起新时代建设美丽中国的历史使命》，《求是》2022年第4期。

《袁家军在重庆市推动长江经济带高质量发展暨美丽重庆建设大会上强调：加快打造美丽中国建设先行区》，新华网，http：//www.cq.xinhuanet.com/20240620/160e7bd1af80410ab1da0f492a6a9334/c.html，2024年6月20日。

《重庆市人民政府关于2023年度环境状况和环境保护目标完成情况的报告》，https：//www.cqrd.gov.cn/web/article/1276136200248098816/web/content_1276136200248098816.html，2024年8月22日。

重庆市生态环境局：《2023年重庆市生态环境状况公报》，2024年6月3日。

B.32
推进川渝跨界河流管理保护的对策及建议

重庆市河长办公室*

摘　要： 川渝共处长江上游，山脉相连、水系同源、河流相通、生态相依，有流域面积50平方公里以上的跨界河流81条，毗邻6个地市29个区县，涉及长江、嘉陵江、渠江、涪江等大江大河，是长江上游生态屏障的最后一道关口。川渝两省市坚持"一盘棋"谋划、"一条心"推动、"一股劲"落实，通过常态化巡河、标准化治河、协同化管河，着力解决跨界河流不同程度存在的管护责任不清晰、治河目标不统一和治河手段不同步等问题，不断把防洪保安全、优质水资源、健康水生态、宜居水环境、先进水文化转化为推动成渝地区双城经济圈建设的强劲动能。

关键词： 河湖管护　联合河长制　跨界河流　联防联控

一　川渝推进跨界河流管理保护的成效

川渝两省市深入贯彻习近平总书记关于长江经济带高质量发展的系列重要讲话精神，认真落实《成渝地区双城经济圈建设规划纲要》，强力推进川渝跨界河流联防联控各项工作，川渝跨界河流面貌显著改善，水生态环境质量持续提升，河道"四乱"（乱占乱建乱堆乱采）现象有效遏制，25个跨界河流国考断面水质达标率达100%、较实施川渝联合河长制前提高4个百

---

* 执笔人：吴大伦，重庆市水利局水生态建设与河长制工作处处长。

分点,"川渝携手打造跨界河流联防联控联治合作典范"被评为"2020全国基层治水十大经验",获评成渝地区协同发展创新案例,列入中组部、水利部"强化河湖长制网上专题班"培训内容,作为国家发改委总结成渝地区双城经济圈建设跨区域协作的18条经验做法之一在全国推广。

(一)搭建平台,破除分域治水"楚河汉界"

2020年,重庆市河长办公室、四川省河长制办公室在全国首先创新成立跨省河长制联合推进办公室——川渝河长制联合推进办公室,由川渝省级河长办副主任兼任川渝河长办主任,并按照任期1年实行主任轮值制;另外,双方每年互派3名同志负责川渝河长制联合推进日常工作,统筹协调推进跨界河流水污染防治、水环境治理、水生态修复等河长制六大任务,共同研究解决跨区域、跨流域、跨部门重难点问题,目前已互派4期24人次,成立川渝河长制联合推进办公室的改革创新做法获中央改革办肯定。同时,相继出台《成渝地区双城经济圈水安全保障规划》《成渝地区双城经济圈生态环境保护规划》,签署《成渝地区双城经济圈水利合作备忘录》《川渝跨界河流联防联控合作协议》,发布《川渝跨界河流管理保护联合宣言》,在联合巡查、联合治理、联席会议、联合执法、监测预警、信息共享、联防联控、问题处置、协同管理、人才培养等10个方面深化合作,进一步为川渝毗邻地区联合治水搭建平台、提供舞台。2020年以来,川渝省市级河长办通过以上率下的方式,示范带动川渝各级各地签署河长制领域合作协议106个,实现川渝跨界河流联防联控机制全面建立、管理全面覆盖。

(二)凝聚共识,全面夯实筑牢"联动基础"

一是共同制定任务。印发《川渝河长制联合推进年度工作要点》,从深化河长制联动协作、加强水资源保护、严格水域岸线管理、强化水污染防治、落实水生态修复、推进水行政执法监管等方面,明确年度跨界河流管护治理重点工作、责任单位,构建起目标明确、责任清晰、协调联动的工作格局,促进开展跨界河流联防联控工作更加务实有效。二是定期联合通报。编发《川渝河长制工作简报》，联合通报联防联控工作开展、经验做法等情况，简报报川渝两省市政府及水利部，抄送毗邻地区各级党委政府，2020年以来共计编发简报37期、通报信息800余条。三是深化交流学习。围绕筑牢长江上游重要生态屏障、助力成渝地区双城经济发展、全面强化河湖长制等方面，每年召开2次川渝省市级河湖长制工作联席会议，每年举办1次川渝河湖长制工作培训班，深化凝聚川渝毗邻地区推进跨界河流联合管护的共识。四是统一基础数据。联合绘制川渝跨界河流水系图，联合汇编川渝跨界河流特性图表集，将81条跨界河流上的51座重要水利水电工程、10个生态流量国控断面、25个水质国控断面等涉河重要信息纳入"一张图"管理，常态化共享水质监测、河流水文、河道岸线、污染点源等涉河信息。

（三）齐抓共管，全力整治河湖"顽瘴痼疾"

一是开展联合执法。川渝两省市公安、检察、生态环境等部门常态化开展联合执法，实施联合编组环保执法模式，加大跨界河流涉水违法行为查处力度，破除河流边界涉水违法事件查处难度大、单一行政部门无法独立解决的疑难问题。如重庆市荣昌区与四川省隆昌市组建"荣隆"涉水执法组，常态化开展联合执法。二是推进共同督查。常态化推进污水"治三排"（偷排、直排、乱排）、河道"清四乱"专项整治行动，发现整改问题620余个。针对跨界河流河长制工作、河湖问题整改等情况，利用无人机巡查、人员排查和电话抽查相结合的形式实施4轮联合暗访，排查整治河流管理保护突出问题460个。三是落实同时督办。针对4轮联合暗访发现问题，联合下发整改函，共同对整改滞后的地区进行通报；全量收集川渝跨界河流协同处置问题清单，联合交办南溪河污水溢流、高桥河河道清漂、大清流河生态流量下泄等31个影响河流管理保护的重难点问题，对整改不力的区县进行约谈。突出问题、整改不力的问题，制作警示片在川渝省市级政府常务会议或省市级河长联席会上进行调度，确保问题督办见到成效、落到实处。

（四）联合治理，持续改善"河湖面貌"

一是共同规划治理。以流域为单元，采取"一个方案管两地"模式，共同编制、联动实施跨界河流"一河一策"方案，推动落实项目1000余个、规划投资800亿元，促进跨界河流"分段治"变"全域治"、"分片治"变"整体治"。以塘河为试点，采取统一评价指标、报告共审、结果共享的方式，共同开展跨界河流健康评价，形成川渝互认的河流健康"体检表"。二是深入联合治理。开展涪江、南溪河、铜钵河、大清流河等流域跨界水污染联合防治。投资11.17亿元，实施"增水扩容、水源保护、污染治理、岸线保护"四大工程96个项目，遂宁、潼南、铜梁将琼江打造成为川渝首条跨界幸福河流。大足区、安岳县、合川区、武胜县等地联合实施水生态修复项目，共同推进跨界河流水环境综合整治。三是协同生态共保。完成长江、濑溪河流域川渝横向生态保护补偿资金核算，开展长江干支流沿岸10公里范围废弃露天矿山生态修复，共同推进长江"十年禁渔"，联动实施长江干流造林绿化、生态综合治理工程，共同营造"两岸青山·千里林带"，推进长江干流川渝段水质连续7年保持为优。

（五）固化机制，激活联防联控"内生动力"

一是固化联合巡河机制。川渝省市级河长联合巡查琼江、政协领导联合巡查濑溪河等河流，带动各级河长采取走上游、访下游的方式，常态化开展跨界河流联合巡河、暗访巡河、交叉巡河1500余次，协调解决问题6000余个，并固化为川渝毗邻地区县（市、区）河长每年联合巡河次数不少于1次，乡镇级河长联合巡河每半年不少于1次。二是固化联席会议机制。坚持问题导向，每年召开1次省市级川渝河长制联席会议（重庆、四川轮流组织召开），毗邻地区每年至少召开1次县（市、区）联席会议，共同研究跨界河流管理保护突出问题，共同商定跨界河流污染防治、清漂保洁、打击非法采砂等重点工作。三是固化"河长+"机制。建立并固化"河长+警长""河长+检察长""河长制社会监督员"等工作机制，多方凝聚跨界河流管护力量。川渝两省市人大开展协同立法,同步通过、同步公布《重庆市人大常委会关于加强嘉陵江流域水生态环境协同保护的决定》《四川省嘉陵江流域生态环境保护条例》。

二 深化迭代川渝跨界河流联防联控的对策及建议

习近平总书记多次强调,要强化长江上游生态大保护。历次重庆四川党政联席会议都明确指出,要筑牢长江上游重要生态屏障。只有不断完善联防联控机制、深化联防联控体系、破除联防联控壁垒、畅通联防联控渠道,才能推动跨界河流统一规划、统一治理、统一调度、统一管理,才能不断解决跨界河流管理保护重难点问题,交出一份"制度"破题、"担当"解题、"生态"答题、"共治"结题的联合河长制高分报表,确保一江清水向东流,为子孙后代留下一片碧水蓝天。

(一)提高站位,坚定不移用习近平生态文明思想谋篇布局

跨界河流管护治理是一项复杂的系统工程,涉及上下游、左右岸、干支流,不同流域、行政区划和行业,只有全面准确贯彻落实习近平生态文明思想,坚持从习近平总书记治水思路中找源头、找遵循,把深化跨界河流联防联控摆在推动长江经济带发展、成渝地区双城经济圈建设以及筑牢长江上游重要生态屏障的重要位置上,才能充分整合资金、项目、技术和人力资源,构建思想统一、目标一致、行动同步的工作格局,形成治水合力,实现跨界河流从"没人管"到"有人管"、从"不愿管"到"主动管"、从"管不住"到"管得好"。各级河长要切实发挥头雁作用,认真开展直面问题的联合巡河,扎实召开高质量的联席会议,确保管理保护工作落实落地;各责任部门要深化水环境治理,加大面源污染整治力度,加强水资源保护,建立健全跨界河流生态补偿机制,解决跨界河流重难点问题。

(二)把握机遇,把党中央给予的政策优势转化为治理效能

共建"一带一路"、推动长江经济带发展、成渝地区双城经济圈建设等

国家重大战略在川渝叠加，要把握住机遇。一是强化项目规划，市级层面要主动谋划、积极申报跨流域、影响全局的重大项目，全面提升川渝毗邻区域地区水安全、水资源保障能力，全面改善川渝跨界河流的水生态、水环境质量；县（市、区）层面要加强沟通，主动打破行政区划壁垒，联合包装跨区域项目，尤其是要针对水质不稳定达标的大陆溪、坛罐窑河等河流，加强统筹规划，开展综合治理。二是补齐基础设施短板，要深入实施城市生活污水管网系统完善、雨污分流改造、处理能力提升等工程，加快乡镇及农村地区污水处理厂建设，加强生活污水收集管网建设，更新升级生活污水设施处理能力。三是强化工作协同，要紧扣《成渝地区双城经济圈建设规划纲要》，统筹推进跨界河流水环境项目规划、资金落实、工程实施，持续推进跨界河流防洪调度、水雨情站点、入河排污口、水质监测情况等信息共享，强化跨区域或交界水域非法排污、养殖、采砂、设障、捕捞、取用水等涉水违法行为的联合执法，把政策优势转化为工作效能。

（三）依法治理，以法律法规的强制性保障河流的健康生命

一是要全面梳理毗邻地区环境污染管控相关标准及法律法规，针对标准不一致、法规不同步的情况，逐步完善规章制度，推进两地环境污染风险管控同步同调。二是要以《长江保护法》《水污染防治法》《重庆市河长制条例》《四川省河湖长制条例》等法律法规为依据和统领，督促政府履行主体责任，协调解决环境污染风险监管中的突出问题；推动部门落实行业监管责任，按照"三定"职能，依法履行河湖管理保护和治理的职责；引导群众参与社会监管，促进群众依法参与治水。三是要充分利用媒体渠道，权威解读法律条文，提升全社会对依法治水的意识，确保依法治水落地见效。四是要自觉接受人大、政协监督，支持各民主党派、工商联、无党派人士、非政府组织等社会各界参与环境管理保护，主动进行执法检查，查找补足法律法规实施过程中的薄弱环节、短板弱项，不断推进依法治水进程。

（四）深化合作，坚持不懈推进各级各地联动履职、务实合作

要对照已建立的机制、已签订的协议，进一步完善工作开展、会商决策、信息共享的程序和流程，增强协议的操作性、针对性、实效性。同时，要常态化开展河流管护治理行动，一是加强"幸福河湖"联建，推进琼江打造国家级幸福河湖，鼓励指导毗邻地区联动开展跨界幸福河湖建设，更多建设具有西部特点、川渝辨识度的跨界幸福河湖；二是强化"川渝河湖"联动，组织策划"共晒幸福河湖"、十万名川渝"河小青"长江上游生态保护行动等活动，通过电视、报纸、微信公众号等载体宣传川渝河长制联防联控联治工作，营造社会各界和人民群众共同关心支持河湖管理保护的良好氛围；三是推进"健康评价"共认，持续推进跨界河流联合健康评价工作，指导跨界河流涉及区县采用打捆评价、交叉互评、分段汇编等方式共同开展跨界河流健康评价，打造跨界河流健康评价"川渝样板"。

（五）科技赋能，推进跨界河流管理保护信息化、智能化

川渝两地跨界河流多、辖区面积大，而河流管理保护人力资源相对匮乏、监管压力大，加之河湖管理的科技化、信息化、现代化是大势所趋，加速推进川渝跨界河流智能化已成为强化河流动态监管的现实需要和迫切要求。要加快推进河流的数字孪生建设，大力提升河流管护治理的数字化、网络化、智能化水平，实现对河流全要素和水利治理管理全过程的数字化映射、智能化模拟，实现与实体物理流域同步仿真运行、虚实交互、迭代优化，助推河湖管护更高质量、更高精度、更高效率，实现对河流的"天上看、云端管、地上查、智慧治"，改变跨界河流完全依赖人治、人防的工作局面。要逐步推进，探索重庆"智慧河长"平台与四川河长制湖长制信息化平台深度融合路径，建立川渝跨界河流河长制信息"模块"，加快实现跨界河流查河智能化、问题处置闭环化、系统治理清单化、遥感护岸立体化、智能预警实时化、污染溯源精准化、会商决策高效化。

（六）注重长效，突出抓好"最后一公里"管护治理

小河不清，则大河不净。要聚焦基层河湖治理普遍存在认识不足、力量薄弱、统筹缺位等问题，逐级压实河流管理保护责任，建立起责任明确、协调顺畅、监管严格、保护有力的基层河流管理保护机制，形成自上而下、层层递进、全面落实、"一级抓一级、层层抓落实"的基层河流管护治理工作格局。跨界河流的最高层级河长要通过友好协商，明晰管理保护责任，建立落实信息共享、协作共商的制度机制，通过联合巡河向流域各级河长作出表率、传导压力；跨界河流的分段河长要适时开展联合巡河、联合保洁、联合执法，强化对跨界水域的监督、监测和监控，清除责任盲区、管理死角。要遵循基层河流自身发展规律，强化河湖管护治理与农村发展相结合，努力将河流生态效益转化为经济效益，形成河湖保护与农村经济社会协同发展的良好局面，激发群众管护治理河流的内生动力。此外，要持续深化"党建+河长制""河长+人大代表""河长+政协委员"等多元化联动保护机制，凝聚更多跨界河流管理保护合力。

参考文献

龙丹梅：《25个跨界河流国控断面水质100%达标》，《重庆日报》2022年7月4日。
何羽佳：《共担上游责任　共护一江清水》，《四川经济日报》2022年6月22日。
付琦皓、李大松：《关于跨界河流联防联控的思考——以重庆市跨界河流河长制合作为例》，《水利发展研究》2022年第5期。

B.33 长江上游岸线（重庆段）资源保护利用现状及对策研究*

王兆林 李然 王洁仪**

摘　要： 长江上游岸线（重庆段）是长江经济带发展的关键区域。近年来，重庆市政府以"共抓大保护，不搞大开发"为根本遵循，采取了一系列措施加强长江上游岸线的保护修复和综合治理，但也面临诸多问题，例如生态敏感区仍遭受占用和干扰，局部岸线生态服务功能出现退化，岸线资源市场化配置尚未建立，部门间缺乏流域统筹管理。为此，建议重庆市开展全面的长江岸线保护和利用情况核查，各相关部门之间应深化协作与联动机制，政府应完善监督考核和责任追究体系，探索岸线资源有偿使用的市场化配置模式，强化生态修复与技术创新，加强法规与政策的指导作用。

关键词： 长江上游岸线（重庆段） 资源利用现状 资源保护对策

一　长江上游岸线（重庆段）资源保护利用进展情况

（一）长江上游岸线（重庆段）绿色空间持续扩大

近年来，各地政府深入践行"共抓大保护，不搞大开发"的理念，通

---

* 本文系2024年重庆市哲学社会科学创新工程研究重点项目"长江上游岸线（重庆段）资源保护利用的现状与对策研究"（2024CXZD27）的阶段性成果。
** 王兆林，博士，教授，博士生导师，重庆工商大学成渝地区双城经济圈建设研究院特聘研究员，主要从事自然资源管理研究；李然、王洁仪，重庆工商大学成渝地区双城经济圈建设研究院硕士研究生，主要从事资源经济研究。

过实施严格的长江保护法,加强了岸线保护修复和综合治理,各区县的生态环境呈现积极改善的趋势。截至2024年6月4日,重庆市已响应中央督察组移交的第十七批环境投诉,解决73起案件,另有52起案件仍在处理中。此外,重庆市亦加大了长江沿岸的生态保护力度,实施109公里的岸线治理工程,并成功打造400公里的"清水绿岸"河流生态区。另外,渝北区大规模实施"城市森林工程"以来,在绿化提质与增量、公园城市建设、口袋公园建设和生态林园城市创建等方面取得显著成效。2020年,渝北区岸线建成区绿地面积与园林绿地面积均达到4500公顷以上,在长江上游岸线地区位居前列。此外,在着力强化城市园林绿化、公园精细化管护,力促城市景观品质提档升级的目标下,2023年渝北区新增100万平方米公园绿地。具有"山水园林城区"称号的巴南区也在园林绿化景观打造、生态环境综合治理和公园体系建设等方面采取一系列积极措施。2020年,巴南区岸线建成区绿地面积与园林绿地面积分别达到1649公顷和1485公顷,并且2024年重庆市巴南区政府持续筑牢长江上游重要生态屏障,协调推进环境保护与经济发展、生活质量提升及高效治理,不断优化水、大气、土壤、废物、塑料、山地、河岸、城市、乡村等环境治理机制。力争在2027年实现全区生态保护红线面积达142.4平方公里,森林覆盖率稳定在48%以上。总之,尽管长江上游岸线面临历史遗留问题与可持续发展的挑战,但也正向实现经济社会发展与环境保护的和谐共生,向山清水秀的美丽之地的目标迈进。

(二)长江上游岸线(重庆段)污染治理效果显著

2024年上半年,在大气环境方面,空气质量优良天数163天(优72天,良91天),同比增加6天;PM2.5平均浓度36.6微克/米^3,同比下降4.3微克/米^3;无重度及以上污染天数。近年来,长江上游岸线周边各区县通过立法强化长江保护,严格岸线治理与生态修复,在污染源治理、能源结构调整、机动车尾气管理、绿化造林和城市绿化、空气质量检测与预警、区域联防联控和提升公民环保意识等方面采取了一系列措施,有效遏制了工业排放与水土流失,提升了区域生态质量,不仅增进了城区"绿肺"功能,还显著提高了空气质量优良天数比例，为居民提供了更加健康宜居的生活环境。截至 2023 年，重庆市在国家污染防治行动中连续四年获得最高评价；长江上游重庆段水质连续七年达到Ⅱ类标准；空气质量优良率连续四年超过 320 天。如图 1 所示，2020 年各区县岸线空气质量优良天数均在 300 天以上，空气质量保持在较好范围内，其中巫山县岸线空气质量优良天数最高，达到 358 天，这主要得益于巫山县在中小微企业涉气污染整治、锅炉升级改造、建立完善空气质量监测体系等方面的积极推进。此外，与 2020 年相比，各区县空气质量优良天数在 2023 年有小幅下降趋势，仅部分区县保持稳定状态。这可能是受疫情影响，2023 年相较于 2020 年，正处于经济复苏与增长

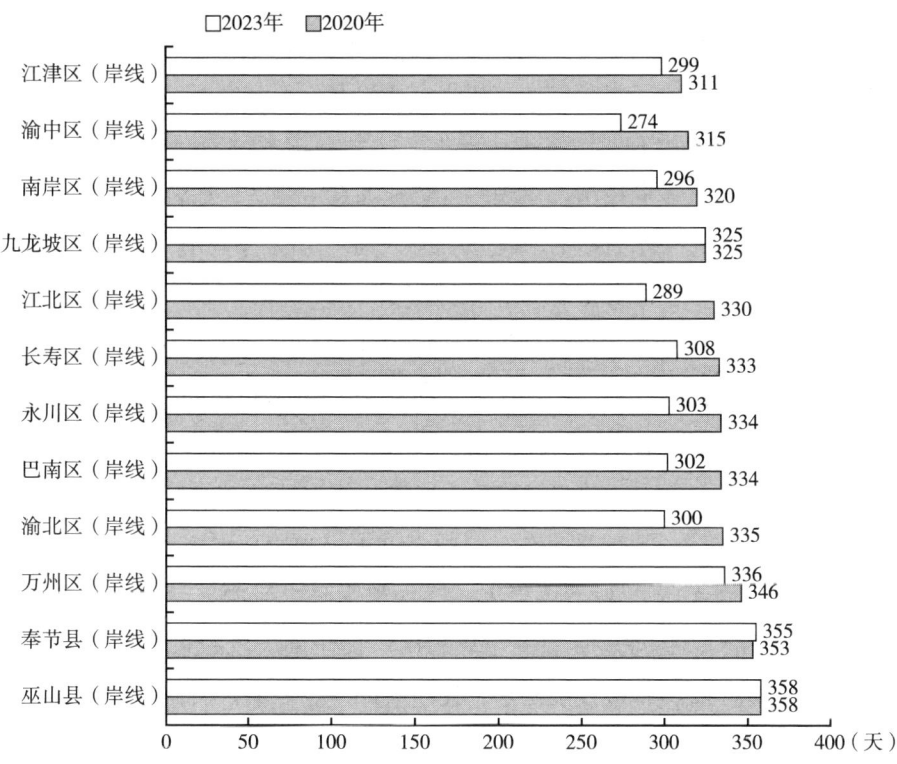

图 1　2020 年与 2023 年各区县岸线空气质量优良天数

数据来源：重庆市统计年鉴。

时期，工业生产、交通运输等活动随之增加，因此污染排放量上升，可能对空气质量产生负面影响。但总体而言，各区县岸线的空气质量变化幅度较小，整体空气质量有所改善，标志着长江上游区县正逐步迈向生态文明建设的新高度，实现了经济发展与环境保护的双赢局面。

（三）长江上游岸线（重庆段）水资源开发利用呈现多样化

长江上游岸线（重庆段）水资源丰富，但由于地形地貌的复杂性和气候变化的影响，水资源的开发与利用面临着一定的挑战。根据重庆市水利局发布的数据，到2024年，重庆全市水资源总量达到约500亿立方米，其中地表水资源量约为460亿立方米，地下水资源量约为100亿立方米，两者重复计算量约60亿立方米。长江重庆段的地表水资源开发利用率已超过30%，在一些区域甚至更高。水资源主要用于农业灌溉、工业生产、城镇生活和生态补水等方面，其中农业用水占比最大，达到总用水量的60%以上。长江重庆段水资源的开发利用情况呈现多样化，如在涪陵区，地表水资源总量约为120亿立方米，供水量约为36亿立方米，水资源开发利用率达到了30%。在万州区，地表水资源总量约为80亿立方米，供水量约为24亿立方米，水资源开发利用率同样为30%左右。值得注意的是，农业灌溉用水占据了总用水量的主导地位，尤其是在旱季，农业灌溉用水量可达到总用水量的70%以上。重庆市政府在水资源管理上采取了一系列措施，以确保水资源的合理利用和保护。例如，实施15项重点工程来全面提升水资源利用效率，其中包括水库扩容、灌溉系统升级、雨水收集再利用和再生水回用等项目。此外，重庆还设定了到2025年全市再生水利用率达到15%、主城都市区达到25%的目标，以促进水资源的循环利用。长江重庆段的水资源开发与利用，不仅要满足经济社会发展需求，还要兼顾生态环境保护，确保长江上游生态屏障的稳固。

（四）长江上游岸线（重庆段）土壤环境持续改善

长江上游岸线（重庆段）作为重要的生态功能区，其土壤资源的保护与合理利用对于维持区域生态平衡、促进经济社会可持续发展至关重要。重庆市在"十四五"规划（2021~2025年）中明确提出，要持续改善土地环境质量，加强生态屏障建设。重庆市土地环境质量提升与生态屏障构建并重，该市耕地面积为2912万亩，其中39%的坡度超过15°，优质耕地仅占总量的12.9%，人均耕地面积不足全国平均水平的40%。面对这一现状，重庆采取了一系列有效措施来改善耕地质量。首先，实施土壤测试指导的配方施肥和秸秆还田技术，有效改善了耕地质量，提升平均等级至9.7。这些措施有效提高了土壤肥力，促进了作物产量的增加，同时也减少了因过量施肥带来的环境污染问题。其次，实施化肥和农药使用减量化策略，强化畜禽养殖污染管理，并设立综合防治示范区，显著提升了土壤环境质量，使得达标率增至73.5%以上。此举不仅减轻了农业活动对环境的压力，还增强了农业生产的可持续性。另外，通过开展土壤污染防治专项行动，严格管控受污染建设用地，并对其进行修复，使受污染耕地安全利用率达到88%。这一系列措施对于保障食品安全、防止污染物扩散具有重要意义。最后，通过实施尾矿库专项清理整改，推行尾矿库复林复草，逐步修复生态环境。截至2024年上半年，长江上游（重庆段）岸线生态环境质量状况良好，在土壤环境方面取得了显著成效：完成84个地块的土壤污染状况调查，为后续的治理工作提供了翔实的数据支持；完成17个地块的土壤污染风险评估，明确了污染地块的风险等级，为制定针对性的治理方案提供了依据；对8个污染地块进行治理修复，并将其移出名录，修复污染土壤33.6万立方米，提供净地695亩，有效缓解了土地资源短缺的问题；重点建设用地安全利用率继续保持100%，确保了土地资源的高效利用和环境保护之间的平衡。总之，当前长江上游岸线（重庆段）的土壤资源保护与利用工作取得了显著进展。通过一系列科学合理的措施，不仅有效改善了土壤环境质量，还为实现经济社会可持续发展奠定了坚实基础。未来，重庆将继续加大土壤环境保护力度，在确保生态安全的同时，推动高质量发展。

（五）长江上游岸线（重庆段）自然资源生态保护持续向好

首先是自然保护地比例提升。2024年长江上游岸线（重庆段）干线5公

里范围内岸线自然保护地面积占比为3.95%，较2020年上升0.62个百分点，其中江津区自然保护地面积占比最高，为11.76%，渝中区在干流1公里范围内无自然保护地。其次是湿地保护面积持续增加。长江上游岸线5公里范围内有6个湿地保护区，总面积为628.57公顷，包括河流湿地284.09公顷和湖泊湿地344.48公顷，主要分布在忠县、丰都县和云阳县等地。长江上游岸线5公里范围内湿地保护率为8.28%，其中石柱县的湿地保护率最高，达到了67.55%。

（六）长江上游（重庆段）自然岸线保有率持续上升

2024年长江干流自然岸线保有率为79.51%，较2022年增长4个百分点，其中渝北区的自然岸线保有率最高，达到了97.02%，渝中区的自然岸线保有率最低，为13.56%。长江干流自然岸线保有率高于流域平均值的区县有10个，分别为渝北区、永川区、巫山县、江津区、云阳县、奉节县、忠县、石柱县、涪陵区和万州区。从空间分布上看，中心城区各区县的自然岸线保有率最低，渝东北次之，主城新区的自然岸线保有率最高。

同期，长江支流自然岸线保有率达到80.99%，其中渝北区的自然岸线保有率最高，达到了94.62%，渝中区的自然岸线保有率最低，为1.21%。长江支流自然岸线保有率高于流域平均值的区县有4个，分别为渝北区、酉阳县、铜梁区、合川区。从空间分布上看，中心城区各区县的自然岸线保有率最低，渝东南次之，主城新区的自然岸线保有率最高。

（七）长江上游岸线（重庆段）自然生态功能持续加强

一是水源涵养功能增强。2024年上半年，长江上游岸线（重庆段）5公里范围内水源涵养指数是123.8，较2022年度的99.97有了显著提高。其中，渝中区水源涵养指数为干流5公里最低水平，仅50.6，水源涵养指数最高的巫山县为148.82。干流5公里范围内水源涵养指数高于流域平均值的区县有9个，分别为巫山县、云阳县、奉节县、忠县、巴南区、石柱县、万州区、南岸区、长寿区。从区域分布上看，干流5公里范围内渝东北各区县的水源涵养指数最高，主城新区次之，中心城区的水源涵养指数最低。

二是林地固碳指数有所提高。2023年，长江上游岸线（重庆段）5公里范围内林地固碳总量是250.44万吨，较上年度的146.68万吨有明显增加。其中，云阳县林地固碳量最高，为39.22万吨，渝中区林地固碳量最低，不足1万吨。干流5公里范围内林地固碳量高于流域平均值的区县有8个，分别为云阳县、巫山县、万州区、涪陵区、奉节县、忠县、江津区、丰都县。从区域分布上看，干流5公里范围内渝东北各区县的林地固碳量最高，中心城区次之，主城新区的林地固碳量最低。

二 长江上游岸线（重庆段）资源保护利用面临的问题

（一）岸线利用结构和布局欠合理

研究发现，重庆市长江岸线中城镇生活岸线、工业岸线和港口码头岸线，分别占到72%、17%和11%，显示生活岸线占据主导地位，表明岸线资源在复合功能利用上的不足。与此同时，相比沿江其他省份，重庆市城镇生活岸线比例偏高，而港口码头岸线、工业岸线比例偏低，岸线利用结构欠合理。此外，长江上游岸线总长度为1904.35公里，其中自然岸线长1514.09公里，占79.51%。渝北区的自然岸线保有率最高，达97.02%，而渝中区最低，仅13.56%。自然岸线保有率高于流域平均值的区县有10个，包括渝北区、永川区、巫山县、江津区、云阳县、奉节县、忠县、石柱县、涪陵区和万州区。从空间分布看，中心城区自然岸线保有率最低，渝东北地区次之，主城新区最高。因此，自然岸线保有率在不同区域间差异显著，这反映出岸线开发与保护之间存在失衡。渝中区作为中心城区，自然岸线保有率极低，表明该区域的岸线已经高度开发，用于港口、工业区等用途，这可能影响生态环境与生物多样性。另外，虽然渝北区等地区的自然岸线保有率较高，显示出较好的生态保留状态，但是如何在保持这一优势的同时，合理规划经济发展需求，避免未来可能出现的无序开发，也是一个挑战。总之，长江岸线的功能协调不足和空间布局不合理，加剧了岸线资源利用的困境，如何实现经济发展与生态保护之间的平衡是亟须解决的问题。

（二）生态敏感岸段遭受占用和干扰

尽管2024年重庆市在水环境方面取得了显著成绩，长江上游岸线（重庆段）水质稳定符合Ⅱ类标准，国控断面中98.6%的水质达到优良水平，超出国家考核目标1.3个百分点；城市饮用水水源地水质全面达标。然而，长江上游岸线生态敏感区覆盖3943.2公里，占总岸线的49.9%，反映出岸线生态的普遍敏感性。此外，本市生态敏感岸线为787公里，占自然岸线的52%，人工岸线占其50%，显著高于长江岸线的平均开发率36.7%，重庆市长江自然岸线人工化较为严重，生态敏感岸段遭受一定程度占用和干扰，这也反映出以生态敏感目标设置的各类保护区发挥的限制开发作用不够突出。大规模的港口建设、工业布局及城市扩张等活动，对长江水生动物和种质资源保护构成了重大威胁，可能导致水生生物栖息地破坏，影响生物多样性，甚至造成物种濒危或灭绝。此外，这些开发活动还可能污染水体，威胁沿岸居民的饮用水安全。

（三）局部岸线生态服务功能退化

重庆市长江岸线中度以上石漠化面积达到16380公顷，占岸线石漠化总面积的53%；中度以上水土流失面积达到94461公顷，占岸线水土流失总面积的36%；中度以上石漠化和中度以上水土流失的长江岸线主要分布在渝东北的巫山县和奉节县。研究还发现，重庆市长江干流岸线年度退化面积比例为0.25%，其中永川区的年度退化面积比例最高，达到0.75%；重庆市长江干流年度生态退化面积比例高于长江流域平均值的区县有9个，分别为永川区、大渡口区、江北区、渝北区、南岸区、巴南区、九龙坡区、涪陵区和、万州区，局地岸线生态服务功能退化问题需引起重视。与此同时，城市工业化和城市化的加速推进使得重庆长江段污水排放量激增，特别是城市和工业区域。尽管如此，污染控制和环境恢复措施的不足导致这些区域的污染问题尤为严重。部分未达标污水直接排入长江，严重威胁水体生态环境。例如，2023年，重庆市的城市生活污水集中收集率记录为65.21%，低于全国平均水平5个百分点。2024年5月，中央第六生态环境保护督察组强调，重庆市部分区域在生活污水管网的排查和整治上进展缓慢，且污水处理能力未能满足需求，溢流问题显著。与此同时，城市建设用地的快速扩张对长江上游岸线（重庆段）的生态系统造成严重影响。2024年，重庆市计划供应国有建设用地18723公顷，较2023年增加21.15%，大量生态用地遭到无序侵占，陆域生态空间受压。督察组还发现，云阳县、奉节县对长江岸线保护不力，部分港口码头违规建设，破坏自然生态。这些违规行为导致原有的土壤保持、水源涵养和固碳等功能下降，加剧了长江生态服务功能退化。

（四）岸线资源的市场化配置模式尚未建立

近年来，尽管重庆市各级政府部门积极响应国家号召，从水利、环保、交通、国土等多个领域出台了旨在加强长江上游岸线（重庆段）资源保护与利用的管理措施，但在实际操作中，"政出多门"与"条块管理"的问题日益凸显，成为制约高效管理的一大瓶颈。具体来说，不同部门间政策协调不足，导致同一岸段面临多重甚至相互矛盾的要求。例如，环保部门强调生态保护红线不可逾越，而交通部门则可能侧重港口码头的扩建需求，这种割裂的管理现状削弱了政策的整体效能。据统计，长江重庆段涉及的直接管理部门超过5个，各部门间信息共享机制不健全，难以形成保护与发展的合力。局部岸段的管控上，各部门职责划分过于细化，缺乏从整个长江流域生态系统角度出发的跨部门统筹规划。例如，在某些重点生态功能区，水利部门负责防洪安全，林业部门关注生态林建设，而环保部门则负责水污染治理，这种"各自为政"的局面往往忽略了岸线资源的整体性和系统性，难以有效解决无序开发和生态破坏问题。因此，亟须建立更高层次的协调机制，打破部门壁垒，实现全流域、跨部门统筹管理，以确保政策的有效落地与岸线资源的可持续利用。

（五）部门间缺乏流域统筹管理

在长江上游岸线资源管理中，重庆段的岸线有偿使用机制推进缓慢，目前仍主要依赖"行政审批+无偿使用"的传统模式。这种模式未能体现岸线资源的实际价值，导致资源利用效率低下，严重制约了岸线资源的合理配置与有效利用。当前，岸线管理多侧重于水陆交界，忽略了水—陆协同管理的重要性。这种片面管理未能实现水域及其邻近陆域的整合治理，引发了沿江产业无序扩张、岸线资源浪费等问题。2024年5月，中央第六生态环境保护督察组在督察重庆市时指出，云阳县和奉节县在长江岸线保护方面存在不足，一些港口和码头的非法建设对自然生态造成破坏。例如，自2008年投用以来，云安联盛码头未获得港口岸线使用许可，非法占用约800米的岸线。根据《重庆港总体规划（2035年）》，该码头的规划利用效率应较高，但实际利用率仅为19%，存在明显的多占少用问题。此外，金槽垃圾衍生燃料专用码头原规划岸线为200米，但实际占用达560米，超出规划长度显著，同时伴有超规划泊位作业的情况，进一步加剧了岸线资源的低效利用。此外，对岸线生态功能的认识不足，也是导致岸线被挤占或不合理利用的重要原因。岸线常被视为一般性开发的土地资源，而忽视了其重要的生态功能，这对长江上游的生态环境造成严重影响。

三　长江上游岸线（重庆段）资源保护利用前景展望

（一）生态保护优先战略将持续深化

随着生态文明建设的不断推进，长江上游岸线（重庆段）的保护将更加严格。预计到2025年，通过实施生态保护红线制度，至少80%的关键生态区域将得到有效保护。这将限制不合理的人类活动，保护生物多样性，预计生物多样性指数将提升5%。

（二）绿色产业增加值将进一步增加

通过普及绿色制造，积极培育绿色产业，推广循环经济模式等，长江上游岸线（重庆段）绿色发展将持续推进。预计到2030年，长江上游岸线（重庆段）绿色产业增加值占GDP比重将达到30%。同时，通过推广清洁能源和低碳技术，减少对传统能源的依赖，预计碳排放量将比2020年降低20%。

（三）水资源利用效率将进一步提升

通过实施"碧水行动"等措施，确保长江上游岸线（重庆段）干流重庆段水质达到优良标准，水质优良比例达到100%，城市集中式饮用水水源地水质达标率常年保持100%。预计到2025年，通过实施水资源管理措施，水资源利用效率将提高10%，水功能区水质达标率将提升至85%以上。

（四）生态修复服务价值将进一步提升

通过进一步实施绿化工程、开展水质净化工程、加强生物多样性保护、推动生态系统综合治理等途径。预计到2030年，长江上游岸线（重庆段）通过生态修复工程，至少50%的退化土地将得到有效恢复，生态系统服务价值预计将提升15%。

（五）生态环境监管能力将进一步增强

一是通过加强环境监测网络建设，预计到2025年，长江上游岸线（重庆段）环境监测站点数量将增加20%，监测数据的准确性和实时性将显著提高；二是通过完善相关环境执法，预计到2025年，相关的环境法律法规将增加至少10%，环境违法案件的查处率将提高至95%以上。

（六）公众参与和区域协调治理能力进一步强化

一是通过教育和宣传活动增强公众的环保意识，预计到2030年，参与环保活动的公众比例将提升至60%，环保教育普及率将达到100%。二是通过流域间跨部门协作与生态补偿机制完善，预计到2030年，长江上游岸线

（重庆段）将建立至少5个跨区域的生态保护合作项目，生态补偿资金规模将增加20%。

四 政策建议

（一）全面核查保护和利用情况

一是明确牵头单位，组建工作专班。建议由市自然资源和规划局牵头，联合生态环境局、水利局等部门，组建专门的工作专班，负责全面核查长江岸线保护和利用情况。组织沿江区县水行政主管部门抽调工作人员，全面展开岸线保护利用情况核查工作，邀请长江水利委员会技术专家答疑，形成部委技术人员答疑、市管理部门督办、区县调查人员搜集上报资料的工作机制。

二是科学制定岸线功能分区。根据长江岸线保护和开发利用总体蓝图及生态保护红线的严格管理标准，综合考虑生态敏感度、经济发展需求等因素，科学划分重庆段长江岸线边界范围、功能分类、保护目标、保护管理措施等内容，实行功能区划分与动态管理，建立功能区调整的长效机制，定期评估功能区划分的合理性，并根据评估结果进行调整。

三是严格管理范围内建设项目工程方案审查制度。沿江各区人民政府、相关管理机构以及相关部门应当全面排查长江岸线区域内所有在建项目的情况，建立严格的建设项目工程方案审查制度。审查制度应包括环境影响评价、资源利用效率评估、岸线利用效率评估等，确保所有建设项目符合岸线保护和利用的要求。同时，相关行政主管机构应当在长江岸线范围内依法设立界桩和标志牌，明确指出该区域内禁止和限制的活动。

（二）深化部门协作与联动机制

一是明确行政主体责任，加强跨部门协作。市、沿江各区人民政府和管理机构应明确各自对所辖区域长江岸线的保护和开发利用承担的主体责任。例如，水行政主管部门负责对防洪安全、河势控制、水资源保护、水土保持等实施监督管理，查处非法采砂等行为；国土资源主管部门负责办理建设用地使用、登记及临时用地等手续，查处违法用地行为；交通运输主管部门负责港口岸线的保护和管理，查处违法使用港口岸线的行为；发展改革、经济和信息化、财政、规划、农业、公安、建设和旅游等有关部门，在各自职责范围内做好长江岸线资源保护的相关工作。建议建立地方政府与相关部门的联席会议制度，定期召开会议，协调解决岸线保护和利用中的问题。

二是建立长江环境污染联防联控机制。建立长江环境污染联防联控机制和预警应急体系，加强对固体废物非法转移和倾倒的联防联控；对入江排污口开展排查整治。建立健全跨部门、跨区域突发环境事件应急响应机制和执法协作机制，深化综合行政执法改革，统一实行生态环境保护执法，从严处罚生态环境违法行为。

三是加大对水生生物及其栖息地的保护力度。农业和农村发展部门需制定针对长江流域珍稀、濒危水生野生动植物的保护方案；建立覆盖长江岸线水流、农田、林地及湿地等生态系统的保护补偿体系，鼓励并促进民间资本依法参与生态保护和修复工作。

（三）完善监督考核与责任追究体系

一是加强日常监管和现场巡查。市人民政府应当制定长江岸线资源的生态环境管理制度，建立生态补偿机制，设立专项资金，用于生态补偿和生态修复，对长江岸线资源保护有重大贡献的，由市、辖市（区）人民政府给予奖励。各级人民政府建立由水利牵头、部门配合的工作机制，利用遥感、遥测等现代信息技术手段建立长江上游岸线（重庆段）保护智慧监管平台，加强岸线动态监控，提升岸线管理信息化水平。

二是健全考核问责机制。研究制定长江岸线保护的年度工作计划，明确保护目标、任务分配和责任主体；将岸线维护情况纳入市级生态环境保护督察及其"回头看"范畴，同时将岸线保护与开发利用工作纳入地方政府绩效考核体系，建立完善排查、交办、核查、约谈、专项督察"五步法"监管机制，进一步细化责任、明确分工，严格考核和责任追究，定期开展评估考核，

对履职不力、监管不严、造成严重后果的,依法依规追究相关责任人的责任。

三是建立长江岸线负面清单管理制度。根据岸线功能分区,制定长江岸线开发利用负面清单,严格岸线的保护和利用,定期组织开展全面清查,制定清退和整改实施方案,对经论证影响较小或采取补偿补救措施可消除不利影响的建设项目,依法补办手续;对经论证影响较大且不能通过补偿补救措施消除不利影响的建设项目,应限期拆除或迁出。

(四)探索有偿使用的市场化配置模式

一是加强立法保障。为规范长江岸线使用和收费,提升岸线资源利用效率,可通过完善相关法律法规,明确岸线有偿使用制度,将岸线有偿使用合理合法化。

二是探索岸线有偿使用制度。加快出台长江岸线资源有偿使用指导意见,明确岸线资源使用权登记、税费征收、综合评价指标体系及征收标准。探索通过招标、拍卖、挂牌等市场方式出让岸线资源使用权,提高资源利用效率。

三是强化岸线资源使用的监督和保障机制。建立完善的岸线使用效益评估系统,引入动态的岸线淘汰与优化机制,对于积极响应并有效实施岸线有偿使用政策的单位,应给予公开表彰及适当的物质激励;针对岸线利用不合理、浪费资源的单位,必须立即提出明确的整改要求,并视情况采取经济处罚措施。对于经通报批评及经济处罚后仍未能整改到位的企业,应采取果断的行政手段,收回其岸线使用权,随后重新进行科学合理的岸线资源配置,以最大限度地提升岸线资源的利用效率与可持续性。

(五)强化生态修复与技术创新

一是鼓励和支持科技创新。加强与高校、科研机构的合作,推动长江岸线保护和生态修复的技术创新。鼓励开展适应重庆地理特点的岸线保护技术研究,利用现代信息技术,如水下机器人、无人机监测等,提高对长江岸线资源的监管效率和精度。

二是开展生态修复工程。重点对已受损的岸线区域进行恢复,包括植被恢复、水土保持和生物多样性保护等。通过生态修复工程，提高岸线的生态服务功能，增强其对环境变化的适应能力。

三是采取多种方式拓宽融资渠道。鼓励社会资本参与长江岸线保护与开发利用项目，通过政府与社会资本合作（PPP）、设立专项基金等多种方式拓宽融资渠道，为岸线保护修复和生态产业发展提供资金保障。

（六）强化法规与政策引导

一是完善地方性法规体系。针对长江上游岸线（重庆段）的特殊情况，建议重庆市人大及政府相关部门加快研究制定或修订"重庆市长江岸线保护条例"，细化岸线保护、开发利用、监管考核等具体条款，确保各项保护措施有法可依、有章可循。

二是出台专项政策文件。制定"长江上游岸线（重庆段）资源保护与开发利用专项行动计划"，明确阶段性目标、重点任务、责任分工及保障措施，确保规划蓝图转化为实际行动。

三是加强制度保障。构建跨部门的岸线收费协作机制，涵盖水利、交通运输等相关部门，确保岸线资源管理的全面性和协调性。设立专门的岸线执法管理队伍，依托地方交通管理部门，专职负责执行岸线监管职责，包括但不限于岸线的执法监督和岸线使用权的出让、出租、转让管理、登记发证以及岸线使用费用收缴等核心任务，以保障岸线资源的合理利用与有效监管。

参考文献

段学军、邹辉、王晓龙：《长江经济带岸线资源保护与科学利用》，《中国科学院院刊》2020年第8期。

段学军、王晓龙、徐昔保等：《长江岸线生态保护的重大问题及对策建议》，《长江流域资源与环境》2019年第11期。

段学军、邹辉：《长江岸线的空间功能、开发问题及管理对策》，《地理科学》2016年第12期。

国家战略腹地建设篇

B.34
打造新时代国家战略腹地核心承载区的现状进展与形势[*]

彭劲松[**]

摘　要： 以习近平同志为核心的党中央高度重视发展和安全问题，将国家战略腹地建设置于强国建设、民族复兴大局中统筹考虑。打造新时代国家战略腹地核心承载区，是党中央应对百年未有之大变局作出的重要战略决策，是赋予重庆的重大历史任务，是现代化新重庆建设的战略机遇。围绕新时代战略腹地建设，国家和重庆在战略和政策层面出台一系列引导性、鼓励性政策，有力地促进国家战略腹地建设。重庆打造国家战略腹地核心承载区，具有区位优势独特、产业配套完善、人才储备丰富、服务保障完善和人文精神卓越等多重优势。同时，也需要正视枢纽门户的通达水平不高、关键要素保障供给不稳定、产业链供应链建设仍有缺陷、创新策源支撑能力还比较弱、

---

[*] 本文系2024年度重庆市哲学社会科学创新工程重大项目"成渝地区双城经济圈建设与长江经济带高质量发展的协同联动研究"（批准号2024CXZD17）的阶段性成果。

[**] 彭劲松，重庆社会科学院党组成员、副院长、研究员，主要研究方向为城市与区域发展、产业经济、科技创新等。

超大城市安全韧性仍有隐患等问题。下一步，重庆要在强化战略性物资储备基地功能建设、推动战略性基础设施布局、推动一批战略性产业备份基地落地建设、探索以新型举国体制推进创新策源能力生成、持续深入推动央地多领域深度合作等方面开展先行先试。

关键词： 国家战略腹地发展和安全　比较优势　战略备份

打造新时代国家战略腹地核心承载区，是党中央赋予重庆的重大任务，是现代化新重庆建设的战略机遇。习近平总书记对统筹发展和安全高度关注，亲自谋划、亲自部署、亲自推动，特别是对于西部内陆地区如何建设国家战略大后方，进行了深邃战略思考、提出了具体要求。要以习近平新时代中国特色社会主义思想为指导，全面深入贯彻习近平总书记对重庆工作的重要讲话重要指示精神，不断推动新时代国家战略腹地建设走深走实。

一　打造新时代国家战略腹地核心承载区的政策进展

打造新时代国家战略腹地核心承载区，是全面落实习近平总书记关于国家战略腹地重要讲话重要论述和重要指示精神的战略行动。面对新形势新任务，国家和重庆市开展了一系列政策布局，有力地支撑了国家战略腹地核心承载区的建设。

（一）国家层面有关政策进展

党的二十大报告提出："优化重大生产力布局，构建优势互补、高质量发展的区域经济布局和国土空间体系。"党的二十届三中全会提出："建设国家战略腹地和关键产业备份。"2023年7月，习近平总书记在四川考察时创造性地提出："新时期、新时代还是有一个大后方的概念的。""你们这里也要成为高质量发展的一个增长极，一个新的动力源。这个后方的意义和过去不可同日而语了。"2023年12月，习近平总书记在广西考察时强调："加快北部湾经济区和珠江—西江经济带开发开放，把广西打造成为粤港澳大湾区的重要战略腹地。"2024年两会期间，习近平总书记在出席解放军和武警部队代表团全体会议时强调："打造新质生产力和新质战斗力增长极。"2024年4月，习近平总书记在重庆主持召开新时代推动中部地区崛起座谈会时强调："要坚持统筹发展和安全，提升能源资源等重点领域安全保障能力。"指出要提升能源资源矿产保障能力，并将"大力推进成渝地区双城经济圈建设"纳入这一项工作。2023年底召开的中央经济工作会议和2024年国务院政府工作报告在对来年工作进行部署时，均在重要章节强调要"优化重大生产力布局，加强国家战略腹地建设"这一重大任务。党的二十届三中全会通过的《中共中央关于进一步全面深化改革 推进中国式现代化的决定》指出："建设国家战略腹地和关键产业备份。加快完善国家储备体系。"

总体上看，外部形势环境持续复杂变化，党中央对国家战略腹地的建设高度重视，已经将新时代国家战略腹地建设与推动高质量发展和高水平安全，强化科技高水平自立自强，提升产业链供应链稳定性可靠性等重大任务统筹起来，从重大生产力布局、战略通道完善、重大产业备份等角度进行了相关部署。

（二）市级层面有关政策进展

成渝地区双城经济圈是西部建设国家战略腹地的主战场。2023年12底召开的重庆四川党政联席会议第八次会议提出，加强双城经济圈建设与长江经济带高质量发展、西部陆海新通道建设、国家战略腹地建设等协同联动，携手建设内陆开放战略高地和参与国际竞争新基地，打造新时代国家战略腹地核心承载区。2024年6月召开的重庆四川党政联席会议第九次会议提出，在支撑国家战略腹地建设上实干争先、走在前列。重庆在建设国家战略腹地中主动靠前发力，形成了一系列工作部署。2023年12月召开的重庆市委经济工作会部署2024年"十大重点任务"，第一条即"纵深推进成渝地区双城经济圈建设取得突破性进展,合力打造带动全国高质量发展的重要增长极","当好国家战略腹地建设'排头兵'"。2023年和2024年的重庆新春第一会,均将推动成渝地区双城经济圈建设作为主题进行专题研究部署。其中,2023年会议提出"要把双城经济圈建设放在中国式现代化的宏大场景中来谋划推进,作为市委'一号工程'和全市工作总抓手总牵引";2024年会议对双城经济圈建设的目标任务进行了迭代升级,提出实现"六个新突破",其中之一就是"在建设新时代国家战略腹地核心承载区上实现新突破",要求深化细化在承接重要产业转移和产能备份等方面的目标任务。2023年召开的重庆建设西部陆海新通道工作推进大会强调,要"依托西部陆海新通道把重庆打造成为国内大循环和国内国际双循环的战略枢纽";2024年召开的重庆建设西部陆海新通道工作推进大会强调,要"持续提升通道贸易水平,积极服务国家战略腹地建设"。

重庆将国家战略腹地建设与成渝地区双城经济圈建设、西部陆海新通道建设等重大战略融会贯通,实现一体部署、一体推动。在具体的政策层面,重庆在科技、产业和开放等领域贯穿国家战略腹地的要求。2023年3月,重庆市印发《重庆市推动成渝地区双城经济圈建设行动方案(2023—2027年)》,提出聚力形成更多具有重庆辨识度的标志性成果,争当西部地区高质量发展排头兵,打造具有全国影响力的科技创新基地,勇当内陆省份改革开放探路先锋,加快建设高品质生活示范区,更好地服务国家区域发展大局、内陆改革开放大局、长江经济带绿色发展大局、促进共同富裕大局。2023年5月,重庆市印发《重庆市加快建设西部陆海新通道五年行动方案(2023—2027年)》,提出强化运营组织能力建设、完善基础设施网络、构建内畅外联的多式联运体系等8项任务,为将西部陆海新通道建设成为国家战略性通道提供了重要政策支撑。2023年9月,重庆市委办公厅、市政府办公厅印发《深入推进新时代新征程新重庆制造业高质量发展行动方案(2023—2027年)》,吹响了重庆建设"制造强市"冲锋号。与此同时,市政府也将渝西地区作为承载国家战略腹地的重要空间,先后出台《渝西地

区智能网联新能源汽车零部件产业发展倍增行动计划（2023—2027年）》等政策文件，对渝西地区制造业发展，特别是新能源汽车配套产业发展进行专门政策支持。

二 重庆打造新时代国家战略腹地核心承载区条件基础

重庆是成渝地区双城经济圈"双核""双城"之一，是中西部地区唯一的直辖市、国家重要中心城市，具有多重比较优势、后发优势，是中国推动陆海联动的战略枢纽，在维护国家安全方面发挥着"稳定器"功能。

一是具有贯通陆海、联动东西的区位优势。重庆位于我国地理版图的"几何中心"，深入内陆约2000公里，是西部大开发的重要战略支点，处在"一带一路"和长江经济带"Y"字形大通道的联结点上，位于中欧班列、西部陆海新通道、长江黄金水道的"Y"形交汇处，欧亚、泛亚、亚太等开放方向在重庆交汇，是西部陆海新通道和泛亚铁路的起点，是我国目前唯一的国家五型物流枢纽布局的城市，在我国东中西部区域协调发展中，具有东西互济、牵引南北、海陆统筹的重要地位。有利的区位优势，为重庆产业物流和开放型经济发展带来了巨大的便利。以重庆为枢纽的西部陆海新通道，联通123个国家和地区的514个港口，货物从重庆到东盟国家，从平均32天缩短到平均18天。

二是具有产业规模宏大、配套齐全的产业优势。重庆是我国重要的制造业中心和国防科技工业基地，工业门类齐全、产业配套完善，拥有全国41个工业大类中的39个、制造业全部31个大类和所有国防科技工业门类。在兵器工业、军工电子、船舶工业、核工业、航空航天等领域具有多重优势。2023年，全市规模以上工业营业收入达2.68万亿元，居全国第6位、西部第1位。重庆产的笔记本电脑产量占全球近一半，连续十年保持全球第1，汽车产量居全国第2；智能手机产量居全国第4，已经形成"1+2+7+N"的开发开放平台体系。重庆各类口岸数量和种类居西部第一。

三是具有高精尖人才和产线人才均丰富的科教人才优势。重庆是具有全国影响力的科技创新中心的重要承载地,科教地位十分重要。2023年,全市综合科技创新水平居西部第1、全国第7;拥有各类高校76所,数量居全国城市第4位;在校大学生数量超过100万人,居全国城市第4位。同时,重庆还是全国重要的高职教育人才高地,已经建成永川、合川和巴南等多个高职教育城,能够为新质生产力发展提供源源不断的高素质人才支撑。

四是具有良好的宜居宜业和服务保障优势。地处北纬30°,有3处世界自然遗产,年空气优良天数320天以上,森林覆盖率55.06%,均明显高于周边城市,生态宜居宜业环境十分优越。重庆地处三峡库区腹心,是长江上游重要的生态屏障,拥有三峡库区400余公里库区河段,维护着493亿立方米的三峡水库安全,是中国最大的淡水资源战略储备库、当之无愧的"中华之肾"。重庆公共医疗资源总量丰富,在全国各大城市居于领先地位,全市医院数量(857个)、卫生机构床位数(25.08万张),居全国各大城市之首,执业(助理)医师数量居全国各大城市第2位。

五是具有丰富多元的创新奉献精神底蕴。重庆山水之城的地理环境,造就了重庆人激流勇进、不畏艰险、敢闯敢拼的秉性,赋予了重庆人爬坡上坎、敦厚朴实、勇于登攀的品质。重庆还是一座英雄之城、奋斗之城、奉献之城。重庆是红岩精神的发祥地、传承地,作为中国共产党人的第一批精神谱系,红岩精神一直激励着广大重庆人民忠贞爱国、团结拼搏;20世纪60年代,一代代科技和产业工作者扎根重庆内地,开展国防建设,将宝贵的青春岁月留在了这里,也孕育了坚韧不屈、敢于斗争和奉献的三线精神;重庆是三峡水库的所在地,为了支持三峡库区建设和国家发展,一百万重庆库区人民舍小家、为大家,背井离乡,形成了伟大的三峡精神。红岩精神、三线建设精神和三峡移民精神,在本质上有着共同之处,那就是团结进取的作风、甘于奉献的精神、不畏困难的力量、创新图强的品格,这些精神和红岩精神一道,构成了重庆推动新时代国家战略腹地建设昂扬向上的动力和最为重要的宝贵精神财富。

三 重庆打造新时代国家战略腹地核心承载区短板问题

打造新时代国家战略腹地核心承载区，需要强化产业、资本、人才等要素资源的支撑。重庆建设新时代国家战略腹地核心区，在对一些重点关键核心要素的占有配置上，仍缺乏一定的话语权、支配权，在建设推进过程中，仍存在一些瓶颈障碍。

一是枢纽门户的通达水平不高。打造国家战略腹地，畅通发达的交通物流设施是基础。重庆在定位上作为国家综合枢纽城市，但在重大交通基础设施建设布局中，仍有短板。在长江沿线通道中，重庆虽然有沪汉蓉铁路，但设计标准普遍较低，部分路段时速只有160~200公里，重庆至武汉直达高铁最快要近6小时，至上海直达高铁最快要10小时。西部陆海新通道中线运能饱和，川黔铁路能力利用率超过90%，渝贵铁路货运潜能有待挖掘。三峡船闸通过能力不足。2022年，三峡过闸货运量近1.6亿吨，超出设计通过能力60%，船舶平均待闸时间超过200小时。长江水运时效性低，使得本应以重庆航运为中心进行物资转运的西部和长江上游许多企业，不得不转向高成本的铁路、公路等运输方式。重庆至宜宾段航道等级偏低。民航空域资源紧张，比及北京、上海和成都，重庆与全球重要城市的航线航点不多。

二是关键要素保障供给不稳定。能源资源以及新型数据算力等关键要素保障供应水平是打造国家战略腹地的基础保障。重庆是重要生产要素及资源的短缺地区，煤炭和成品油全部依靠外来输入，1/3的电力供应需要从外省调入，无论是川渝电网一体化还是疆电入渝，特高压输电通道建设从论证、立项到建成的周期不短，能源资源供给配置一直呈紧平衡状态。根据2023年中国算力大会上发布的《中国综合算力指数（2023年）》，涵盖算力、存力、运力、环境等因素在内的区域综合算力方面，作为全国八大算力枢纽的重庆属于第二梯队，排名低于四川、贵州等省份。

三是产业链供应链建设仍有缺陷。产业链供应链的完整性、规模化和韧性水平对打造国家战略腹地形成重要支撑。2023年，重庆市制造业占地区生产总值的比重为24.4%，低于全国平均水平，还没有形成万亿级产业集群。2024年9月，中国企业联合会发布"中国制造业企业500强"名单，重庆仅上榜企业10家，占2%，10家企业营业总收入为4680亿元，仅占500强企业的0.9%。现代制造业的科技含量不高，在全国确定的66个国家级战略性新兴产业集群中，仅有巴南区生物医药产业集群1个入围，低于四川的3个、陕西的2个。重庆仅有与现代制造业发展密切相关的生产性服务业发展不充分，规模能级不大，2023年全市生产性服务业增加值不到7000亿元，低于四川、湖北、湖南等的万亿级规模；生产性服务业占GDP比重仅22.8%，低于上海、天津的48.9%、40%。

四是创新策源动能驱动力还比较弱。科技创新和产业创新可为打造国家战略腹地高质量发展提供源源不断的动能。重庆国字号重大创新平台偏少，中央在渝科研院所仅12家，以国家大科学装置、国家实验室等为代表的重大前沿战略性科技力量布局尚未实现零的突破，而四川已经拥有全球最深的地下暗物质实验室、亚洲最大的风洞集群等10个大科学装置；在区块链、云计算、新型半导体材料、新能源与新型储能等领域的科技创新资源布局较少。优质科教资源薄弱，"双一流"高校仅2所、双一流学科只有5个，远低于成都（7所、13个）、西安（7所、18个）的水平。战略性科学家和科技领军人才较少，如两院院士仅18人，低于成都（34人）、西安（52人）的水平。

五是超大城市安全韧性仍有隐患。重庆集大城市、大农村、大山区、大库区于一体，是我国辖区面积和人口规模最大的城市，城市治理面临灾害发生频率高、城市运行风险种类多、风险防控难度比较大等问题。主城都市区属于典型的组团式发展的山地城市，城市交通受江河、山脉等分割阻隔，道路资源供给水平低于平原城市，高效便捷的交通组织比较困难。据百度地图交通出行大数据平台数据，2023年重庆城市拥堵指数为1.995，居全国各大城市第2位。重庆城市高楼密度居全国城市前列，城市公共设施陈旧老化。如燃气安全方面，存在管网防腐层腐蚀严重、原有管道管材落后老化、户内

燃气管道管理不善等问题。同时,水旱灾害、地质灾害、森林火灾等各种灾害易发。

四 下一步工作思路

要深刻把握优化重大生产力布局加强国家战略腹地建设的重大部署,主动对接国家战略科技力量和沿海地区产业新布局,争取国家战略腹地建设重大任务落地落实,努力提升发展的支撑力、回旋力和综合竞争力。

(一)强化重大战略性物资储备基地功能建设

以成品油、天然气、粮食、特效药品、应急救灾装备、稀有短缺和战略性矿产等重大物资及资源为重点,构建安全高效的能源供给体系和应急保障体系。加快建设国家西南区域应急救援中心以及物资储备中心,全面提升重庆跨区域物资的备份、调剂功能,夯实对西部边疆及双城经济圈等区域的物资安全保障供给。支持在重庆建立"一带一路"国家灾难备份数据库,完善重庆对自然地理、医疗卫生、金融科技等事关国计民生领域的重要数据灾备中心功能,打造全球级数字灾备中心。

(二)推动战略性基础设施网络化立体化布局

加强重庆对外战略性通道建设,建成成渝中线高铁、渝昆高铁、西渝高铁安康至重庆段等高铁,开工渝宜等高铁,打造"米"字形高铁网;增强国际航空门户枢纽功能,建成投用重庆江北国际机场T3B航站楼及第四跑道工程,推进重庆新机场前期工作;共建长江上游航运中心。强化防灾备灾体系和能力建设,完善重大灾害事件预防处理和紧急救援联动机制,建设川渝长江流域水上应急救援基地、航空应急救援及保障基地、矿山救援基地、水域救援训练基地、紧急医学救援中心等。加快航空救援、水域救援、人员搜救等先进专业装备研发生产体系建设。健全川渝安全生产责任体系和联动长效机制,共同防范和遏制重特大生产安全事故发生。

（三）推动一批战略性产业备份基地落地建设

深化与京津冀、粤港澳大湾区、长三角等东部地区交流协作，共建跨区域产业园区，共设无水港，有序承接东部地区产业转移。加强与长江经济带沿线城市群协作，共同推进长江黄金水道、沿江铁路、成品油输送管道等建设。优化承接产业转移区域布局，形成"研发在中心、制造在周边、链式配套、梯度布局"的产业分工体系，全力培育发展新质生产力，加快培育一批具有国际竞争力的战略性新兴产业集群。

（四）探索以新型举国体制推进创新策源能力生成

积极争取国家以重庆为重要基地，聚焦"卡脖子"问题突出的领域、事关国家安全的重大领域、重要科学前沿和未来技术方向，组织实施一批重大科技任务。争取中国科学院等科技创新"国家队"在渝规划建设一批国家重大科技基础设施、国家科学数据中心、野外科学观测台站等各类科技基础条件平台。加强与国家科研团队开展有组织的科研合作活动，开展跨单位、跨领域、跨学科"大兵团"作战。推动全市科技评价体制改革，评价组织承担国家重大科技任务、开展重大原创研究等方面的进展和成效。

（五）持续深入推动央地多领域深度合作

积极争取中央区域协调发展领导小组对成渝地区双城经济圈建设的指导支持，加大国家对成渝地区重大部署、重大规划、重要政策、重点项目的支持力度，定期协调解决重要问题，督促落实重大事项。深化重庆与中央企业合作关系，围绕深入贯彻国家战略，充分发挥央企优势，聚焦重点领域，探索开拓全新合作模式，共同开展更高水平、更宽领域、更深层次的战略合作，努力形成更多引领性、标志性、共赢性成果，打造央地合作新样板，推动国家战略落实落地、助推地方经济社会发展。引导央企深度参与重庆改革发展。

参考文献

《中共中央关于进一步全面深化改革 推进中国式现代化的决定》,《人民日报》2024年7月22日。

《习近平在四川考察时强调 推动新时代治蜀兴川再上新台阶 奋力谱写中国式现代化四川新篇章》,《人民日报》2023年7月30日。

《习近平主持召开进一步推动长江经济带高质量发展座谈会强调 进一步推动长江经济带高质量发展 更好支撑和服务中国式现代化》,《人民日报》2023年10月13日。

B.35
重庆打造低空经济创新发展之城的现状、问题及建议

唐于渝*

摘　要： 低空经济是战略性新兴产业和新质生产力的代表。2024年9月发布的《重庆市推动低空空域管理改革促进低空经济高质量发展行动方案（2024—2027年）》（渝府办发〔2024〕74号），提出重庆将打造低空经济创新发展之城，2027年实现低空飞行"乡乡通"。本报告结合当前低空经济发展最新趋势，研究分析了重庆打造低空经济创新发展之城的现实基础和面临的主要问题，从推进空域管理改革、强化以北斗应用为引领的基础设施支撑、推动低空制造业集链成群、强化科技创新赋能、打造具有全国辨识度和影响力的标志性应用场景、完善发展生态六个方面，提出相关政策建议。

关键词： 低空经济　新质生产力　空域管理改革

低空经济是国家战略性新兴产业发展的新赛道，是全球竞争新领域，包括低空制造、低空飞行、低空保障和综合服务等。随着《国家空域基础分类方法》《无人驾驶航空器飞行管理暂行条例》正式实施，低空经济发展迎来"窗口期"。重庆制造业门类齐全，产业配套基础扎实，科技教育资源密集，应用场景丰富多元，具备培育发展低空经济的良好条件。但对标打造消费业态丰富、产业链条完整、创新生态活跃、通航文化精彩的"低空经济创新发展之城"目标，仍面临不少问题与短板，亟待突破。

---

* 唐于渝，重庆社会科学院城市与区域经济所副研究员、博士，主要研究方向为区域经济与产业布局。

重庆蓝皮书

一 重庆打造低空经济创新发展之城的重要意义

（一）是顺应新质生产力发展趋势，构建具有高度延展性新兴产业链的需要

随着卫星导航、数据通信、人工智能等新兴前沿技术向低空经济深度融合，以无人驾驶飞行为主要特征的通用航空快速迭代发展。当前，低空经济信息化、网络化、数字化、智能化特征日趋凸显，推动实体经济与数字经济融合，催生包括低空制造、低空飞行、低空保障和综合服务等在内的现代化产业集群。全球低空经济正进入应用普及阶段，整体规模已过千亿美元。其中，美国在通用航空消费及飞机制造方面绝对领先，无人机领域，中美同处第一梯队，欧洲以英德为代表实现了部分技术突破。截至2023年底，据测我国低空经济规模超5000亿元，2030年有望达2万亿元。以深圳为中心的珠三角是我国目前最大的低空经济产业集群，规模过千亿元，消费级无人机、工业无人机产量分别占全国的90%、60%；北京、安徽、江苏、江西、湖南及四川作为第二梯队已形成一定的技术优势及领先企业；目前，全国已有20余个省份出台低空经济发展相关促进政策（见表1、表2）。抢抓低空空域改革的机遇，加快低空经济与各种产业的融合，能够促进重庆打造包括钢材、铝合金、高分子材料等先进材料，芯片、电池、电机等核心零部件，无人机、直升机、配套产品等高端装备以及"低空经济+"现代服务在内的全新产业集群，预计到2030年，有望实现产业规模超百亿级。

表1 近年来国家低空经济发展相关政策导向

序号	时间	文件/会议	主要内容
1	2024年7月	《中共中央关于进一步全面深化改革 推进中国式现代化的决定》	健全因地制宜发展新质生产力体制机制；建立未来产业投入增长机制；发展通用航空和低空经济

重庆打造低空经济创新发展之城的现状、问题及建议

续表

序号	时间	文件/会议	主要内容
2	2024年3月	《通用航空装备创新应用实施方案（2024—2030年）》	包括增强产业技术创新能力、提升产业链供应链竞争力、深化重点领域示范应用、推动基础支撑体系建设、构建高效融合产业生态等重点任务
3	2024年3月	第十四届全国人民代表大会第二次会议	积极打造生物制造、商业航天、低空经济等新增长引擎
4	2023年12月	中央经济工作会议	打造生物制造、商业航天、低空经济等若干战略性新兴产业
5	2023年11月	《中华人民共和国空域管理条例（征求意见稿）》	明确提出空域用户定义并提出空域用户的权利、义务规范
6	2023年10月	《民用无人驾驶航空器系统物流运行通用要求第1部分：海岛场景》	规定了应用于海岛场景从事物流的民用无人驾驶航空器系统运行的通用要求
7	2023年6月	《无人驾驶航空器飞行管理暂行条例》	包括民用无人驾驶航空器及操控员管理、空域和飞行活动管理、监督管理和应急处置等内容
8	2022年6月	《"十四五"通用航空发展专项规划》	从通用航空服务领域多元、特点各异出发，按照"五纵两横"组织框架，明确重点任务

表2 部分省份低空经济发展政策制定情况

序号	发布时间	发文部门	政策名称
1	2024年9月	北京市经济和信息化局等4部门	《北京市促进低空经济产业高质量发展行动方案（2024—2027年）》
2	2024年8月	上海市人民政府办公厅	《上海市低空经济产业高质量发展行动方案（2024—2027年）》
3	2024年5月	广东省人民政府办公厅	《广东省推动低空经济高质量发展行动方案（2024—2026年）》

续表

序号	发布时间	发文部门	政策名称
4	2024年8月	浙江省人民政府	《浙江省人民政府关于高水平建设民航强省 打造低空经济发展高地的若干意见》
5	2024年9月	江苏省人民政府办公厅	《关于加快推动低空经济高质量发展的实施意见》
6	2024年11月	山东省人民政府办公厅	《山东省低空经济高质量发展三年行动方案(2025—2027年)》
7	2024年4月	安徽省发展和改革委员会	《安徽省加快培育发展低空经济实施方案(2024—2027年)及若干措施》
8	2024年6月	湖南省人民政府办公厅	《关于支持全省低空经济高质量发展的若干政策措施》
9	2024年8月	湖北省发展和改革委员会	《湖北省加快低空经济高质量发展行动方案(2024—2027年)》
10	2024年8月	河南省人民政府办公厅	《河南省人民政府办公厅关于印发促进全省低空经济高质量发展实施方案(2024—2027年)的通知》
11	2024年6月	四川省人民政府办公厅	《四川省人民政府办公厅关于促进低空经济发展的指导意见》
12	2024年9月	内蒙古自治区人民政府办公厅	《内蒙古自治区低空经济高质量发展实施方案(2024—2027年)》
13	2024年6月	河北省工业和信息化厅等4部门	《关于加快推动河北省低空制造业高质量发展的若干措施》
14	2024年5月	山西省人民政府办公厅	《山西省加快低空经济发展和通航示范省建设的若干措施》

（二）是抢抓"新基建"窗口机遇期，完善空地一体基础设施体系和带动有效投资的需要

当前，"新基建"投资在稳增长方面的重要性不断凸显。随着低空经济

的快速发展，城市低空智能融合飞行基础设施日益成为"新基建"投资的重要内容，推动低空基建市场空间不断扩大，能够较好地拉动有效投资。国际经验表明，通用航空产业投入产出比为1∶10，就业带动比为1∶12，投资回报率在12.5%~21.6%；2012~2022年，国际无人机市场投资规模的年均复合增速达到51.80%，无人机市场投资额从360亿美元拔升到23390亿美元，投资回报率超30%。加快全市低空经济发展，有利于扩大投资、培育新增长点，成为全市落实"制造强市"战略，深入推进新型工业化的有力举措。

（三）是顺应消费升级新需求，培育创造新消费增长点的需要

消费对拉动经济增长具有基础性作用，恢复和扩大消费是做好当前和今后一个时期全市经济工作的重要抓手。近年来，无人机催生了一系列新的消费场景，包括利用无人机解决"最后一公里"的配送难点，采用"支线级"无人机提升运输效率，引入基于eVTOL的"空中的士"打造城市交通新方式，开发景区"空中游览"带来旅行新体验，无人机与安防融合发展助力智慧城市建设等。如2023年，深圳已经实现无人机载货规模化运行，全年载货无人机飞行突破60万架次，规模居全国第一。低空消费活力、投资价值逐步得到进一步释放，必将为重庆带来更多新场景、新应用、新服务和新业态，持续推动全市消费升级。

（四）是探索激发空域资源利用潜力，提升全要素生产效率的需要

低空空域作为一个远未被开发的自然资源、一片尚未被探索的无人区，蕴藏着甚至超过土地资源的巨大的经济价值。如果以数字化的手段创建可计算的空域，推动低空空域转化为可量化、可定标、可分层、可利用、可权益化、可资本化的经济资源，创设一个类似土地使用权的"空域使用权"的新型生产要素，对低空空域进行赋权、开发、流转和利用，将产生巨大的经济价值和社会价值，为重庆经济的发展注入强劲动力。

二 重庆打造低空经济创新发展之城的现状及问题

（一）重庆低空经济发展现状

一是低空制造有基础。驼航科技、中岳航空、丰鸟无人机、亿飞智联、宗申航发等一批低空无人机整机制造及配套市场化企业逐步成长壮大。从产业配套看，华润微电子、SK 海力士等企业组成的半导体晶圆全流程产业链具备低空飞行器所需的 28nm 及以上芯片的制造能力及产能；象帝先（重庆）可为芯片设计装载具体场景适用模块；宗申航发的中小型活塞发动机为技术领先的国内主力产品，正在巴南打造国内最大的活塞式航空发动机生产基地；中铝高端制造可生产飞行器所需的多款铝合金轻量化产品。

二是研发创新有力量。重庆与低空经济相关的研发创新平台品类数量比较丰富，具有集成创新的优势。例如，重庆大学开设航空航天学院，重点围绕力学前沿和航空航天等国家重大需求进行科学研究。重庆交通大学开设了智慧交通、飞行器设计与工程专业，已形成"本—硕—博"完整的高层次人才培养体系。重庆邮电大学发挥通信与智能科学领域的学科优势，积极开展产学研合作，与中国移动通信集团重庆有限公司、重庆兰空无人机技术有限公司共同组建了"网联无人机安全防御"技术联盟。

三是市场需求有空间。重庆是成渝地区双城经济圈的双核心之一、国际综合交通枢纽城市和国际消费中心城市，辐射西部多个省区市约数亿人口，能够为低空经济场景搭建提供丰富巨大的市场资源支撑。据市级相关部门统计，2024 年首届重庆低空飞行消费周期间，全市重点飞行活动区域吸引客流量近 51 万人次，飞行架次 2220 次、飞行小时数 1108 小时，拉动低空飞行消费 225.78 万元。据 2024 年 9 月发布的《重庆市推动低空空域管理改革促进低空经济高质量发展行动方案（2024—2027 年）》（渝府办发〔2024〕74 号），重庆将围绕城市物流、山地物流、空中游览、航空运动、飞行表演、空中通勤、政务及行业应用等重点领域，打造一批具有重庆辨识度、全国影响力的低空飞行应用场景和消费品牌。

四是基础设施和综合服务有潜力。先后获批国家首批低空空域管理改革试点城市，全国民用无人驾驶航空试验区（2022年），国产通用航空装备物流运输领域创新应用试点（2023年）。已建成梁平（A1类通用机场许可证）、大安（永川）、龙兴（渝北）3个通用机场及低空空域，轻微无人机临时适飞空域22个。"梁平—黔江""黔江—万州""黔江—永川""梁平—武隆""永川—武隆"5条短途运输航线已开通，龙兴至自贡的西南首条跨省低空目视航线试飞成功。卫星互联网行业龙头中国星网及其研究院落户两江新区，全市空域图、设施图、产业图、场景图"四张图"正加紧布局，以北斗应用为支撑的低空经济发展基础设施体系正加快开发建设。

（二）存在的主要问题

一是产业整体规模不大，产业链要素存在缺失。全市通航有人机飞行时长2.2万小时，仅占全国的1.6%，远低于四川（51.4万小时、37.41%）、湖南（58.1万小时、42.88%）；无人机飞行时长13.5万小时，占全国的0.6%，仅为四川的2.6%、湖南的2%。现有航空发动机及无人机产业链重点企业2023年完成产值80.3亿元，规模与深圳（960亿元）差距明显。全市无人机虽然在工业无人机领域有一定优势，但民用消费级无人机产业还处于空白。eVTOL生产、直升机、航空核心零部件、航电飞控系统等领域生产研发能力不强，产业链关键环节核心技术自主可控不足。

二是龙头企业缺乏，引领带动作用不强。除西南铝业、宗申航发在航空材料和中小航空发动机领域具有影响力外，其余低空制造企业尚未形成较大规模和影响力。尤其在无人机、有人通航装备等整机装备领域，缺乏领军企业，目前没有类似深圳大疆、丰翼科技、道通智能、科卫泰、路飞智能、深圳大漠大智控、天鹰装备等的行业头部企业。2015年，重庆通航集团从引入到自主研发，推动重庆造警用型恩斯特龙480B直升机销量已占全国警用直升机市场的10%以上。但后期受美国恩斯特龙公司破产影响，该企业业务受阻，导致全市直升机制造发展陷入停滞。

三是"低空经济+"生态不够丰富,应用场景的影响力和辨识度有待提升。目前,重庆市低空经济应用场景主要集中在"通航短途运输"领域,无人机应用场景探索局限于"农、林、牧、渔、应急"等传统飞行作业方面,"低空经济+旅游"、城市空中交通等应用场景仍处于初级阶段。与此同时,国家对人口密集区无人机配送试运行许可证管理较为严格,重庆市至今未能获得相关许可,所以全市主城区尚未布局无人机航运、eVTOL跨区等航线,美团、饿了么、顺丰等也未在重庆布局"外卖无人机配送""社区智能空投配送"等业务。反观深圳,依托粤港澳大湾区低空经济试点,目前已累计开通"低空经济+物流"航线156条,完成载货无人机飞行量超60万架次,初步建立了"3公里、15分钟"的社区无人机即时配送模式。

四是支撑保障体系不健全,空域协同管理机制待深化。重庆市通用机场仅3个,占全国(451个)的比重不足1%,与四川(18个)、湖南(16个)、江西(12个)、广东(54个)存在较大差距;分布式起降点、低空感知与通信、空域航路、3D数字地图等低空新基建也不完备,运、管、服、用平台系统尚未建立。因无A类飞行服务站,重庆市低空空域管理权限和审批效率受到限制,导致低空空域仍以点状、线状、临时开放状态为主,难以打通关节、连片成网,央地协同的低空空域管理机制亟待形成。

三 重庆打造低空经济创新发展之城的对策建议

(一)强化管理改革先行,最大限度地释放空域资源潜力

一是突出政策赋能。紧跟深圳,制定"重庆市低空经济促进条例""重庆市民用无人驾驶航空器飞行管理暂行办法",推动提升基础设施、低空空域、飞行服务、安全监管、产业培育的法治化和规范化水平。紧跟陕西、安徽等地,研究制定"重庆市促进低空制造业高质量发展实施方案""低空物流试点工作方案""低空文旅整体规划方案"等专项规划(行动),引导全市低空经济健康发展。

二是建立健全低空空域管理机制。加强协同联动和信息沟通，推动建立多部门参与的低空空域协同管理机制，积极开展低空空域分类划设工作，全面提升低空空域服务保障能力。依据《国家空域基础分类方法》，科学规划全市低空空域，动态调整无人驾驶航空器适飞空域。支持相关部门制定发布目视飞行航图，适时划设低空飞行航线，推动通航空域形成片、连成线，优化空域使用审批流程和周期。

三是完善低空飞行管理体系。建设全市统一的低空飞行数据平台，打造低空飞行数字底座，实现跨区县、跨部门数据共享，为空域划设、航路航线划设、飞行仿真、飞行评估等提供能力中台。加快建设重庆市级低空监管服务平台，实现飞行计划申请与审批、航空情报服务、气象保障服务、飞行器及人员信息管理等功能。按需建设低空监管服务平台，与市级平台实现数据和服务对接，为低空飞行器用户提供空域与航线申请、飞行计划申报、航空情报、气象保障、空中交通风险识别与预警、非法飞行器的识别与处置、飞行器及人员管理等服务。

（二）强化北斗应用支撑，加紧布局低空智联基础设施"三张网"

一是加快构建低空航路航线网。充分利用低空空域资源，结合市内各区县低空空域实际需求，推进合理划设适飞空域，保障低空飞行器有序安全飞行。开展数字化飞行规则、自由飞行模式等低空航路航线智能化研究，探索低空空域融合飞行管理机制，推进低空飞行器从隔离运行向融合运行演进，实现低空空域的高效使用。

二是加快布局地面保障设施网。加快建设供各类低空飞行器起降、备降、停放、能源补给等的通用机场及起降场地，按需建设一批无人机小型起降平台、中型起降场、大型起降枢纽、eVTOL起降场、直升机起降平台以及停机库、中转站、能源站、固定运营基地（FBO）和航材保障平台等地面保障设施，引导已建成的通用机场或起降点，完善电动飞行器充换电设施、加氢站等能源基础设施。探索在两江新区国家民用无人驾驶航空试验区、重庆市级低空经济发展试点区县等区域试点建设低空智能融合基础设施，测试验证低空产品和服务，开发低空商业场景和商业模式。

三是加快构建低空智能信息网。充分利用已有信息基础设施，基于市低空航线空域需要，完善通用航空智能信息网。完善城市低空飞行监视、气象保障、电磁环境监测等设施建设，支持广播式自动相关监视（ADS-B）、北斗数据链、通信感知一体化（ISAC）等新技术融合应用。支持针对管制区域和重大活动开展要地防御工程建设，部署雷达、无线电侦测、光电侦测等多源探测系统及干扰、诱骗、拦截、打击等反制系统。

（三）强化龙头企业引领，加快推动低空制造业集链成群

一是重点引育三类领军企业。强化"双招双引"工作机制，聚焦电动垂直起降航空器、工业无人机和低空运营三大领域，加快构建产业链图谱，积极引进大疆、美团、顺丰、腾盾科创、傲势科技等国内低空经济行业领军企业，招引一批战略性、标志性、引领性重大产业项目落地。支持企业形成研发设计、总装制造、适航取证综合能力，重点研制4~6人座载人电动垂直起降航空器产品，带动电机、电机控制系统、飞行控制系统、复合材料等核心零部件产业链发展，加快形成规模化应用。支持企业研制中远程大载重、末端配送等低空物流无人机，采用锂电池、氢燃料等新能源方式，实现低成本、模块化、长航时等特性，加快规模化生产制造。支持重庆本地低空经济企业争取中国民用航空局颁发的无人驾驶航空器型号合格证（TC）、生产许可证（PC），支持企业申请民用无人驾驶航空器运营合格证，加快培育运营服务领军企业，促进制造业与服务业融合发展。

二是培育融通发展企业梯队。壮大一批主营业务突出、竞争力强、成长性好的专精特新企业和制造业单项冠军企业。加大企业资质申报和认证力度，促进整机制造与关键配套协同发展。推动中小企业深度嵌入央企、市属企业等头部企业产业链、供应链、创新链和价值链，推动形成大中小企业融通发展格局。

三是强化产业链供应链协同。围绕低空飞行器整机、动力系统、飞控系统、材料与元器件等领域，推动短板领域补链、优势领域延链、新兴领域建

链，加快形成系统完善、富有韧性和竞争力的低空经济产业链条。加强整机企业与零部件企业协作沟通，稳步提升零部件企业的配套水平，助力企业降本增效。坚持产业融合化、集群化、生态化发展，推动长安、赛力斯等新能源汽车优势企业参与市内低空经济建设，促进技术、产业和产业链跨界融合。

（四）强化技术创新赋能，打造低空经济研发创新和成果转化示范地

一是打造战略性科创平台。发挥重庆大学航空航天学院、重庆交通大学等高等院校学科优势和北京理工大学重庆创新中心等科研机构技术优势，加快国家和市重点实验室建设。建设国家北斗导航位置服务数据中心重庆分中心、国家卫星导航与位置服务产品质量监督检验中心、重庆北斗三号区域短报文通信应用服务平台、市级无人机检验检测公共服务平台。支持龙头企业、专精特新企业与科研机构打造绿色智慧安全技术创新联合体，建设未来空中交通装备创新研究中心，集聚产学研用资源，体系化推进重点领域技术攻关。支持市内企业与粤港澳大湾区、长三角等区域科研机构形成研发—验证—制造产业链。鼓励跨国公司、国外科研机构在重庆建设前沿技术研发中心，推动国内外企业联合开展技术研发和产业化应用。每年举办低空经济产业创新创业大赛，激发各界创新动能。

二是推进研发和技术攻关。瞄准无人化、智慧化方向，开展精准定位、感知避障、自主飞行、光电探测、智能集群作业、反制及抗干扰、载人航空器无人化改造等核心技术攻关。推进高性能导航控制、高宽带链路、卫星互联网通信、5G 地空通信、低空智联网等新技术研究与验证，基于统一的时空基准，形成全天候、高精度、高并发、大容量的省级北斗时空数据综合服务体系。推动跨领域技术交叉融合创新，加快颠覆性技术突破，打造原创技术策源地。发挥九龙坡区等地航空材料加工制造优势，加强高性能纤维、高端铝材、功能陶瓷、半导体关键材料等新材料技术创新。支持两江新区、巴南、永川等地推进精密元器件、核心传感器/连接器、无人机发动机、任务载荷设备等核心零部件研发，加速提升国产化能力。开展 eVTOL、大载重

长航时特种无人机、中轻型民用直升机等产品研发，加快建成国内重要的低空产品研发集聚区。

三是促进科技成果转化示范。依托重庆"一带一路"科技创新示范区和国家科技成果转化示范基地建设，定期发布低空经济前沿技术应用推广目录，建设低空经济产业成果"线上发布大厅"，打造产品交易平台，举办成果对接展会，推动供需精准对接。充分发挥重庆高新技术产业研究院作用，构建科技服务和技术市场新模式。落实首台套重大技术装备和首批次材料激励政策，加快新技术新产品应用推广。

（五）强化应用示范牵引，打造具有全国辨识度和影响力的标志性场景

一是构建标志性场景协同建设机制。统筹开展全市低空场景信息采集与发布、优质场景解决方案发现与展示、场景供需双方对接与撮合等工作。定期遴选发布典型应用场景清单和推荐目录，建立优秀案例和解决方案库。组织低空场景促进活动，招引培育一批低空产品和服务优质供应商，培育场景应用促进机构，培育建设市级标杆场景、低空经济示范区、低空经济试点区县。探索建立低空场景开发开放、试点示范、综合应用和项目招引联动机制，推动形成以场景促应用，以应用激发产业发展活力的良性循环。

二是大力培育"低空+文旅""低空+物流""低空+交通"等应用场景。支持在渝东北、渝东南有条件的区域开通 eVTOL 商业化空中游览航线，并尝试与野外探险、研学俱乐部等机构进行特色旅游线路开发合作，推动各类低空经济线上直播活动赋能。依托两江四岸、仙女山等旅游资源，积极培育低空旅游消费市场，利用无人机、eVTOL 等低空飞行器，开发空中游览、航拍航摄、编队表演等旅游消费项目。支持企业开通无人机 B2B 物流配送、B2C 即时物流航线，发展城市无人机配送、无人机运输等新兴物流方式；在长江、嘉陵江、乌江等干流地区，探索无人机与无人车、无人船等其他交通方式协同融合。

三是积极拓展政务及公共服务应用场景。将低空经济飞行数据接入数字

重庆一体化智能化城市公共数据平台，进行统一调度管理，构建低空空域数字孪生系统，推进智能低空信息基础设施及低空空域数字孪生系统接入全市产业大脑。加快发展应急救援、森林防火、城市消防、城市管理、行政执法、医疗救护、文物保护等领域低空飞行器应用场景，推动无人飞行器场景应用在超大城市治理中发挥重要作用。推进无人机巡检在电力、通信、燃气等行业领域的应用服务。

（六）强化综合服务保障，营造低空经济发展生态

一是强化组织保障机制。建立全市低空经济协调推进机制，明确各部门职能分工，强化跨部门统筹协调，统筹低空经济产业发展、低空试点建设和低空空域管理，协调推进产业发展中的重大事项，及时解决企业、项目落地诉求。

二是创新财政金融支持。统筹相关市级财政专项资金，大力支持低空经济领域重大项目建设和重点企业发展。发挥各级产业引导基金撬动作用，引导国有资本和社会资本协同推进低空经济发展。鼓励金融机构在信贷和保险方面创新产品和服务。

三是强化人才支撑。组建重庆低空经济协会，设立低空经济专家委员会，为低空经济产业发展提供咨询服务。支持以重庆大学、重庆交通大学等为代表的高校加快培育储备低空经济领域专业人才。鼓励以重庆航空职业技术学院等为代表的职业院校加快培育储备无人机专业人才，深化产教融合，推进高校、科研机构与企业联合精准育才。依托"渝跃行动"和新重庆引才计划，大力引进全球低空领域高层次人才。

参考文献

《中共中央关于进一步全面深化改革　推进中国式现代化的决定》，中华人民共和国中央人民政府网，2024年7月。

习近平：《发展新质生产力是推动高质量发展的内在要求和重要着力点》，《求是》2024年第11期。

工业和信息化部、科学技术部、财政部、中国民用航空局：《通用航空装备创新应用实施方案（2024—2030年）》，2024年3月。

《重庆市推动低空空域管理改革促进低空经济高质量发展行动方案（2024—2027年）》（渝府办发〔2024〕74号），2024年9月。

《上海市低空经济产业高质量发展行动方案（2024—2027年）（沪府办发〔2024〕13号），2024年7月。

《北京市促进低空经济产业高质量发展行动方案（2024—2027年）》（京经信发〔2024〕54号），2024年9月。

《深圳经济特区低空经济产业促进条例》，2024年5月。

B.36 重庆全方位夯实粮食安全根基形势分析及建议

甘林针*

摘　要： 党的二十大报告提出，全方位夯实粮食安全根基，确保中国人的饭碗牢牢端在自己手中。近年来，重庆严格落实粮食安全党政同责，粮食安全保障取得积极进展，全市粮食产量稳中有升，粮食单产提升成效显著。但还面临耕地资源约束、生产配套设施短板、生产成本高收益低、气候影响较大、粮食市场需求持续扩大等挑战。对此，建议围绕"藏粮于地""藏粮于技""辅之以利""辅之以义""践行大食物观"5个方面全方位夯实粮食安全根基，切实筑牢粮食安全底线。

关键词： 粮食安全根基　粮食生产　山地丘陵农业

党的十八大以来，以习近平同志为核心的党中央高度重视国家粮食安全，始终把解决好十几亿人口的吃饭问题作为治国理政的头等大事。重庆作为国家粮食产销平衡区的一部分，全方位夯实粮食安全根基，稳定粮食生产、保障国家粮食安全，是责无旁贷的政治责任和光荣使命。本报告通过对政策文本的梳理、统计数据的比较分析，剖析重庆保障粮食安全现状，以及面临的挑战，并提出重庆全方位夯实粮食安全根基的建议。

---

* 甘林针，重庆社会科学院农业农村研究所助理研究员，博士，主要研究方向为农业经济理论与政策、粮食安全。

一 重庆粮食安全现状

近年来，重庆高度重视粮食安全工作，采取一系列积极措施保障粮食安全，在稳定粮食种植面积和产量、提升粮食单产方面取得显著成效。

（一）粮食产量稳中有升

为坚决守住守好粮食安全底线，确保粮食播种面积稳定在3012万亩以上，总产量稳定在1086万吨以上[1]，重庆通过大力推广优良品种、先进农业技术和高效耕作模式，以及加强政策扶持和资金补贴等手段，取得粮食种植面积稳定、产量稳中有升的佳绩。除2022年遭遇极端高温灾害，导致粮食产量下降，2020年以来，全市粮食产量总体呈上升趋势，2023年粮食产量1095.9万吨，创15年新高。[2] 分品种来看，三大谷物的产量较为稳定，稻谷、玉米、小麦的年产量分别稳定在490万吨、255万吨、6.2万吨左右。大豆产量增幅明显，全市大力推广大豆玉米带状复合种植技术，在"马铃薯+玉米+大豆""榨菜+大豆+玉米"等多种种植模式下，大豆产量从2020年的20.2万吨上升到2023年的24.4万吨，年均增幅6.5%，4年总增幅高达20.8%。折粮薯类产量较为稳定，在280万吨左右小幅波动（见图1）。据国家统计局重庆调查总队发布的数据[3]，2024年重庆夏粮播种面积达565.41万亩，产量125.18万吨，实现夏粮面积、产量"四连增"，为全年粮食丰收打下良好基础。

（二）粮食单产提升成效显著

提升粮食单产是促进粮食增产、保障粮食安全的重要途径，重庆选择一批基础条件较好、区域代表性较强的稻谷、玉米、大豆、马铃薯等主产县，

---

[1]《重庆将实施八大行动 守住守好粮食安全底线》，中华人民共和国农业农村部网，http://www.moa.gov.cn/xw/qg/202407/t20240730_6459901.htm，2024年7月30日。
[2]《市农业农村委 稳住农业基本盘 跑出和美乡村"加速度"》，重庆市人民政府网，http://www.cq.gov.cn/ywdt/jrcq/202401/t20240121_12845477.html，2024年1月24日。
[3]《重庆这样打赢夏粮"丰收仗"》，人民网，http://cq.people.com.cn/n2/2024/0719/c367697-40916578.html，2024年7月19日。

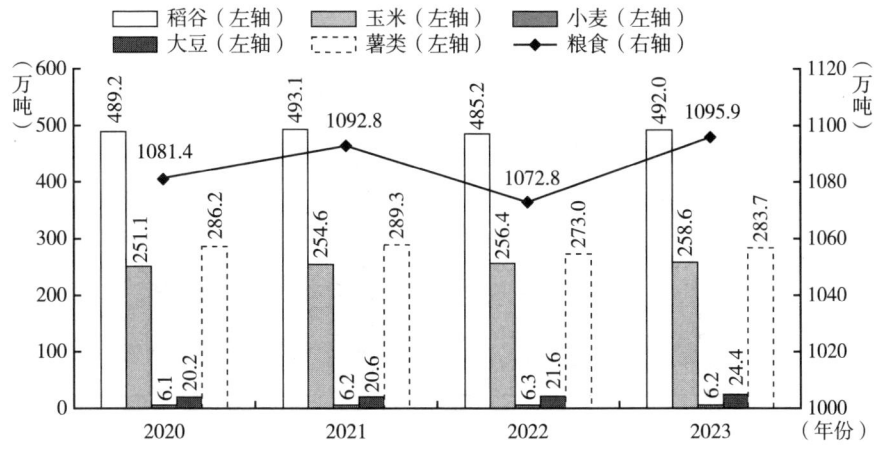

图 1　2020～2023 年重庆粮食和主要粮食品种产量

资料来源：国家统计局和《2023 年重庆市国民经济和社会发展统计公报》。

分粮食品种、分片区特点、整建制开展大面积单产提升行动，深挖粮食单产潜力，千方百计提高粮食单产。2023 年，部分区县单产提升较为突出，酉阳县"大豆玉米间作示范片"玉米的平均亩产达到 631.1 公斤，高于当地传统生产方式单产 40.2%；巫溪县"马铃薯净作千亩核心片"亩产 2726.0 公斤，大幅高于传统种植单产 2038.7 公斤/亩。总体来看，粮食单产提升行动已见成效，2020～2023 年全市粮食单产从每亩 359.9 公斤上升到 360.6 公斤，增长 0.2%。具体到各粮食品种，小麦单产增幅最高，2020～2023 年从每亩 219.1 公斤提高到 223.1 公斤，增长 1.8%；玉米单产增幅紧随其后，从每亩 379.7 公斤提高到 384.3 公斤，增长 1.2%；薯类从每亩 287.5 公斤提高到 289.4 公斤，增长 0.7%；稻谷从每亩 496.2 公斤提高到 499.2 公斤，增长 0.6%；大豆单产的提高暂不明显（见图 2）。2024 年全市再投入 6800 万元，在 30 个区县继续开展粮油单产攻关，布局了 10 个大豆、玉米、油菜整建制推进的区县，以及 12 个水稻、马铃薯、甘薯的绿色高产高效行动区县[①]，必将积极推动粮食单产的继续提升。

---

① 《盘活利用撂荒耕地、加大生产扶持力度 重庆这样保障粮食安全》，华龙网，https://baijiahao.baidu.com/s?id=1806005968223313714&wfr=spider&for=pc，2024 年 7 月 30 日。

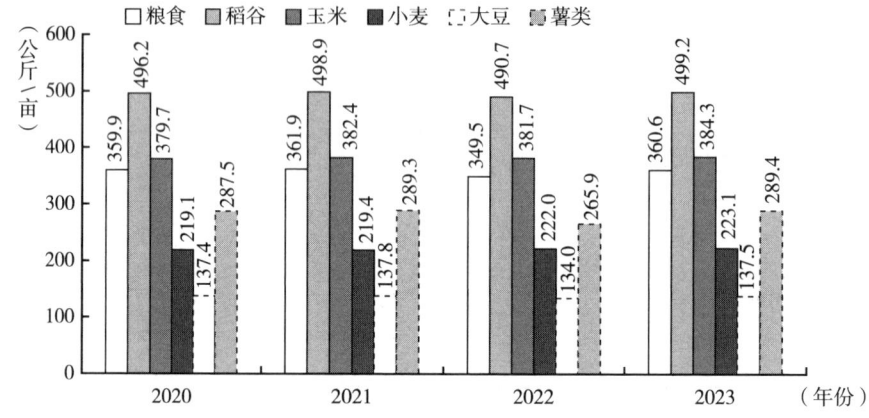

图 2　2020~2023 年重庆粮食和主要粮食品种单产

资料来源：国家统计局和《2023 年重庆市国民经济和社会发展统计公报》。

二　重庆保障粮食安全面临的挑战

虽然重庆高度重视粮食安全，但保障粮食安全还存在自然条件、综合生产能力、市场波动等方面的挑战，需认真分析、综合审视、理性看待。

（一）耕地资源约束依旧严峻

重庆耕地资源本底薄弱，山地丘陵面积占比92%，15度以上耕地占比接近40%，其中25度以上坡耕地占比17.3%，耕地平均质量处于全国中下水平。全市耕地图斑破碎、零星分散，平均每块耕地仅6.4亩，"巴掌地""碗碗土"普遍存在。① 耕地面积受限，第三次全国国土调查结果显示，2009~2019年重庆耕地大幅减少，从3657.6万亩下降到2805.3万亩，全市耕地总量净减少852.3万亩、降幅23.3%（见图3），人均耕地不到0.9亩，

---

① 《重庆交出耕地保护和粮食安全"首考"答卷》，新华网-重庆频道，http：//www.cq.xinhuanet.com/20240104/a9e00f0e91fa48a8bab136c0ab5010c4/c.html，2024年1月4日。

远低于全国人均耕地 1.43 亩的水平。① 耕地占补平衡压力较大,还有部分占多补少、占优补劣、占近补远等情况,导致耕地在质量方面出现亏空、在农业生产能力方面出现亏损。同时,可以用来作为补充的宜耕后备资源有限,而且多分布在生态脆弱地区,部分新开发耕地很难达到高效粮食生产的条件和要求。随着城镇化进程加快,城市建设与耕地保护也存在冲突,在建设过程中占用优质耕地,但耕地补充质量不高的现象较为突出,实现耕地质量"进出平衡"较难。同时,农村劳动力的流出还导致耕地撂荒风险,对粮食安全存在负面影响。

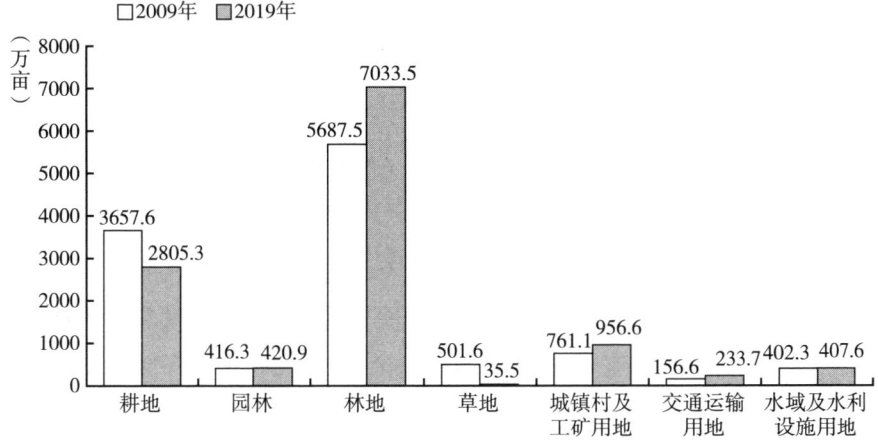

图 3 2009 年和 2019 年重庆主要土地面积

资料来源:《关于重庆市第二次土地调查主要数据成果的公报》,《重庆日报》2014 年 6 月 27 日,第 002 版;《重庆市第三次国土调查主要数据公报》,重庆市规划和自然资源局网,https://ghzrzyj.cq.gov.cn/zwxx_186/tzgg/202111/t20211124_10027666.html,2021 年 11 月 24 日。

(二)生产配套设施有待加强

受地形影响,重庆农村道路、农田灌溉设施建设难度大,土地宜机化、

---

① 《事关粮食安全这个"国之大者"——全国土地日专访自然资源部部长、国家自然资源总督察王广华》,中华人民共和国中央人民政府网,https://www.gov.cn/zhengce/202306/content_6888372.htm,2023 年 6 月 25 日。

农机宜地化"两化"程度总体不高，全市农田有效灌溉面积仅1/3，2023年灌溉系数为0.5123，低于全国平均水平约11%。① 农业机械化、规模化先天不足，2023年全市农作物耕种收综合机械化率仅56.7%，而同期全国农作物耕种收综合机械化率已超过73%，差距显而易见。② 配套设施的差距也导致农产品加工业发展不强，目前还主要集中在初加工层面，而精深加工少，2023年全市农产品加工业产值3421.45亿元，与农业总产值2074.68亿元的比值为1.65∶1，低于全国2.59∶1的平均水平。③ 粮食安全工作整体上数字化程度偏低，缺乏国家级高水平的山地数字农业研究平台，影响力和成果培育能力较弱，粮食全产业链数字化转型还需加强。

（三）粮食生产成本高收益低

重庆粮食生产成本偏高而利润较低，以主要粮食作物中籼稻和玉米为例，2023年中籼稻和玉米主产品产量分别为每亩495.50公斤和427.82公斤，主产品产值分别为每亩1461.09元和1247.18元，皆明显低于全国平均水平（见表1）。从总成本来看，2023年中籼稻生产总成本（生产总成本=物质与服务费用+人工成本+土地成本）1341.28元/亩，略高于全国

---

① 《重庆着力抓好千万亩高标准农田改造提升行动》，中华人民共和国农业农村部网，http://www.moa.gov.cn/xw/qg/202302/t20230214_6420540.htm，2023年2月14日；《第七次获"优秀"重庆推进最严格水资源管理制度有效落实》，央广网，https://cq.cnr.cn/tp/20240822/t20240822_526865379.shtml，2024年8月22日；《全国高效节水灌溉面积达4.1亿亩》，人民网，http://xj.people.com.cn/n2/2024/0809/c186332-40939371.html，2024年8月9日。

② 《上年重庆农作物耕种收综合机械化率达56.7% 同比提升1.5个百分点》，重庆市农业农村委员会网，https://nyncw.cq.gov.cn/zwxx_161/zwdt/202401/t20240115_12819564_wap.html，2024年1月15日；《跑出农业机械化的加速度》，中华人民共和国农业农村部网，http://www.moa.gov.cn/ztzl/ymksn/jjrbbd/202407/t20240704_6458374.htm，2024年7月4日。

③ 《重庆市人民政府关于支持农产品加工业高质量发展情况的报告》，重庆人大网，https://www.cqrd.gov.cn/web/article/1275872055326015488/web/content_1275872055326015488.html，2024年8月21日；《2023年重庆市经济运行情况》，重庆市人民政府网，https://www.cq.gov.cn/zwgk/zfxxgkml/sjfb_120853/cqsj/tjsj/202403/t20240315_13042969.html，2024年3月15日；杜鹰：《党的十八大以来"三农"理论和实践的创新发展》，《中国物价》2024年第5期。

1321.99元/亩的水平;玉米生产总成本1299.55元/亩,略低于全国1312.06元/亩的水平。从生产成本结构来看,近几年全市大力推动"宜机化"改造等工作,有效降低了部分物质与服务费用和土地成本。但是人工成本居高不下,中籼稻和玉米的人工成本分别为每亩690.85元和841.45元,分别占总成本的51.5%和64.7%,均超过总成本的一半,也大幅高于全国水平。这主要有两个方面的原因,一是全市整体劳动力价格上升,粮食生产劳动力未能幸免;二是机械化程度还有待提高,粮食生产的劳动力依赖较高。低产值和高成本直接导致粮食生产的低利润,粮食生产净利润明显低于全国平均水平,2023年玉米的净利润甚至为负值(-7.66元/亩),成本利润率为-0.59%/亩,粮食生产成为"赔本生意",对稳定农民种粮积极性是巨大挑战。

表1 2023年全国平均和重庆主要粮食品种成本收益

每亩	单位	全国平均		重庆	
		中籼稻	玉米	中籼稻	玉米
主产品产量	公斤/亩	544.82	552.25	495.50	427.82
产值合计	元/亩	1550.31	1466.44	1501.30	1291.89
主产品产值	元/亩	1535.19	1434.92	1461.09	1247.18
物质与服务费用	元/亩	588.41	499.17	484.26	342.09
人工成本	元/亩	531.39	431.81	690.85	841.45
土地成本	元/亩	202.19	381.08	166.17	116.01
净利润	元/亩	228.32	154.38	160.02	-7.66
成本利润率	%/亩	17.27	11.77	11.93	-0.59

资料来源:《全国农产品成本收益资料汇编2024》。

(四)气候影响持续增大

近年来,重庆极端天气频发,高温、干旱、洪涝等频次更多、范围更广、强度更大,这对目前还存在较大程度"靠天吃饭"的粮食生产影响不

容小觑。重庆被称为"火炉城市",2022年受极端高温干旱灾害影响,万州、涪陵、忠县等39个区县297.75万人受灾,全市农作物受灾面积332.2千公顷,其中绝收66.2千公顷,直接经济损失39.63亿元。① 该年粮食生产也受到较大冲击,2022年粮食种植面积3070.1万亩,高于上一年的3019.8万亩,但粮食产量1072.8万吨,低于上一年的1092.8万吨②,粮食种植面积增加而产量下降。2024年,重庆再遇高温"烤验",截至2024年9月20日,气温超35℃天数达41天③,全市大部分地区出现中到重度气象干旱,大面积土壤明显失墒,多个区县粮食作物生长受到影响。极端天气下粮食质量也出现一定程度的下降,能用于储备和加工的粮食数量将会减少。同时,高温、洪涝等还会影响到电力,粮食加工企业可能会分时段或全时段停工,粮食加工、运输等都将受到不同程度的影响,引致粮食保供风险。

(五)粮食市场需求还将扩大

重庆粮食总体消费需求还将扩大。一是口粮消费上升,近年来重庆人才引进工作向好,不断丰富的人才支持政策和优化的营商环境吸引了更多人才前来重庆就业安家,重庆常住人口稳中有升,口粮需求总量将有所提高。同时,重庆农产品加工业逐渐壮大,粮食加工食品量质齐升,多元化的粮食产品端上市民餐桌,人均粮食消费提高。根据已有数据,2018~2022年,全市人均粮食消费从135.7公斤上升到158.2公斤,5年增幅16.6%印证了这一点(见表2)。二是饲料用粮增加,随着居民收入提高,全市食物消费结构发生变化,由主食型向"粮肉菜果鱼"多元化转变,随着荣昌猪、涪陵黑猪、合川黑猪、大足黑山羊、渝州白鹅、城口山地鸡等畜牧业的大力发展,饲料用粮需求持续上升。三是工业用粮增加,粮食是制造业的重要原材料,

---

① 《2022年全市自然灾害情况通报》,重庆市应急管理局网,https://yjj.cq.gov.cn/zwgk_230/fdzdgknr/tjxx/202303/t20230302_11694248_wap.html,2023年3月2日。
② 数据来自国家统计局数据库,https://data.stats.gov.cn/。
③ 《极端高温干旱已造成重庆35个区县受灾》,重庆市应急管理局网,https://yjj.cq.gov.cn/zwxx_230/bmdt/mtxx/202409/t20240923_13651434_wap.html,2024年9月23日。

随着重庆市"33618"现代制造业集群体系不断跃上新台阶[①]，工业用粮需求也将扩大，对全市粮食安全保障再添新考验。

表2 2018~2022年全国和重庆主要食品人均消费量

单位：公斤

地区	全国					重庆				
	2018年	2019年	2020年	2021年	2022年	2018年	2019年	2020年	2021年	2022年
粮食	127.2	130.1	141.2	144.6	136.8	135.7	138.1	149.5	161.0	158.2
食用油	9.6	9.5	10.4	10.8	10.0	13.8	14.7	15.3	16.2	15.5
蔬菜	96.1	98.6	103.7	109.8	108.2	132.0	132.4	130.3	147.4	147.3
肉类	29.5	26.9	24.8	32.9	34.6	43.9	38.9	35.3	46.9	53.0
猪肉	22.8	20.3	18.2	25.2	26.9	38.8	33.7	29.9	39.6	45.8
牛肉	2.0	2.2	2.3	2.5	2.5	1.3	1.7	1.9	2.3	2.7
羊肉	1.3	1.2	1.2	1.4	1.4	0.6	0.5	0.5	0.7	0.7
禽类	9.0	10.8	12.7	12.3	11.7	10.0	11.9	13.6	14.6	14.5
水产品	11.4	13.6	13.9	14.2	13.9	9.9	12.1	12.5	14.9	15.0
蛋类	9.7	10.7	12.8	13.2	13.5	9.8	10.3	11.8	14.2	14.7
奶类	12.2	12.5	13.0	14.4	12.4	12.6	13.3	14.0	17.5	15.7
干鲜瓜果类	52.1	56.4	56.3	61.0	54.7	43.7	46.0	46.5	54.9	53.1
食糖	1.3	1.3	1.3	1.3	1.2	2.8	2.6	2.7	2.3	2.2

资料来源：《2023中国住户调查年鉴》。

三 重庆全方位夯实粮食安全根基的建议

重庆全方位夯实粮食安全根基，要对标中央要求、突出战略定位，从"藏粮于地""藏粮于技""辅之以利""辅之以义""践行大食物观"5个方面发力，切实筑牢重庆粮食安全底线。

[①]《立足现有基础 放大特色优势 构建"四梁八柱""33618"重庆未来五年全力打造现代制造业集群体系》，重庆市人民政府网，https://www.cq.gov.cn/zwgk/zfxxgkml/lwlb/cqzxd/zzdt/202306/t20230606_12035424.html，2023年6月6日。

（一）"藏粮于地"：加强耕地保护利用

一要压实耕地保护责任。采取"长牙齿"的硬核措施，落实最严格的耕地保护制度，健全耕地数量和质量监测监管机制，全面落实永久基本农田保护制度。严守耕地红线，严格控制耕地转为林地、园地、草地等其他农用地，坚决遏制耕地"非农化"、防止"非粮化"，加大行政执法和监督力度，严格把控各地农业结构调整。二要持续推进高标准农田建设。实施中低产田改造，推进高标准农田建设，逐步提升高标准农田建设的等级，完善高标准农田建设后的长效管护机制，加快农田水利设施建设，着力提升耕地产能。三要切实加强耕地质量保护。探索以耕地土地生产力为准则，严格落实"占优补优"的耕地占补平衡政策，以"小田变大田"破解土地细碎化问题，开展全域土地综合整治、耕地质量提升、耕地治理修复等工程。有效加强撂荒地治理，加大耕地多年撂荒、全年撂荒、季节性撂荒、隐性撂荒的治理力度。

（二）"藏粮于技"：大力推进粮食科技创新

一要持续打好种业翻身仗。强化市内涉农高校、农业科研机构的农业基础研究，深入实施种业振兴行动，大力推进种业创新攻关。选育并推广适宜气候条件的抗病虫优良粮食品种。二要加快补齐山地丘陵农业机械化短板。研发适应小农生产、山地丘陵小型适用农机装备，探索小型特色农机新产品购置补贴方式。加快农业信息化建设，构建技术创新服务数据库，提高技术创新与粮食生产的匹配程度。推进人工智能与粮食生产深度融合发展，提高粮食生产智慧化水平。三要加大农技推广力度。充分调动农技推广人员的工作积极性，增强农技推广服务能力，支持科研院所、高等院校承担农技推广项目，扶持新型农业经营主体参与科技服务，创新农技推广服务方式，示范推广先进适用粮食生产技术。

（三）"辅之以利"：强化种粮农民支持和收益保障

一要稳定种粮要素投入价格。做好农资保供稳价工作，扩大农资服务网络覆盖范围，切实保障各类农资流通渠道畅通，有效解决农资企业在原料供应、农资运输、产销对接等方面的困难，提高农资企业稳定农资价格的能力。二要延伸粮食产业链条。提升农民种粮综合经济效益，积极发挥新型农业经营主体的带动作用，建立"龙头企业+合作社+农户"的联农带农利益联结机制，激发各类主体参与打造从田间地头到餐桌的粮食全产业链，依托"33618"现代制造业集群体系升级打造五千亿级食品及农产品加工支柱产业集群的要求，加快提高粮食深加工能力，让种粮农民在产业链和价值链延伸上分享更多增值红利。三要壮大社会化服务组织。提升农业社会化服务质量和对接效率，鼓励和引导种粮农民将耕、种、防、收等环节部分或全部托管给社会化服务组织，切实解决粮食生产"谁来种、谁来管、谁来收"等难题，让农民种粮更省心、省钱、省力。

（四）"辅之以义"：压实地方粮食安全主体责任

一要强化区县粮食安全考核。压实地方粮食安全主体责任，按照《国务院办公厅关于印发粮食安全省长责任制考核办法的通知》的要求[①]，结合全市粮食生产重点区县资源禀赋特征，明确各区县在粮食安全中承担的责任，制定与其责任相匹配的考核指标。二要充分发挥考核指标的风向标、助推器、指挥棒作用。引导各区县粮食安全工作方向，提高各地保障粮食安全工作的激励精准度和针对性。三要落实粮食安全考核的奖惩制度。对稳定粮食生产、维护粮食安全贡献突出区县的党委、政府、单位和个人可以适时给予奖励，在地方经济社会发展各领域的资金、项目等方面给予一定的倾斜。对考核结果不合格、不符合国家要求的地区，进行通报批评，并限期整改，对整改不到位的地区，对其约谈。对履职不力、造成国家粮食安全重大损失的要追究责任。

---

① 《国务院办公厅关于印发粮食安全省长责任制考核办法的通知》，中华人民共和国中央人民政府网，https://www.gov.cn/zhengce/content/2015-11/12/content_10286.htm，2015年11月12日。

（五）"践行大食物观"：构建多元化食物供给体系

一要践行大食物观以满足全市居民食物消费结构变化。围绕变化的食物需求结构，构建具有山地丘陵特色的多元化食物供给体系，以《国务院办公厅关于践行大食物观构建多元化食物供给体系的意见》为依据，结合全市农业生产现状和资源禀赋，抓紧出台全市"践行大食物观、构建多元化食物供给体系"总领性规划。将国家大食物观的战略部署、发展思路和规划理念转化为具体的行动方案，明确中长期目标任务和各项制度安排，有效引导各区县践行大食物观、构建多元化食物供给体系。二要加快实施设施农业现代化提升行动。聚焦粮食、蔬菜、猪禽、水产等重点品种，育秧、烘干、冷藏、物流等重点环节，研发适合多样化食物生产的设施设备，将大数据、人工智能等科技引入设施农业，提升食物规模化、标准化的生产水平。三要切实拓展食物来源。除耕地以外，向森林、江河要食物，大力开展林药、林菜、林禽、林畜等林下经济，发展高山冷水鱼、养殖水库生态鱼等。依托成渝地区双城经济圈建设、西部大开发等国家重大战略部署，围绕粮食和重要农产品，加强与邻省交流合作，共同申请国家支持和重大项目落地，壮大优势农业产业，保障全市"油瓶子""米袋子""菜篮子""果盘子"稳定。

社会科学文献出版社

皮书

智库成果出版与传播平台

❖ 皮书定义 ❖

皮书是对中国与世界发展状况和热点问题进行年度监测，以专业的角度、专家的视野和实证研究方法，针对某一领域或区域现状与发展态势展开分析和预测，具备前沿性、原创性、实证性、连续性、时效性等特点的公开出版物，由一系列权威研究报告组成。

❖ 皮书作者 ❖

皮书系列报告作者以国内外一流研究机构、知名高校等重点智库的研究人员为主，多为相关领域一流专家学者，他们的观点代表了当下学界对中国与世界的现实和未来最高水平的解读与分析。

❖ 皮书荣誉 ❖

皮书作为中国社会科学院基础理论研究与应用对策研究融合发展的代表性成果，不仅是哲学社会科学工作者服务中国特色社会主义现代化建设的重要成果，更是助力中国特色新型智库建设、构建中国特色哲学社会科学"三大体系"的重要平台。皮书系列先后被列入"十二五""十三五""十四五"时期国家重点出版物出版专项规划项目；自2013年起，重点皮书被列入中国社会科学院国家哲学社会科学创新工程项目。

皮书网

（网址：www.pishu.cn）

发布皮书研创资讯，传播皮书精彩内容
引领皮书出版潮流，打造皮书服务平台

栏目设置

◆ **关于皮书**
何谓皮书、皮书分类、皮书大事记、
皮书荣誉、皮书出版第一人、皮书编辑部

◆ **最新资讯**
通知公告、新闻动态、媒体聚焦、
网站专题、视频直播、下载专区

◆ **皮书研创**
皮书规范、皮书出版、
皮书研究、研创团队

◆ **皮书评奖评价**
指标体系、皮书评价、皮书评奖

所获荣誉

◆ 2008年、2011年、2014年，皮书网均在全国新闻出版业网站荣誉评选中获得"最具商业价值网站"称号；
◆ 2012年，获得"出版业网站百强"称号。

网库合一

2014年，皮书网与皮书数据库端口合一，实现资源共享，搭建智库成果融合创新平台。

皮书网

"皮书说"
微信公众号

权威报告·连续出版·独家资源

皮书数据库
ANNUAL REPORT(YEARBOOK) DATABASE

分析解读当下中国发展变迁的高端智库平台

所获荣誉

- 2022年，入选技术赋能"新闻+"推荐案例
- 2020年，入选全国新闻出版深度融合发展创新案例
- 2019年，入选国家新闻出版署数字出版精品遴选推荐计划
- 2016年，入选"十三五"国家重点电子出版物出版规划骨干工程
- 2013年，荣获"中国出版政府奖·网络出版物奖"提名奖

皮书数据库

"社科数托邦"微信公众号

成为用户

登录网址www.pishu.com.cn访问皮书数据库网站或下载皮书数据库APP，通过手机号码验证或邮箱验证即可成为皮书数据库用户。

用户福利

- 已注册用户购书后可免费获赠100元皮书数据库充值卡。刮开充值卡涂层获取充值密码，登录并进入"会员中心"—"在线充值"—"充值卡充值"，充值成功即可购买和查看数据库内容。
- 用户福利最终解释权归社会科学文献出版社所有。

数据库服务热线：010-59367265
数据库服务QQ：2475522410
数据库服务邮箱：database@ssap.cn
图书销售热线：010-59367070/7028
图书服务QQ：1265056568
图书服务邮箱：duzhe@ssap.cn

卡号：538324395665
密码：

基本子库 SUB DATABASE

中国社会发展数据库（下设 12 个专题子库）

紧扣人口、政治、外交、法律、教育、医疗卫生、资源环境等 12 个社会发展领域的前沿和热点，全面整合专业著作、智库报告、学术资讯、调研数据等类型资源，帮助用户追踪中国社会发展动态、研究社会发展战略与政策、了解社会热点问题、分析社会发展趋势。

中国经济发展数据库（下设 12 专题子库）

内容涵盖宏观经济、产业经济、工业经济、农业经济、财政金融、房地产经济、城市经济、商业贸易等 12 个重点经济领域，为把握经济运行态势、洞察经济发展规律、研判经济发展趋势、进行经济调控决策提供参考和依据。

中国行业发展数据库（下设 17 个专题子库）

以中国国民经济行业分类为依据，覆盖金融业、旅游业、交通运输业、能源矿产业、制造业等 100 多个行业，跟踪分析国民经济相关行业市场运行状况和政策导向，汇集行业发展前沿资讯，为投资、从业及各种经济决策提供理论支撑和实践指导。

中国区域发展数据库（下设 4 个专题子库）

对中国特定区域内的经济、社会、文化等领域现状与发展情况进行深度分析和预测，涉及省级行政区、城市群、城市、农村等不同维度，研究层级至县及县以下行政区，为学者研究地方经济社会宏观态势、经验模式、发展案例提供支撑，为地方政府决策提供参考。

中国文化传媒数据库（下设 18 个专题子库）

内容覆盖文化产业、新闻传播、电影娱乐、文学艺术、群众文化、图书情报等 18 个重点研究领域，聚焦文化传媒领域发展前沿、热点话题、行业实践，服务用户的教学科研、文化投资、企业规划等需要。

世界经济与国际关系数据库（下设 6 个专题子库）

整合世界经济、国际政治、世界文化与科技、全球性问题、国际组织与国际法、区域研究 6 大领域研究成果，对世界经济形势、国际形势进行连续性深度分析，对年度热点问题进行专题解读，为研判全球发展趋势提供事实和数据支持。

法律声明

"皮书系列"（含蓝皮书、绿皮书、黄皮书）之品牌由社会科学文献出版社最早使用并持续至今，现已被中国图书行业所熟知。"皮书系列"的相关商标已在国家商标管理部门商标局注册，包括但不限于LOGO（ ）、皮书、Pishu、经济蓝皮书、社会蓝皮书等。"皮书系列"图书的注册商标专用权及封面设计、版式设计的著作权均为社会科学文献出版社所有。未经社会科学文献出版社书面授权许可，任何使用与"皮书系列"图书注册商标、封面设计、版式设计相同或者近似的文字、图形或其组合的行为均系侵权行为。

经作者授权，本书的专有出版权及信息网络传播权等为社会科学文献出版社享有。未经社会科学文献出版社书面授权许可，任何就本书内容的复制、发行或以数字形式进行网络传播的行为均系侵权行为。

社会科学文献出版社将通过法律途径追究上述侵权行为的法律责任，维护自身合法权益。

欢迎社会各界人士对侵犯社会科学文献出版社上述权利的侵权行为进行举报。电话：010-59367121，电子邮箱：fawubu@ssap.cn。

社会科学文献出版社